城市轨道交通职业技能培训统编教材

城市轨道交通自动售检票检修工

中国城市轨道交通协会　编

西南交通大学出版社
·成都·

图书在版编目（CIP）数据

城市轨道交通自动售检票检修工/中国城市轨道交通协会编.—成都：西南交通大学出版社，2018.7
ISBN 978-7-5643-6233-1

Ⅰ.①城… Ⅱ.①中… Ⅲ.①城市铁路－旅客运输－售票－铁路自动化系统－教材 Ⅳ.①U239.5

中国版本图书馆 CIP 数据核字（2018）第 129832 号

| 城市轨道交通自动售检票检修工 | 中国城市轨道交通协会 编 | 责任编辑 张 波
助理编辑 李华宇
封面设计 何东琳设计工作室 |

印张：18　　字数：440 千
成品尺寸：185 mm × 260 mm
版次：2018 年 7 月第 1 版
印次：2018 年 7 月第 1 次
印刷：四川森林印务有限责任公司
书号：ISBN 978-7-5643-6233-1

出版发行：西南交通大学出版社
网址：http://www.xnjdcbs.com
地址：四川省成都市二环路北一段 111 号
　　　西南交通大学创新大厦 21 楼
邮政编码：610031
发行部电话：028-87600564　028-87600533
定价：49.80 元

课件咨询电话：028-87600533
图书如有印装质量问题　本社负责退换
版权所有　盗版必究　举报电话：028-87600562

城市轨道交通职业技能培训统编教材
编委会

参编单位　西南交通大学
　　　　　　北京市地铁运营有限公司
　　　　　　上海申通地铁集团有限公司
　　　　　　广州地铁集团有限公司
　　　　　　深圳市地铁集团有限公司
　　　　　　重庆市轨道交通（集团）有限公司
　　　　　　中国城市轨道交通协会现代有轨电车分会
主　　任　包叙定
副 主 任　周晓勤　宋敏华　安小芬　谢正光　俞光耀
　　　　　　丁建隆　王　峙　林茂德　余黎康
委　　员　肖中平　王春玲　杜晓红　朱　穆　曾　良
　　　　　　邓绍渝　姚汝龙

《城市轨道交通自动售检票检修工》
编写人员

主　编　刘鹏飞（广州地铁集团有限公司）
副主编　曾震宇（广州地铁集团有限公司）
主　审　卢　涛（深圳市地铁集团有限公司）
参　编　刘　勇（广州地铁集团有限公司）
　　　　　汤　健（广州地铁集团有限公司）
　　　　　吕定胜（广州地铁集团有限公司）
　　　　　刘贻展（广州地铁集团有限公司）
　　　　　龙永溉（广州地铁集团有限公司）
　　　　　李　琦（广州地铁集团有限公司）
　　　　　严建华（广州地铁集团有限公司）
　　　　　张勰勰（广州地铁集团有限公司）
　　　　　杨国航（广州地铁集团有限公司）
　　　　　叶德盛（广州地铁集团有限公司）
　　　　　刘金剑（广州地铁集团有限公司）
　　　　　区文健（广州地铁集团有限公司）
　　　　　徐慧德（广州地铁集团有限公司）
　　　　　朱　穆（广州地铁集团有限公司）

序
sequence

　　城市轨道交通职业技能培训统编教材终于同广大读者见面了。这套教材是城市轨道交通行业第一部技能人才培养的统编教材，填补了城市轨道交通行业的空白，满足了人才培训的急需，对于正处在大规模快速发展时期的城市轨道交通而言具有重要意义。

（一）

　　进入 21 世纪以来，得益于经济高速发展、城镇化快速推进、国家政策的规范和完善、实施装备国产化带来的建设成本下降和建设周期的缩短，我国城市轨道交通开始进入快速发展时期：21 世纪以来的头 15 年，每五年年均新建投运里程接连攀上 80 km、200 km、400 km；"十三五"期间的 2016 年迈过了 500 km，2017 年更是迈上 800 km 大台阶。到 2017 年年底，我国内地共有 34 个城市开通城市轨道交通，运营线路里程 5 033 km，客运量达到 180 亿人次，在建线路 6 200 多千米，62 个城市规划线路 7 300 多千米。运营、建设和规划城市轨道交通的城市之多、规模之大、线路之长，世界少有。

　　在城市轨道交通快速发展的同时，人才资源的问题始终困扰着该行业。其中既有人才供给不足的问题，又有人才能力欠缺的挑战。仅"十三五"期间，我国就预计五年需新增城市轨道交通从业人员 24 万人，而现有教育能力仅能满足一半左右。人才能力方面，我们面临的现实是：一方面，乘客提出人性化、个性化、多样化等更高的服务需求；另一方面，城市轨道交通发展提出网络化、智能化等更高的技术需求。这对从业者提出了全新的要求。因此，大力加强人才培养和储备，提供更多更优的管理人员、技术人员和生产人员，已经成为行业上下共同关注的重要课题。

　　值此城市轨道交通大发展之际、城市轨道交通人才紧缺之时，统编教材的出版可以说生逢其时，将拥有广阔的应用空间。

（二）

　　2015 年，国务院印发了《关于加快发展现代职业教育的决定》，将职业教育的重要性提升到了战略的高度。城市轨道交通技能型、操作型人才占整个人才队伍的 85% 左右，是行业发展的基础性人才，是职业教育的主要对象。国家对职业教育的重视，为城市轨道交通人才培养提供了难得的机遇和环境。2017 年，国家发展和改革委员会、教育部、人力资源和社会保障部联合印发了《关于加强城市轨道交通人才建设的指导意见》，提出了加强城市轨道交通人才建设的总体思路和具体措施，是城市轨道交通人才队伍建设的纲领性、指导性文件，有力促进了行业人才培养工作的开展。中国城市轨道交通协会作为城市轨道交通行业唯一的国家一级协会，持续开展了行业人才培养的专题研究、规划制定、标准研制、师资培训等工作，夯实了工作基础，弥补了行业空白。这套教材就是协会人才培养工作的重要内容之一。北京、上海、广州、重庆、深圳等地的城市轨道交通业主单位，依据自身需求，建设了培训资源，摸索了工作体系，并培养了一批专业人才。北京交通大学、西南交通大学、广州城市轨道交通培训学院等教育机构纷纷设立城市轨道交通相关专业，以积极适应城市轨道交通快速发展的需要。

良好的政策环境和行业各方的高度重视，有效推动了城市轨道交通人才培养工作，也为统编教材的诞生奠定了坚实的基础。

（三）

这套统编教材由中国城市轨道交通协会组织，北京市地铁运营有限公司、上海申通地铁集团有限公司、广州地铁集团有限公司、重庆市轨道交通（集团）有限公司、深圳市地铁集团有限公司、苏州高新有轨电车有限公司等企业共同研究编制而成，最后由西南交通大学牵头统稿并出版，前后历时三年。这套教材立足实践，着眼行业，以各城市轨道交通企业优秀的专业岗位培训教材为蓝本，并广泛吸收高等院校、职业学校和培训机构的建议和意见，集各家之所长。

这套教材源于城市轨道交通一线实践，各项知识点、技能点的深度、难度、广度较好地匹配了企业的实际需求，具有较强的针对性。这套教材根据最新的国家技术标准和协会有关工种岗位标准编写内容，具有权威性、科学性、规范性。这套教材注重跟踪城市轨道交通最新发展趋势，内容包括了城市轨道交通新知识、新技术、新设备、新材料等方面的创新成果。这套教材针对技能型人才培养的特点，注重实践技能培养，做到了理论知识与技能训练一体化，能够有效满足初次上岗培训等的需要。

统编教材凝聚了编写组同志们的心血，是参编单位在协会统筹下，充分交流、分享、协同、共进的结果；是参编单位在协会大旗下，求同存异，在更高水平上实现规范统一的成果；是各家城市轨道交通企业人才培养优秀实践经验的凝练和总结。

最后，希望这套教材能够物尽其用，充分发挥好基础性、支撑性作用，促进城市轨道交通技能人才培养质量的提高，服务城市轨道交通持续健康发展。

包叙定
2018年5月

前言
PREFACE

近年来，全国各个城市的轨道交通发展迅猛，在运营管理模式上各不相同，为了适应我国轨道交通的现状和发展趋势，为各个城市轨道交通的运营发展提供指导，中国城市轨道交通协会站在行业的高度，组织全国各家城轨企业共同开展"城市轨道交通人才培养职业标准、培训标准、认证标准的研究与编写"工作，本书是其中系列丛书之一，为城市轨道交通自动售检票检修工的培训教材。

本书参照国内各家城轨企业自动售检票系统的运维特点，结合近年来多元化支付等新技术在自动售检票系统的发展应用情况，以《城市轨道交通自动售检票检修工》职业标准作为参照，系统地阐述了初、中级自动售检票检修工需要掌握的知识点及技能，章节内容的编排由浅入深，从自动售检票系统概述及发展应用、设备主要原理与组成、设备基本操作、设备日常巡检、预防性维护、常见故障处理等几个方面进行阐述、讲解。同时，通过具体操作流程及案例分析调动读者的阅读兴趣，帮助读者培养动手能力和逻辑思维能力。本书具有以下几个特点：

- 匹配性高、针对性强。本书是匹配《城市轨道交通自动售检票检修工》职业标准开发的培训教材，参照职业标准的内容进行编写，具有很强的针对性。

- 内容丰富、与时俱进。本书全面讲解了初、中级自动售检票检修工在安全防护、日常操作、日常检修、维护保养、故障处理中需要掌握的技能及相关知识，同时能够从技术发展的角度，吸纳较多新技术、新设备在地铁应用的实例，对从业人员有较高的指导价值。

- 结构合理、讲解细致。全书结构由浅入深，图文并茂，对重点、难点进行了细致的讲解和举例分析，有利于读者自学，容易入门。

- 实践性强、案例经典。书中常见故障分析及案例解析与基础资料紧密结合，同时结合操作实例，指导读者快速提高实际动手能力与逻辑思维，真正做到学以致用。

- 课后习题丰富。书中每章末尾均有课后问题及答案，可帮助读者查漏补缺，巩固所学知识。

本书第一章介绍了自动售检票系统，包括自动售检票系统的架构、功能及技术发展与创新；第二章介绍了设备的基本原理及组成，包括设备各模块的功能、结构及基本原理；第三章介绍了通用安全与工器具仪表的使用，包括作业安全防护、安全关键点以及工器具、仪表的使用；第四章介绍了设备的基本操作及票务安全，包括设备的操作流程及步骤、票务安全知识；第五章介绍了设备日常巡检的流程及内容，包括日常巡检的基本流程、方法；第六章介绍了设备预防性维护，包括AFC设备预防性维护的内容、维护作业的流程及操作要点；第七章介绍了常见故障的判断与处理，包括常见故障的判断与处理流程及经验分享；第八章介绍了设备安装调试与验收，包括AFC设备的安装、调试流程以及设备验收的标准。

本书注重自动售检票系统的通用基础知识、原理、功能和实操技能，尽量在适用性上参照全国不同城市地铁自动售检票系统的特点，以广州地铁作为具体参考对象，力争在总结维修管理经验的同时进行理论上的升华，内容翔实，通俗易懂，是城市轨道交通自动售检票检修工的岗位培训教材和重要学习参考用书。

本书由刘鹏飞担任主编，曾震宇担任副主编。全书共八章，汤健、曾震宇编写第一章、第四章，刘贻展、严建华编写第二章、第五章，吕定胜编写第三章，刘勇编写第六章，龙永溉、张黝黝编写第七章，李琦、刘鹏飞编写第八章。杨国航、叶德盛、刘金剑、区文健、徐慧德、朱穆等参与本书的资料收集及修订工作。在本书编写过程中，编者参阅了大量专业书籍和实训手册，书中列出了参考文献，同时得到了广州地铁集团有限公司的大力支持，在此一并表示衷心的感谢！

由于时间仓促以及编者水平有限，书中难免存在不足之处，欢迎读者提出批评和建议。

编 者

2018年5月

目 录
CONTENTS

第一章 自动售检票系统概述 ·· 1
   第一节 自动售检票系统简介 ··· 1
   第二节 自动售检票系统的主要功能 ····································· 6
   第三节 多元化支付在 AFC 系统的发展应用 ························· 17
   复习思考题 ·· 19

第二章 设备的基本原理及组成 ·· 20
   第一节 自动售票机的基本原理及组成 ································· 20
   第二节 自动检票机的基本原理及组成 ································· 30
   第三节 自动验票机的基本原理及组成 ································· 38
   第四节 票房售票机的基本原理及组成 ································· 40
   第五节 车站计算机的基本原理及组成 ································· 61
   第六节 中央级设备的基本原理及组成 ································· 69
   复习思考题 ·· 72

第三章 通用安全与工器具仪表的使用 ····································· 73
   第一节 电工安全与岗位安全职责 ······································· 73
   第二节 常见工器具的使用方法 ·· 81
   第三节 电子仪器仪表的使用方法 ······································· 88
   复习思考题 ·· 98

第四章 设备的基本操作及票务安全 ·· 99
   第一节 自动售票机的基本操作 ·· 99
   第二节 自动检票机的基本操作 ·· 105
   第三节 票房售票机的基本操作 ·· 108
   第四节 车站计算机的基本操作 ·· 110
   第五节 AFC 票务安全要求 ··· 111
   复习思考题 ·· 113

第五章　设备日常巡检的流程及内容 …… 114
第一节　日常巡检的流程与要点 …… 114
第二节　车站计算机日常巡检 …… 115
第三节　票房售票机日常巡检 …… 125
第四节　自动售票机日常巡检 …… 128
第五节　自动检票机日常巡检 …… 132
第六节　自动验票机日常巡检 …… 137
复习思考题 …… 139

第六章　设备预防性维护 …… 140
第一节　AFC 设备预防性维护概述 …… 140
第二节　自动检票机预防性维护 …… 142
第三节　自动售票机预防性维护 …… 163
第四节　票房售票机预防性维护 …… 187
第五节　自动验票机预防性维护 …… 192
复习思考题 …… 194

第七章　常见故障的判断与处理 …… 195
第一节　AFC 设备故障处理的基本原则 …… 195
第二节　自动检票机常见故障的判断与处理 …… 199
第三节　自动售票机常见故障的判断与处理 …… 211
第四节　票房售票机常见故障的判断与处理 …… 222
第五节　车站计算机常见故障的判断与处理 …… 229
第六节　车站级设备重大故障的判断与处理 …… 235
复习思考题 …… 241

第八章　设备安装调试与验收 …… 243
第一节　设备安装与调试 …… 243
第二节　设备施工与质量验收 …… 256
复习思考题 …… 270

复习思考题答案 …… 271

参考文献 …… 277

附录：专业术语表 …… 278

第一章　自动售检票系统概述

【学习目标】

1. 学习自动售检票系统的特点；
2. 学习自动售检票系统的车票知识；
3. 学习自动售检票系统的基本架构；
4. 学习自动售检票系统各类设备的功能；
5. 学习多元化设备功能。

【知识要求与技能要求】

1. 掌握自动售检票系统的特点；
2. 掌握自动售检票系统的车票分类；
3. 掌握自动售检票系统的基本架构；
4. 掌握自动售检票系统各类设备的功能；
5. 掌握多元化设备功能。

第一节　自动售检票系统简介

自动售检票系统（以下简称 AFC 系统）的全称是 Automatic Fare Collection System，即城市轨道交通自动售检票系统。它是基于计算机、通信、网络、自动控制等技术，实现轨道交通售票、检票、计费、收费、统计、清分、管理等全过程的自动化系统，也是一种由计算机集中控制的自动售票（包括票厅售票）、自动检票以及自动收费和统计的封闭式自动化网络系统。

AFC 系统集中了多项先进技术，实现了城市轨道交通范围内车票发售、车票验证、车票管理、客流控制、收入管理、设备监控、设备管理等功能。AFC 系统采用基于 TCP/IP 协议的网络架构，实现了稳定高速的设备信息传送，确保了设备运行的安全稳定和运营数据的及时收集。AFC 系统的数据传输基于封闭的分布范围广的局域网进行可靠传输。它采用的是全以太网网络传输方式，通过交换机、OTN 网络实现中央与各站计算机和车站 AFC 设备的通信，远程传输数据，数据的上传和采集速度得到了数十倍的提升。

我国城市轨道交通车站自动售检票设备的发展经历了从无到有的过程,最初全部是来自外国,近年来我国已进行了大量的研发,提供了多种形式的产品,技术水平也在不断提高。随着计算机技术和软件的发展,我国大多城市的轨道交通 AFC 系统已与城市一卡通系统接轨,并具备与城市公交一卡通进行自动收益清分能力的电子支付系统,实现城市甚至城市之间的一卡通,为广大市民出行提供了极大的票务便利。自动售检票系统是城市轨道交通系统发展的一个趋势,也是城市信息化建设的一个重要体现。自动售检票系统具有如下特点:

(1)网络结构清晰,数据及时上传与清算;
(2)集中控制、统一的票务管理;
(3)各线设备独立运营,之间能实现无障碍换乘,互联互通;
(4)各线路系统应用兼容,预留系统扩展的条件;
(5)紧急情况下能实现乘客快速通行疏散。

近年来,科技的进步、思维的转变、智能手机的普及让金融和科技碰撞出更多的火花,越来越多的小额高频现金支付场景开始被多元化支付取代,移动互联网经济发展迅猛。依托移动电子商务增长强劲的大背景下,地铁售检票系统的多元化支付业务应运而生,其主要指基于无线通信业务,通过移动终端实现的非现金方式的货币资金的转移以及支付行为。地铁售检票系统多元化支付包括互联网购票、互联网过闸、金融 IC 卡、地铁云卡和地铁乘车码等多种支付方式,其改变了传统购票过闸模式,为乘客提供了多样的购票和过闸体验,乘客支付变得更加的快捷,随时随地能购票,也能省去兑零钞等更多的时间,避免排长队购票的麻烦,同时可以省去车站人员对自动售票机定期补充钱币、回收钱币等工作,避免收到伪币。

AFC 系统经过多年发展,已经形成了成熟的层次结构。目前的层次结构是按照全封闭的运行方式,以计程收费模式为基础,根据各层次设备和子系统各自的功能、管理职能和所处的位置进行划分的。AFC 系统的层次架构共分为车票媒介(读卡器)、车站终端设备、车站计算机系统、线路中央计算机系统、五个层级,如图 1.1 所示。

目前确定的五层结构形式,是根据我国国情和城市发展现状,综合考虑了轨道交通建设的特点(如线路多而复杂、建设周期长、多个业主单位等情况)而设置的,具有一定的可伸缩性。例如,第二层(线路中央计算机系统),随着计算机运算速度与处理能力的不断提升,其功能也可由第一层(清分系统)兼并处理,尤其是多元化支付技术的应用此类需求愈发明显。目前我国已经有城市通过建立云清分平台,平台利用虚拟化、集群及云计算等技术将票务清分系统与线路中央计算机系统合并,实现 AFC 系统的扁平化,有效提升系统的效能。

对各层次必须实现的功能和要求作出如下定义:

第一层——清分计算机系统。清分系统主要功能是统一城市轨道交通 AFC 系统内部的各种运行参数,收集城市轨道交通 AFC 系统产生的交易和审计数据并进行数据清分和对账,同时负责连接城市轨道交通 AFC 系统和城市一卡通清分系统,规定了对车票管理、票务管理、运营管理和系统维护管理的技术要求。

第二层——线路中央计算机系统。线路中央计算机系统主要功能是收集本线路 AFC 系统产生的交易和审计数据,并将此数据传送给城市轨道交通清分系统,以及与其进行对账,规定了对该线路的车票票务管理、运营管理及系统维护的技术要求。

第三层——车站计算机系统。车站计算机系统主要功能是对第二层车站终端设备进行状态监控以及收集本站产生的交易和审计数据，规定了系统的数据管理、运营管理及系统维护管理的技术要求。

第四层——车站终端设备。车站终端设备安装在各车站的站厅，是直接为乘客提供售检票服务的设备，规定了车站终端设备及其运营管理的技术要求。

第五层——车票媒介（读卡器）。车票是乘客所持的车费支付媒介，规定了储值卡和单程票两种类型的物理特性、电气特性、应用文件组织以及安全机制等技术要求。

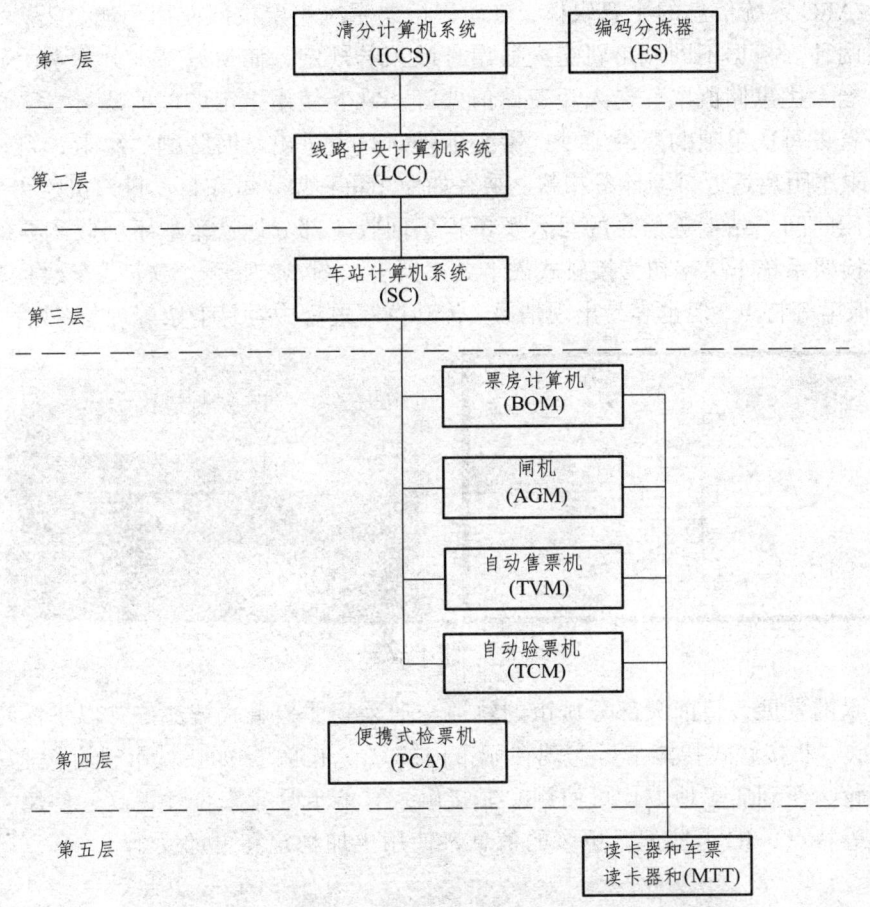

图 1.1 AFC 系统层次架构图

AFC 系统采用独立的 SAM 卡认证密钥管理系统，将系统设备、票卡（包括公交一卡通车票）有机联系起来，在实现不同设备系统的无障碍切换使用同时，也保障了运营收益数据的安全可靠。密钥系统是 AFC 系统的一个子系统，AFC 系统通过密钥系统对车票的交易进行管理。管理的工作包括对车票的读写进行安全控制、交易文件的数字签名、交易流水号的管理、信用机制的管理等内容。

SAM 卡是密钥系统具体的物理实现形式。SAM 卡（Security Access module）是一种特殊的 CPU 卡，存储了密钥和加解密算法。一般来说，SAM 卡分为以下几种：

（1）PSAM 卡，用于终端安全控制模块，一般用于小额支付扣款中；

（2）ESAM卡，用于设备的认证；

（3）ISAM，用于钱包充值。

目前票卡的发行一般采用密钥对唯一的物理卡号加密的方式。

SAM卡存放着多种密钥，每台AFC终端设备在读写器上安装相应的SAM卡，AFC终端设备工作时把SAM卡进行有效激活使SAM卡进入相应的安全状态下，SAM卡在安全的情况下对车票交易进行控制并完成交易文件的数字签名。新的SAM卡密钥由清分系统（ICCS）负责生成与发行。

车票是AFC系统信息的主要媒体，自动售检票系统车票按照使用功能分类，可分为储值票和单程票两种。根据不同城市轨道交通票务政策的规定，储值票又细分为学生储值票、普通储值票、老人优惠储值票、老人免费储值票等，乘客使用指定的储值票可享受指定的票价优惠，还可省去每次单独购票的烦琐，乘坐地铁时只需进出站时各刷一次卡，自动售检票系统就会根据乘车距离远近自动计费扣款。乘客如使用单程票，可在自动售票机购买单程票，在闸机完成使用时间、站点等信息的写入及单程票回收（部分地铁采取不回收车票的模式）。

自动售检票系统车票起初为接触式磁卡式车票，如图1.2所示，磁卡式车票具有工艺比较简单、成本低廉等特点，但也容易出现消磁、传动读写过程中容易卡票等现象，维护成本更高。

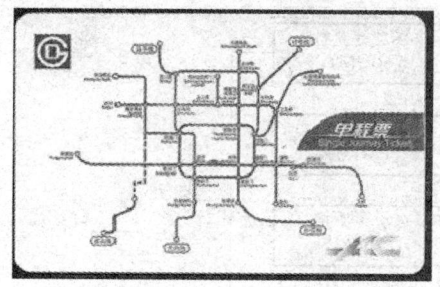 

图1.2 磁卡式车票

随着技术的发展，目前大部分城市的轨道交通采用非接触式智能卡（以下简称IC卡），如图1.3所示。非接触式智能卡可实现在城市内的"一卡通"，如在城市轨道交通、公交车、出租车、渡轮、便利店等地方均可使用。非接触式智能卡具有安全性更高、使用寿命更长、不容易磨损等特点，IC卡能记录更多的信息，使用更加稳定和更加安全。

图1.3 非接触式智能卡

非接触式智能卡均采用国际上通用的 ISO-14443 的标准,如按照接口协议标准划分,又分可为 Type A 和 Type B 两种类型。以我国某城市的羊城通储值卡为例,它符合 ISO-14443 标准 A 类系列,可在城市轨道交通、公交车、渡轮、出租车、便利店上使用。非接触式智能卡在城市轨道交通系统使用时,需记录车票进闸、出闸扣费、更新、黑名单设置等信息,该类信息会记录在车票记忆体的专用区域内,如使用地点、设备编号、时间、交易流水号等,可根据需要保留多条信息(通常保留 10 条)。

非接触式单程车票可分为代币式和卡片式两种,代币式单程票(Token)(见图 1.4)是由内置芯片和接收天线的工程塑料制成,直径为 30 mm、厚度为 2 mm。广州地铁是世界上首家使用代币式单程票(Token)的城市轨道交通企业。

图 1.4　代币式单程票

使用这种小型的代币式 IC 车票有利于单程票的自动发售、自动回收、保管和多次循环使用。部分轨道交通公司采用卡片式单程票,具有成本低、票面可承载信息量大等特点,卡片式单程票如图 1.5 所示。

图 1.5　卡片式单程票

近年来,某些城市地铁推出了金融 IC 卡直接刷卡乘坐地铁,银联金融 IC 卡是指中国银行卡联合组织(以下简称银联)推出的基于中国人民银行发布的《中国金融集成电路(IC)卡规范》(以下简称 PBOC)的芯片卡,如图 1.6 所示。

在多元化支付的背景下,地铁车票除了兼容传统的实体车票,也陆续出现了手机二维码(地铁乘车码)、人脸识别等虚拟车票,乘客不用直接购买实体车票就能

图 1.6　基于金融 IC 卡技术的银联各类闪付卡

进出站搭乘地铁。虚拟车票较实体车票具有使用方便、不易丢失、安全性高等特点。虚拟车票示意图如1.7所示。

（a）手机二维码虚拟车票示意图

（b）人脸识别虚拟车票示意图

图1.7 虚拟车票示意图

第二节 自动售检票系统的主要功能

AFC系统按安装位置、实现功能等区分，可分为车站级AFC设备与中央级AFC设备，车站级AFC设备主要包括车站计算机、自动检票机（含云闸机）、自动售票机（含云购票机）、票房售票机（含自助客服中心）、自动验票机等；中央级AFC设备包括综合中央计算机系统（ICCS）、线路中央计算机（LCC）、编码分拣机（E/S）和系统工作站等。

AFC设备架构如图1.8所示。

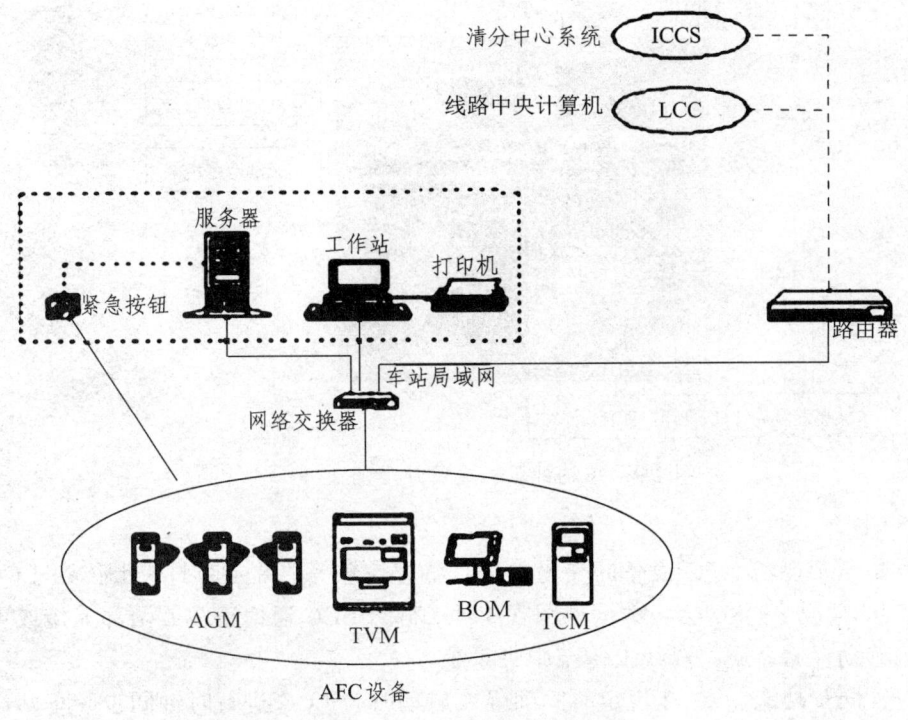

图 1.8　AFC 设备架构图

一、车站级 AFC 设备

1. 车站计算机（SC）

车站计算机（Station Computer，SC），是 AFC 系统中的重要设备。SC 一般安装在车站控制室或 AFC 设备室，实现监控客流，监控站级设备，收集汇总站级设备数据并将数据上传至线路中央计算机做进一步处理。SC 由服务器、工作站、不间断电源（UPS）、网络交换机和打印机组成，如图 1.9 所示。

其中 SC 服务器负责与站级设备、线路中央计算机通信，处理站级设备数据，实现参数同步。SC 工作站负责监控设备，提供多种查询功能，可查询设备状态、设备数据、客流数据、参数文件及设备运营报表。

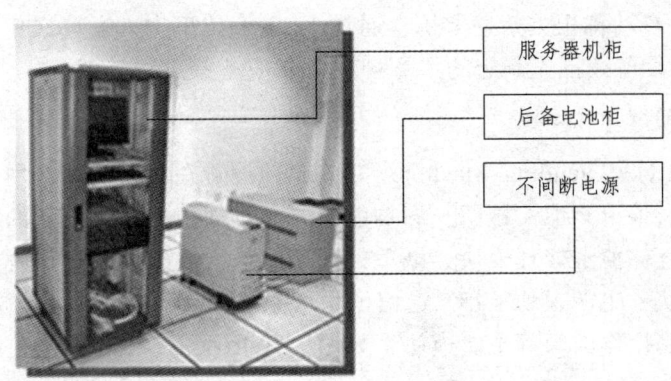

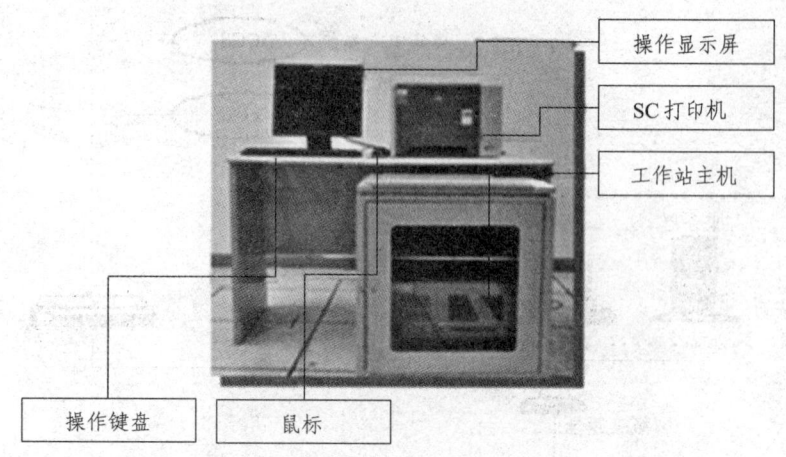

图1.9 车站计算机设备外观图

SC 的主要功能有：

（1）负责收集车站现场 AFC 设备的交易数据、状态信息等，并定时打包上传到 LCC。在与 LCC 无通信的情况下，SC 会将数据保留在本地，待与 LCC 通信正常后全部上传或可通过将数据导出到移动存储介质，离线上传至中央系统。

（2）系统时钟同步功能，SC 在规定时间间隔或启动时与 LCC 进行时钟同步，车站设备在规定时间间隔或重启时与 SC 进行一次时钟同步。

（3）SC 储存由中央系统下发的运营和设置参数，并下载到所有车站设备。SC 储存两套参数设置表（一套是现在使用的参数设置表，一套是将来使用的参数设置表）。

（4）通过 SC 本地导入系统参数，进行 AFC 设备参数或软件更新。

（5）负责监控车站现场 AFC 设备的状态、故障、报警信号、客流情况等。除实时显示现场 AFC 设备的状态信息外，操作人员还可以通过 SC 控制现场设备暂停服务或正常服务，双向自动检票机设置为单向自动检票机，将自动检票机设置为专用车票通道等，给车站设备下达运作命令及设置系统运行模式等，从而车站可以通过 AFC 设备实现现场客流控制的功能。

（6）能通过图表的方式显示车站时段的客流。

（7）在车站运营结束后，操作人员通过 SC 能生成及打印车站当天的收益和客流报表。

（8）操作人员通过 SC 能向站厅 AFC 设备下达降级运营模式、紧急模式命令，车站 AFC 设备紧急模式的设置还可以通过外接的一个紧急按钮进行控制。降级运营模式或紧急模式的命令下达后，SC 将自动将相关信息上传，通过 LCC 上传至 ICCS，ICCS 广播至其他各相应车站，各车站 AFC 设备按预先制定的票务规则对相应车票进行处理。

2．自动售票机（TVM）

自动售票机（Ticket Vending Machine，TVM），设置在非付费区，用于向乘客发售系统设定的单程车票、充值卡充值（预留）的功能。硬件方面根据系统设备的具体功能要求，装配有票卡发售模块、储值卡处理模块、纸币处理接收模块、纸币钱箱、硬币接收找零模块、硬币钱箱、主控模块、电源模块、I/O 通信模块、乘客显示屏模块、触摸屏模块、打印机、状态显示模块、维修操作面板等主要模块，如图1.10所示。

图 1.10 自动售票机设备外观图

TVM 的主要功能有：

（1）接收硬币、纸币及购买单程票。具有一次交易可发售单张或多张单程票以及硬币找零功能（需由车站操作人员在设备开始运营之前补充一定数量的硬币）。

（2）乘客显示屏显示轨道交通线路、票价等信息，并配有触摸屏，乘客根据相关指引选择目的站点或票价购买单程票。乘客可通过触摸屏上选择目的车站（并默认设备所在车站为乘客的起始站），乘客显示屏将显示乘客所选到达目的地的票价，且默认购买单张车票，可选择购买多张，相应的收费金额显示在乘客显示屏上。

（3）乘客投入的硬币及纸币金额将显示在乘客显示屏上，当投币金额大于或等于所需车费时，设备即开始发售车票并找还硬币或纸币。

（4）未支付足够费用前，乘客可按取消按钮中止正在进行的交易。当乘客购票过程，超过规定时间未完成交易，TVM 将自动取消交易。取消交易时，返还已投入的硬币及纸币。

（5）可在 TVM 增加相应硬件实现用纸币对城市轨道交通专用储值票进行自助充值功能。

（6）能发售的票种、车票票价表均由中央系统下载参数设置。

（7）通过状态显示屏实时显示 TVM 的状态，如正常服务、暂停服务、维修模式、只接收硬币、只充值模式、不找零模式等。

（8）TVM 通过局域网与 SC 相连，能实时上传交易数据、设备运行状态和接收 SC 下达的控制命令和参数。

随着"互联网"+技术应用的普及，TVM 已在传统现金购买单程票的基础上，支持多元化支付，可以通过改造传统 TVM、新增云购票机的渠道实现，如图 1.11 所示。

TVM 多元化支付主要有两种实现方式：现场购票和网络购票。现场购票时，乘客在 TVM 或云购票机的触摸屏上点击"购票"选项，选择目的站点或票价以及购票数量，确认订单后将付款的二维码靠近取票机扫描区扫描，付款成功后机器将自动出票，如图 1.12 所示。

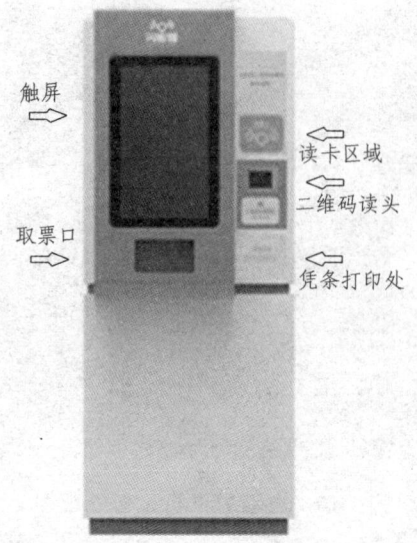

图 1.11 云购票机设备外观图

图 1.12 现场购票二维码扫描支付示意图

网络购票可通过公众号、专用应用程序（APP）等渠道进行。乘客使用手机完成网上购票后，可在当日起始站的 TVM 或云购票机按照提示将购票订单生成的二维码对准扫描区进行扫描，扫码成功后机器将自动出票。购票当日未取票的，可在相应订单页面选择退票；逾期未取，系统将在一定时间后自动按照原有支付渠道退还票款，如图 1.13 所示。

3．自动检票机（AGM）

自动检票机（AGM），又称闸机，是通过读取和验证车票，根据车票信息的有效性与否来控制 AGM 的开合，有效车票顺利放行，无效车票则提醒该乘客到售票中心补票，从而达到控制乘客进出的目的。AGM 多安装在车站的站厅层，用于隔离车站付费区与非付费区，乘客通过 AGM 进出付费区。车站还可合理控制 AGM，起到车站客流控制的作用。AGM 按设备类型主要分出

图 1.13 网络购票示意图

闸机、进闸机、双向闸机三类，按通行方式可以分为扇门式（见图1.14）、转杆式（见图1.15）两类。AGM的设计满足乘客右手持票快速通过闸机的需求，验票时有声光提示。

图1.14　自动检票机扇门式设备外观图

图1.15　自动检票机转杆式设备外观图

AGM硬件方面根据系统设备的具体功能要求，装配有扇门模块、通道传感器、主控模块、电源模块、I/O通信模块、乘客显示屏模块、票卡读写器、车票处理回收模块、方向指示灯、特殊票指示灯。

AGM的主要功能有：

（1）AGM进闸机能对乘客持有的公交"一卡通"系统及城市轨道交通专用的单程票进行检查、编码。对于有效的车票打开扇门（转杆自由转动）让乘客通过。出闸机能对指定的城市轨道交通专用单程票卡回收。

（2）扇门式AGM安装有足够的传感器对乘客的通行行为进行监控，能区分不同高度的乘客及手持/手推行李，并能检测乘客在通道的移动情况。AGM若检查到任何非法进入都发出报警声及闪烁提示灯。

（3）AGM设有乘客显示屏，显示相关的设备状态信息、车票使用信息和维修信息等。

（4）在AGM的两端有明显的标志，显示AGM的工作状态，乘客能在15 m以内清楚看到显示标志。

（5）在车站控制室设有专用紧急按钮，当发生紧急情况时，可使用该按钮打开所有AGM的扇门（转杆自由转动），保证乘客无阻碍地离开付费区。同时，在没有电力供应的情况下，AGM的扇门处于常开状态以保证乘客进出。

（6）AGM通过车站局域网网络连接到车站计算机，接收SC下达的控制命令和参数，并实时上传车票处理交易数据和设备运行状态等信息，运行状态信息包括正常/故障/维护服务状态、车票回收箱将满/满的信息、内部模块故障信息等。

（7）操作人员可以通过SC控制AGM暂停服务或正常服务，双向闸机设置为单向闸机，或将闸机设置为专用车票通道等。

（8）AGM具有自诊断功能，当出现故障时，故障信息将显示在闸机的显示屏上。

随着科技发展，传统的AGM通过更新读卡器、重做软件等技术改造，可以支持银联金融IC卡和地铁云卡（APP）等多元化支付方式过闸，乘客不需购买单程票，可以直接刷卡或手机过闸。同时，部分城市地铁也安装有云闸机。云闸机的模块构成与传统闸机基本一致，均包含电源模块、扇门模块、主控、读卡器等，云闸机减少了乘客在售票机上购票进闸的环节，乘客只要通过手机通过APP等方式购买地铁单程票并获得二维码，在云闸机上刷码验证后即可进站。云闸机设备外观如图1.16所示。

图1.16 云闸机设备外观图

4．票房售票机（BOM）

票房售票机（BOM）安装在车站售票厅内，由车站票务人员使用。硬件方面根据系统设备的具体功能要求，装配有主控模块、电源模块、操作显示屏、乘客显示屏、读卡器、打印机、键盘鼠标等，如图1.17所示。

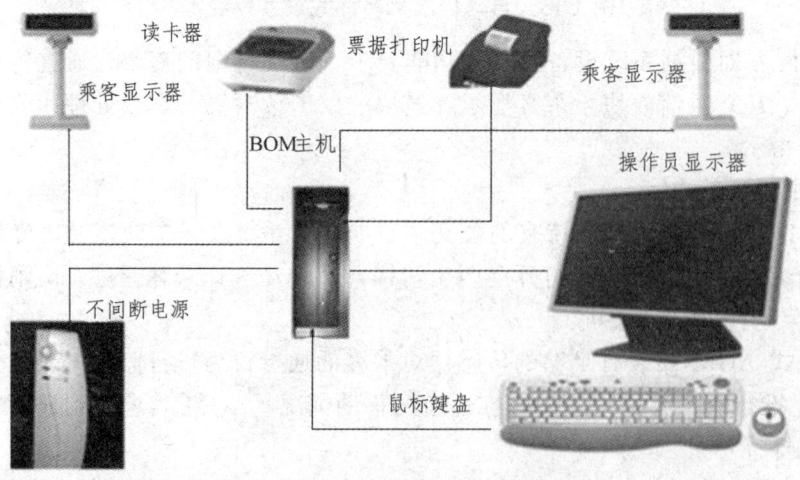

图1.17 票房售票机设备外观图

BOM 的主要功能有：

（1）能对公交"一卡通"及城市轨道交通专用车票进行处理。

（2）车站工作人员通过 BOM 对票卡进行分析、发售、充值、更新、激活、延期、退款、交易查询、解锁等处理等。

（3）BOM 能记录设备处理的所有交易数据，并实时上传，可在操作员班次结束时，自动打印班次报告。

（4）BOM 能处理非即时退款，处理车站乘客投诉，对行政处理进行记录。

（5）BOM 操作员显示器和乘客显示器能提供用户界面和提示信息，与乘客相关的收款信息会在乘客显示屏上显示。

（6）通过车站局域网网络与 SC 连接，接收 SC 下达的参数，并实时上传车票处理交易数据和设备运行状态等信息，以便车站管理部门进行分析、统计，提高地铁运营的整体服务品质和效率。

伴随"互联网"+技术的成熟应用，票房售票机从传统的安装在客服中心，需车站人员操作使用，衍生为自助客服中心，其安装在共同区付费区/非付费区，供有需要处理票务异常的乘客自助使用。自助客服中心可以由手持单程票、储值票等车票的乘客，自行处理超时、车费不足、未进/出站车票更新，使用手机网络非现金支付。该功能可以让乘客无须等待，一键完成车票更新处理，也减轻了车站人员的劳动强度。如图 1.18 所示。

图 1.18 自助客服中心外观图

5．自动验票机（TCM）

自动验票机（Ticket Checking Machine，TCM），安装在自动售票机附近，由乘客自选操作。硬件方面根据系统设备的具体功能要求，装配有主控模块、电源模块、I/O 通信模块、乘客显示屏模块、票卡读写器，如图1.19所示。

TCM的主要功能有：

（1）乘客将车票放在读卡区上，验票机自动验票，并显示车票票种、购票时间、进站时间、出站时间、进站地点、出站地点、扣费金额、剩余金额、有效期等，显示的信息根据查询的种类不同而有所变化。每笔交易信息能逐条显示。

（2）信息显示停留时间可以设置，如有下一位乘客验票，验票机验票后，显示新的信息，并更换背景颜色，能更清晰地提示乘客。

（3）通过车站局域网网络与SC连接，接收SC下达的控制命令和参数。

二、中央级AFC设备

中央级AFC设备主要包括综合中央计算机系统（ICCS）、线路中央计算机（LCC）、编码分拣机（E/S）和

图1.19 自动验票机设备外观图

系统工作站，为城市轨道交通自动售检票系统的核心系统。ICCS对各线路的所有交易进行清算、客运统计、票款收益统计，并能实现与公交"一卡通"系统的数据接口及财务清算功能。线路中央计算机实现对城市轨道交通各站点AFC设备数据的集中采集、统计及管理功能。编码分拣机负责制作、初始编码城市轨道交通所使用的单程车票和专用储值车票。系统工作站能对各站点AFC设备进行监控、查阅系统报表等。

1．综合中央计算机系统（ICCS）

综合中央计算机系统也称清分系统，用于城市轨道交通各条线路之间与公交系统、银行系统及其他相关系统之间的清算分账、车票交易数据的处理及统计分析，同时具备对线路AFC系统设备运营管理的功能。清分系统设计应满足城市轨道交通远期设计的多条线、多个车站、预期客流量等方面需求，系统具备扩展能力，可供后续各条新建线路AFC系统接入。

ICCS设计为热备、冗余、模块化、易扩展的系统。在主/备（热备）两种工作方式下，均能对系统进行正常操作。ICCS能连续地自动检测系统的硬件和软件故障。在故障时切换自动进行，故障单元可被隔离，并且能建立一个新的有效数据通道，使ICCS保持不间断工作。

系统运行环境主要由操作系统、数据库系统和J2EE运行环境组成。清分系统的核心，即中央清算部分，采用传统的结构化程序设计，有效保证了系统的稳定性和可扩展性。

ICCS的主要功能有：

（1）清分子系统——对各线路上传的交易数据和其他小额交易数据进行清分，并将清分结果下发给各相关线路与相关系统，提供对外部系统的统一数据交换接口和对账功能等。

（2）清分规则维护子系统——在新增线路联网运营时或业主认为需要调整清分规则时，可通过清分规则维护子系统调整清分规则，清分规则的维护和调整将不影响正常清分。清分规则维护子系统能保存至少两种清分规则，并可以进行清分规则的切换。

（3）IC卡发行管理子系统——包括编码分拣机监控、票务管理、个人化等功能。票务管理包括库存管理和退票管理两大部分，库存管理包括车票制票（车票的初始化、赋值与分拣）、配票和回收。

（4）设备管理子系统——记录自动售检票系统设备的注册信息、分布、设备搬迁记录、密钥更换记录等信息，并进行跟踪管理。能接收各线路 AFC 车站设备的运行、关闭、故障、离线运营、降级运营等 5 种状态。

（5）通信子系统——负责 ICCS 与城市轨道交通各线路 AFC 系统及相关系统的数据交换，对 ICCS 与各互联系统之间的数据进行有效隔离。

（6）数据交换子系统——负责 ICCS 与城市轨道交通外部系统（如一卡通）的数据交换，具有数据采集和分发等功能。

（7）运营资料管理子系统——负责管理相关运营资料，包括设备资料、票卡资料、运营资料、系统代码资料、操作资料、系统时钟、黑名单等。

（8）运营管理子系统——可以实现参数管理、系统运作模式管理、数据审核、权限管理、时钟管理。

（9）平台管理子系统——包括系统监控、网络管理和数据库备份/恢复管理等功能。其中系统监控是指对操作系统、数据库和系统资源的分配、运行和使用状况进行监控和管理；网络管理是对组成 ICCS 的网络连接设备的运行状况、数据流量、通信安全和故障诊断等进行监控和管理；数据库备份恢复管理是指制定和实现备份策略，备份监控和恢复等。

（10）备份/恢复子系统——包括本地数据、数据库的备份和异地容灾备份和恢复。

（11）密钥子系统——是整个城市轨道交通 AFC 系统安全体系的核心，由 ICCS 统一管理。从功能上划分，它包括密钥卡的发卡、密钥管理、交易验证、安全认证，涉及密钥的生成、分发、使用、更新、终止等密钥生命周期的各个阶段。

（12）查询子系统——负责运营管理和账务管理方面的数据查询，主要是对各种交易清单、客户服务明细、参数记录和运作数据等的查询，并具有打印功能。

（13）报表子系统——根据报表模板和数据自动产生当日全部报表，并保存在报表服务器上。报表子系统支持预先定义的基于数据库值的报表，提供多个标准报表，标准报表在限定的时段内可供在线访问。根据操作员的权限，可以看到不同范围的报表内容，当报表产生后，操作员可以通过工作站查看报表，并可选择打印此报表。报表子系统提供报表生成工具软件，在实际运营时，允许报表维护人员利用数据库表的数据增加特定报表。

（14）决策支持子系统——对客流、OD 矩阵、收益等数据按时间、车票类型、线路、进出车站、收益进行一级、二级和多级的数量分类统计和同比分析。

（15）异地容灾子系统——远程数据复制，实现清分服务器数据与容灾服务器数据的同步、系统切换，当清分服务器发生灾难时，用户可以将清分服务器的应用切换到容灾服务器。

2．线路中央计算机（LCC）

LCC 是轨道交通自动售检票系统的核心系统，具有对 SC 以及车站设备的监控、系统数据的集中采集、统计及管理功能，同时与 ICCS 进行数据交换。系统采集数据类型至少包括状态数据、审计数据、车票处理及交易数据、车票收益数据等。

LCC 的主要功能有：

（1）在通信正常的情况下，能接收 SC 系统发送的数据，在通信中断的情况下，能通过离线数据采集工具导入需上载的数据。

（2）对采集的数据进行校验、分类入库和汇总处理。

（3）所有车票的使用数据上传 ICCS。

（4）采用 NTP（网络时间协议）的方式来实现 LCC、SC 和车站级设备的时钟同步。

（5）系统生成线路的客流报表、现金收益报表、闸机扣款报表、数据核算类报表等。

3．编码分拣机（E/S）

编码分拣机安装在城市轨道交通的制票中心，与 ICCS 系统连接，由票务工作人员操作，如图 1.20 所示。在城市轨道交通系统内使用的单程车票和专用储值票需由编码分拣机进行初始化和编码后才能使用。如果是公交"一卡通"发行的储值车票，由公交"一卡通"系统统一编制发行。

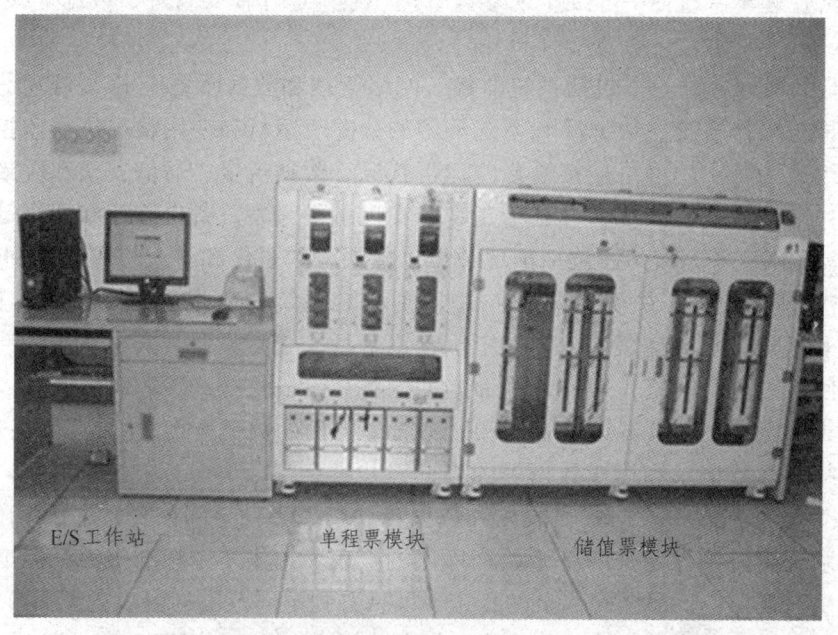

图 1.20 编码分拣机设备外观图

E/S 的主要功能有：

（1）可对城市轨道交通专用票卡进行初始化、编码、赋值处理的功能，包括代币式和卡式车票。

（2）可对回收的车票按需要进行分拣、重新编码、注销或赋值处理。车票的分拣可以按票的余额、有效期、芯片类型等条件进行操作。

（3）能即时打印车票处理过程的批次操作及班次报告。

（4）可接收 ICCS 下发的订单，并记录相关编码交易数据，将数据上传至 ICCS。

（5）能记录交易、审计数据、设备状态信息、故障信息及操作员等信息，并在本机保存一定时间。

硬件方面根据系统设备的具体功能要求，装配有主控模块、电源模块、I/O 通信模块、单程票处理分拣模块、票卡处理分拣模块、票卡读写模块、报表打印机、紧急按钮、UPS、操作显示器。

第三节　多元化支付在 AFC 系统的发展应用

近年随着手机无线网络的成熟应用及智能手机科技的高速发展，同时我国国民的消费能力逐步提高，多元化支付技术在我国可以说是蓬勃发展、盛况空前。2015 年 7 月 4 日，国务院印发了《国务院关于积极推进"互联网+"行动的指导意见》，更是直接推动了有着深厚互联网基因的多元化支付技术在城市轨道交通行业的迅猛发展。城市轨道交通行业的多元化支付技术就是在上述时代背景下迅速发展的。本节将通过概念定义、技术基础、发展进程、应用前景等四个方面介绍多元化支付技术在 AFC 系统的发展应用。

一、多元化支付的概念定义

多元化支付是一种总结性的抽象概念，是泛指非现金的新型支付方式，可分别从支付技术实现原理及实施主体进行区别。

从支付的技术实现原理上区分，可以分为 NFC、二维码、金融 IC 卡等。具体的技术细节将在后续章节介绍。上述技术的成熟运用，使支付的效率大幅提升，同时节省了相当一部分使用现金时的费用。因此，多元化支付在国内受到大力推广，尤其是国务院提出"互联网+"战略后，在国内消费领域地位愈发重要，城市轨道交通行业也在积极推广多元化支付技术。

从支付实施主体可以分为 Apple Pay、Samsung Pay、华为 Pay、地铁云卡、闪客蜂、支付宝、微信支付及银联的闪付卡等。上述实施主体主要是基于 NFC、二维码、金融 IC 卡等技术。

二、多元化支付的技术基础

多元化支付并不是一项全新的技术，而是由多项基础技术共同构成。多元化支付技术主要由移动无线网络、NFC、二维码、金融 IC 卡等系列技术构成，以下是上述各项技术的简要介绍。

1．移动无线网络的高速发展

1978 年，美国贝尔实验室研制出先进移动电话系统（AMPS）。此后，其他工业化国家相继开发出蜂窝式移动通信网。这一技术是一个重大的突破，从此移动通信开始得到了飞速的发展。30 年间发展了 2G（第二代移动通信技术，以下类同）、3G 及现时的 4G 无线通信网络技术标准。5G 网络的标准也已经制定，并预计于近两年开始商用。移动通信技术发展至今，通过无线通信技术的更新换代，数据传输速度也得到极大的提升。4G 能够以 100 Mb/s 以上的速度下载，能够满足几乎所有用户对于无线服务的要求。因此，多元化支付尤其是二维码支付等基于网络的支付技术获得了发展壮大的土壤。

2．NFC 技术的成熟

近场通信（Near Field Communication，NFC）是一种短距高频的无线电技术，在 13.56 MHz 频率运行于 10 cm 距离内。其传输速度有 106 Kbit/s、212 Kbit/s 或者 424 Kbit/s 三种。近场通信（NFC）技术是由非接触式射频识别（RFID）及互联互通技术整合演变而来，在单一芯片上结合感应式读卡器、感应式卡片和点对点的功能，能在短距离内与兼容设备进行识别和数据交换。目前市面上大部分在售手机都具备 NFC 功能，因此只需安装相应的软件，手机就可以用作机场登机验证、大厦的门禁钥匙、交通一卡通、信用卡、支付卡等。

3．二维码技术的流行

二维码技术从 20 世纪 80 年代就已经诞生，并有多种标准，如 PDF417、QR Code、Code 49、Code 16K、Code One 等。目前多元支付中被大规模应用的二维码技术是 QR Code（Quick Response 的简称，意思为快速响应）。随着智能手机的性能进步及摄像头清晰度提升，且二维码应用费用低廉，结合各大电商平台的大力推广，二维码技术近年来迅速在我国流行与普及。

4．金融 IC 卡的兴起

金融 IC 卡是指银联推出的基于中国人民银行发布的《中国金融集成电路（IC）卡规范》（以下简称 PBOC）的芯片卡。经过中国人民银行及银联的大力推广，目前非接触式纯芯片式金融 IC 卡（以下简称金融 IC 卡）已经成为主流类型。金融 IC 卡支持 ISO/IEC 14443 标准，其工作频率是 13.56 MHz，符合目前广泛的非接触式卡片读写标准，因此正朝着整合交通卡、校园卡等方向发展，实现一卡多用。

三、多元化支付在城市轨道交通行业的发展

在国家"互联网+"的战略号召下，各城市轨道交通公司均提出了基于多元化支付技术的"智慧出行"方案。从 2016 年在广州地铁推出首个金融 IC 卡过闸项目而受到极致关注后，现在多元化支付已经在全国各地地铁公司如雨后春笋般发展，形势喜人。多元化支付在城市轨道交通的应用情况如下：

1．手机支付购票

2015 年 12 月底，广州地铁率先开通互联网购票服务。通过安装于现场的云购票机，乘客可通过手机购票现场取票或现场购票扫码支付的方式乘坐地铁。手机购票现场取票是通过第三支付平台的接口程序实现，而现场购票扫码支付则是通过扫描二维码实现。

2．金融 IC 卡（云）闪付

2016 年 8 月 18 日，广州地铁 APM 线成为国内首条可使用 Apple Pay 等银联"闪付""云闪付"付费过闸的地铁线路。乘客使用带有银联闪付标识、开通小额免密服务的 IC 信用卡，无须预先进行充值，采用"先坐车，后扣款"的乘车方式。2016年12月28日，广州地铁全线网开通受理金融IC卡和移动支付，是离线交易数据认证这一全新支付技术的国内首次应用。同期，广州地铁实现"地铁云卡"过闸，此项技术通过手机与银联IC卡绑定，实现基于NFC的安卓手机过闸。2017年9月26日，银联手机"闪付"全面支持广州地铁使用Apple Pay直接过闸。

3．地铁乘车码过闸

2017年11月16日，全国首个地铁乘车码在广州正式上线试运营，实现"先乘车，后付费"。地铁乘车码是基于二维码与互联网的乘车支付技术，设备读取第三方支付平台提供的二维码，结合后台对进出闸站点的里程计算进行扣费，可实现"先享后付"乘车。乘车码以简便的使用方法，庞大的用户基础及强力的宣传推广，投入市场就取得了相当大的成功。

四、多元化支付的应用前景

多元化支付技术发展日新月异，目前各种技术有其各自的技术优势，因此尚不能确定何种技术将成为以后发展的主流。但是可以确定日后的发展方向必定符合更便捷、更高效和更安全的原则。

国家生产力的不断提升，必然需要生产工具的更新换代来配合，这是社会发展的必然规律。我国的综合国力在不断增强，国民的消费能力不断上升，因此，需要多元化支付技术更进一步的发展。而且目前已经有部分新的支付技术涌现，如语音购票等。

据报道，2017年12月5日，上海地铁发布了"动动嘴"买票乘地铁的技术。"动动嘴"主要包含语音购票、刷脸进站、人流监测等三项地铁新科技，未来乘客只需告诉机器想去的目的地，机器就会自动调用云端的地图服务，检索完成并自动出票，过程迅速，只需几秒。上述技术是基于嘈杂环境下的语音识别、图像识别、人工智能三项基础技术实现的，这些技术目前仍在迅速发展，因此，我们可以期待未来很有可能出现更便捷、更高效和更安全的支付新体验。

复习思考题

1．请说出自动售检票系统的特点。
2．请说出非接触IC卡相比磁卡票的优点。
3．请说出自动售检票系统的5个层次结构。
4．请说出TVM的硬件方面装配有哪些模块？
5．请说出多元化支付设备的优点。

第二章　设备的基本原理及组成

【学习目标】

1. 学习自动售检票站级设备的原理；
2. 学习自动售检票中央级设备的原理；
3. 学习自动售检票站级设备的结构；
4. 学习自动售检票系统中央级设备的结构；
5. 了解 AFC 系统级的基本原理。

【知识要求与技能要求】

1. 掌握自动售检票站级设备的基础知识；
2. 掌握自动售检票中央级设备的基础知识。

第一节　自动售票机的基本原理及组成

自动售票机主要安装于地铁车站站厅非付费区，具备发售地铁车票、一卡通充值等功能，它能够按照地铁设定的票务规则对车票进行赋值发售，并对收取的现金进行识别回收和找零，同时，将产生的交易数据文件实时发送给车站计算机（SC）。下面以某城市地铁自动售票机为例进行阐述。

一、自动售票机结构与功能

自动售票机（TVM）的核心部件是主控单元，主要负责控制内部各模块的运作、接收来自各模块的信息反馈，包括硬币模块实现硬币接收与找零、纸币模块接收纸币、单程票发售模块发售车票、向客户提供交易界面等。各模块接收主控器指令，实现各模块功能，并及时反馈执行结果，实现车票发售交易，实时记录车票交易信息、票务数据等信息。并通过 AFC 局域网，实时上传交易信息与设备状态信息。自动售票机能够根据预先设定的运营模式，每个运营日能自动实现运营的开始和结束，减少人工的介入。主控单元与各模块的控制流程如图 2.1 所示。

第二章 设备的基本原理及组成

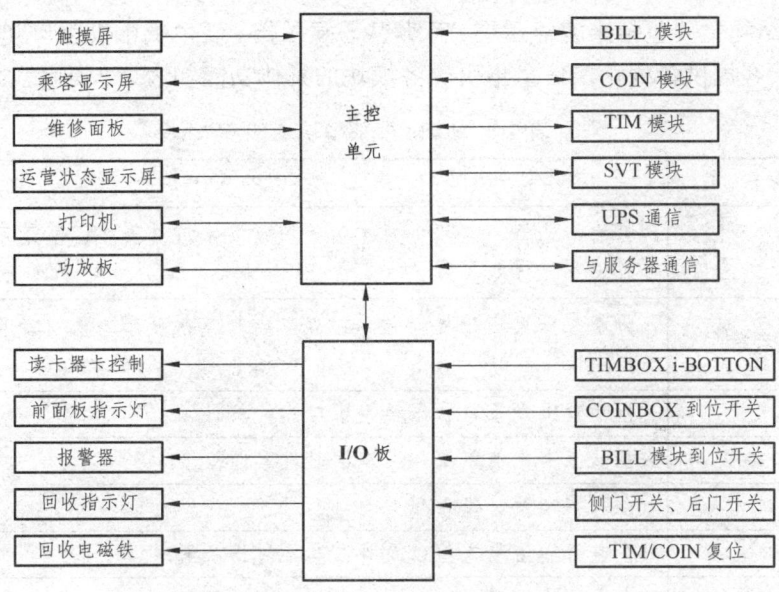

图 2.1 TVM 控制流程图

TVM 结构可分为外部结构和内部结构，设备的部件组成一般包括主控单元、车票发售模块、纸币处理模块（部分含纸币找零功能）、硬币处理模块（部分含硬币循环找零）以及乘客界面相关的触摸屏、状态显示屏等。国内各城市设备的结构差异，但是原理相似。本节以国内某地铁的设备为例进行讲述。

TVM 外部结构的主要部件在乘客购票时需要使用，包括乘客显示屏、硬币纸币投币口、储值卡口、找零取票口等，如图 2.2 所示。

图 2.2 TVM 外部结构图

TVM 外部结构主要包括乘客显示屏、运营状态显示器、硬币纸币投币口和找零取票口等模块，主要为乘客提供各种购票信息指引，各模块的具体功能如表 2.1 所示。

表 2.1 TVM 外部模块功能

模块名称	功　能
乘客显示器	目的地选择、购票以及充值等所需基本按键操作，显示用户提示语句，并显示各种视频内容
运营状态显示器	为乘客购票提供提示信息，以汉字和英语显示当前自动售票机的运行模式和操作模式
指示器	指示硬币投币口、纸币投币口等的状态
储值卡口	在储值卡充值以及购买车票时投入储值卡
硬币投币口	在购买车票时投入硬币
纸币投币口	在进行储值卡充值以及购买车票时投入纸币
找零取票口	出票及找零

TVM 内部安装了设备所有的核心部件，包括有主控单元、纸币模块、硬币模块、单程票模块等，如图 2.3 所示。

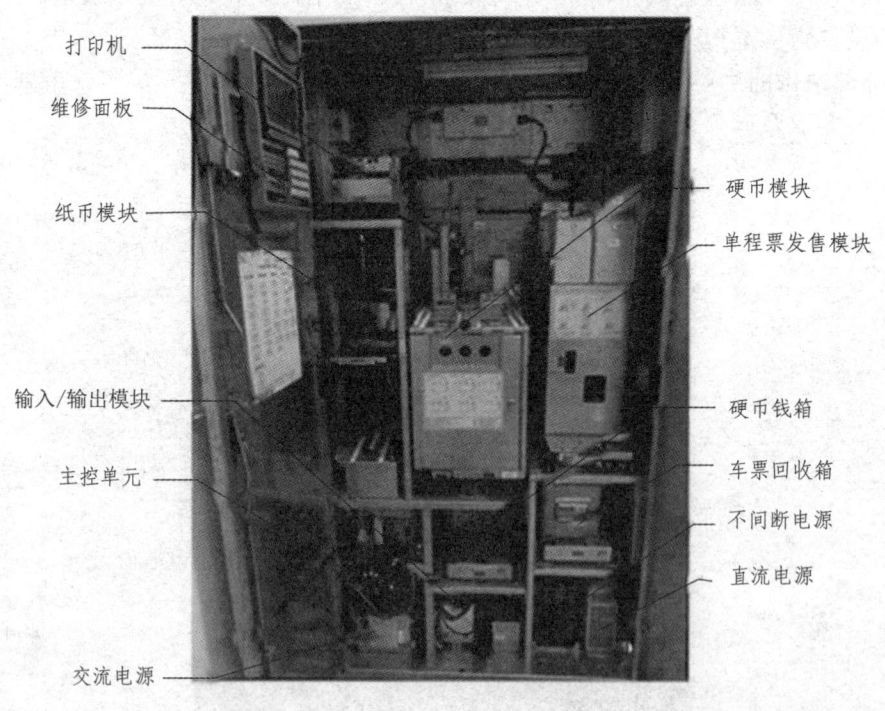

图 2.3　自动售票机结构图

TVM 内部结构主要包括主控单元、输入/输出模块、纸币模块、硬币模块等，主要模块的功能如表 2.2 所示。

表 2.2　TVM 内部主要模块功能

模块名称	功　能
主控单元	负责控制设备的运行模式，负责各种数据的存储及与 SC 通信用的数据处理
输入/输出模块	是主控单元的扩展口，监控各种开关到位、模块指示灯、报警器、TIM 模块复位和储值票卡座动作等功能
纸币模块	接收纸币和鉴别假币及对鉴别后的纸币进行临时存储和返还，或者存到纸币箱中
硬币模块	接收硬币，鉴别假币，临时存到暂存器单元（Escrow）内，并具备找零功能
单程票发售模块	发售单程票
打印机	打印各种业务小单
硬币箱	乘客为了购买车票使用了硬币，车票正常发售后硬币模块把接收的硬币安全保存
单程票回收箱	回收单程票
不间断电源	当停电或者电源供给不稳定时，可作为预备电源
电源（直流电源和交流电源）	安全供给 TVM 内部必要的直流及交流电力
维修面板	执行各种模块的关于维修的业务

二、TVM 模块原理

1．纸币处理模块

目前在我国地铁公司中常用的纸币模块型号有 BIM2020、BNA 57 及 BA-15 等，如图 2.4 所示。纸币模块主要由纸币识别器、传送系统、暂存器、钱箱支架和钱箱等组成。纸币识别器利用先进的光学传感技术和公认成熟的识别算法，有效识别纸币的合法性，并可靠地拒收

（a）BIM2020

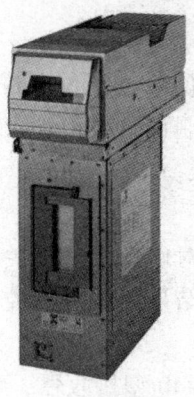
（b）BNA57

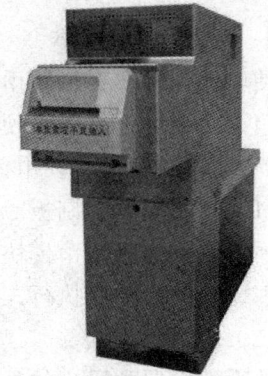
（c）BA-15C

图 2.4　常用纸币模块型号

假币和非流通纸币；识别器里面的数据模块写入关于币种的参数数据，也可设定接收纸币面额的数量。数据模块包含有快速存储器，可以写入新的数据，更换也十分方便。

纸币处理模块用于接收乘客投入的纸币，通过纸币识别器对纸币真伪与面值进行识别，将非法的纸币退还，交易成功后将合法的纸币导入钱箱，并将信息反馈主控制器。纸币处理模块由主控器控制，主要功能包括接收纸币、判断纸币真伪、保存识别的纸币、返还纸币或者将纸币移送至纸币钱箱，如图2.5所示。

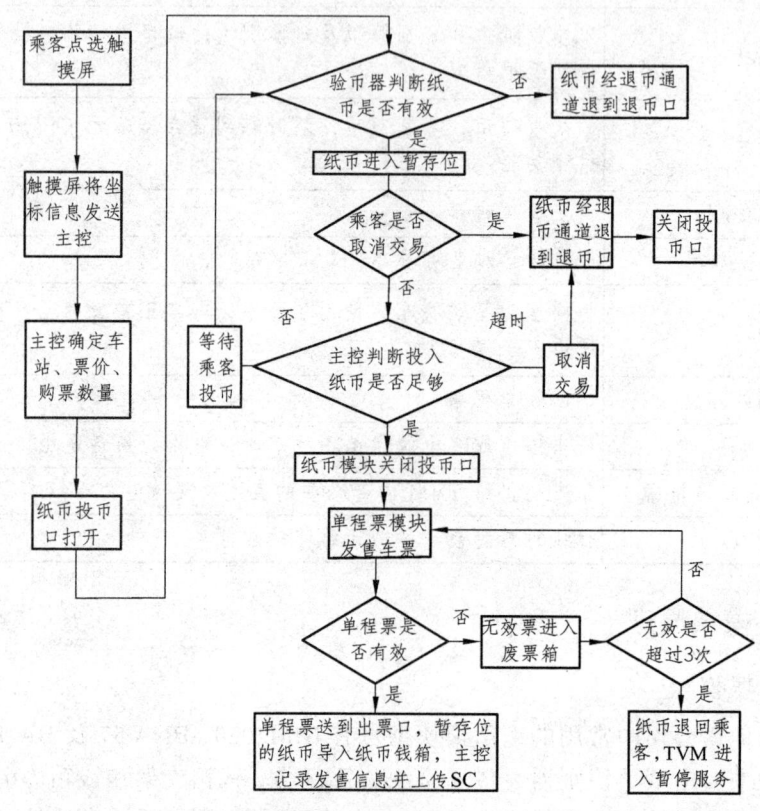

图 2.5 纸币购票流程图

2. 硬币处理模块

硬币处理模块提供硬币的接收、伪币识别、暂时保存接收的硬币、找零及保存硬币到硬币钱箱等功能。它主要由硬币模块控制板、投币口、硬币识别器、储币箱（出币计数、状态感应）、硬币暂存器、硬币钱箱等组成。

（1）硬币模块控制板。

硬币模块内置硬币模块控制板，对硬币处理相关操作进行控制。控制板与主控器相连，接收主控器的命令并执行，将执行的结果返回给主控器。

（2）硬币识别器。

硬币识别器常采用的是 NRI 的 G-40 型接收器，可接收国内目前流通的第四、五版 5 角、1 元硬币，底部有 5 个出币口，其中 1 个是退币口，其余 4 个是硬币出口。所接收的硬币将根据验币结果，从不同的出币口出去，硬币购票流程图如图 2.6 所示。

第二章 设备的基本原理及组成

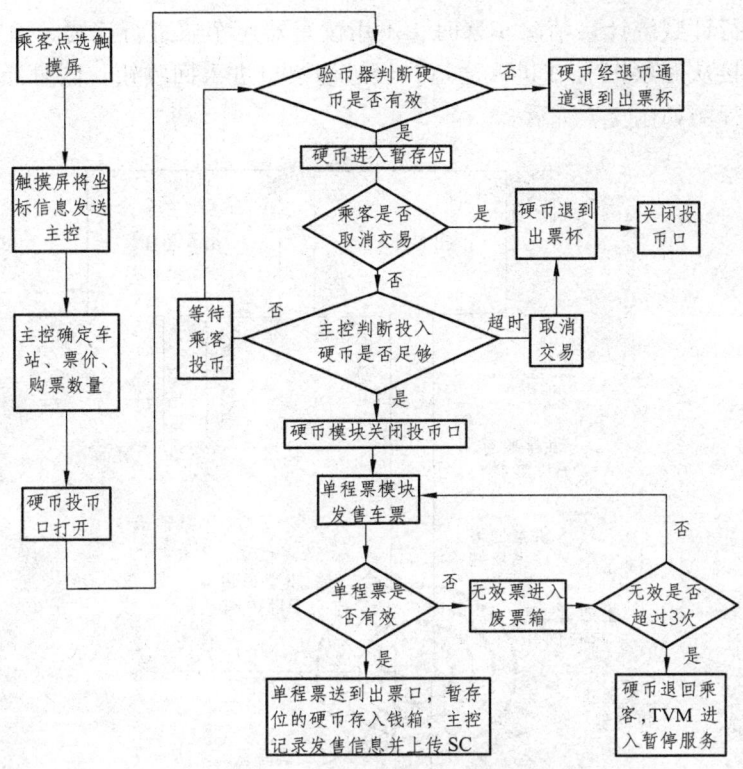

图 2.6　硬币购票流程图

3．单程票发售模块

目前国内轨道交通行业常用的单程票发售模块有两种，分别是代币式单程票发售模块和卡式单程票发售模块。由于单程票的不同，发售模块的结构会有较大差异，因此本节将分别讲述。

（1）代币式单程票发售模块。

代币式发售单程票模块主要由车票读写器、单程票装载装置、车票传送机构、模块控制系统组成。代币式单程票读写器在内部集成了非接触式 IC 卡读写芯片和 SAM 卡，具有对单程票的读写和安全认证两种主要功能。

代币式单程票发售模块具有两个单程票装载装置（Hopper），用于装载准备发售的单程票。补充单程票时可以使用单程票补充箱。单程票装载装置（Hopper）通常安装有一个直流电机，根据主控器的命令，电机带动转盘或履带，将单程票转出。单程票会通过移送通道到达写票位置（读写器天线板），写票完毕后根据票卡的写状态反馈将单程票传送到出票口或废票箱。

代币式单程票模块的工作流程：用户向出票箱 A/B 补充单程票。当车票控制系统接收到发售车票的命令后，两个单程票装载装置 A/B 视车票存储量由其中一个动作发出单程票，发出的车票进入车票通道，待发售的车票进入读写区暂存写票赋值；同时另一个单程票装载装置投放车票至车票通道等待下一次发售命令。由通道中的车票读写器来检测是否写票成功，成功与否会决定车票的走向，读写正常的车票流向用户口（出票口），并进行计数统计，同时通道的车票也进入车票读写区暂存。废票或读写不正常的车票经过废票口进入废票箱，同时对车票的流向进行计数统计。清除车票时，不用读写器对车票进行读写，而是直接打开清票的通道，车票直接从储票箱 A/B 进入通道，经过清票口进入回收箱，同时计数清票的数量。单程票的工作流程图如图 2.7 所示。

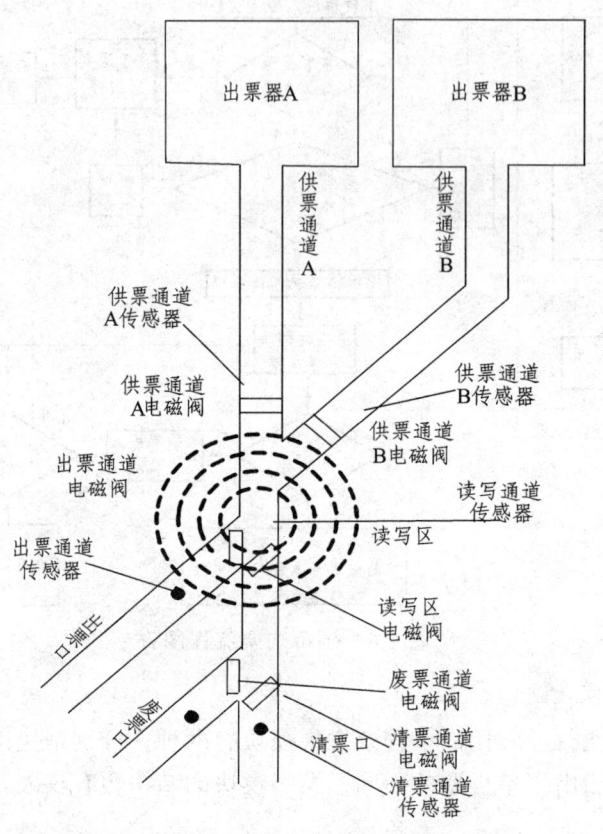

图 2.7 代币式单程票发售模块工作流程图

（2）卡式单程票发售模块。

卡式单程票发售模块主要由车票读写器、车票传送系统、票箱、车票模块控制系统等组成。车票传送系统主要负责将车票从票箱中导出，经过传输机构送到车票读写区。车票读写器是负责对车票读写区域的车票进行读写、检测操作。车票模块控制系统主要负责控制模块中各电机、传感器、电磁铁等部件的协同作用。

卡式单程票发售模块的工作流程：当车票控制系统接收到发售车票的命令后，控制系统视车票存量指定其中一个票箱出票。对应的分卡模块动作，将票卡送至票卡传送机构，再由传送机构送至车票读写器。车票读写器将对票卡进行写票赋值，并向控制系统反馈读写结果。若写票成功，车票将被送至出票口；若失败车票将被送废票箱，然后重复一次发售流程。

4．乘客操作触摸屏

乘客操作触摸屏主要由显示器和触摸屏两部分组成，为乘客提供购票信息展示及购票操作提供便利。目前选用的触摸屏包括红外线、表面声波、电容感应触摸屏。展示的信息包括操作指引、地铁线网地图、票价信息等。触摸屏显示的信息如图 2.8 所示。

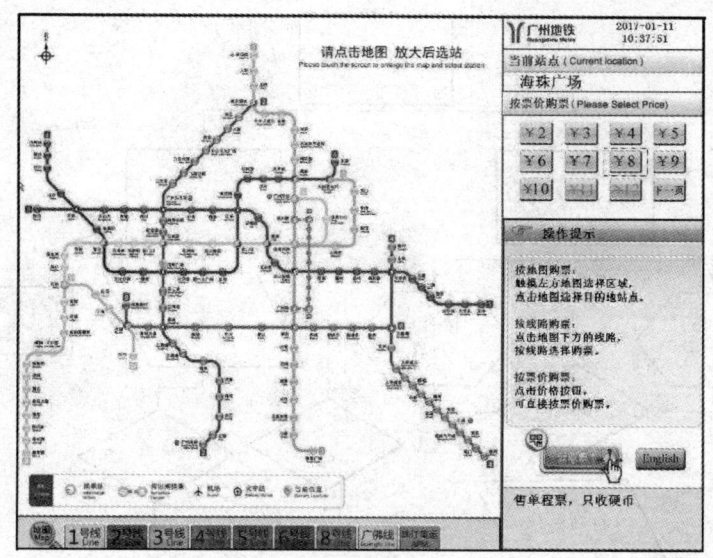

图 2.8 触摸屏显示的信息

三、云购票机

云购票机充分结合目前国内流行的线上支付手段，采取非现金交易方式进行购票，是传统自动售票机的补充，其本质区别是采取非现金交易，车票仍采用传统的单程票，是传统购票方式的补充。以某城市地铁云购票机为例，设备界面如图 2.9 所示。

图 2.9 云购票机操作界面

云购票机的购票方式分为现场购票以及手机 APP 购票（现场取票）两种方式，其具体购票和取票流程详如图 2.10 和图 2.11 所示。

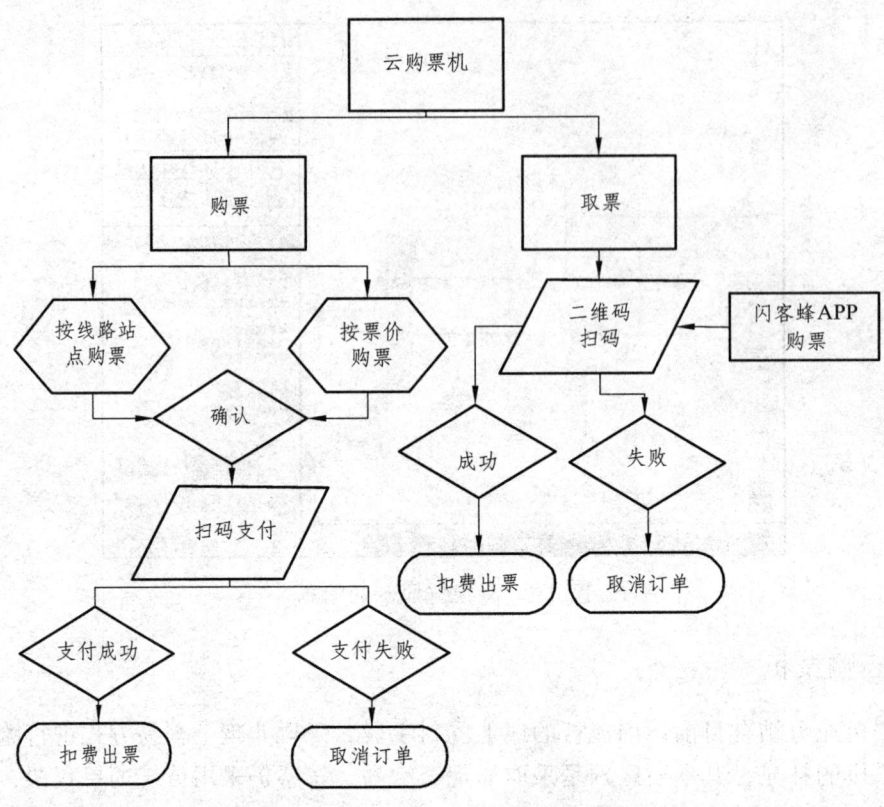

图 2.10 云购票机现场购票、取票流程

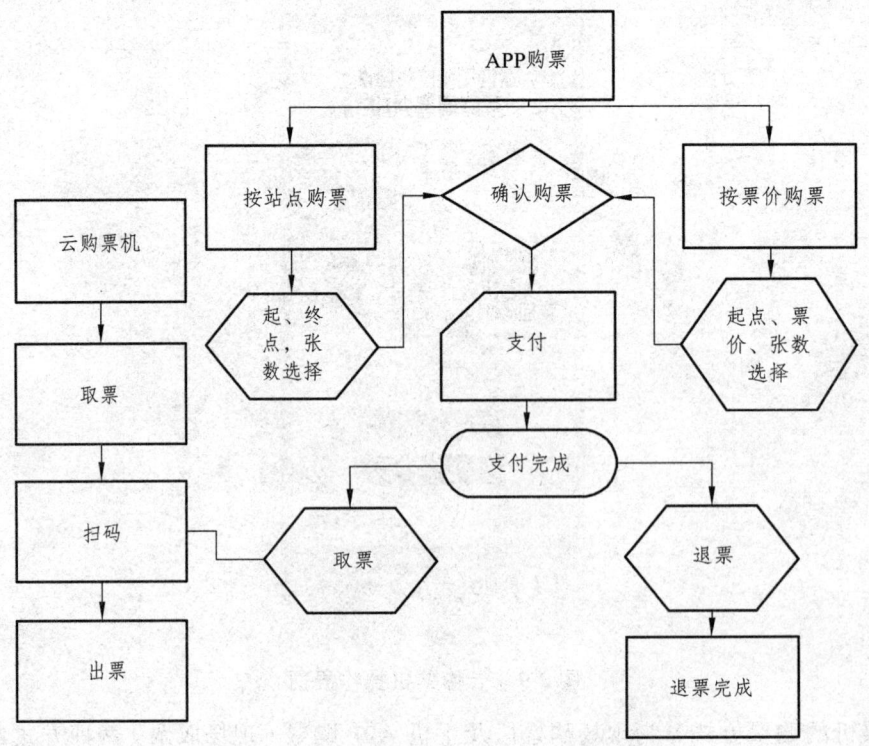

图 2.11 云购票机 APP 购票、取票流程

云购票机的外部结构主要由触摸屏、取票口、读卡区域、二维码读头等部件构成，其外观如图 2.12 所示。

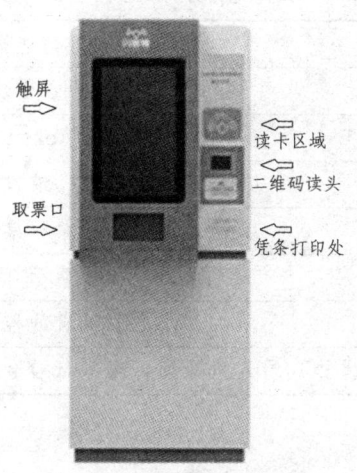

图 2.12 云购票机的外部结构

云购票机外部结构各部件的功能如表 2.3 所示。

表 2.3 云购票机外部结构各部件功能

部 件	功能描述
触摸屏	可触摸显示屏，操控屏
取票口	用户购票成功后 Token 车票出口
读卡区域	读写车票
二维码读头	用户支付与维护人员登录维修界面扫码区
凭条打印处	故障小单、补票、清票、结算小单出口

云购票机的内部结构由主控单元、发行单元模块、乘客显示屏等多个部件组成，其布局如图 2.13 所示。

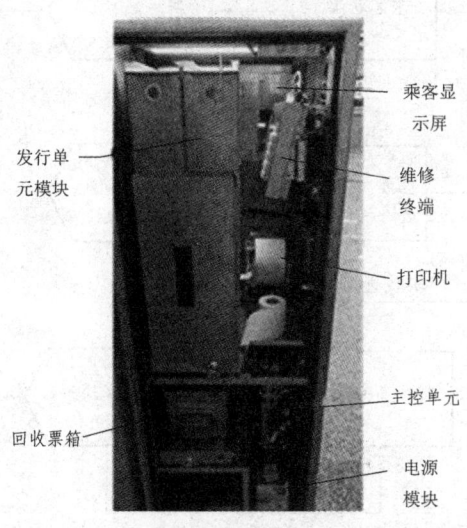

图 2.13 云购票机的内部结构

云购票机内部结构各部件的功能如表 2.4 所示。

表 2.4 云购票机内部结构各部件功能

部 件	功能描述
电源模块	为各模块供电
回收票箱	回收 Token 票存放处
打印机	打印故障小单、清空、结算、补票单据
发行单元模块	单程票发售
乘客显示器	提供显示、界面操作
主控单元	云购票机的控制运行单元
维修终端	操作人员人机界面，可进行后台登录，进行结算、清空等操作

第二节　自动检票机的基本原理及组成

自动检票机（Automatic Gate Machine，AGM），通过读取和验证非接触性智能卡和单程票来控制闸门的开合，从而达到控制乘客进出的目的。进站时，其内置的读卡器通过对乘客持有的车票进行读卡验证，并将新的信息加密到票卡的内置电路，有效车票放行，无效车票禁止通行。出站时，检票机再次对车票进行验证，并将新信息写入其中，有效车票正常出站，单程票回收循环使用；对不符合票务规则的车票（超时、超程等）提醒进行相关票务处理。在紧急情况下，如火灾、突发事件等，消防系统能够联动自动检票机，实现紧急释放功能。

下面以某城市地铁自动售票机为例进行阐述。具体验票流程如图 2.14 所示。

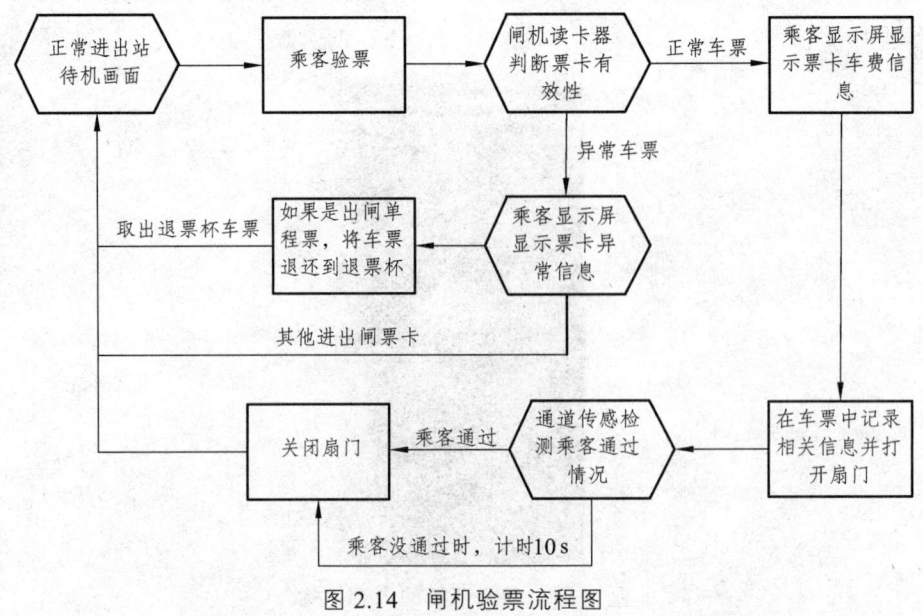

图 2.14　闸机验票流程图

一、自动检票机的结构与功能

根据功能，自动检票机可以分进闸机、出闸机、双向闸机三种主要类型，如图 2.15 所示。

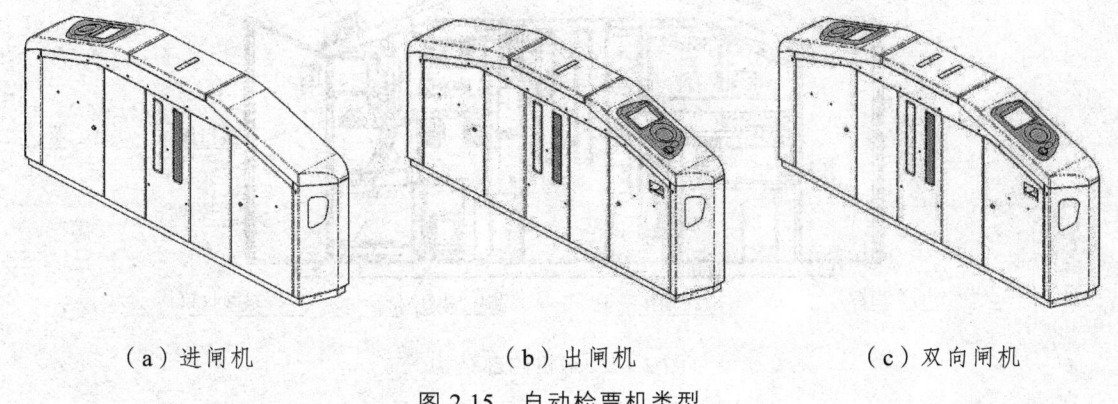

（a）进闸机　　　　　　（b）出闸机　　　　　　（c）双向闸机

图 2.15　自动检票机类型

自动检票机根据系统设备的具体功能要求，通常装配有扇门模块、通道传感器、主控模块、电源模块、I/O 通信模块、乘客显示屏模块、票卡读写器、车票处理回收模块、方向指示灯、特殊票批示灯等主要模块。

闸机的外观结构包括乘客显示屏、扇门、方向指示灯、警示灯退票口和通道传感器等，以目前某地铁为例，其外观结构如图 2.16 所示。

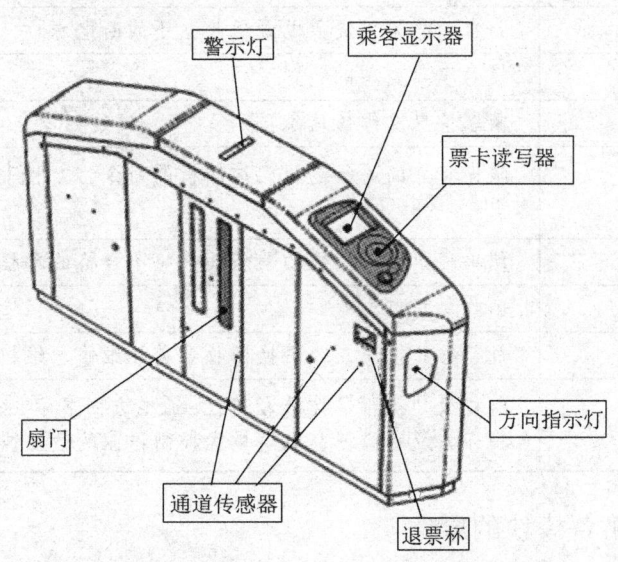

图 2.16　某地铁自动检票机的外观结构

闸机的内部结构包括主控单元、扇门模块、单程票回收模块、电源模块、乘客显示器、各接口板等，以目前某地铁为例，其内部结构如图 2.17 所示。

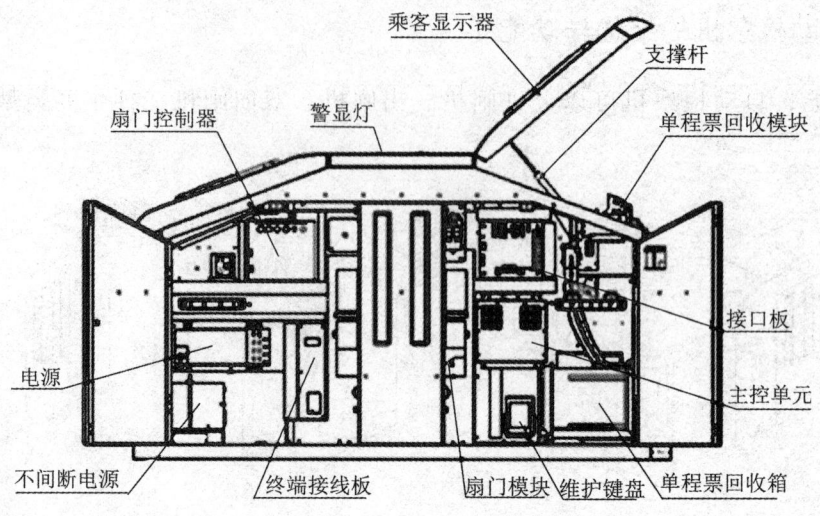

图 2.17 闸机内部结构

自动检票机主要模块的功能如表 2.5 所示。

表 2.5 自动检票机主要模块的功能

模块名称	功能描述
主控单元	控制设备的运行模式,负责各种数据的存储及与 SC 通信用的数据处理
电源模块	为自动检票机提供交、直流电源
不间断电源	为自动检票机提供电源保护,不间断电源
警示灯	提示车票类型的装置
乘客显示器	乘客信息及维修信息显示
扇门模块	根据独立的通行逻辑门控制板的命令,以开门或关门的形式,控制乘客出入
单程票回收模块	使单程票落入正确的票箱,并将不合格的单程票退入退票杯
单程票回收箱	回收单程票
维修键盘	进行维修模块,为更换回收票箱等维修、维护业务
接口板	接口板是执行监控乘客通行、通道方向显示、灯光显示、控制出入口、各种开关及感应器、应急模式控制作业的独立控制硬件设备

二、自动检票机各模块的原理

1. 主控制器

主控器是自动检票机的核心部件,由直流电源供电,主要负责检票机整机工作流程控制。主控单元通过嵌入配套的软件,综合判断读卡器票卡验证信息、通道逻辑判断信息等来控制闸门的开合,同时记录票卡交易信息,并即时上传交易给车站计算机,如图 2.18 所示。

第二章 设备的基本原理及组成

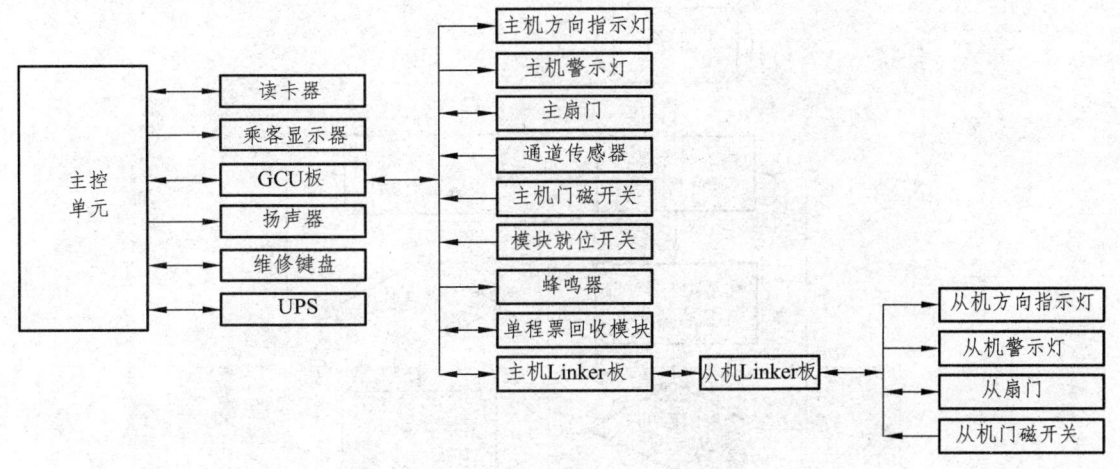

图 2.18 闸机各模块控制流程图

2．车票处理回收模块

车票处理模块包括单程票处理单元、储值票（含一卡通）处理单元和多元化支付方式处理单元。车票处理包括对车票的读、写和校验，如进/出站时间、地点、车票余额、扣费处理等。对出闸机而言，另内置有单程票回收模块，负责对验证有效单程票进行回收，无效车票退回退票口。

车票读写器一般都采用射频芯片读卡器来进行识别和读写票卡，读卡器主要由主控板、RF 板、SAM 卡板和天线板等组成，使用串口或 USB 接口与主机通信。读卡器采用射频识别技术进行读写票卡，其工作原理为：读卡器接通电源后，天线一直形成磁场区域，当车票（电子标签）进入磁场区域后，接收读卡器发出的信号，凭借感应电流所获得的能量发送出存储在芯片中的相关信息。

读写器是一个功能独立的单元，具备在安全认证模块的配合下，在其读写范围内对车票完成车票分析或车票交易的整体功能统一的软、硬件综合体。按国内城市轨道交通的运行经验，读写器的功能至少应该包括以下内容：① 车票检测；② 防冲突；③ 选择车票应用；④ 密钥双向认证；⑤ 车票数据逻辑检查与恢复；⑥ 车票读写。

车票的一般处理流程如图 2.19 所示。

3．扇门/转杆模块

由于不同的使用需求，自动检票机门技术也在不断地发展。目前各城市上主要使用的自动检票机门有以下类型：剪式门、拍打式门及转杆式门。检票机通过闸门（门或杆）将车站隔开，分为付费区和非付费区。闸门与读卡器、通道传感器等进行联动，闸机完成有效的车票读写验证后，扇门会自动打开，转杆可转动，提供无障碍通行。扇门模块控制流程如图 2.20 所示。

目前各城市地铁使用的各类闸门，有其各自的特点。

剪刀式门，使用直观，通行效率高。缺点是机构较为复杂，后期维护费用较高。但是由于技术进步，也有部分使用伺服电机的剪式门推出，在一定程度上简化了模块结构及减轻了维护费用，如图 2.21 所示。

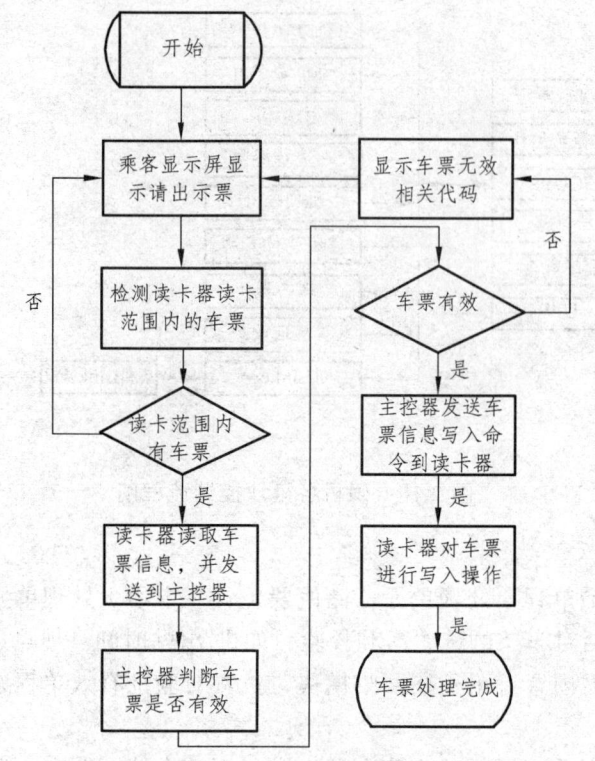

图 2.19 车票处理流程图

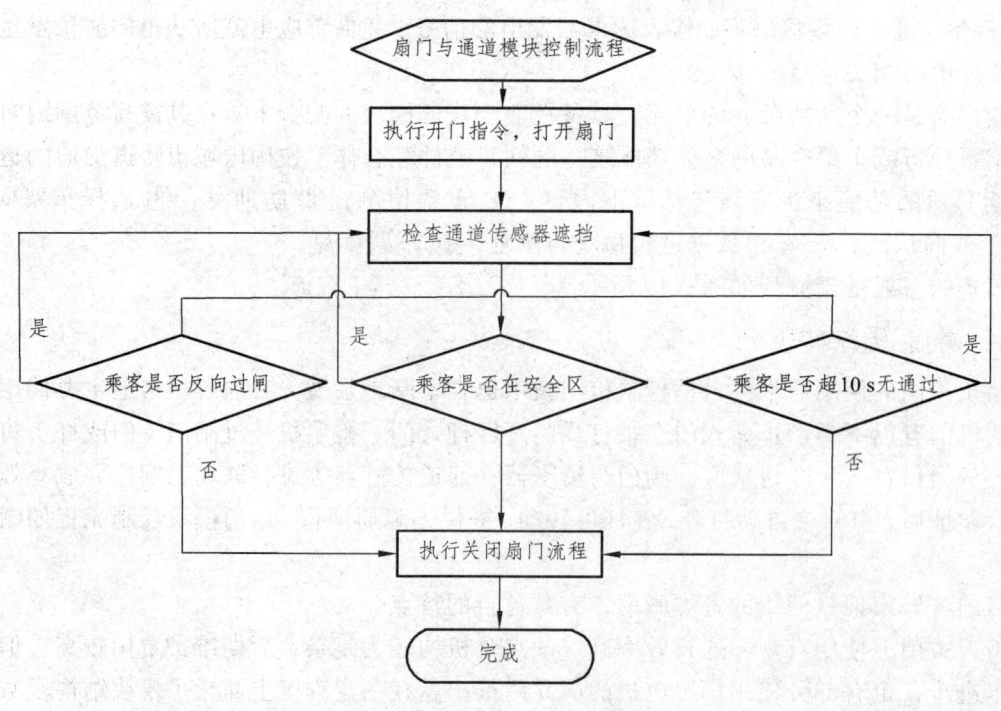

图 2.20 扇门模块控制流程图

第二章 设备的基本原理及组成

图 2.21 剪式门

拍打式门，使用直观，体积小，通行效率较高。缺点是易人为打开闯闸。其外观如图 2.22 所示。

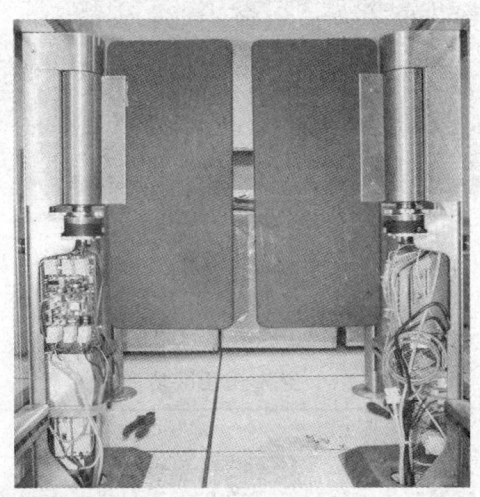

图 2.22 拍打式门

转杆式门，结构简单，能耗低，维护费用低。缺点是使用不直观。其外观如图 2.23 所示。

图 2.23 转杆式门

4. 自动检票机通道

自动检票机的通道安装有多对通道传感器。自动检票机通道的原理就是根据通道传感器的遮挡状态，判断乘客的类型，将判断信息反馈给控制模块，控制扇门的开关和异常报警。可以让持有效票的乘客快速、安全通行，并合理地阻挡持无效票的乘客和试图作弊的乘客，同时，保障所有乘客的安全，是乘客通道监控的技术的关键。

根据通道内纵向功能检测项目，自动检票机通道划分 5 个功能检测区，分别是进入区、通道检测区、安全区、退出通道检测区和退出区，如图 2.24 所示。各检测区的功能如表 2.6 所示。

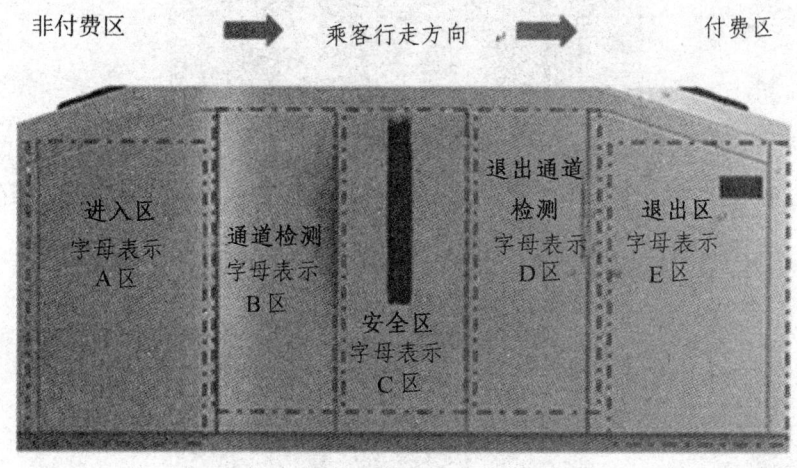

进闸通道实例

图 2.24 通道逻辑功能区

表 2.6 通道逻辑区功能表

区域名称	功能说明
进入区	进入区检测是否有人进入通道；检测通道堵塞情况 允许乘客在此区域里刷卡（停留时间可配置） 限制乘客进入通道距离控制 检测成人、孕妇、儿童和行李进入通道 禁止未正常验票乘客进入通道检测区域并且报警
通道检测区	通道检测区用于检测持有有效票乘客进入自动检票机通道的通过行为 通道内乘客行走方向、下钻等异常通过方式 区分成人、孕妇、儿童和行李通行 根据传感器遮挡的连续性判断是否有乘客尾随通过 禁止未正常验票乘客进入通道检测区域并且报警 检测准备进入安全区徘徊乘客通行行为

续表

区域名称	功能说明
安全区	扇门两侧传感器定义了一个安全区。如果有人进入这个区域而没有授权通过，报警功能将启动 扇门在关闭过程中如果检测有物体进入安全区，不检测扇门当前状态立刻停止扇门动作，并打开扇门 检测乘客已经离开安全区 检测成人、孕妇、儿童和行李通过安全区 根据传感器遮挡的连续性判断未持有效票尾随乘客通过安全区并且报警 安全区大小可通过参数设置
退出通道检测区	检测乘客预退出自动检票机通道通行行为 检测成人、孕妇、儿童和行李离开退出区通道 检测已离开安全区徘徊乘客通行行为
退出区	本区域用于检测乘客已经离开通道 检测乘客在反方向闯入。如果乘客反方向闯入，防闯闸功能启动并且报警

三、云检票机

云检票机一般布置于车站付费区与非付费区的交界处，对通行乘客进站、出站进行自动控制，其外观如图 2.25 所示。

图 2.25 云检票机外观图

云检票机除了支持传统城市一卡通进出站外，云检票机还支持直接刷手机进站（NFC 手机支付），以及地铁乘车码进出站。

与传统 AFC 检票机不同，云检票机减少了乘客在售票机上购票进闸的环节，乘客通过直接刷手机（NFC 功能），或通过手机 APP 界面购买车票，进一步提升了客流进站效率，对缓解地铁客流拥堵起到了积极作用。

云检票机主要包括拍打门单元、储值卡读写系统、乘客界面显示、通行指示、电源系统等功能模块，其结构图如图 2.26 所示。

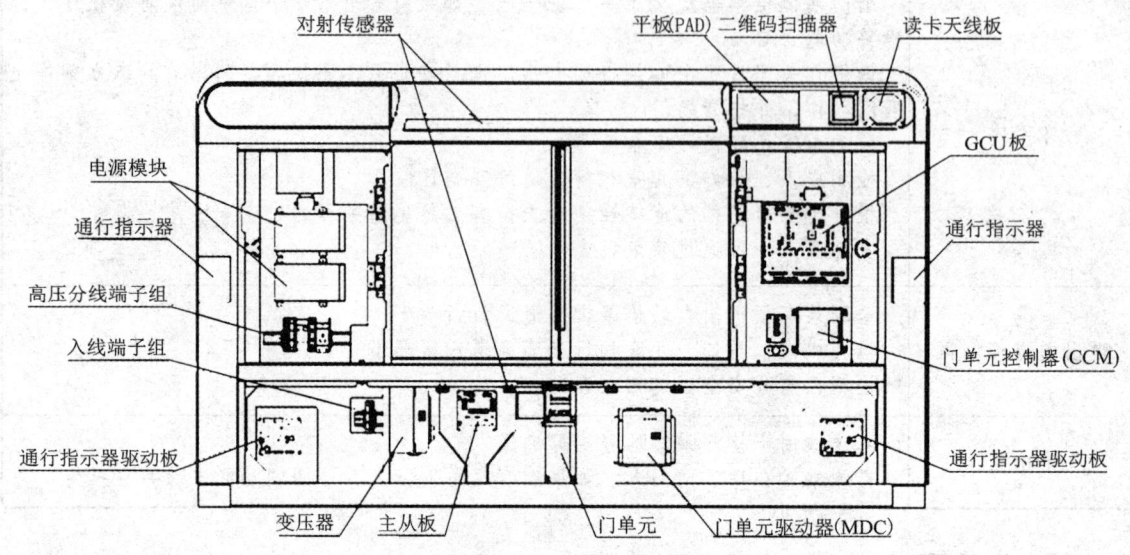

图 2.26 云检票机内部结构图

云检票机主要部件的功能描述如表 2.7 所示。

表 2.7 云检票机主要部件功能

部件名称	功能描述
平板电脑（PAD）	整机设备的核心控制模块，其作用是连接各部件，并通过相应接口实现部件输入/输出控制
二维码扫描器	用于识别二维码信息，完成信息解码并上传至 PAD，为乘客提供人机交互界面
电源模块	为闸机各个用电部件提供电源
门电机	控制门的开关闭合动作的电机
门单元驱动器	解析 GCU 的控制信号，响应开/关门指令
门单元控制器	门单元的调试接口，排除简单故障，确定设备是否工作正常
GCU 板	主要负责通行逻辑的判断，以及控制扇门动作

第三节 自动验票机的基本原理及组成

自动验票机一般设置在车站非付费区，供乘客自助查询票卡信息。通常装配有票卡读写模块、主控模块、电源模块、I/O 通信模块、乘客显示屏模块等主要模块。下面以某城市地铁设备为例进行阐述。

一、自动验票机的结构与功能

自动验票机的外部结构主要包括乘客显示屏、读卡区,以国内某城市地铁设备为例,如图 2.27 所示。

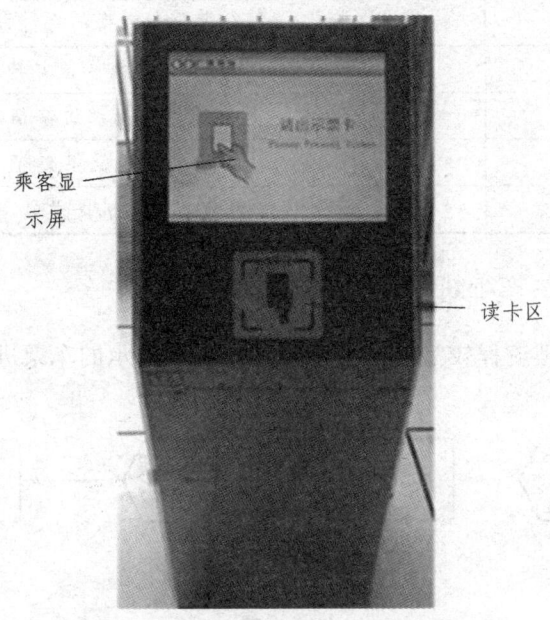

图 2.27　自动验票机的外部结构

自动验票机的内部结构主要包括主控单元乘客显示屏、读卡器、电源模块,如图 2.28 所示。

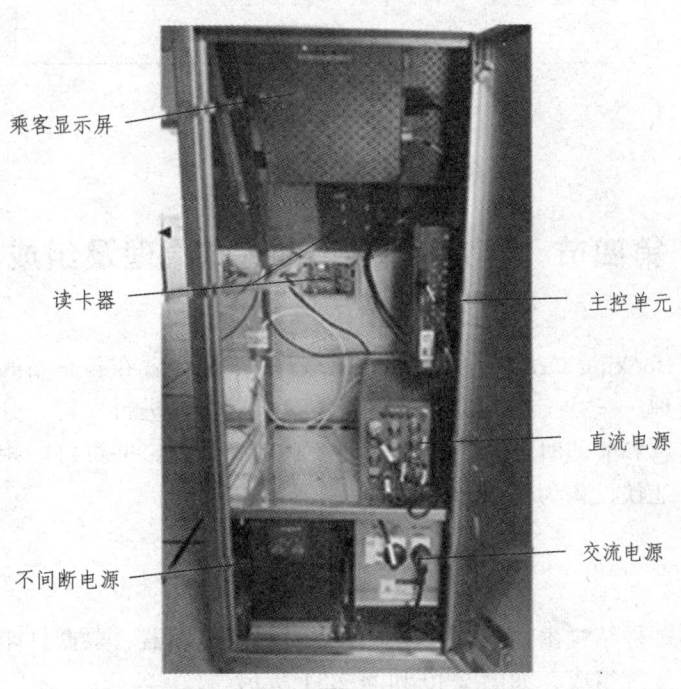

图 2.28　自动验票机的内部结构

自动验票机主要模块的功能如表2.8所示。

表2.8 自动验票机主要模块功能

模块名称	功能说明
主控单元（MCU）	控制设备模块，并负责业务数据的存储及与SC通信数据的处理
读写器	读取车票的RF信号，并传送给MCU
乘客显示器	显示乘客信息及维修信息显示
电源模块	为自动验票机提供交/直流电源
不间断电源	为自动验票机提供电源保护

二、自动验票机车票处理流程

自动验票机车票处理流程较为简单，主要针对乘客出示的车票进行读取，不进行写票操作，如图2.29所示。

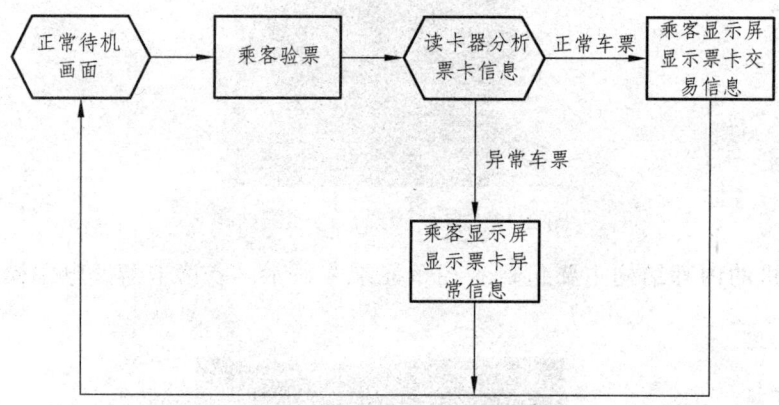

图2.29 车票处理流程图

第四节 票房售票机的基本原理及组成

票房售票机（Booking Office Machine，BOM），一般设置在各车站的客服中心，用于对乘客事务的分析处理。车站工作人员通过票房售票机对车票进行发售、分析、无效更新、充值、延期、即时退款和非即时退款、交易查询及解锁等处理，并可打印相应的收据及班次报表。下面以某城市地铁设备为例进行阐述。

一、外观构成

票房售票机的硬件结构由主机、操作显示器、乘客显示器、票据打印机、读卡器、不间断电源、键盘、鼠标等组成，如图2.30和图2.31所示。

第二章 设备的基本原理及组成

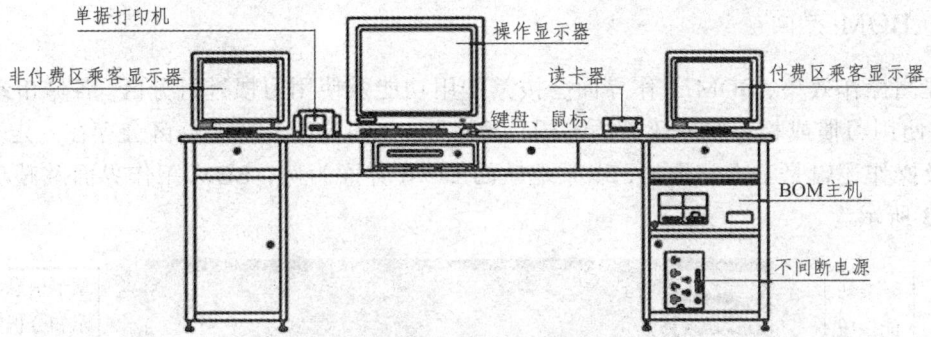

图 2.30 票房售票机结构图

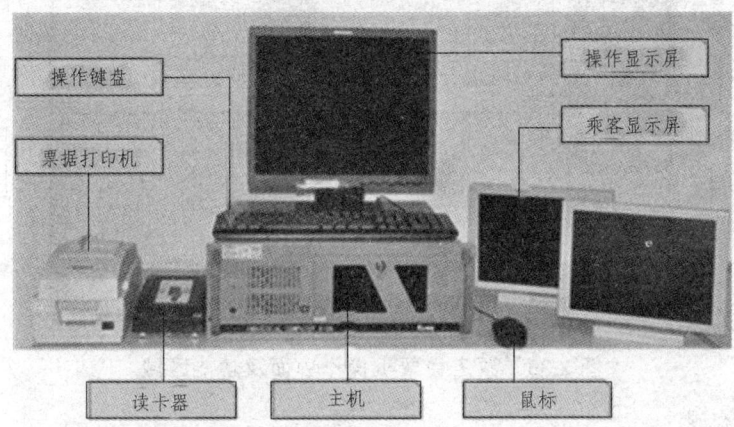

图 2.31 票房售票机部件外观

二、BOM 车票处理流程

BOM 车票分析处理流程如图 2.32 所示。

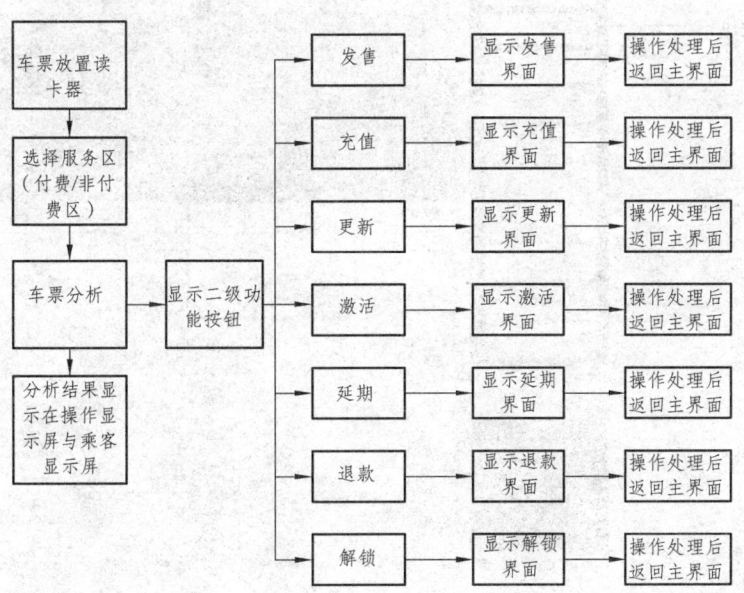

图 2.32 车票分析处理流程图

三、BOM 界面

为提高操作效率，BOM 工作界面会按其常用功能及使用习惯进行分区。各城市地铁公司的 BOM 使用习惯或相关票务政策的不同，因此 BOM 的界面及功能分区会存在一定差异，但其原理及操作逻辑是基本一致的，以某地铁的 BOM 界面为例，BOM 工作界面及其功能分区如图 2.33 所示。

图 2.33　票房售票机操作界面及功能区域

1. 签到、签退

要操作 BOM，首先要进行签到。点击"签到"按钮，操作界面会自动弹出登录对话框，操作人员输入员工账号和密码即可登录操作，如图 2.34 所示。

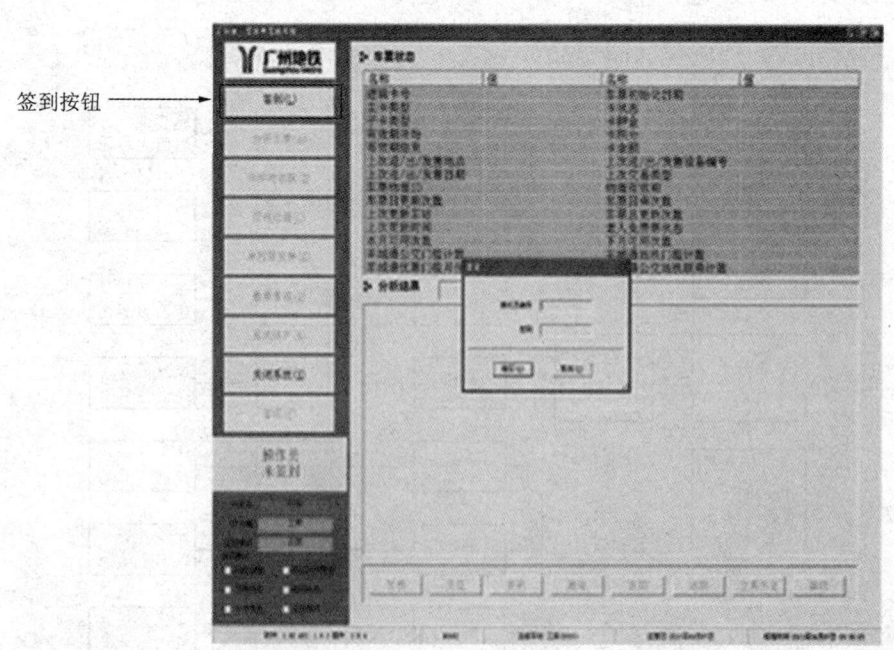

图 2.34　签到按钮

要结束班次，必须进行签退，签退后，系统会自动生成班次数据文件。点击"签退"，确认后即可退出登录，如图 2.35 所示。

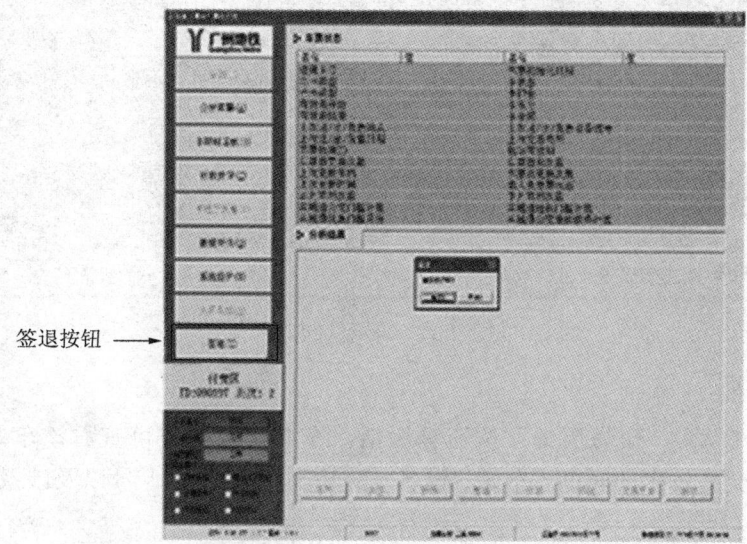

图 2.35　签退按钮

2．分析车票

对车票进行任何操作前，都必须先进行车票分析。车票分析前应先将票卡放置于读卡器上，点击"分析车票"。读卡器分析完车票后，会将详细信息显示于车票状态栏，如图 2.36 所示。

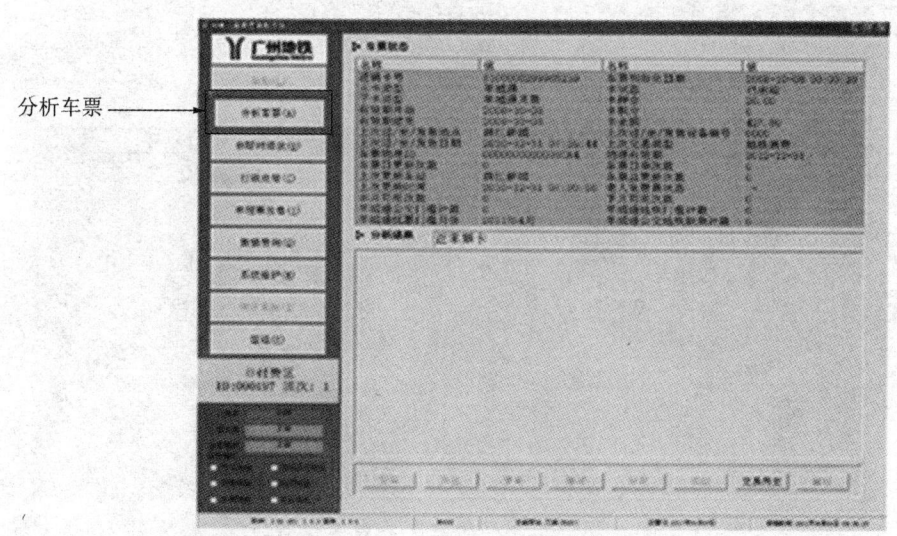

图 2.36　车票分析按钮

"车票状态"状态栏中需关注的信息主要包括逻辑卡号、卡状态、子卡类型、有效期结束时间、卡余额、上次进出发售地点、上次进出发售编号、上次进出发售日期、上次交易类型、上次更新车站、上次更新时间等，如图 2.37 所示。

车票状态

名称	值	名称	值
逻辑卡号	0010700001428669	车票初始化日期	2009-06-19 00:00:00
主卡类型	员工票	卡状态	已出站
子卡类型	普通员工票	卡押金	0.00
有效期开始	2009-06-19	卡积分	0
有效期结束	2009-06-19	卡余额	0.00
上次进/出/发售地点	林和西	上次进/出/发售设备编号	0000
上次进/出/发售日期	2011-01-27 14:32:55	上次交易类型	发售
车票物理ID	A8819408	物理有效期	2050-12-31
车票日更新次数	0	车票日乘次数	0
上次更新车站	未知车站	车票总更新次数	0
上次更新时间	0001-01-01 00:00:00	老人免费票状态	-
本月可用次数	0	下月可用次数	0
羊城通公交门槛计数	0	羊城通地铁门槛计数	0
羊城通优惠门槛月份	2000年0月	羊城通公交地铁联乘计数	0

分析结果　正常票卡

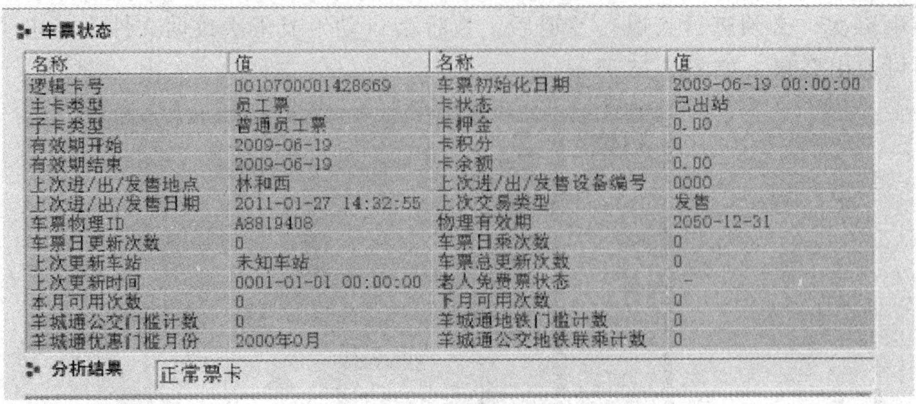

图 2.37　车票状态栏

3．交易历史

进行车票分析后，“交易历史”按钮被激活。车票交易历史可查看该车票最近的交易记录，可具体查看交易发生的时间、车站、设备、交易类型、SAM 卡号以及涉及的金额等信息，如图 2.38 和 2.39 所示。

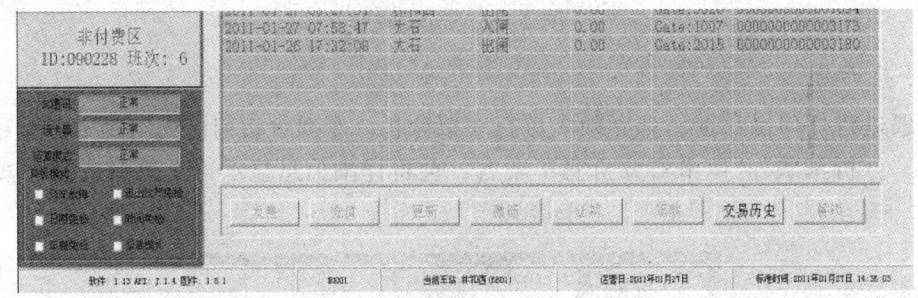

图 2.38　“交易历史”按钮被激活

交易时间	交易车站	交易类型	交易金额	设备	SAM卡号
2011-01-27 14:32:55	林和西	出闸	0.00	Gate:3026	0000000000001694
2011-01-27 14:13:06	林和西	入闸	0.00	Gate:3025	0000000000001728
2011-01-27 13:01:29	体育中心南	出闸	0.00	Gate:1008	0000000000005118
2011-01-27 12:12:28	体育西路	出闸	0.00	Gate:2015	0000000000001743
2011-01-27 11:34:13	林和西	入闸	0.00	Gate:3026	0000000000001693
2011-01-27 10:45:10	林和西	出闸	0.00	Gate:1013	0000000000005115
2011-01-27 10:44:16	林和西	出闸	0.00	Gate:3025	0000000000001692
2011-01-27 08:30:13	林和西	入闸	0.00	Gate:3026	0000000000001693
2011-01-27 08:27:51	林和西	出闸	0.00	Gate:3026	0000000000001694
2011-01-27 07:58:47	大石	入闸	0.00	Gate:1007	0000000000003173
2011-01-26 17:32:08	大石	出闸	0.00	Gate:2015	0000000000003180

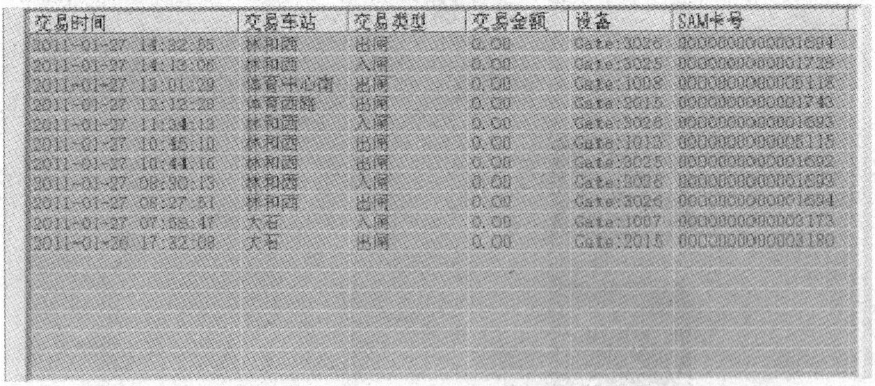

图 2.39　车票分析后的交易历史清单

4．更　新

当持票乘客在非付费区不能进站，或在付费区不能出站时，在 BOM 分析车票后一般可对其进行更新。因此，操作员应按实际情况切换到非付费区或付费区进行车票更新操作，车票更新后即可正常使用。

票务规则是 BOM 车票更新的主要依据。更新时如需收取罚金（以各城市票务规则为准），地铁储值票可选择卡扣或现金支付。

一般来说，车票更新包括非付费区和付费区更新，下面介绍部分常见的更新类型。

（1）非付费区更新常见类型。

首先讲述非付费区更新，常见类型包括本站有进站码更新超过 20 min 更新（时间可根据参数设定，以各城市票务规则为准，后同）、本站有进站码更新未超过 20 min 更新、其他站有进站码更新等，下面将作详细讲解。

① 本站有进站码更新超过 20 min 更新。

在卡状态为已进站、上次进/出/发售地点为本站的前提下，上次进/出/发售日期与当前时间相差超过 20 min，储值票需收取该票种罚金，单程票则回收。单程票分析界面如图 2.40 所示。

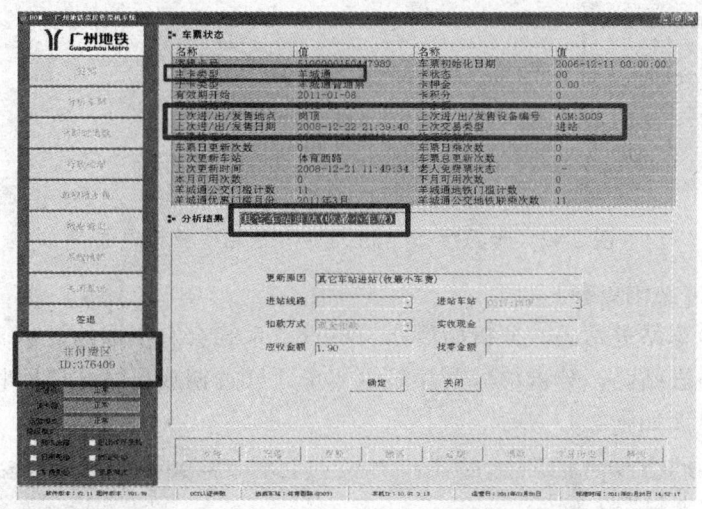

图 2.40　单程票超过 20 min 本站有进站码单程票分析界面

储值票的更新界面如图 2.41 所示。

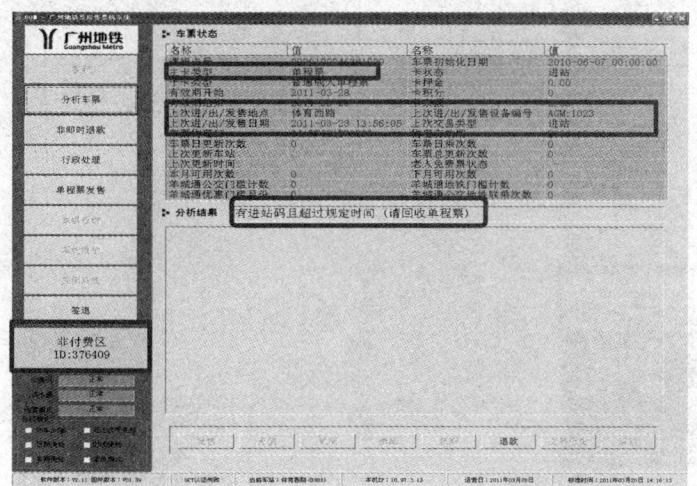

图 2.41　储值票超过 20 min 本站有进站码储值票更新界面

② 本站有进站码更新未超过 20 min 更新。

在卡状态为已进站，上次进/出/发售地点为本站的前提下，上次进/出/发售日期与当前时间相差不超过 20 min，可进行免费更新。其分析界面如图 2.42 所示。

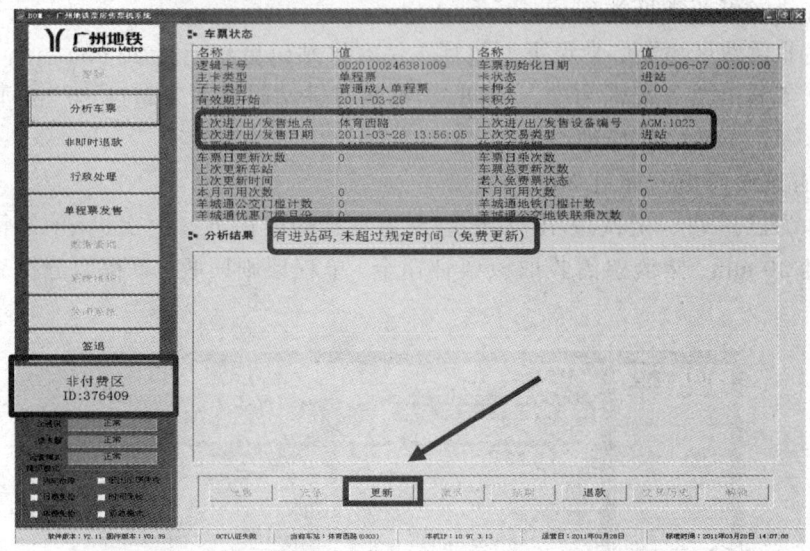

图 2.42　未超过 20 min 本站有进站码更新界面

③ 其他站有进站码更新。

车票已有其他车站进站码，分析储值票与单程票系统会有不同的提示。分析储值票会显示非付费区非本站进站码；分析单程票会显示"车票已过期或出站，请回收"。

单程票分析界面如图 2.43 所示。

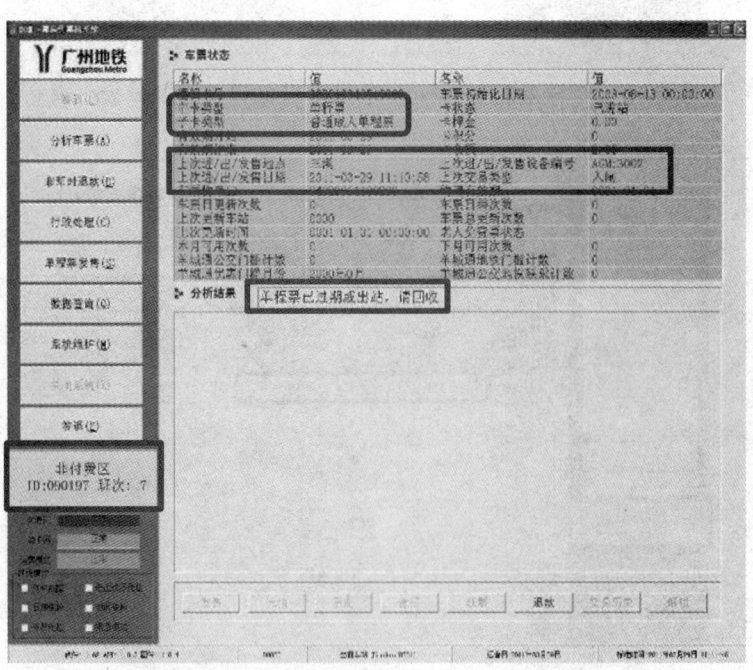

图 2.43　其他站有进站码单程票分析界面

储值票分析界面如图 2.44 所示。

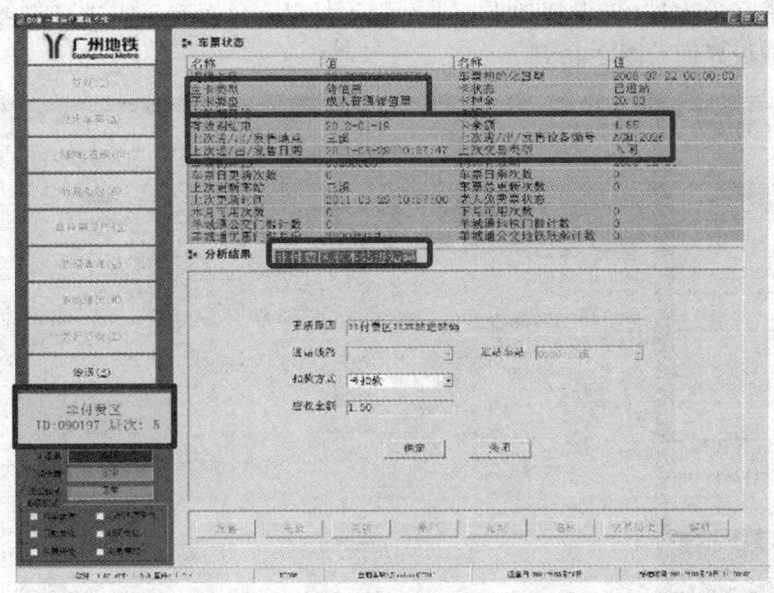

图 2.44　其他站有进站码储值票分析界面

（2）付费区更新常见类型。

付费区更新常见类型包括超时更新、超乘更新、无进站码更新等，下面将作详细讲解。

① 超时更新。

可查看上次进/出/发售日期，进站已超过 4 h（时间可根据参数设定，参照各城市地铁票务规则），需进行超时更新，收取一定罚金。罚金由票价表参数设定。车票超时的分析界面如图 2.45 所示。

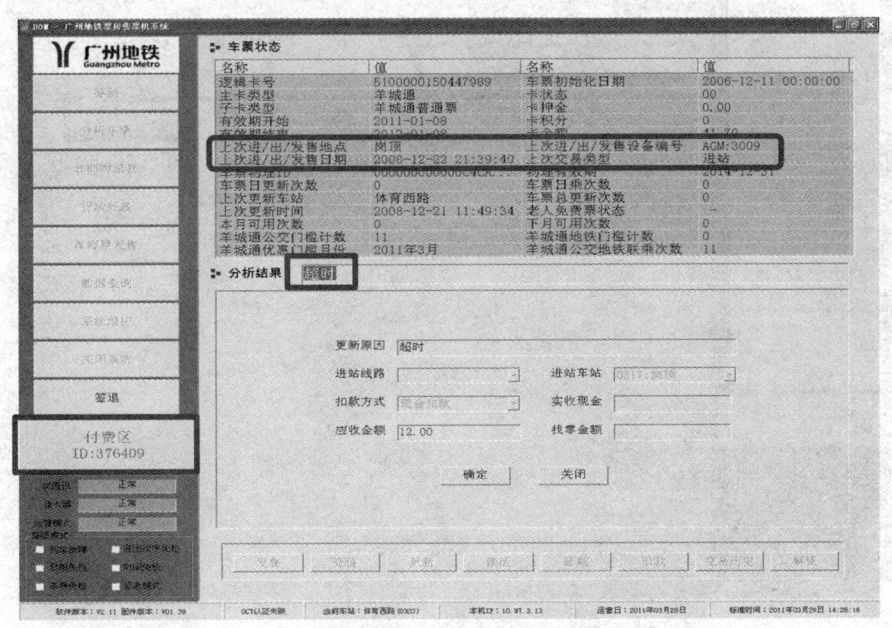

图 2.45　超时更新界面

② 超乘更新。

查看卡余额和上次进/出/发售地点，卡余额不足以支付车费，需进行超乘更新，收取车费差额。超乘分析界面如图 2.46 所示。

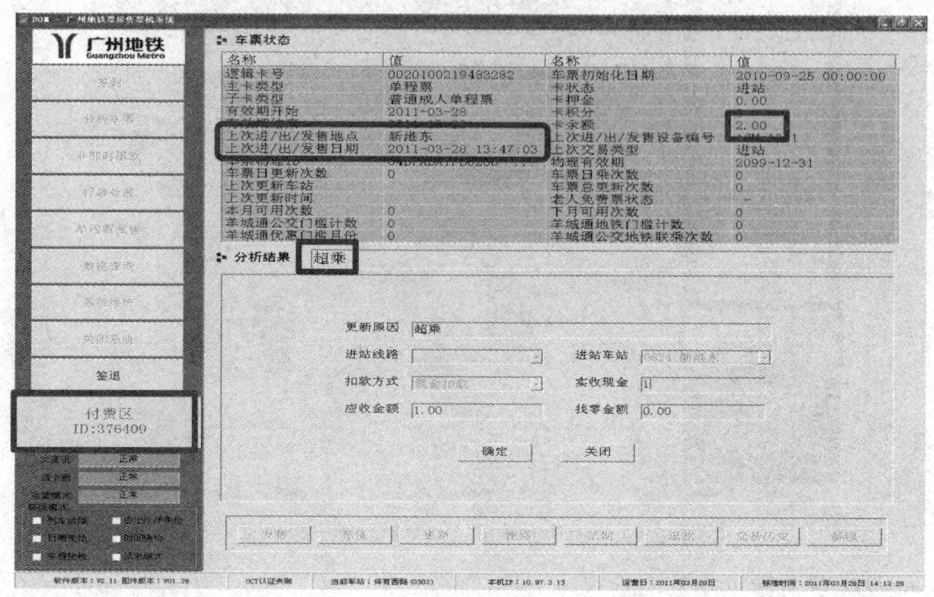

图 2.46　超乘更新界面

③ 无进站码更新。

票卡状态为已出站，需进行无进站码更新，不用收费。为储值票选择一个进站码，然后点击确定；单程票无须选择进站码。储值票无进站码的分析界面如图 2.47 所示。

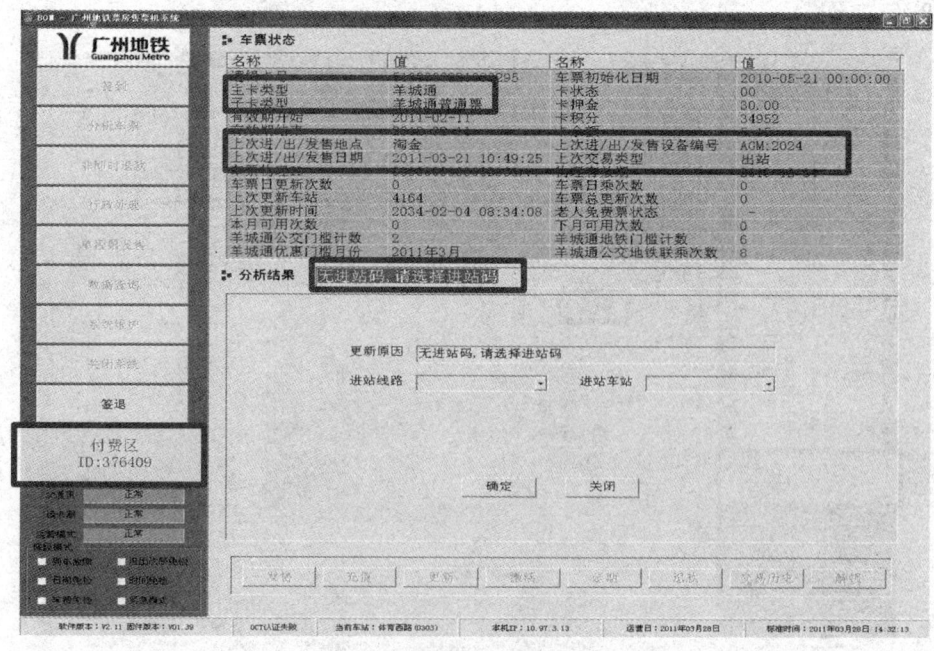

图 2.47　"羊城通"无进站码更新界面

单程票无进站码的分析界面如图 2.48 所示。

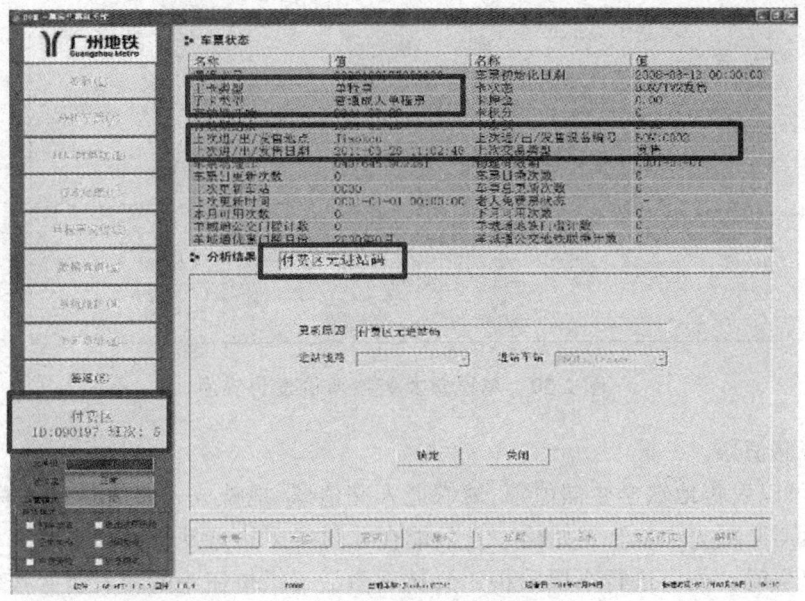

图 2.48　单程票无进站码更新界面

5．发　售

BOM 上可以发售普通单程票、地铁学生储值票、地铁老人储值票、地铁成人储值票和地铁老人免费票。

单程票发售可按车站或票价发售。待发售的储值票必须先在 E/S 初始化，且只能在非付费区执行发售操作。

（1）发售单程票。

单程票发售可按车站或票价发售。

按车站名发售，需选择线路、车站，输入实收金额，如图 2.49 所示。

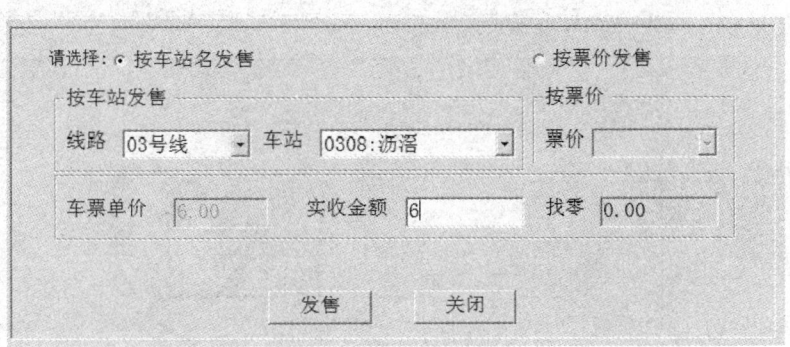

图 2.49　单程票发售按车站发售界面

按票价发售，需输入票价和实收金额，如图 2.50 所示。

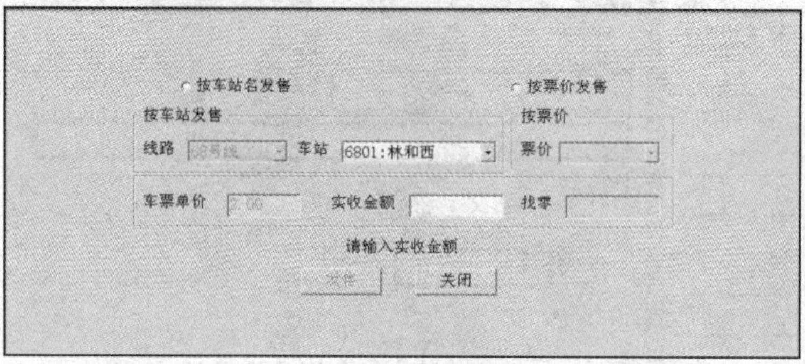

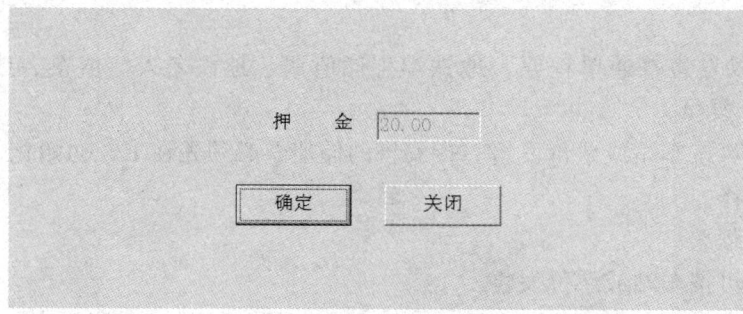

图 2.50 单程票发售按票价发售界面

（2）发售储值票。

BOM 上可以发售地铁学生储值票、地铁老人储值票、地铁成人储值票和地铁老人免费票。待发售的储值票必须先在 E/S 初始化，且只能在非付费区执行发售操作。

发售储值票时，先要进行车票分析，分析后激活二级按钮中的"发售"按钮。点击后，会出现如图 2.51 所示的界面。

图 2.51 储值票发售界面

点击"确定"，发售完成后会在"分析结果"栏显示"发售成功，押金 20.00"，如图 2.52 所示。押金金额由票卡参数控制，不可更改。

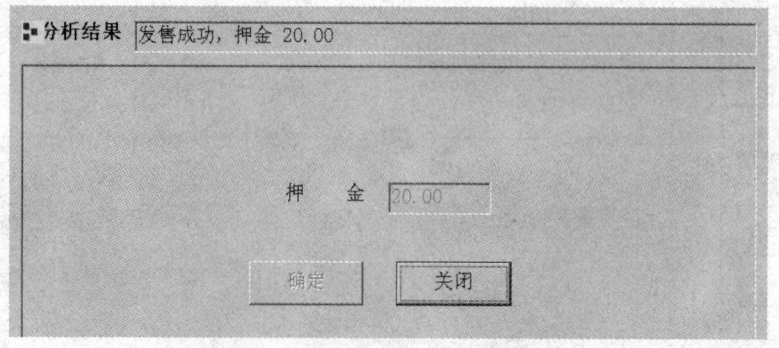

图 2.52 按"确定"按钮发售

6．充 值

地铁储值票在进行车票分析后，可激活二级按钮中的"充值"按钮。充值时可选 50 元和 100 元，到最高上限后不能再充值。车票充值后上次交易类型为增值，余额显示充值后的金额。非付费区充值界面如图 2.53 所示。

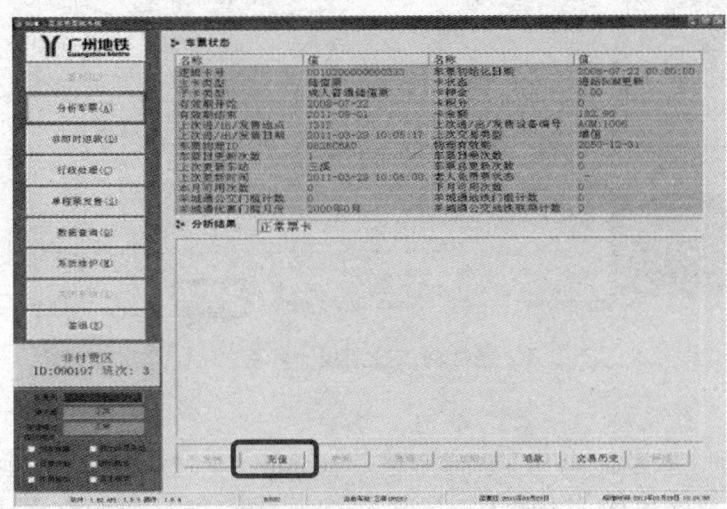

图 2.53　非付费区充值界面

车票在付费区超乘不能出站时，也可进行充值。付费区充值界面如图 2.54 所示。

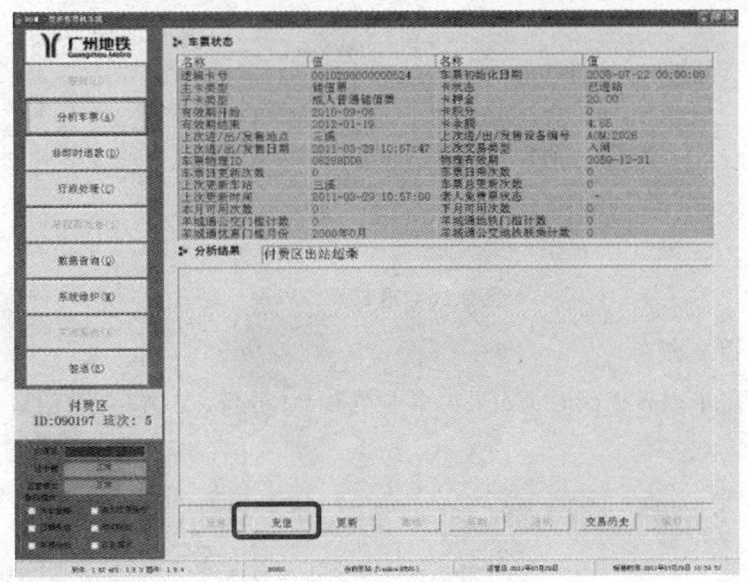

图 2.54　付费区充值界面

7．延 期

单程票或地铁储值票逻辑有效期过期，即车票状态中"有效期结束"时间已过，就不能继续使用。此类车票进行分析后可激活二级菜单中的"延期"按钮，延期天数默认为 500 天，延期后车票可继续使用，如图 2.55 所示。

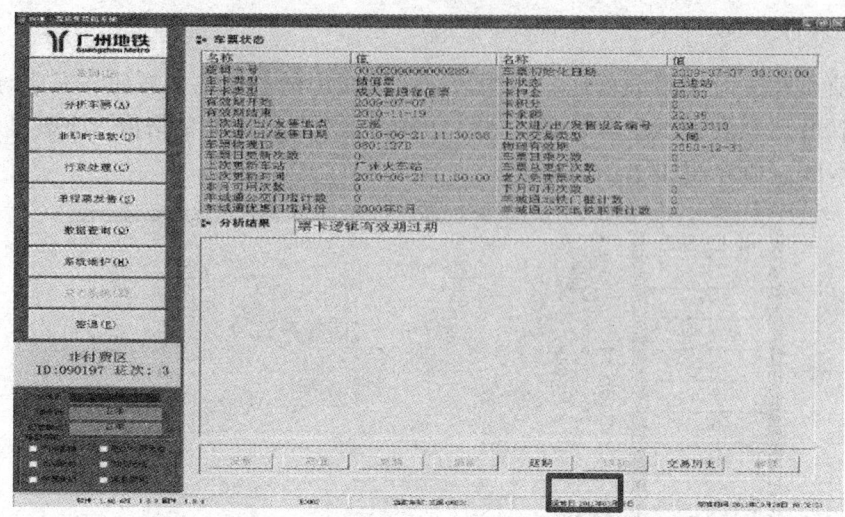

图 2.55 延期操作界面

8．退　款

根据票务规定，乘客在 TVM 购买单程票后 30 min 内未进站，可以办理退票手续；储值票在逻辑 ID 可以通过 BOM 软件查看的情况下，在运营时间内都可以办理即时退款。退款操作界面如图 2.56 所示。

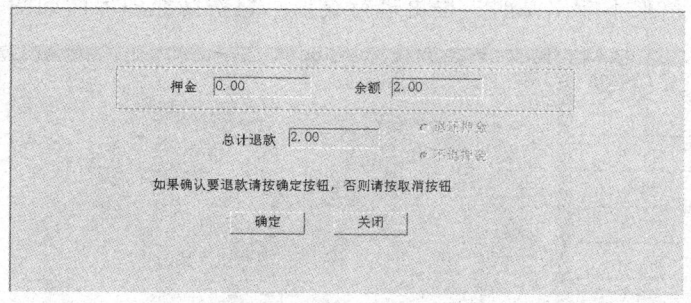

图 2.56 退款操作界面

9．票卡加锁、解锁

当票卡在黑名单列表里面时，如果将票卡在 BOM 分析，BOM 就会给票卡加锁，显示信息如图 2.57 所示。

图 2.57 票卡加锁操作界面

如果票卡已经被加锁，但是又不在黑名单列表中，具有权限的操作员就可以给车票解锁，信息如图 2.58 所示。

图 2.58 票卡解锁操作界面

10．非即时退款

当票卡损坏导致设备无法读取票卡信息时，由于不清楚卡内余额，无法办理即时退款，所以要办理非即时退款申请操作，如图2.59所示。

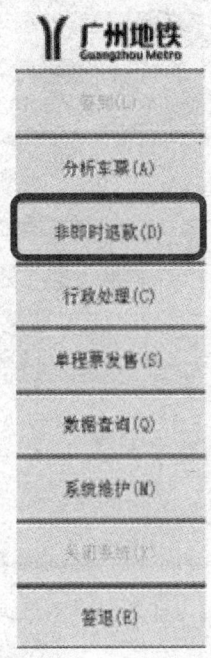

图 2.59　非即时退款操作按钮

由于非即时退款操作需要经后台确认，步骤会相对复杂。具体步骤如下：

在软件界面中输入相应资料后按下确定提交申请，并将打出的小单交付乘客。根据票务规定，通知乘客7天后到线网任一车站继续办理退款手续（参考各地票务规则）。非即时退款操作界面如图2.60所示。

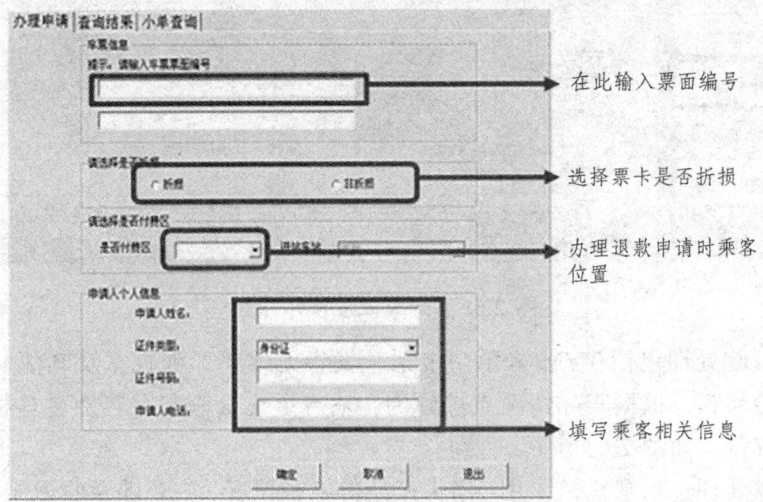

图 2.60　非即时退款操作界面

乘客 7 天后凭小单到线网任一车站继续办理退款，这时点选"查询结果"，输入小单序列号确认票卡数据，核实无误后确认退款。非即时退款查询界面如图 2.61 所示。

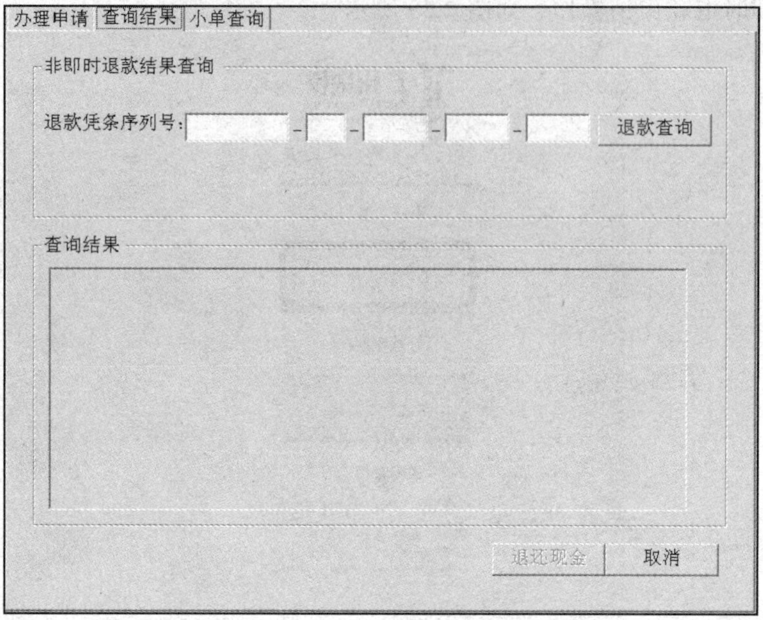

图 2.61　非即时退款查询界面

11．行政处理

行政处理分为两种：付费区行政处理和非付费区行政处理。行政处理操作如图 2.62 所示。

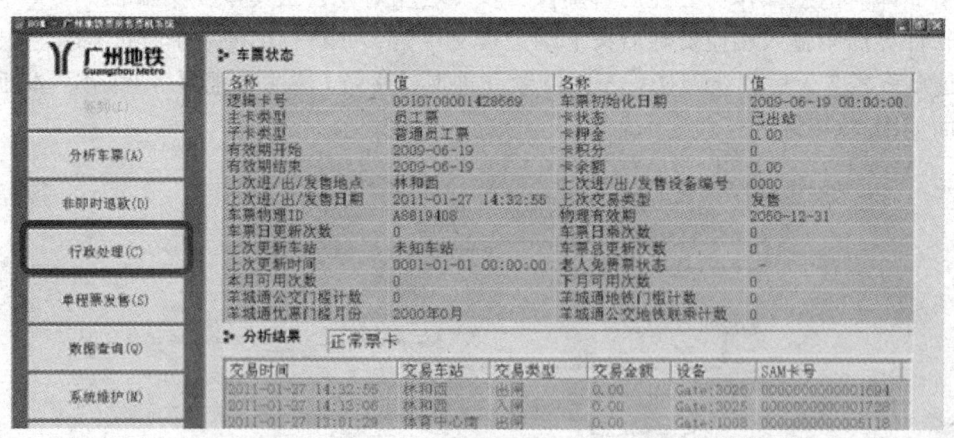

图 2.62　行政处理操作按钮

非付费区行政处理包括 TVM 卡币、卡票、发售无效票、少找零及其他五种情况，这时需要退还现金给乘客，根据实际情况点选原因，输入退还金额和乘客姓名等相关资料，然后按下"处理"按钮，如图 2.63 所示。

付费区行政处理包括闸机被误用、遗失车票等 9 种情况，主要涉及收取乘客罚金的情况。根据实际情况点选原因，输入乘客姓名等相关资料，然后按下"处理"按钮，如图 2.64 所示。

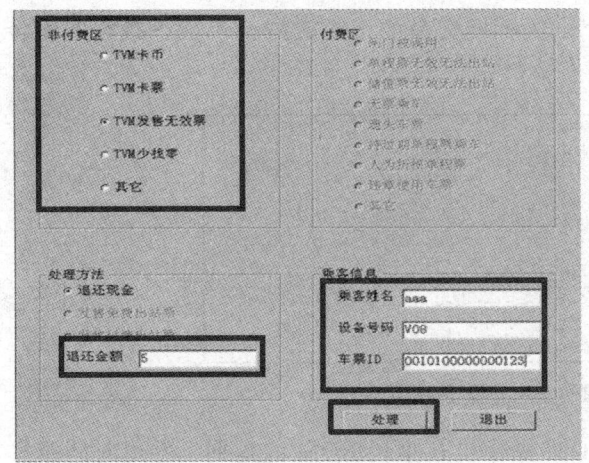
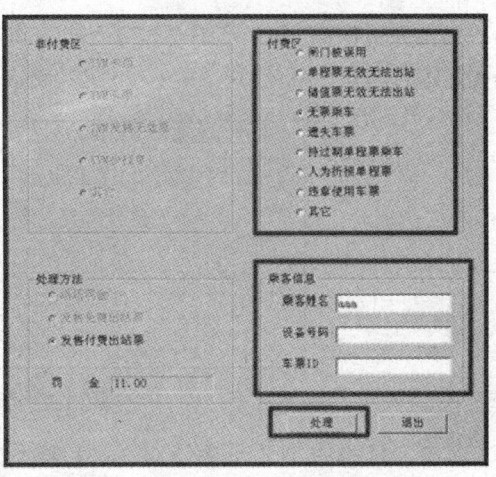

图 2.63 非付费区行政处理操作界面　　　图 2.64 付费区行政处理操作界面

12．数据查询

具有 BOM 数据查询权限的操作员才能使用该功能，如 AFC 维修人员。数据查询包括交易数据查询、班次数据查询、参数查询、日志查询、寄存器查询等，其操作界面如图 2.65 所示。

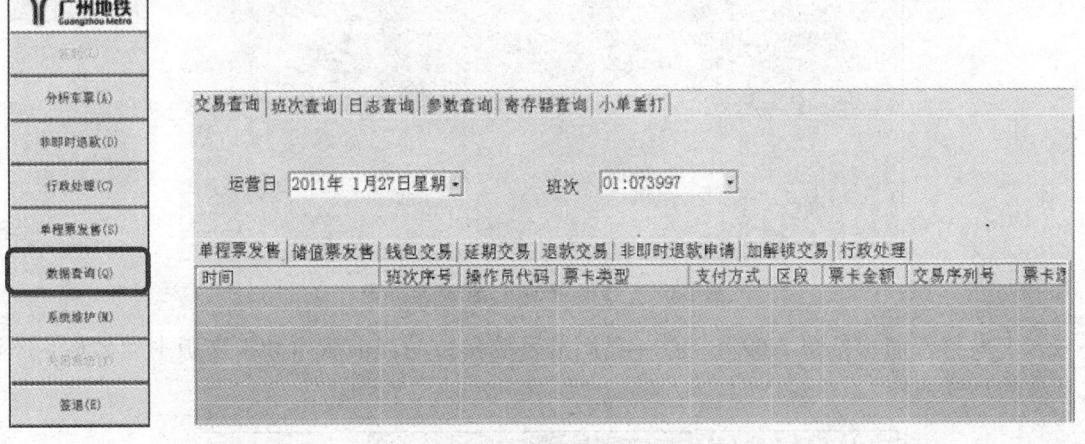

图 2.65 数据查询操作界面

（1）交易查询（见图 2.66）：BOM 可查询交易类型有单程票发售、储值票发售钱包交易、延期交易、更新交易、退款交易、非即时退款申请、加解锁和行政事务处理等。

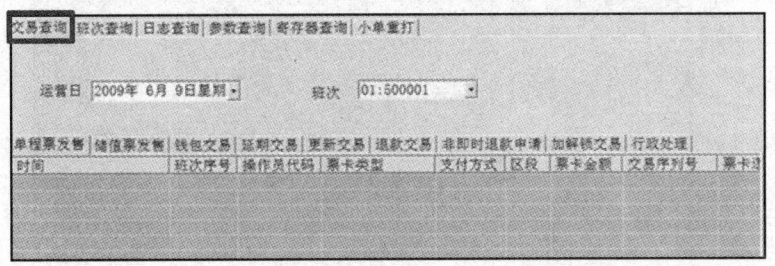

图 2.66 数据查询-交易查询界面

（2）班次查询（见图2.67）：能查询一个班次所做交易的汇总数据，包括各票种所做各种交易的数量和金额。

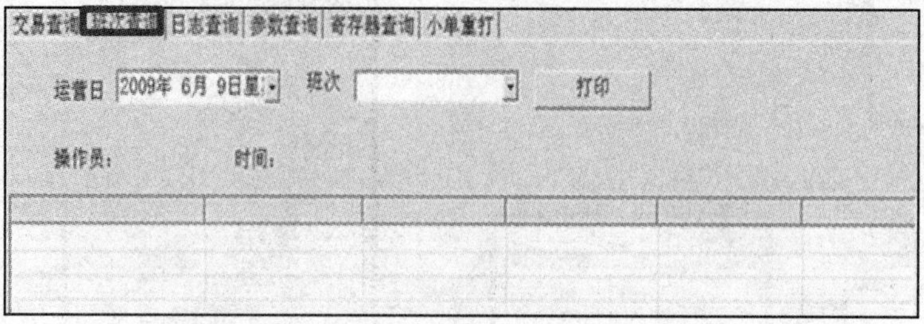

图2.67 数据查询-班次查询界面

（3）日志查询（见图2.68）：主要查询BOM操作员在本台BOM的签到、签退时间及操作员ID。

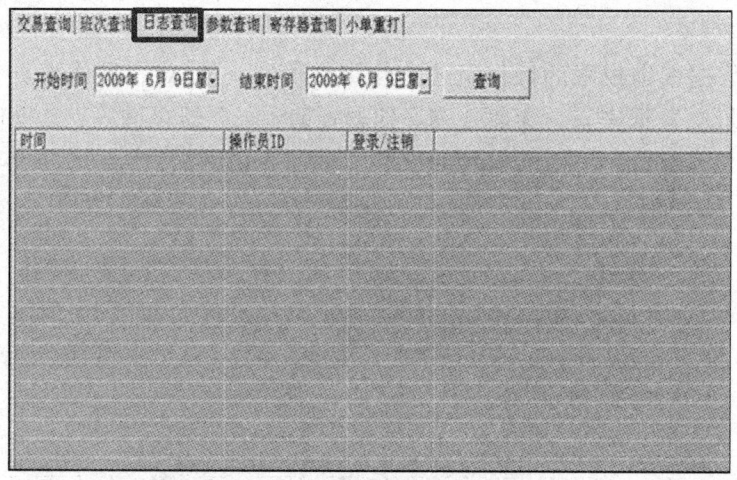

图2.68 数据查询-日志查询界面

（4）参数查询（见图2.69）：BOM只浏览系统参数的当前版本和未来版本的名称，不浏览参数的具体内容。

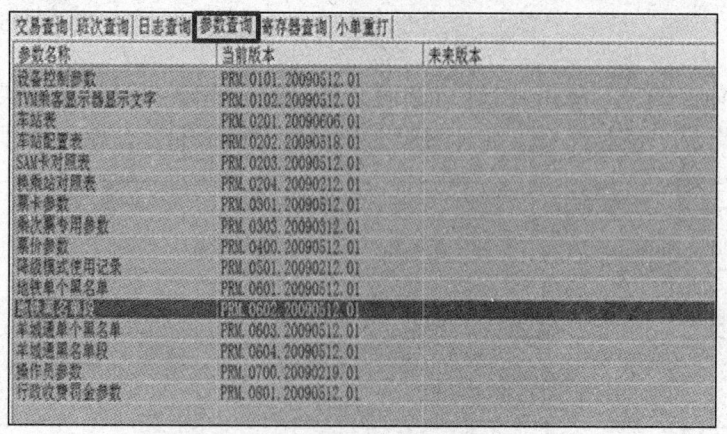

图2.69 数据查询-参数查询界面

（5）寄存器查询（见图 2.70）：寄存器数据会记录系统自运营以来各种操作的数量。

交易类型	交易数目	交易金额（分）
单程票发售	0	0
成人储值票发售	0	0
学生储值票发售	0	0
老人优惠储值票发售	0	0
老人免费储值票发售	0	0
储值票充值	0	0
OCT充值	0	0
老人免费储值票激活	0	0
单程票超乘更新	0	0
单程票超时更新	0	0
单程票无进站码更新	0	0
成人储值票超乘更新	0	0
学生储值票超乘更新	0	0
老人优惠储值票超乘更新	0	0
成人储值票超时更新	0	0
学生储值票超时更新	0	0
老人优惠储值票超时更新	0	0
成人储值票无进站码更新	0	0
学生储值票无进站码更新	0	0
老人优惠储值票无进站码更新	0	0
OCT超乘更新	0	0
OCT超时更新	0	0
OCT无进站码更新	0	0
单程票退款	0	0
储值票即时退款	0	0
储值票非即时退款	0	0
发售免费出站票	0	0
发售付费出站票	0	0

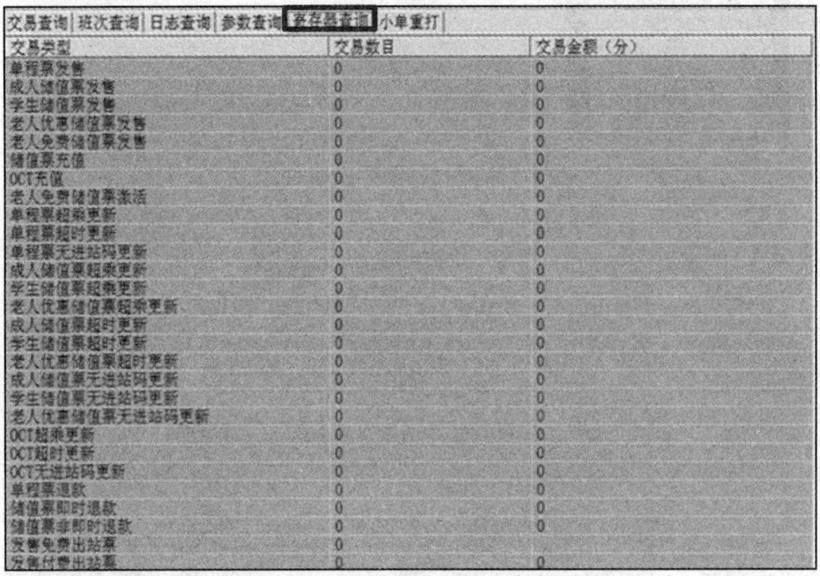

图 2.70 寄存器查询-交易查询界面

13．系统维护

需要具有 BOM 数据查询权限的操作员才能使用该功能，如 AFC 维修人员。主要包括钱包管理、打印设置、离线数据处理三个方面。系统维护操作如图 2.71 所示。

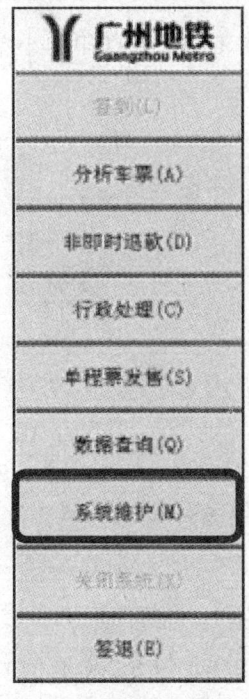

图 2.71 系统维护操作按钮

（1）钱包管理（见图 2.72 和图 2.73）：可以查询读卡器的 SAM 卡号及电子钱包余额。

图 2.72 系统维护-钱包管理

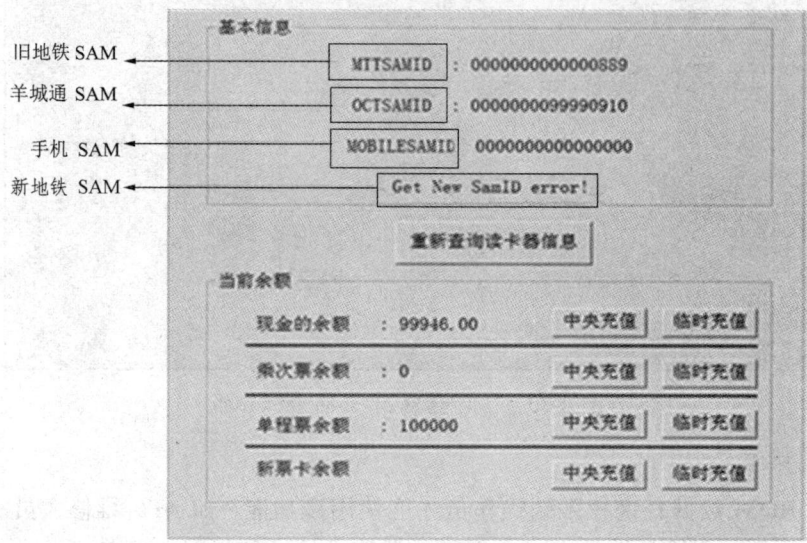

图 2.73 系统维护-钱包管理操作界面

（2）打印设置（见图 2.74）：设置 BOM 要打印的小单类型，在需要打印的小单类型前打"√"。

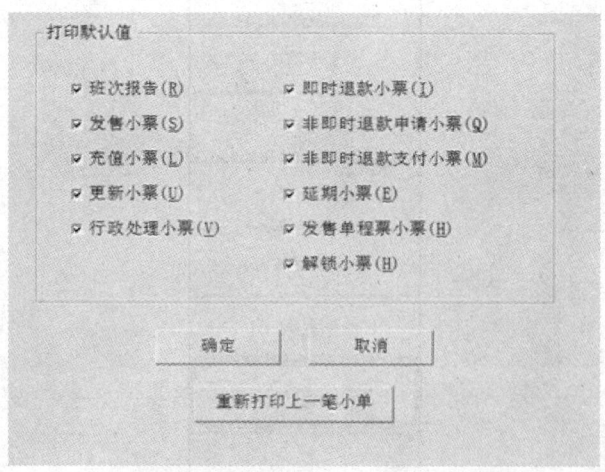

图 2.74 系统维护-打印设置

（3）离线数据（见图 2.75）：当 BOM 与 SC 无通信时，就需要做离线数据处理。离线数据包括参数导入和数据导出两部分。参数导入主要是导入 SC 需要下发的各种参数。数据导出主要是导出各种交易数据，然后通过移动介质在 SC 导入。

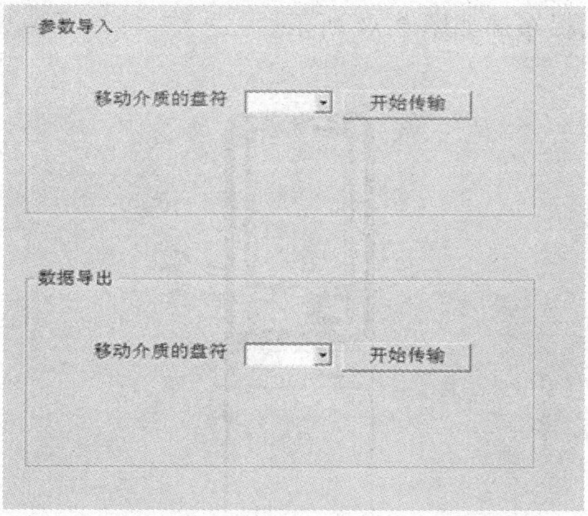

图 2.75　系统维护-离线数据

四、自助客服中心

在倡导"互联网+"的战略背景下，多地城市轨道公司均提出了智慧车站的概念。在人力资源愈发昂贵的今天，有效利用资源成为地铁运营的一个重要课题，因此自助客服中心应运而生。自助客服中心的投用能有效缓解车站客服中心服务岗位的压力，让乘客能自主操作的同时保障服务质量。

目前自助客服中心有两大类业务，分别是车票自助更新业务及辅助业务。其中车票自助更新业务包括非付费区对进出站码错误车票进行更新处理；在付费区对进出站码错误、超程、超时的车票进行更新处理；对需收费更新业务，采用非现金支付。另外辅助业务包括车票使用记录查询功能和双向视屏通话及电子发票。

以某城市地铁为例，自助客服中心的外观如图 2.76 所示。

图 2.76　自助客服中心的外观图

自助客服中心的前面板布局如图2.77所示。

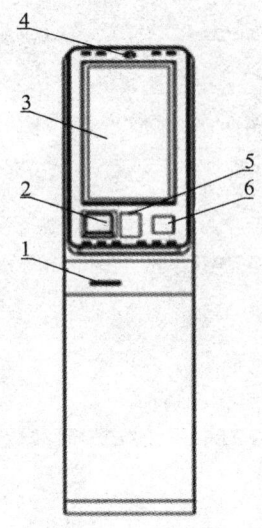

图2.77 客服中心的前面板布局

前面板的主要部件包括显示屏、二维码扫描器等，具体功能如表2.9所示。

表2.9 前面板主要部件功能

序号	部件	功能描述
1	凭条打印机	打印故障小单、补票单据
2	刷卡天线	连接读卡器，用于读取或写入车票信息
3	显示器	显示车票信息，人机交互信息反馈
4	摄像头	双向视屏通话
5	闪付模块	金融IC卡或手机NFC的信息读写
6	二维码扫描区	扫描乘客手机的支付二维码

自助客服中心整机结构采用模块化设计，模块较少。除外面所见模块外，内部仅包含主控单元、电源模块和读卡器等，如图2.78所示。

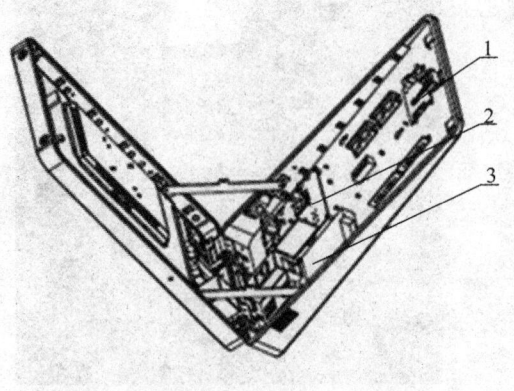

图2.78 自助客服中心整机结构图

各部件的功能如表 2.10 所示。

表 2.10 中心整机各部件功能

序 号	部 件	功能描述
1	读卡器	读取或写入车票信息
2	主控单元	自助客服中心的控制运行单元
3	电源模块	为各模块供电

第五节 车站计算机的基本原理及组成

车站计算机（Station Computer，SC），安装于 AFC 设备室或车站控制室内，是管理车站的票务、设备运行、客流统计等的计算机系统，由服务器和工作站、打印机、网络交换机及不间断电源（UPS）等构成。以某城市地铁为例，它在 AFC 系统中所处层次如图 2.79 所示。

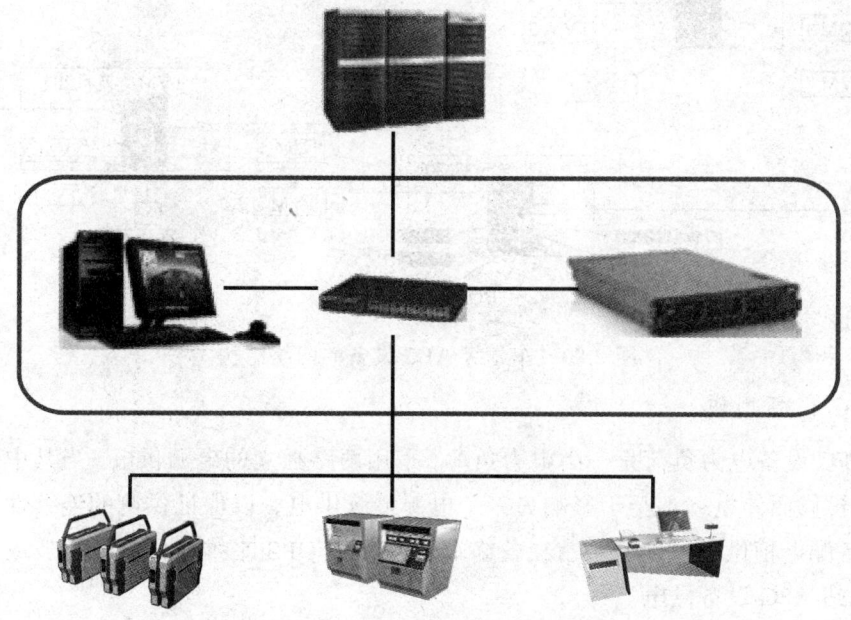

图 2.79 车站计算机的外观及所处层次

一、车站计算机的原理

1. 车站 AFC 计算机网络的组成

车站级 AFC 系统遵循一般的计算机网络的拓扑结构。计算机网络拓扑结构是指网络中各个站点相互连接的形式，在局域网中就是服务器、工作站和电缆等的连接形式。现在最主要的拓扑结构有总线型拓扑、星形拓扑、环形拓扑、树形拓扑以及它们的混合型。

车站 AFC 系统中使用的是应用较广的是环型网络拓扑结构，其次是星型拓扑结构。环型网络结构中交换机与交换之间使用光纤相连，车站 AFC 设备与交换机使用双绞线相连。交换机与交换机的连接，是以 AFC 设备房里 SC 交换机为起点，顺时针将车站的交换机串联在一起，最后一台交换机又与起点交换机相连，这样首尾相接，交换机串起来就形成一个环形网络。

站级设备的 BOM、AGM、TVM、TCM 设备使用 RJ45 或 M12 接口接入车站区域交换机，通过车站局域网与 SC 通信。PCA 设备在需要时通过 USB 接口或 RJ45 直接连接 SC，与 SC 通信。SLE 与 SC 的数据传输协议以 TCP/IP 协议为基础。其网络结构图如图 2.80 所示。

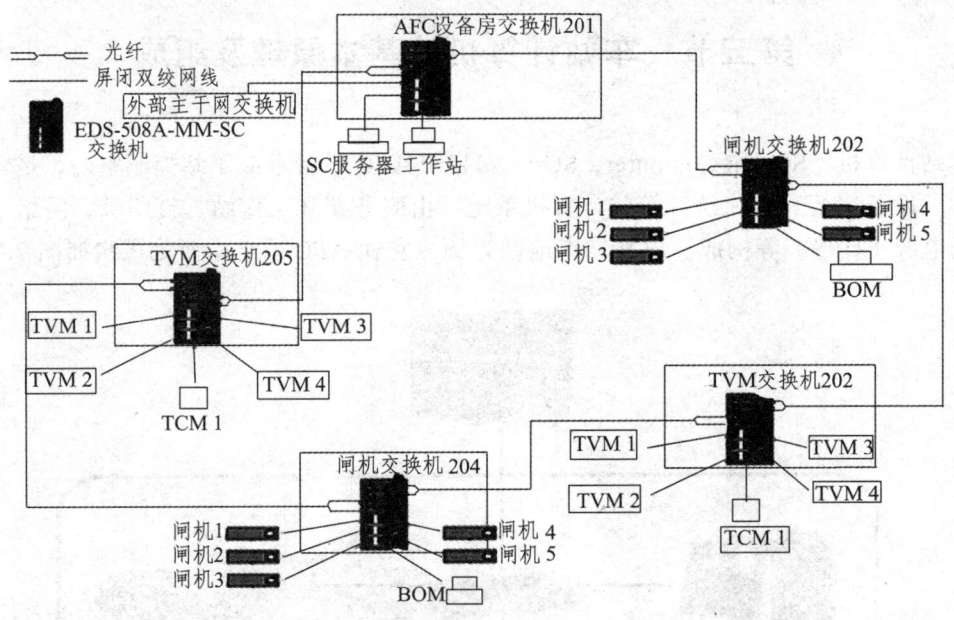

图 2.80　车站级 AFC 设备的网络结构

2．AFC 设备用电

车站 AFC 设备电力负荷是一类电力负荷，采用两路独立的电源供电。当其中一个电源发生故障或因检修而停电，不至于影响另一个电源继续供电，以保证供电的连续性。一般由站厅 AFC 设备配电柜供电，部分城市在各终端设备加装 UPS 来维持供电稳定，或者采用集中UPS 负责全站 AFC 设备供电。

3．AFC 设备时钟同步

时钟同步的主要目的是把分布在各设备的时钟对准（同步）。主要原理是以一个系统时钟为标准时钟，使各设备的时钟均与标准时钟对准，实现系统其他时钟与系统统一标准时钟同步。

以某城市地铁为例，AFC 系统各层级时钟同步的常用运行机制如下：站级设备与 SC 服务器时间同步周期设定为 2 min，SC 服务器与 LCC 时间同步周期设定为 15 min，LCC 与ICCS 时间同步周期设定为 15 min。AFC 系统时间同步流程图如图 2.81 所示。

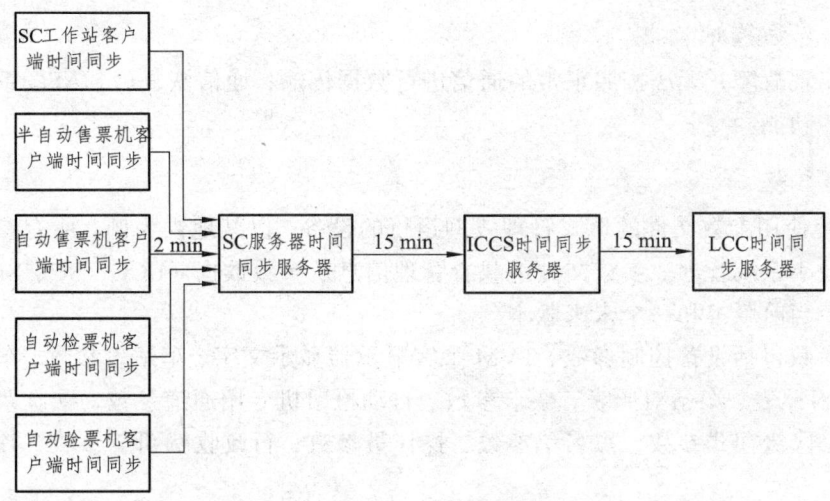

图 2.81 时间同步流程图

4．设备数据传输机制

（1）设备交易信息。

车站终端设备产生交易、审计、收益数据后上传到 SC 服务器，服务器将其保存在消息队列文件夹内，该文件夹内的交易、审计、收益数据会即时入 SC 服务器数据库，且即时将数据保存到服务器磁盘相应的文件夹内，该文件夹内的数据每 15 min 进行打包保存到 SC 服务器的指点数据文件夹，并即时上传到 LCC。

（2）设备状态信息。

车站终端设备产生状态变化后将状态更新信息上传到 SC 服务器软件，服务器软件将其保存在消息队列文件夹内，然后即时入 SC 服务器数据库和上传到 LCC。当设备出现通信故障时，设备的离线数据会保存在当前设备，当恢复通信后再做上传处理。

SC 数据流向如图 2.82 所示。

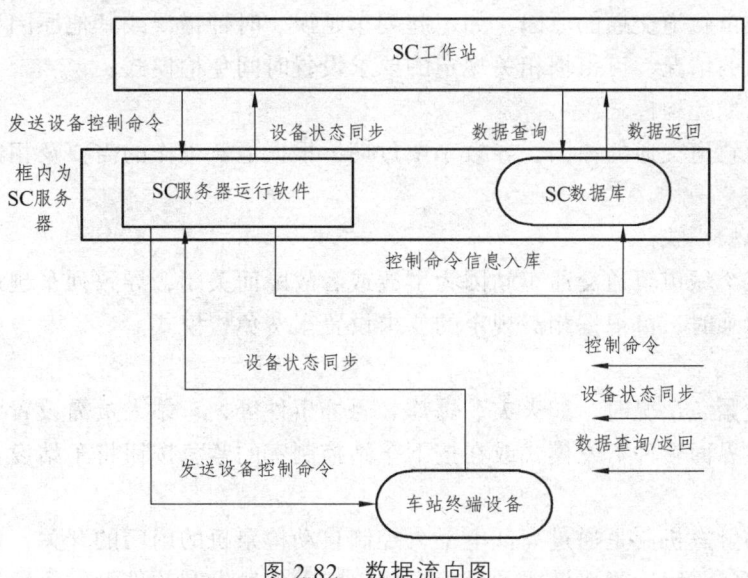

图 2.82 数据流向图

5．离线数据传输

当网络出现故障，无法按照正常的通信进行数据传输，通信恢复后，AFC 系统具备离线数据自动补传功能。

6．设备参数

AFC 系统使用参数文件的形式管理线网运行的设备，以某地铁为例，所有参数文件采用统一格式以便于系统管理。参数文件承载着管理信息及参数数据。LCC、SC、SLE 对各类参数都只有一个当前版本和一个未来版本。

常用的参数包括设备控制参数、TVM 乘客显示器显示文字、车站表参数、车站配置表参数、SAM 卡对照表、车站对照表、票卡参数、自动检票机专用通道参数、乘次票专用参数、票价表参数、降级模式参数、黑名单参数、操作员参数、行政收费罚金参数、软件配置和程序参数等。

7．降级模式管理

AFC 系统的降级模式管理包括列车故障模式、进出站次序免检模式、乘车时间免检模式、车票日期免检模式、车费免检模式、紧急放行模式等。可通过 LCC、SC 降级模式下发，将车站设备设置为相应的降级模式。

（1）列车故障模式。

当城市轨道交通列车出现运营故障，使部分车站暂时中止运营服务时，暂停服务的车站需根据相关规定的要求设置列车故障模式。

（2）进出站次序免检模式。

在进站乘客拥挤的情况，或车站全部的进自动检票机故障的情况下，可以允许乘客不通过进自动检票机验票进入轨道交通（站务员打开边门），可根据运营工作的需要及相关规定的要求在相关站点设置进出免检模式。本模式只对设置站点出闸的无进站信息的车票有影响。

（3）乘车时间免检模式。

如果由于城市轨道交通的原因，如引起列车延误、时钟错误或其他原因导致大量持票乘客超时无法出闸的情况，可根据相关规定的要求设置时间免检模式。

（4）车票日期免检模式。

若由于城市轨道交通的原因，导致车票过期，根据运营工作的需要及相关规定的要求设置日期免检模式。

（5）车费免检模式。

如果由于某个城市轨道交通车站因为事故或者故障而关闭，导致列车越过该站后才停车导致乘客车票超乘时，可根据相关规定的要求设置车费免检模式。

（6）紧急模式。

当车站发生紧急情况时，如火灾、爆炸、恐怖事件等，车站人员需设置紧急放行模式。可通过 SC 监控界面软件下发模式或在按下车站控制室的紧急按钮将车站设备设置为紧急放行模式。

紧急模式的触发机制是通过高低电平去控制自动检票机的扇门的开关，低电平时扇门打开，高电平时扇门关闭。紧急模式的触发方式包括硬件触发和软件触发。硬件触发是通过硬线连接到闸门扇门控制板,使用开关按钮控制扇门开关动作;软件的触发是通过 SC 或 LCC,将紧急模式指令下发到每一台设备,通过设备的主控单元去控制扇门的开关动作,如图 2.83 所示。

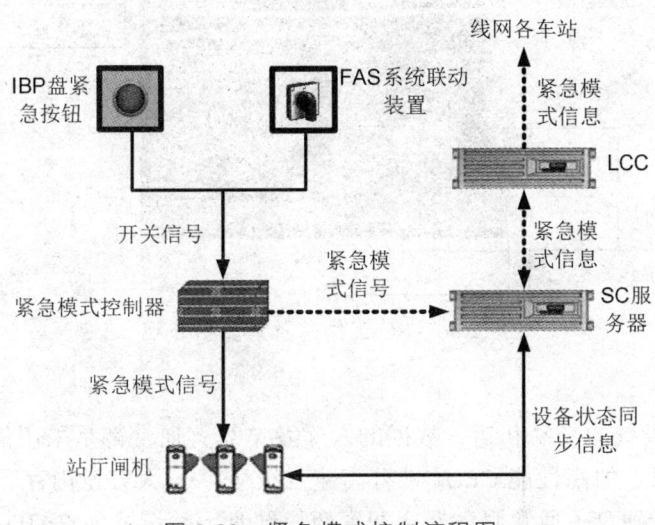

图 2.83 紧急模式控制流程图

二、车站计算机硬件结构

车站计算机根据系统设备的具体功能要求,装配有高性能通信服务器、交换机、紧急按钮模块、报表打印机、不间断电源、操作显示器、键盘鼠标等主要部件。以某城市地铁为例,其主要结构如图 2.84~2.86 所示。

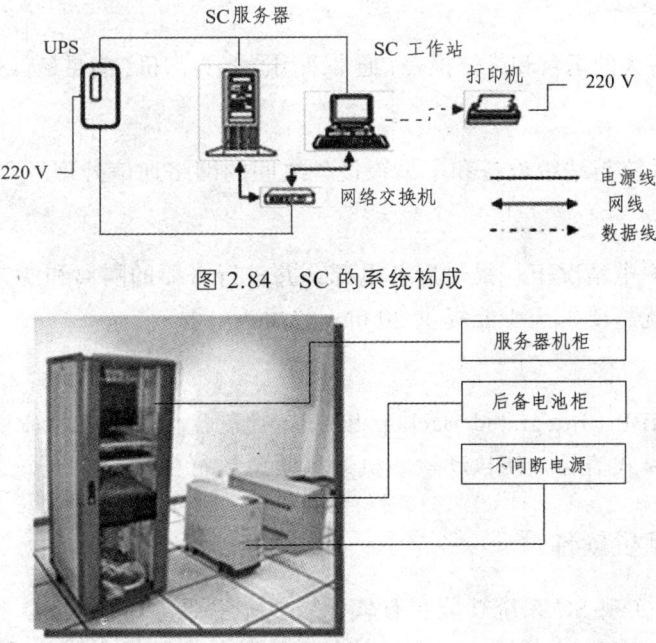

图 2.84 SC 的系统构成

图 2.85 SC 服务器及不间断电源外观

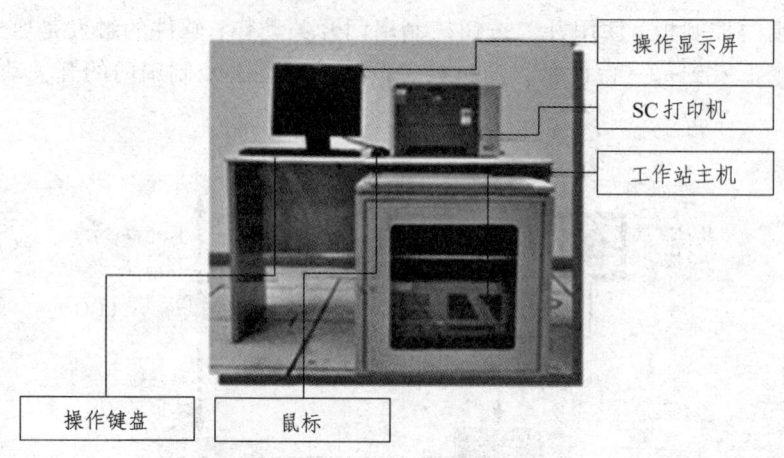

图 2.86　SC 工作站及打印机外观

1．SC 服务器

主要负责站级设备的交易和运行数据的入库及结算，通常都是采用信息行业上主流的服务器，内置有 2 或以上的高性能 CPU（带有高速三级缓存）、大容量内存、SCSI 控制器、RAID 控制器、2 个大容量硬盘（通常服务器会配置两块硬盘，并设置为 RAID 1，即磁盘镜像，把一个磁盘的数据镜像到另一个磁盘上，在不影响性能情况下最大限度地保证系统的可靠性和可修复性，具有很高的数据冗余能力）、2 个冗余电源（满足连续 24 h 运营的需求）。

2．SC 工作站

主要负责站级设备的监控、运营状态及数据的查询，报表数据的查询等。采用工业上通用的工控机，内置有 1 个高性能 CPU（带有高速二级缓存）、大容量内存、1 个大容量硬盘。

3．报表打印机

主要用来打印每天的运营和维修报表，通常采用激光打印机，满足最低打印速度 16 张/min。

4．网络交换机

主要负责 SC 系统与站级设备和中央级设备之间的网络通信处理。

5．不间断电源

主要功能是在失电情况下，提供后备电源，并进行必要的隔离和滤波，防止外部电压波动对设备运行的干扰，要求至少能提供 30 min 的预备电源。

6．紧急按钮

主要负责响应 IBP（Integrated Backup Panel）控制盘传输的控制命令，并向现在自动检票机设备发送紧急模式信号，使自动检票机进入紧急放行模式。

三、车站计算机软件

SC 的软件是指实现 SC 系统功能所有软件构成，主要包括管理 SC 系统的硬件资源、运行环境的系统软件，实现车站 AFC 专有功能的应用软件，数据库管理系统等。

1．系统软件

SC 系统软件是指为 SC 系统的运行提供资源、服务、环境及支持的通用软件，其中包括操作系统、数据库软件以及各类外围设备的驱动程序等。操作系统软件常见的有 Windows、Linux、Unix 操作系统等。

2．应用软件

SC 应用软件是指为实现 SC 系统功能专门开发的软件，SC 应用软件采用典型的客户机/服务器架构，由服务器软件和客户机软件组成。

（1）服务器软件。

安装并运行在 SC 服务器上，实现系统的商务逻辑、数据处理及系统各模块的协调等，并为客户软件提供功能服务，如图 2.87 所示。

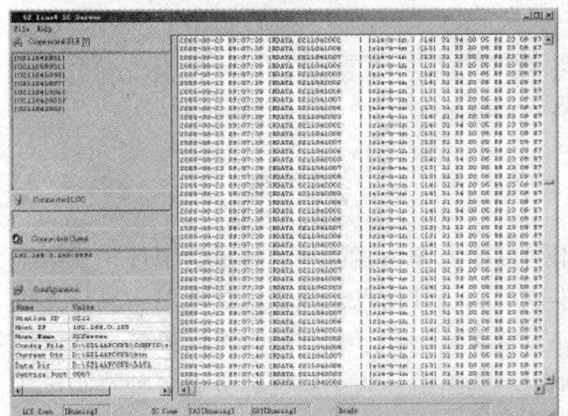
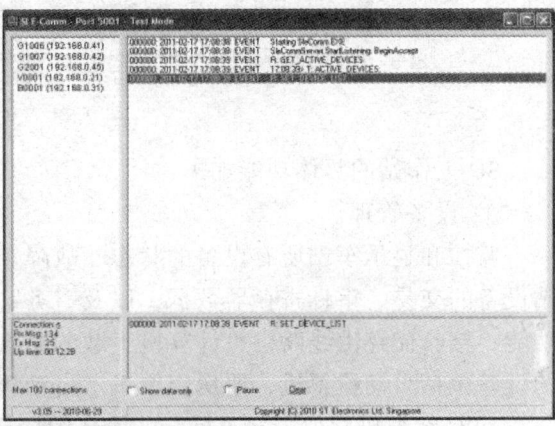
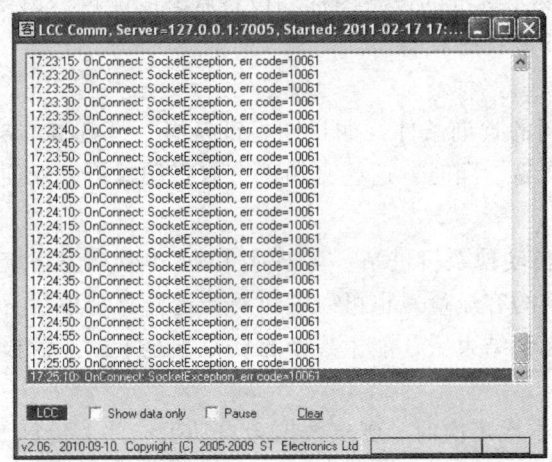

图 2.87　SC 服务器软件

（2）客户端软件。

运行在 SC 工作站上，为系统的各项功能提供用户界面，通过调用服务器应用软件提供的系统服务，实现用户对系统的功能要求。主要功能有设备监控、设备状态、事件记录、车站控制、参数文件、参数状态、客流统计、报表查询、车站/线路查询、BOM 班次查询等等，如图 2.88 所示。

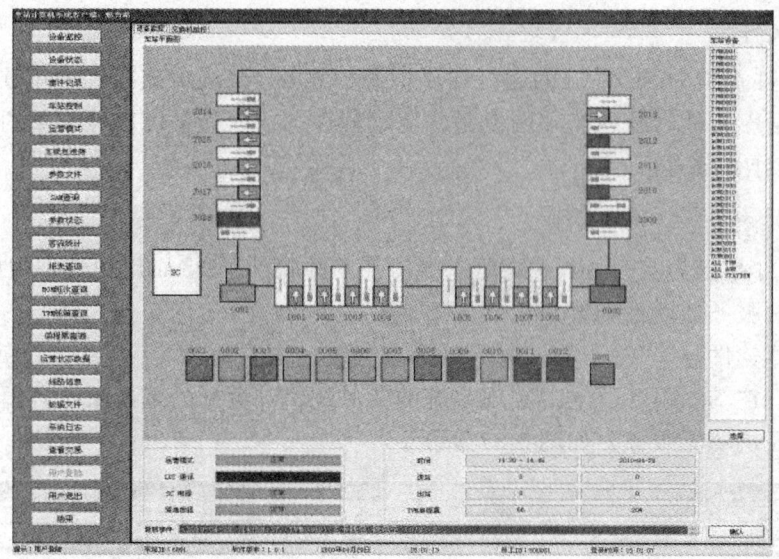

图 2.88　SC 客户端软件

SC 工作站的具体功能如下：

① 设备管理。

监控和显示车站所有设备的状态、故障、报警信号，车站客流和设备最新事件；收集车站设备的交易、审计寄存器数据，以及财务、维修等的统计信息，并传送到线路中央计算机功能；接收储存由线路中央计算机下载的运营和设置参数，并下载到所有车站设备；其监控的设备包括自动检票机、票房售票机、自动售票机、验票机；为了明确区分设备种类和设备状态，SC 客户机软件定义了标准的设备图标和设备状态的颜色标识，各类设备图标和状态颜色标识的组合反映了当前设备的状态。

② 设备交易。

操作员可以选择不同的查询条件，如日期、设备组、设备 ID 或者交易类型等，以浏览各类设备的各种类型的交易，同时，这些交易也可以打印输出，以便存档。

③ 统计查询。

可以查看每 15 min 自动检票机进站、出站及 TVM 单程票发售统计数据，或者用客流图显示不同时段（每小时）的客流量。也可以通过每天运营日结束后自动生成的日报表，查询每日统计数据。在车站运营结束后，能生成及打印车站全天的运营报表。

④ 收益管理。

BOM 操作员在结束本次班次时，班次数据会自动生成并上传到 SC 系统，班次报告记录了本班次所有类型交易数量及金额统计数据，也可以查询班次细节，包括了行政收费标准和票卡金额等详细信息。TVM 钱箱查询可以了解到钱箱的状态和现金存量，单程票查询可以了解到票箱的状态和车票存量。

⑤ 数据管理。

SC 系统可以及时收集现场设备的交易数据和状态信息等，并定时打包上传到 LCC，假如在与 LCC 无通信状态下，SC 系统具有在线恢复和离线采集的功能，可以将数据先保留在本地（数据储存多少和时间长短，主要看系统配置的硬盘容量，通常至少一个月以上），待与 LCC 通信恢复正常后，SC 系统会自动把滞留的数据全部补上传到 LCC，或者将数据导出到其他存储介质，然后用人工方式将数据导入到 LCC；SC 系统可以储存由 LCC 下载的运营和设备操作参数，并下载到车站设备里，进行设备参数更新，SC 通常储存两套参数设置表（一套现在使用的参数设置表，一套将来使用的参数设置表）；通过 SC 系统还可以对现场设备进行软件更新。

⑥ 报表管理。

SC 系统在每天的运营结束后，会自动生成（根据系统设置的时间，如 2:30）当天的所有报表；报表查询可以根据日期进行，当天的报表只能在下一运营日查看，报表种类主要分四大类：a. AGM 类报表，主要有进/出站统计、出站数量统计、出站扣款统计、票箱更换等；b. BOM 类报表，主要有票卡充值、票卡发售、更新（按班次、按设备）、退款交易明细、行政处理（按设备、按班次）、汇总统计（按设备、按班次）等。c. TVM 类报表，主要有收益汇总、钱箱更换、补币/补票统计、SJT 区段发售（按设备统计）等。d. 综合类报表，主要有车站现金收益汇总统计、车票发售汇总统计、故障及异常情况汇总等。每日生成报表后，可以在 SC 系统选择打印所需的报表。

⑦ 时钟同步功能。

SC 系统在规定时间间隔或系统启动时会自动与 LCC 进行时钟同步；车站设备在规定时间间隔或重启时会与 SC 进行时钟同步。

⑧ AFC 系统参数。

AFC 系统内部设备运行通常通过参数进行控制，如票价、购票地图、车站信息等。以广州地铁为例，目前运行的参数包括设备控制参数、TVM 乘客显示器显示文字、车站表、车站配置表、SAM 卡对照表、换乘车站代码表、车站对照表、票卡参数、票价参数、黑名单参数、操作员参数、行政罚金参数、节假日参数等。

第六节　中央级设备的基本原理及组成

自动售检票系统的中央级设备包括路综合中央计算机（ICCS）、线路中央计算机（LCC）、编码/分拣机（E/S）。

随着多元化支付技术的发展，对自动售检票系统的中央级设备提出了新的需求，因此目前已经出现了将 ICCS、LCC 整合的体系架构，建立统一的云平台。但是目前这一新体系仍在快速变化阶段，详细讲解意义不明显，因此本节仍以传统中央级设备 ICCS、LCC 及 ES 的架构进行讲述。

一、综合中央计算机（ICCS）

自动售检票系统综合中央计算机系统 Integrated Central Computer System，ICCS）用于城

市轨道交通各条线路之间，与公交系统、银行系统及其他相关系统之间的清算分账、车票交易数据的处理及统计分析，同时还具备对线路自动售检票系统设备运营管理的功能。

综合中央计算机位于自动售检票系统的顶层，与线路中的各设备分层联网，保持通信。以某地铁的 ICCS 为例，其网络拓扑结构如图 2.89 所示。

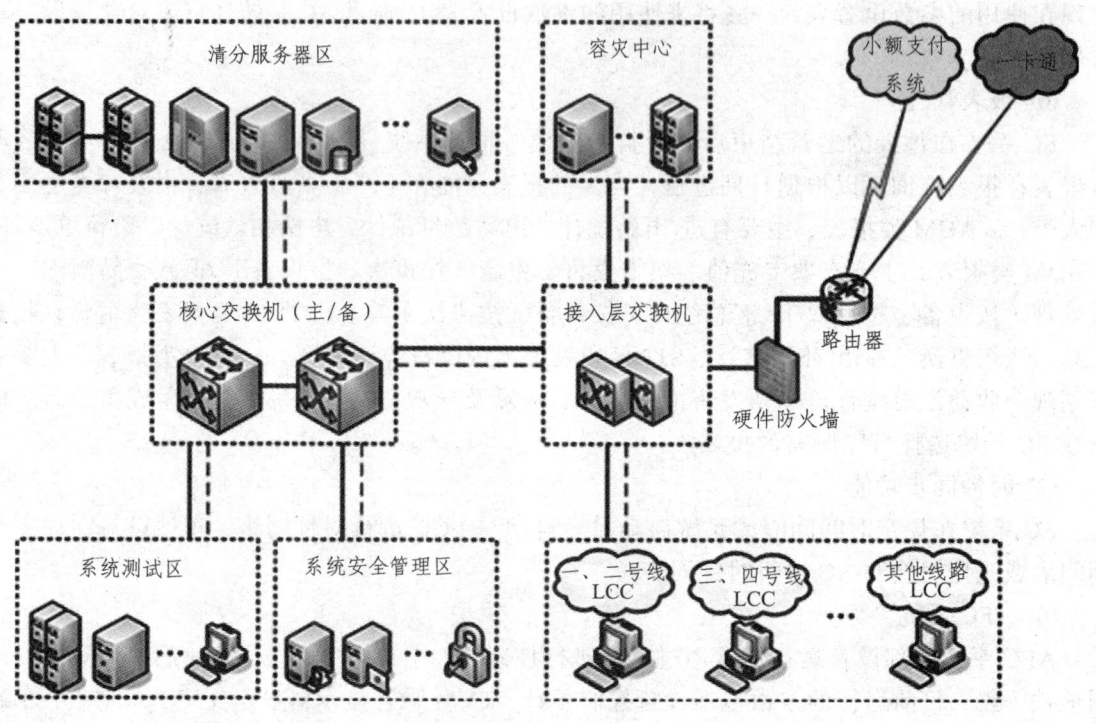

图 2.89　网络拓扑结构

综合中央计算机系统硬件结构组成包括机柜、服务器、操作显示屏、磁盘阵列（见图 2.90）、磁带库（见图 2.91）、鼠标、键盘、不间断电源、网络交换机等。

图 2.90　磁盘阵列

图 2.91 磁带库

二、线路中央计算机（LCC）

线路中央计算机是地铁单条线路或多条线路各车站 AFC 系统集中管理的核心设备,主要负责对线路自动售检票系统内的所有设备的监控,能实现系统运作、收益及设备维护集中管理功能；实现线路系统数据的集中采集、统计及管理功能；与 ICCS 之间的信息交换,接收和存储由 ICCS 系统下载的运营和设置参数,并下达车站计算机系统；通过 ICCS 实现与公交"一卡通"系统的数据接口及财务清算。

中央计算机系统硬件结构组成包括有机柜、服务器、工作站、操作显示屏、鼠标、键盘、不间断电源、网络交换机等。

三、编码/分拣机（E/S）

E/S 一般安装在地铁的制票中心,由地铁票务工作人员操作,是自动售检票系统中负责车票进行初始化、编码等功能的设备,主要负责对地铁专用票卡进行初始化、编码及赋值处理,包括代用币式和卡式车票；对回收的车票按需要进行分拣、重新编码或赋值处理。ES 能即时打印车票处理过程的批次操作及班次报告；在不影响"一卡通"票卡数据的基础上,能对"一卡通"票卡进行二次编码、发行。

E/S 的硬件结构组成包括工作站计算机、显示屏、鼠标、键盘、打印机、车票处理模块、不间断电源等,如图 2.92 所示。

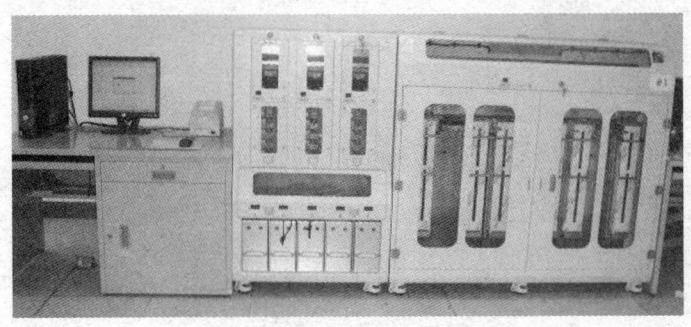

图 2.92 ES 设备结构图

E/S 的工作原理如图 2.93 所示。

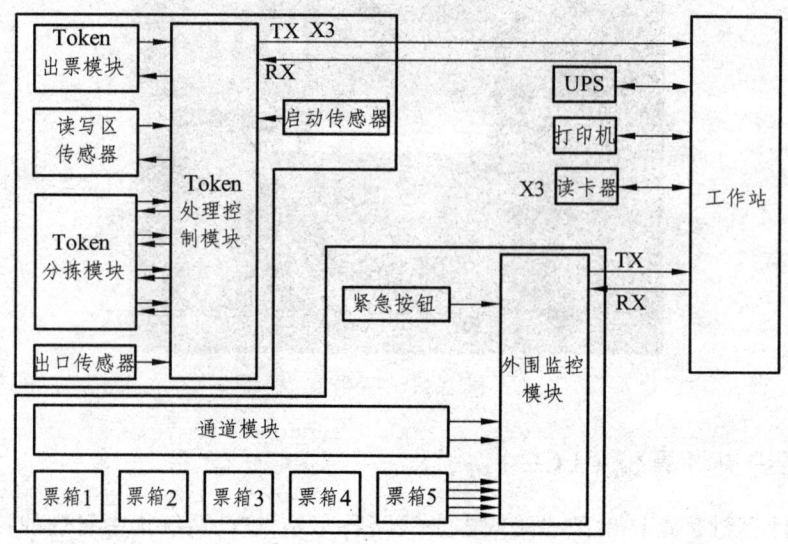

图 2.93　ES 工作原理图

复习思考题

1. 自动售检票系统的站级设备主要有哪些？
2. 自动售票机的纸币处理模块具备哪些主要功能？
3. 自动检票机按设备功能可以分为哪几种主要类型？
4. 车站工作人员可通过票房售票机对车票进行哪些处理？
5. 计算机网络的拓扑结构主要有哪几种类型？车站 AFC 系统中应用较广是哪一种？

第三章 通用安全与工器具仪表的使用

【学习目标】

1. 学习电工安全知识；
2. 学习自动售检票系统检修工安全职责；
3. 学习自动售检票系统的安全关键点；
4. 了解 AFC 设备检修工作中常用工器具类型；
5. 了解 AFC 设备检修工作中常用仪器仪表类型。

【知识要求与技能要求】

1. 掌握电工安全要点；
2. 掌握自动售检票系统安全关键点；
3. 掌握自动售检票系统的作业防护要求；
4. 能识别常用工器具，会使用工器具开展检修工作；
5. 能识别常用仪器仪表，会使用仪器仪表开展检修工作。

第一节 电工安全与岗位安全职责

对员工进行安全教育，是国家对企业安全管理的要求，是企业安全工作的需要，是提高全体员工安全预防能力的一项基础性工作。开展员工安全教育是保护员工人身财产安全和合法权益的需要。因此，必须对员工进行安全教育，提高员工的安全意识。由于本文篇幅有限，而且通用安全知识内容非常广泛，本节只针对与 AFC 检修工相关性紧密的电工安全知识和 AFC 安全职责展开讲述。

一、电工安全知识

（一）触电危险

1．电流对人体的作用

由于不慎触及带电体，产生触电事故，将使人体受到各种不同的伤害。根据伤害性质的不同，可分为电击和电伤两种。电击是指电流通过人体，使内部器官组织受到损伤，如果受害者不能迅速摆脱带电体，则最后会造成死亡事故。电伤是指在电弧作用下或熔丝熔断时，对人体外部的伤害，如烧伤、金属溅伤等。

电击所引起的伤害程度与下列3个因素有关：

（1）人体电阻的大小。人体的电阻越大，通入的电流越小，伤害程度也就越轻。当皮肤有完好的角质外层并且很干燥时，人体电阻为 $10^4 \sim 10^5\ \Omega$。当角质外层被破坏时，则电阻下降到 800～1 000 Ω。

（2）电流通过时间的长短。电流通过人体的时间越长，则伤害越严重。

（3）电流的大小。如果通过人体的电流在 0.05 A 以上时，就有生命危险。一般来说，接触 36 V 以下的电压时，通过人体的电流不致于超过 0.05 A，故把 36 V 的电压规定为安全电压。如果在潮湿的场所，安全电压还要规定得低一些，通常为 24 V 和 12 V。

此外，电击后的伤害程度还与电流通过人体的路径以及带电体接触的面积和压力等因素有关。

2．触电方式

人体触电方式主要有以下两种：

（1）接触正常带电体。

两相触电：这种触电情况最危险，因为人体处于线电压之下，但这种情况不常见。

电源中性点接地的单相触电如图 3.1 所示。这时人体处于相电压之下，危险性较大。如果人体与地面的绝缘较好，危险性可以大大减小。

电源中性点不接地的单相触电如图 3.2 所示。这种触电也有危险。初看起来，似乎电源中性点不接地时，不能构成电流通过人体的回路。但要考虑到导线与地面间的绝缘可能不良（对地绝缘电阻为 R），甚至有一相接地，在这种情况下人体就有电流通过。在交流的情况下，导线与地面间存在的电容也可构成电流的通路。

图 3.1　电源中性点接地的单相触电

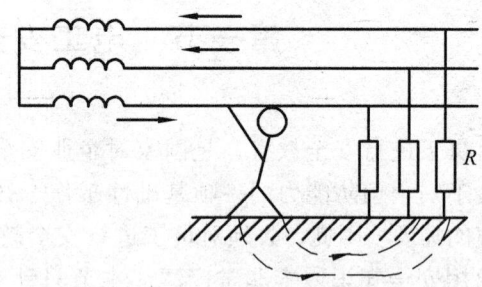
图 3.2　电源中性点不接地的单相触电

（2）接触正常不带电的金属体。

触电的另一种情形是接触正常不带电的部分。例如，电动机的外壳本来是不带电的，由于绕组绝缘损坏而与外壳相接触，也使它带电。手触及带电的电动机（或其他电气设备）外壳，相当于单相触电。大多数触电事故属于这一种。

为了防止这种触电事故，对电气设备常采用保护接地和保护接零（接中性线）的保护装置。

（二）接地防护

为了人身安全和电力系统工作的需要，要求电气设备采取接地措施。将与电力系统的中性点或电气设备金属外壳连接的金属导体埋入地下，并直接与大地接触，称为接地。按接地目的的不同，可分为保护接地、工作接地和保护接零三种。

1．保护接地

在中性点不接地的低压系统中，将电气设备不带电的金属外壳接地，称为保护接地，如图 3.3 所示。人体接触金属外壳而触电时，因存在保护接地，人体电阻与接地电阻并联，通常人体电阻远大于接地电阻，所以通过人体的电流很小，不会有危险。

若没有实施保护接地，当人体触及外壳时，人体电阻与绝缘电阻串联，接触点流入地的电流大小决定于这一串联电路。当绝缘下降时，其绝缘电阻减小，就有触电的危险。

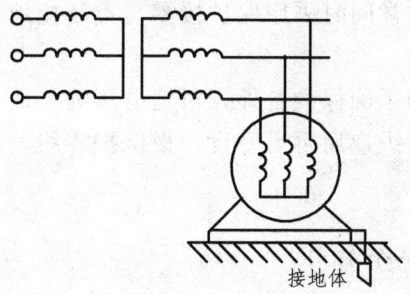

图 3.3　保护接地

2．工作接地

出于运行及安全的需要，常将电力系统的中性点接地，这种接地方式称为工作接地，如图 3.4 所示。

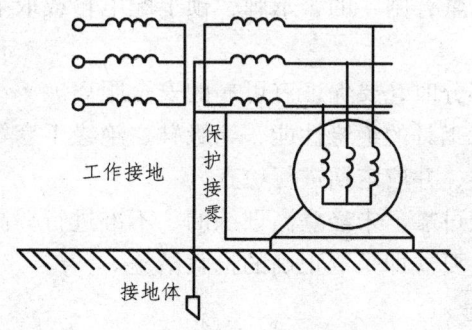

图 3.4　工作接地

工作接地的目的是当一相接地而人体接触另一相时，触电电压（不接地的系统中是相电压的 $\sqrt{3}$ 倍）降低到相电压，从而可降低电气设备和输电线的绝缘水平。当单相短路时，接地电流较大，保险装置断开。在中性点接地的系统中，不宜采用保护接地。

3．保护接零

在低压系统中，将电气设备的金属外壳接到零线（中性线）上，称为保护接零，如图 3.5 所示。

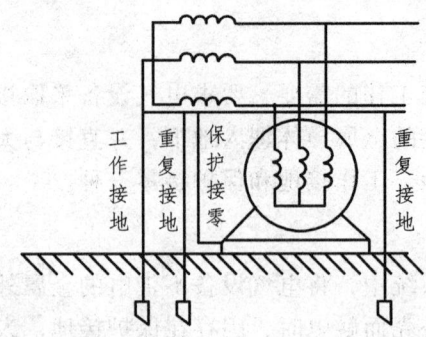

图 3.5 工作接地、保护接零和重复接地

当正常不带电的电气设备金属外壳带电时,将形成单相短路将熔丝熔断,从而断开电源。即使在熔丝熔断前人体触及外壳,流过人体的电流也很微弱(因为人体电阻远大于线路电阻)。此外,在工作接地系统中还常常同时采用保护接零与重复接地(将零线相隔一定距离多处进行接地)。

在三相四线制系统中,为了确保设备外壳对地电压为零而专设一根保护零线。工作零线在进入建筑物入口处要接地,进户后再另专设一根保护零线。这样三相四线制就成了三相五线制。

(三)维修电工基本安全知识

1.维修电工人身安全知识

(1)在进行电气设备安装和维修操作时,必须严格遵守各种安全操作规程和规定,不得玩忽职守。

(2)操作时要严格遵守停电操作的规定,要切实做好防止突然送电时的各种安全措施,例如,挂上"正在作业,严禁合闸"的警示牌,锁上配电箱或取下总电源熔断器的熔体,不准约定时间送电等。

(3)在操作邻近带电部分时,要保证有可靠的安全距离。

(4)操作前应仔细检查工具的绝缘性能,绝缘鞋、绝缘手套等安全用具的绝缘性能是否良好,有问题的应立即更换,并应定期进行检查。

(5)登高工具必须安全可靠,未经登高训练的,不准进行登高作业。

(6)如发现有人触电,要立即采取正确的抢救措施。

2.设备运行安全知识

(1)对于已出现故障的电气设备、装置及线路,不应继续使用,以免事故扩大,必须及时进行检修。

(2)必须严格按照设备操作规程进行操作,接通电源时必须先合上隔离开关,再合上负荷开关;断开电源时,应先切断负荷开关,再切断隔离开关。

(3)当需要切断故障区域电源时,要尽量缩小停电范围。有分路开关的,要尽量切断故障区域的分路开关,尽量避免越级切断电源。

(4)电气设备一般都不能受潮,要有防止雨雪、水汽侵袭的措施。电气设备在运行时会发热，因此必须保持良好的通风条件，有的还要有防火措施。有裸露带电的设备，特别是高压电气设备，要有防止小动物进入的措施，以免造成短路事故。

（5）所有电气设备的金属外壳，都应有可靠的接地措施。凡有可能被雷击的电气设备，都要安装防雷设施。

3．防止触电安全知识

（1）不得随便乱动或私自修理电气设备。

（2）经常接触和使用的配电箱、配电板、刀开关、按钮、插座、插销以及导线等，必须保持完好，不得有破损或将带电部分裸露出来。

（3）不得用铜丝等代替熔丝，并保持刀开关、磁力开关等盖面完整，以防短路时发生电弧或熔丝熔断伤人。

（4）经常检查电气设备的保护接地、接零装置，保证连接牢固。

（5）在使用手电钻、电砂轮等手持电动工具时，必须安装漏电保护器，工具外壳进行防护性接地或接零，并要防止移动工具时导线被拉断。操作时应戴好绝缘手套并站在绝缘板上。

（6）在移动电风扇、照明灯、电焊机等电气设备时，必须先切断电源，并保护好导线，以免磨损或拉断。

（7）在雷雨天，不要走近高压电杆、铁塔、避雷针的接地导线周围 20 m 之内。当遇到高压线跌落时，周围 10 m 之内，禁止人员入内；若已经站在 10 m 范围之内，应单足或并足跳出危险区。

（8）对设备进行维修时，一定要先切断电源，并在明显处放置"正在作业，禁止合闸"的警示牌。

二、AFC 岗位安全职责

AFC 设备大多安装在车站站厅公共区，除了地铁员工操作使用外，还直接与乘客"打交道"，因此，AFC 检修人员按照安全职责加强作业安全的管理工作，是切实实现城市轨道交通安全运营，履行政府社会管理和公共服务职能的重要内容。

根据实际的检修工作内容，AFC 检修人员的安全职责包括但不限于以下内容：

（1）发现其他任何人有违纪行为应及时采取有效措施坚决予以制止，制止无效则向上级汇报。

（2）班前检查，班中随时检查设备、工器具及作业环境的安全情况，发现不安全情况应及时处理，并按相关程序上报。

（3）配合上级部门组织的安全事故或事件调查，如实反映事实。

（4）事故发生后应尽可能采取有效措施，防止事故继续扩大，并做好事故现场的保护工作。

（5）严格按照各种安全规章制度开展工作，切实做到身边无事故，无违章。

（6）严格按照要求参加各种安全培训、学习、考试。

（7）认真爱护和正确使用设备、工具、劳动保护用品，按指定位置堆放整齐材料、工器具及废物等，做好安全文明生产。

三、AFC 安全关键点

AFC 系统的安全直接影响到城市轨道交通运营收益，AFC 系统的设备操作和检修人员，必须熟悉自动售检票检修作业的安全关键点，下面主要从 AFC 检修作业的注意事项、设备操作安全、设备检修安全和收益安全等方面阐述。

（一）检修作业注意事项

1．电气类

（1）严禁接触裸露线头、电路板，以防触电。

（2）当带电测量时，不要站在潮湿的地面上，切勿让身体接触裸露的接线头和带高压的供电部件，以防触电。

（3）在拆卸设备电路板时，必须按正常关机步骤关闭设备电源，方可进行电路板的拆装，严禁在带电情况下插拔电路板上的线缆，防止电路板因瞬间电流或电压过大而烧坏。

（4）当设备发生冒烟或电路板产生异常电火花时，应马上断开该台设备交流电源。在未检查出设备的故障原因及确定修复前，不得恢复设备供电。

（5）在维修或更换设备的带电部件时，必须按正常步骤关闭设备方可进行。如果更换的部件为本地交流电源组件，必须关闭该台设备上级配电开关，并张贴"正在作业，严禁合闸"的警示。维修完成后，必须检查电缆的接线正确，绝缘完好，方可通电。

（6）严格按照万用表、示波器、等仪器仪表的使用说明开展 AFC 设备的检修和调试工作，避免因使用不当造成仪器、仪表和设备的损坏。

2．化学品类

（1）使用酒精等液态清洁剂清洁设备内部时，每次取适量液体浸湿棉布再擦拭设备，避免浸入过多的液体滴到电源线或电路板上发生短路现象。酒精是易燃易挥发化学品，须密封并保存于阴凉处。

（2）使用乐泰（Loctite）时，应注意采用纯棉布和软毛刷清洁部件，部件一旦清洁完毕，避免用手和油性物体接触部件。

（3）使用压缩气体清洁 AFC 设备内部时，须按规定说明正确使用，压缩空气罐的罐体与水平面的夹角应大于 60°，以避免喷射出液体到电源线或电路板上发生短路现象。

（4）运送酒精、压缩空气的过程中，搬运人员应保持盛装酒精、压缩空气的容器密封良好，防止泄漏。配送酒精、压缩空气到车站时，要使用地面交通工具（专车）运输，不能乘坐城市轨道交通工具。

3．作业的规范与要求

（1）严格遵守作业安全要求，包括人身安全、设备安全和收益数据安全。

（2）依据设备的检修规程开展维护作业，维护操作需要符合检修工艺的规定，不得触动、移动设备的非维护相关部件。

（3）拆卸/安装设备内部机械部件时，要根据部件的拆卸/安装步骤进行，对于拆卸/安装设备内部空间狭窄的部件时，必须佩戴手套，做好相应的劳动保护。

(4) 检修导轨承重模块时,应轻拉轻推,防止支架导轨脱落,将模块从支架上拉出后须确认模块已就位且固定扣已扣牢固,检修完后应及时将模块推回原位,谨防夹伤、撞伤。

(5) 需测试 AFC 系统紧急模式功能时,应在运营结束后进行。当 AFC 系统进入紧急模式时,检查并确认所有门式闸机扇门打开,杆式闸机转杆可自由转动。

(6) 在搬运大型部件前,必须先对部件进行防护,防止部件在搬运过程中损坏。搬运的过程中,应减少搬运部件的振动,轻拿轻放。每人搬运的重量不宜超过 50 kg。超过 50 kg 的物件,应由多人合作搬运,或者使用适当的搬运工具。

(二)设备操作安全

(1) 操作 AFC 系统设备,首先输入个人的登录账号和系统密码后,方能对设备进行操作。

(2) 严格按 AFC 系统设备操作手册内容进行设备操作,AFC 系统设备监测有非法操作时,将进行详细的记录,同时发出警报。

(3) 未经允许,任何人不得对 AFC 系统设置降级模式和紧急模式。

(4) 降级模式和紧急模式的检修测试,必须在运营结束后进行。

(5) 保管好个人登录账号和密码,不能盗用他人的 AFC 系统个人登录账号和密码在 AFC 系统中使用,注意定期更换个人密码。

(6) 操作中应轻拉轻推导轨承重模块,防止支架导轨脱落发生危险。

(7) 操作、取出设备部件(如钱箱等)时,要轻拿轻放,防止碰撞、摔落造成部件损坏。

(三)设备检修及防护安全

(1) AFC 系统设备维护检修时,必须做好现场设备作业防护工作,作业范围内安放防护设施,作业完成后必须清理好作业现场,确认恢复设备正常运营。

(2) 使用吸尘器对设备内部进行除尘清洁工作时,需戴口罩等劳保用品。

(3) AFC 系统设备内部进行清洁、润滑、检查或维修前,应先断开设备电源、不间断电源(UPS)和后备电源(蓄电池电源),禁止按漏电测试按钮来关闭漏电保护开关。

(4) 在检修导轨承重模块时,应先将模块从支架上拉出并确认固定扣已扣牢固,检修完毕应及时将模块推回原位,谨防夹伤、撞伤。

(5) 更换电路板时要做好静电防护措施,严禁带电插拔电路板和连接线。

(6) 使用液态清洁剂清洁 AFC 系统设备内部时,避免将清洁剂滴到电源线或电路板上而发生短路现象。

(7) 检修过程应注意正确使用工器具,避免由于操作不当造成工器具损坏。

(四)收益安全注意事项

(1) 涉及票务和收益的关键地方,如票务钥匙使用、设备内取出现金或有价车票等,必须遵从双人确认制度。

(2) 任何人未经批准,不准删除 AFC 设备上的文件和数据,以及随便修改 AFC 设备上的设置。

（3）严禁私配 AFC 系统设备钥匙及相关票务钥匙。

（4）严禁私拿钱和车票，涉及乘客票务问题时必须按票务规定进行处理，并做好相应记录。

（5）任何人都有权制止损害票务收益的行为。

四、案例分析

（一）违规更换保险丝导致身体严重灼伤

1．事情经过

AFC 检修人员邓某在检修配电柜时，在未断电的情况下，直接使用手钳拔插保险。因操作不当，手钳与相邻的保险搭接引起短路，形成的电弧将面对配电柜的邓某的双手、脸、颈脖部大面积严重灼伤。幸亏被送进医院及时救治，邓某才脱离了生命危险。但电气短路烧毁了配电柜上不少电气元件，造成该配电柜连接设备停电，给生产造成了较大损失。

2．案例分析

（1）邓某严重违反《电气安全检修规程》中"不准带电检修作业"的规定。心存侥幸，冒险蛮干，在该配电柜完全可以断电检修的情况下，带电检修作业，是发生事故的主要原因。

（2）邓某习惯性违章作业。在拔插保险时，本来可以使用岗位上配备的专用工具——保险起拔器。却使用手钳直接带电拔保险，而导致配电柜短路并产生电弧导致自己灼伤和停电，是发生事故的直接原因。

（3）设备检修、操作时要严格遵守停电操作的规定，要切实做好防止突然送电时的各种安全措施，如挂上"正在作业，严禁合闸"警示牌，锁上配电箱或取下总电源熔断器的熔体，不准约定时间送电等。

（二）重型设备安装导致鼻子受伤

1．事情经过

AFC 检修人员在安装 TVM 过程中，由于使用扳手扭紧设备底座螺栓时，扳手开口与螺母未完全紧密配合就开始用力，造成扳手滑脱撞伤鼻子。

2．案例分析

（1）使用扳手安装机械设备时，扳手开口与被旋拧件配合好后再用力，如接触不好时就用力容易滑脱，使作业者身体失衡。

（2）扳手工作时，应使固定钳口承受主要作用力，要将扳手手柄向作业者方向拉紧，不要向前推，扳手手柄不可以任意接长，不应将扳手当锤击工具使用。

（3）发现扳手变形或有裂纹时，应停止使用；要及时清除扳手上的尘垢和油污，以防打滑。

第二节 常见工器具的使用方法

一、工器具的安全使用要点

检修作业的顺利开展离不开工具器的使用，检修人员能否正确使用工器具不但直接影响作业质量的好坏，更危及检修人员本身及周围环境的安全，所以，正确、规范合理地使用工器具是每位检修人员都必须要做到的，以下是工器具的安全使用要点。

（1）使用工器具前，须对工器具进行检查，严禁使用有腐蚀、变形、松动、故障、破损等情况的不合格工器具。使用者应经过相应的培训，熟知工器具的性能、特点、使用及保养方法。

（2）工作时，应采用正确的姿势并保持稳定，确保工器具的防护罩能对使用者提供足够的保护。

（3）工器具应摆放整齐，停止工作时，禁止把工器具放在设备上。

（4）工器具尖锐的牙口、刃口及其转动部分，应始终保证有效的防护装置配备到位。电动、气动和液压工器具在使用中不得进行调速操作，切断动力源之前不得进行修理。电动工器具的电缆若已破损，则不能使用。

（5）电动工器具使用结束后，应拿住插头缓慢拔出，严禁拿住电线往外拉。

（6）手持及小型工器具应放在相应的工器具袋或工器具箱中妥善保管，并保持干燥。

二、常见工器具的使用

在 AFC 检修作业中，最常用的工器具有螺丝刀、六角匙、扳手和钳子，如图 3.6 所示。

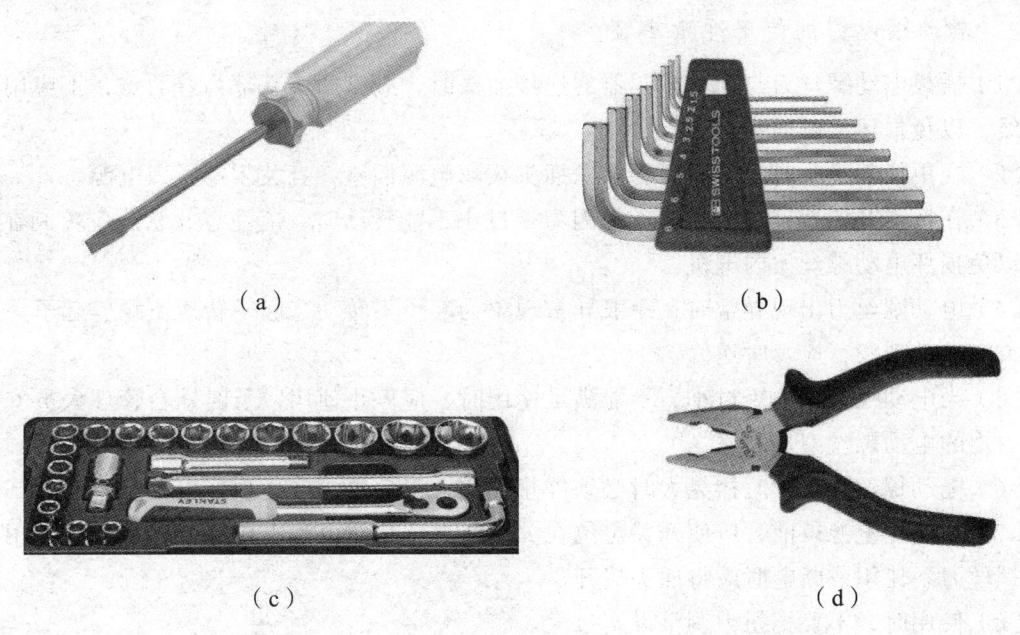

图 3.6 常见的工器具

螺丝刀主要有一字（负号）和十字（正号）两种。常见的还有六角螺丝刀，包括内六角和外六角两种。

常见的扳手有呆型扳手、梅花扳手、活动扳手、套筒扳手、扭力扳手等。

钳子的种类繁多，具体有钢丝钳、尖嘴钳、斜嘴钳、大力钳、剥线钳、弯嘴钳、扁嘴钳、管子钳、打孔钳等。

三、电动螺丝刀的使用

1. 电动螺丝刀的概念

电动螺丝刀，别名电批、电动起子，是用于拧紧和旋松螺钉用的电动工具。该电动工具装有调节和限制扭矩的机构，主要用于装配线，是大部分生产企业必备的工具之一。电动螺丝刀分为：直杆式、手持式、安装式三类。图3.7所示为常见的电动螺丝刀。

图3.7 常见的电动螺丝刀

2. 电动螺丝刀的使用注意事项

（1）插拔电动螺丝刀与配套控制器的连接插头时，应以插头基部为着力点，不应用力拉扯电线，以免损坏接触插头。

（2）在更换起子头时，一定要将电源插头拔离电源插座，且关闭螺丝刀电源。

（3）在按下开始按键，电动螺丝刀因力矩过小不能转动时，应注意此状态应控制在10 s内，以免损坏电动螺丝刀内电机。

（4）电动螺丝刀出现异常时，一般异常现象为起子不转动、起子转速不顺、起子头容易脱落或有晃动现象，应及时送修。

（5）当电动螺丝刀力矩过小，不能满足使用时，应停止使用，及时知会管理人员安排更换大力矩的电动螺丝刀。

（6）电动螺丝刀工作时摇晃大时必须停止使用，以免更深度地损坏电动螺丝刀。

（7）在插上电源以前，应使开关定位在关闭状态，注意电源电压是否适合该机使用，当电动螺丝刀不使用或断电时应将插头拨开。

（8）使用时，不要把扭力调整设定过大。

（9）严禁摔打电动螺丝刀，谨防碰撞或掉落现象，否则会产生电机噪声及起子晃动现象。

四、网线钳的使用

1. 网线钳的概念

网线钳是用来压接网线或电话线和水晶头的工具,一般都带有剥线和剪线的功能。因地域不一样名称也不尽一样,常用的叫法有网络端子钳、网络钳、网线钳等。

网线钳用于压接4芯线(电话接入线)、6芯线(电话话筒线RJ11)和8芯线(网线RJ45),如果某个网线钳只能压接三种的一种线叫单用网线钳,如果能压两种就是两用网线钳,同理还有三用网线钳。图3.8所示为两用网线钳。

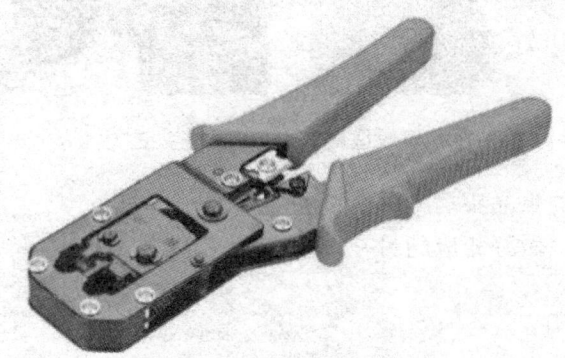

图3.8 常见两用网线钳

网线线序如下:

T568A:白绿、绿、白橙、蓝、白蓝、橙、白棕、棕。

T568B:白橙、橙、白绿、蓝、白蓝、绿、白棕、棕。

直通线:又叫正线或标准线,线序两端按照T568B标准排列好线序,并用RJ45水晶头夹好。

交叉线:又叫反线,线序一端按照T568A,另一端按照T568B的标准排列好线序,并用RJ45水晶头夹好。

2. 使用网线钳制作网线

(1)将网线穿过水晶头护套,用双绞线剥线器将双绞线的外皮剥去15 mm左右。剥掉外皮后,将露出的8条芯线理顺,遵循T568A或T568B的标准排列好线序。然后预留出12 mm左右剪平,如图3.9所示。

图3.9 按T568B标准排列线序

（2）将剪平后的网线插入水晶头，并注意检查网线是否充分插入及线序是否正确。将水晶头放入网线钳子进行压接，直到听到轻微的"啪"声响，如图 3.10 所示。

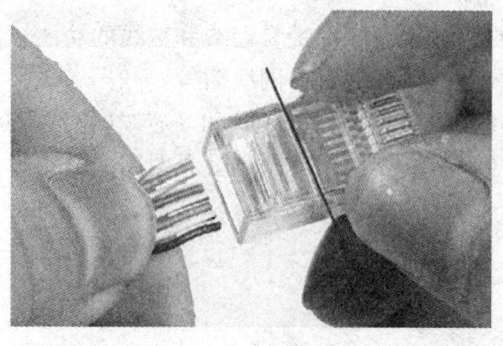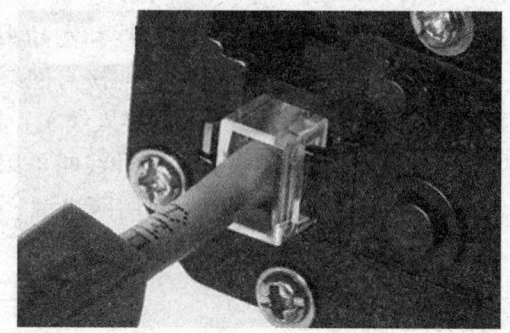

图 3.10　双绞线插入 RJ45 水晶头进行压接

（3）最后将压接好的水晶头插入护套里去。
（4）重复以上步骤，做好相应的另一端。

五、电烙铁的使用

1．电烙铁的概念

电烙铁是电子制作和电器维修的必备工具，如图 3.11 所示，主要用途是焊接元件及导线。为方便使用，通常用"焊锡丝"作为焊剂，焊锡丝是由锡合金和助剂两部分组成，合金成分分为锡铅和无铅，助剂均匀灌注到锡合金中间部位。

图 3.11　常见的电烙铁

2．电烙铁的分类

按结构不同，分为外热式和内热式；按功能不同，分为焊接用电烙铁和吸锡电烙铁，吸锡电烙铁常用于拆换元器件；根据用途不同，又分为大功率电烙铁和小功率电烙铁；根据温度调节不同，可分为恒温电烙铁和非恒温电烙铁。

3．电烙铁的握法

电烙铁拿法常用两种握法，如图 3.12 所示。
握拳法：适用于功率较大的烙铁。
握笔法：适用于轻巧型的烙铁如 30 W 的内热式。其烙铁头是直的，头端锉成一个斜面或圆锥状的，适宜焊接面积较小的焊盘。

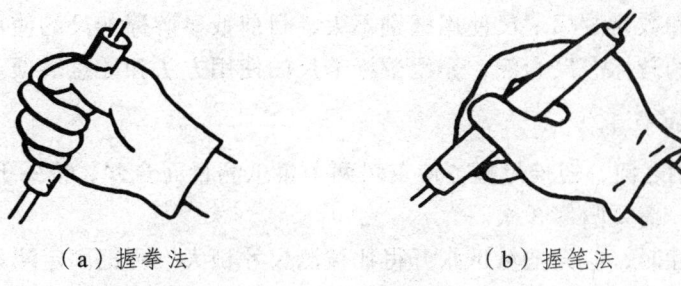

(a) 握拳法　　　　　　(b) 握笔法

图 3.12　电烙铁拿法

4. 电烙铁的使用方法

必须先把清洁烙铁头用的海绵湿水,再挤干多余水分,使海绵处于湿润状态。这样才可以使烙铁头得到最好的清洁效果。如果使用非湿润的海绵,会使烙铁头受损而导致不上锡。

（1）加热：将烙铁头成 45°角顶住焊盘和元件脚,预先给元件脚和焊盘加热 1~2 s。

（2）上锡：将焊锡从元件脚和烙铁接触面处引入,观察锡线熔化情况。

（3）撤离焊锡：当锡熔化后散满整个焊盘时,撤离焊锡。

（4）撤离电烙铁：当焊锡只有轻微烟雾时,即可拿开电烙铁。

焊接的步骤如图 3.13 所示。

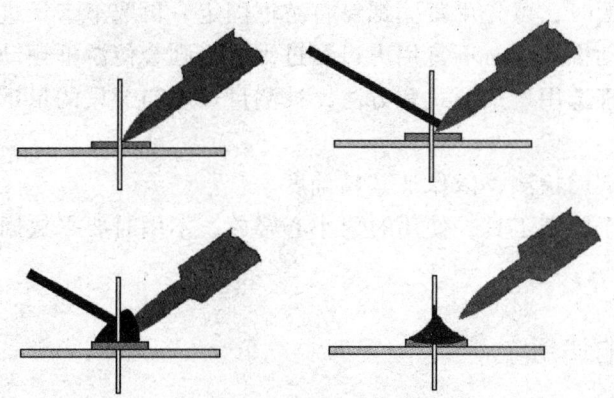

图 3.13　焊接示意图

六、游标卡尺的使用

1. 游标卡尺的概念

游标卡尺是常用的高精度长度测量工具,如图 3.14 所示,可以用它测量零件的内径、外径、长度、深度等。

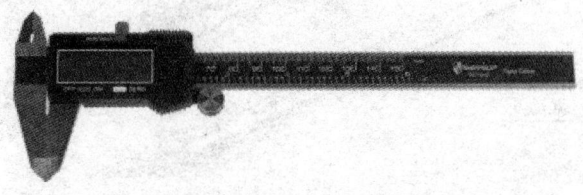

图 3.14　带数显功能的游标卡尺

普通游标卡尺和数显游标卡尺使用区别不大，目前数显游标卡尺的使用更为广泛，因此下面以带数显功能的游标卡尺为例，介绍游标卡尺的使用方法和注意事项。

2．游标卡尺的使用方法

（1）归零：使用之前，轻推尺框，使卡尺两个量爪测量面合并，按一下 ZERO/ABS 清零数据。一般情况下，需要归零 3 次。

（2）测量外尺寸时，应先把量爪张开得比被测尺寸稍大，再把固定测量爪与被测表面靠上，然后慢慢推动尺框，使活动游标量爪轻轻地接触被测表面，并稍微活动一下游标量爪，以便找出最小尺寸部位，然后读数。

（3）测量内尺寸（内径）时，先将主尺上方量爪与孔壁接触好，再轻轻摇动和拉动游标，找出最大内径位置，并使之与孔壁接触好后读数。

（4）测量深度时，卡尺尾端端面与被测件的测量基准面贴合，向下推动测深直尺，使之轻轻接触被测底面，然后读数。测深直尺不能倾斜，否则影响测量精度。

3．使用注意事项

（1）使用前应将卡尺擦拭干净，合拢卡尺量爪，归零。

（2）测量时与零件接触不要过松或过紧。

（3）如果读数不便时，可先用紧固螺钉将游框固定，再取下卡尺进行读数。

（4）测量时，手动推或拉时不宜用力过猛过大，否则会使游框摆动，影响测量精度。

（5）测量时，合理选用量爪形式和方法，被测量长度与卡尺的量爪不得歪斜，否则会影响测量精度。

（6）定期送计量部门检测，以保证其精确度。

（7）游标卡尺属于精密工具，使用时要小心轻放，不用时要平放回包装盒，以免变形影响测量精度。

七、力矩扳手的使用

1．力矩扳手的概念

力矩扳手又叫扭矩扳手、扭力扳手、扭矩可调扳手，是扳手的一种，如图 3.15 所示。力

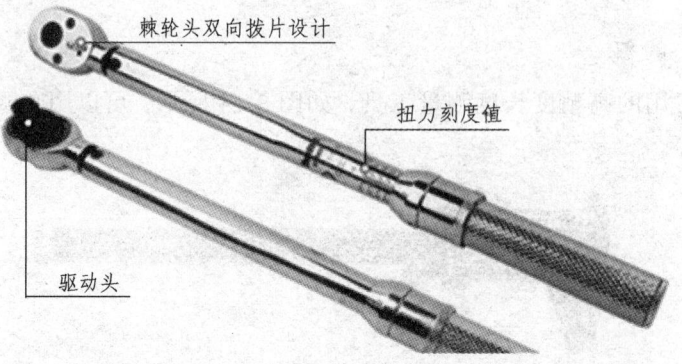

图 3.15　预置式力矩扳手

矩扳手的作用就是紧固螺栓，主要特征就是：可以设定扭矩，并且扭矩可调。按动力源可分为：电动力矩扳手、气动力矩扳手、液压力矩扳手及手动力矩扳手；手动力矩扳手可分为：预置式、定值式、表盘式、数显式、打滑式、折弯式及公斤扳手。

2．力矩扳手的使用方法

（1）选用合适量程的力矩扳手，所测扭力值不可小于扭力器量程的百分之二十，太大的量程不宜用于小扭力部件的加固，小量程的扭力器更不可以超量程使用。

（2）根据工件所需扭矩值要求，确定预设扭矩值。将扳手手柄上的锁定环下拉，同时转动手柄，调节标尺主刻度线和微分刻度线数值至所需扭矩值。调节好后，松开锁定环，手柄自动锁定。

（3）确认扭力扳手与固定件连接可靠并已锁定。

（4）扭力扳手加力方法，施加外力时必须按标明的箭头方向，手要把握住把手的有效范围，沿垂直于扭力扳手壳体方向，慢慢地加力，直至听到扭力扳手发出"嗒"的声音，当拧紧到发出信号"卡嗒"的一声（已达到预设扭矩值），停止加力。

3．使用注意事项

力矩扳手是一种精密控制螺栓和螺母锁紧力矩的专用工具，应按照下列要求正确使用：

（1）不能使用预置式扭力扳手去拆卸螺栓或螺母。

（2）严禁在扭力扳手尾端加接套管延长力臂，以防损坏扭力扳手。

（3）根据需要调节所需的扭矩，并确认调节机构处于锁定状态方可使用。

（4）使用扭力扳手时，应平衡缓慢地加载，切不可猛拉猛压，以免造成过载，导致输出扭矩失准。在达到预置扭矩后，应停止加载力量。

（5）预置式扭力扳手使用完毕，应将其调至最小扭矩，使测力弹簧充分放松，以延长其寿命。

（6）应避免水分侵入预置式扭力扳手，以防零件锈蚀。

（7）所选用的扭力扳手的开口尺寸必须与螺栓或螺母的尺寸相符合，扳手开口过大易滑脱并损伤螺件的六角。各类扳手的选用原则：一般优先选用套筒扳手，其次为梅花扳手，再次为开口扳手，最后选活动扳手。

（8）为防止扳手损坏和滑脱，应使拉力作用在开口较厚的一边，这一点对受力较大的活动扳手尤其应该注意，以防开口出现"八"字形，损坏螺母和扳手。

（9）扭力扳手是按人手的力量来设计的，遇到较紧的螺纹件时，不能用锤击打扳手；除套筒扳手外，其他扳手都不能套装加力杆，以防损坏扳手或螺纹连接件。

（10）扭力扳手使用时，当听到"卡嗒"的一声时，此时是最合适的。

第三节　电子仪器仪表的使用方法

一、试电笔的使用

（一）试电笔的概念

试电笔简称电笔，如图3.16所示，是用来检查测量低压导体和电气设备外壳是否带电的一种常用工具。

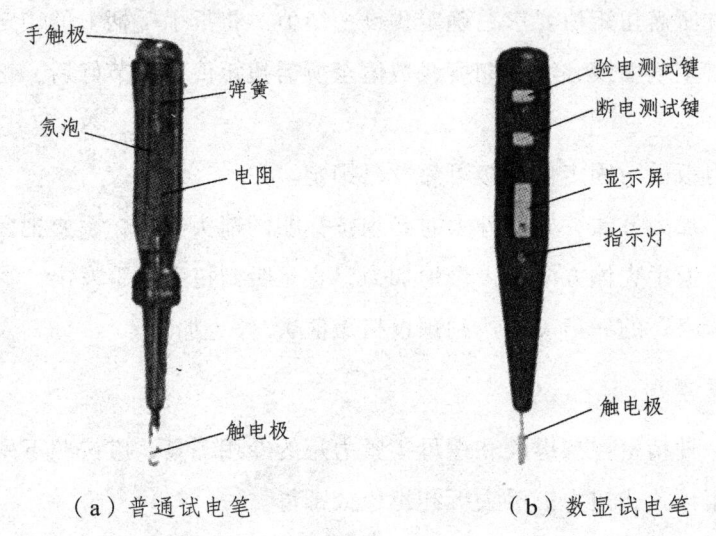

（a）普通试电笔　　　（b）数显试电笔

图3.16　试电笔

试电笔常做成钢笔式结构或小型螺丝刀结构。其前端是金属探头触电极，后部塑料外壳，普通型试电笔壳内装有氖泡、安全电阻和弹簧，笔尾端有金属端盖或钢笔型金属挂鼻，作为使用时手必须触及的金属部分。普通试电笔测量电压范围为60～500 V，低于60 V时试电笔的氖泡可能不会发光，高于500 V不能用普通试电笔来测量，否则容易造成人身触电。

（二）试电笔使用方法

随着科技的发展，带数显功能的试电笔越来越受欢迎，并得到广泛使用，因此下面以数显试电笔为例，介绍试电笔的使用方法。

1．按钮说明

A键（Direct）：直接测量按键（离液晶屏较远），也就是用金属探头直接去接触线路时，按此按钮。

B键（Inductance）：感应、断点测量按键（离液晶屏较近），也就是用金属探头感应接触线路时，按此按钮。

2．电压检测

检测范围为12～250 V的交/直流电压，轻触直接测量（Direct）按键，测电笔金属前端接触被检测物，测电笔分 12 V、36 V、55 V、110 V 和 220 V 五段电压值，液晶显示屏最后的数值为所测电压值（未至高端显示值的 70% 时，显示低端值）。

3．感应检测

轻触感应、断点测量（Inductance）按键，测电笔金属前端靠近被检测物，若显示屏出现高压符号"∦"表示物体带交流电。测量断开的电线时，测电笔金属前端靠近该电线的绝缘外层，如有断线现象，在断点处高压符号"∦"消失。

（三）试电笔使用注意事项

（1）使用试电笔之前，首先要检查试电笔里有无安全电阻，试电笔是否有损坏，有无受潮或进水，检查合格后才能使用。

（2）使用试电笔时，不能用手触及试电笔前端的金属探头，这样做会造成人身触电事故。

（3）使用普通试电笔时，一定要用手触及试电笔尾端的金属部分，否则，因带电体、试电笔、人体与大地没有形成回路，试电笔中的氖泡不会发光，造成误判，认为带电体不带电，这是十分危险的。

（4）使用普通试电笔在明亮的光线下测试带电体时，应特别注意氖泡是否真的发光（或不发光），必要时可用另一只手遮挡光线仔细判别。千万不要造成误判，将氖泡发光判断为不发光，而将有电判断为无电。

二、万用表的使用

（一）万用表的概念

万用表类型很多，通常分为机械万用表与数字万用表，结构上都由表头、转换开关、测量电路三部分组成。变动转换开关，便可选择不同的测量量程。万用表可以用来测量交直流电压、交直流电流、电阻等多种测量。数字万用表与机械万用表外形如图 3.17 所示。

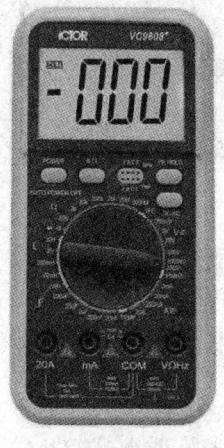
（a）数字万用表

（b）机械万用表

图 3.17　万用表

随着科技的发展，数字万用表测量精度越来越高，且读取方便，在AFC设备日常检修工作中一般使用数字万用表较多，因此，下面只针对数字万用表的使用方法及注意事项等进行介绍。

（二）万用表的常见使用方法

1．直流电压的测量

（1）红表笔插入"VΩHz"插孔，黑表笔插入"COM"插孔。

（2）将旋钮开关转至"DCV"（直流电压）相应的量程挡。

（3）将表笔跨接在被测电路上，其电压值和红表笔点的电压极性将显示在显示屏上。

如图3.18所示，使用万用表测量并调整直流电流12 V、5 V输出电压，电压的测量常用于确认直流电源是否正常工作以及输出的电压是否达到相关标准的要求。

（a）测量直流12 V电压　　　　　　　　（b）测量直流5 V电压

图3.18　测量直流电压

2．交流电压的测量

（1）红表笔插入"VΩHz"插孔，黑表笔插入"COM"插孔。

（2）将旋钮开关转至"ACV"（交流电压）相应的量程挡。

（3）将测试表笔跨接在被测电路上，被测电压值将显示在显示屏上。

3．直流电流的测量

（1）红表笔插入"200 mA"或"20 A"插孔，黑表笔插入"COM"插孔。

（2）将旋钮开关转至"DCA"（直流电流）相应的量程挡。

（3）将仪表串接在被测电路中，被测电流值及红表笔点的电流极性将显示在显示屏上。

4．交流电流的测量

（1）红表笔插入"200 mA"或"20 A"插孔，黑表笔插入"COM"插孔。

（2）将旋钮开关转至"ACA"（交流电流）相应的量程挡。

（3）将仪表串接在被测电路中，被测电流值将显示在显示屏上。

5．电阻的测量

（1）红表笔插入"VΩHz"插孔，黑表笔插入"COM"插孔。

（2）将旋钮开关转至"Ω"（电阻）相应的量程挡。

（3）将测试表笔跨接在被测电阻上，被测电阻的阻值将显示在显示屏上。

如图3.19所示，使用万用表电阻挡测量闸机I/O板5V电源端输入阻抗，该方法常用来确认电路板的电源端是否存在短路的情况。

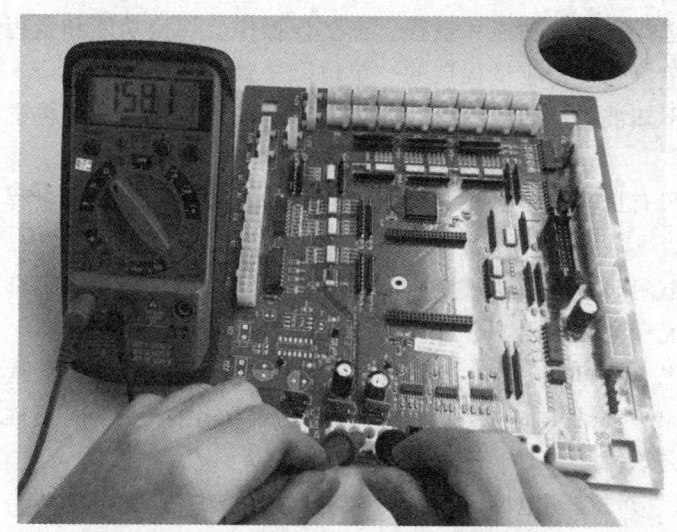

图3.19　测量闸机I/O板电源端输入阻抗

6．通断及二极管测试

（1）红表笔插入"VΩHz"孔（注意：数字万用表红表笔为表内电池正极；指针万用表则相反，红表笔为表内电池负极），黑表笔插入"COM"孔。旋钮开关置于"⇥⊣"（二极管/蜂鸣）符号挡。

（2）将表笔连接到被测电路两点，如果内置蜂鸣器发声，则两点之间电阻值低于70Ω，电路通，否则电路为断路。

（3）将红表笔接二极管正极，黑表笔接二极管负极，显示值为二极管正向压降的近似值（0.55~0.70 V为硅管；0.15~0.30 V为锗管）。

（4）测量二极管正、反向压降时，若只有最高位均显示"1"（超量限），则二极管开路；若正、反向压降均显示"0"，则二极管击穿或短路。

7．三极管hFE的测量

（1）将旋钮开关置于hFE挡。

（2）根据被测三极管的类型（NPN或PNP），将发射极e、基极b、集电极c分别插入相应的插孔，被测三极管的hFE值将显示在显示屏上。

8．电容的测量

将旋钮开关转至"F"（电容）相应的量程挡，被测电容插入Cx（电容）插孔，其值将显示在显示屏上。

（三）使用注意事项

（1）测量电压时，输入直流电压切勿超过 1 000 V，交流电压有效值切勿超过 700 V（以实际使用的万用表参数为准）。

（2）测量电流时，切勿输入超过 20 A 的电流。

（3）被测直流电压高于 36 V 或交流电压有效值高于 25 V 时，应仔细检查表笔是否可靠接触、连接是否正确、绝缘是否良好等，以防电击。

（4）测量时应选择正确的功能和量程，谨防误操作，切换功能和量程时，表笔应离开测试点，显示值的"单位"与相应量程挡的"单位"一致。

（5）若测量前不知被测量的范围，应先将量程开关置到最高挡，再根据显示值调到合适的挡位。

（6）测量时若只有最高位显示"1"或"-1"，表示被测量超过了量程范围，应将量程开关转至较高的挡位。

（7）在线测量电阻时，应确认被测电路所有电源已关断且所有电容都已完全放完电，方可进行测量，即不能带电测电阻。

（8）用"200 Ω"量程时，应先将表笔短路测引线电阻，然后在实测值中减去所测的引线电阻；用"200 MΩ"量程时，将表笔短路仪表将显示 1.0 MΩ，属正常现象，不影响测量精度，实测时应减去该值。

（9）测电容前，应对被测电容进行充分放电；用大电容挡测漏电或击穿电容时读数将不稳定；测电解电容时，应注意正、负极，切勿插错。

（10）显示屏显示"凸"符号时，应及时更换 9 V 碱性电池，以减小测量误差。

三、兆欧表的使用

（一）兆欧表的概念

兆欧表俗称摇表，如图 3.20 所示。兆欧表大多采用手摇发电机供电，故又称摇表。其刻度是以兆欧（MΩ）为单位的。主要用来检查电气设备、家用电器或电气线路对地及相间的绝缘电阻，以保证这些设备、电器和线路工作在正常状态，避免发生触电伤亡及设备损坏等事故。

（a）机械兆欧表

（b）数字兆欧表

图 3.20　兆欧表

（二）兆欧表的使用方法

随着科技的发展，数字兆欧表越来越得到广泛的使用，因此下面以数字兆欧表为例，介绍兆欧表的使用方法。

（1）测量前必须将被测设备电源切断，并对地短路放电。决不能让设备带电进行测量，以保证人身和设备的安全。

（2）对可能感应出高压电的设备，必须消除这种可能性后，方可进行测量。

（3）被测物表面要清洁，减少接触电阻，确保测量结果的正确性。

（4）测量前要检查数字兆欧表是否处于正常工作状态。使用时应放在平稳、牢固的地方，且远离大的外电流导体和外磁场。

（5）选择测试挡位：50/125/250/500/1 000 V 其中一个挡位。

（6）连接测试线：数字兆欧表的接线柱共有3个：一个为"L"即线端，一个"E"即为地端，再一个"G"即屏蔽端（也叫保护环），一般被测绝缘电阻都接在"L""E"端之间，但当被测绝缘体表面漏电严重时，必须将被测物的屏蔽环或不须测量的部分与"G"端相连接。注意：接线完成时，若被测物带有电压，荧幕上之条图将显示电压大小，此时应暂停操作，待被测物去除电压后再进行后续步骤，以免造成机器故障。

（7）压下 MEASURE 键进行量测（欲做连续测试时将 MEASURE 键往上扳），当读值稳定时，此值即为测量值。

（8）松开 MEASURE 键，此时量测值将被自动保存。

（9）每次测试完成后，需进行自动放电，以免发生电击，引起触电事故。

（三）使用注意事项

（1）禁止在雷电时或高压设备附近测绝缘电阻，只能在设备不带电，也没有感应电的情况下测量。

（2）测试过程中，被测设备上不能有人工作。

（3）兆欧表测量线不能绞在一起，要分开。

（4）兆欧表未停止工作前或被测设备未放电之前，严禁用手触及。拆线时，也不要触及引线的金属部分。

（5）测量结束时，对于大电容设备要放电。

（6）兆欧表接线柱引出的测量软线绝缘应良好，两根导线之间和导线与地之间应保持适当距离，以免影响测量精度。

（7）为了防止被测设备表面泄漏电阻，使用兆欧表时，应将被测设备的中间层（如电缆壳芯之间的内层绝缘物）接于保护环。

（8）要定期校验其准确度。

四、接地电阻测量仪的使用

（一）接地电阻测量仪的概念

接地电阻测量仪（又称接地电阻摇表）可以测量进入地下的接地体电阻和土壤散流电阻（总称接地电阻）。接地电阻测量仪随表附带接地探测棒两支、导线三根。图 3.21 所示是型号为 FT6031 的接地电阻测量仪。

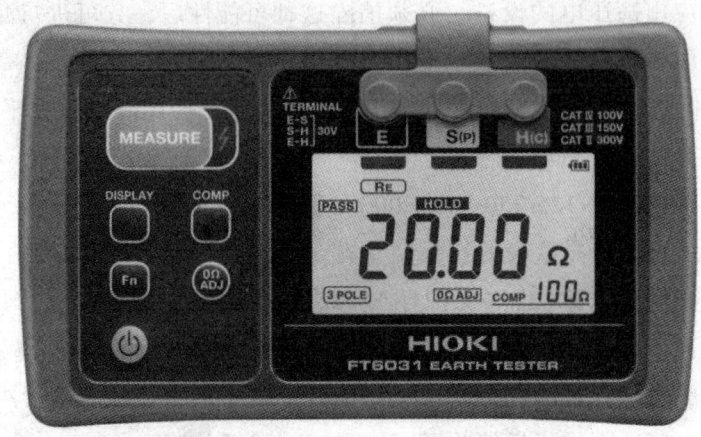

图 3.21 常见的接地电阻测试仪

（二）接地电阻测量仪的使用方法

（1）拆开接地干线与接地体的连接点，或拆开接地干线上所有接地支线的连接点。

（2）将两根接地棒分别插入地面 400 mm 以下，一根离接地体约 10 m，另一根离接地体约 20 m。

（3）把仪表置于接地体近旁平整的地方，然后进行接线：一根连接表上接线桩 E 和接地装置的接地体；一根连接表上接线桩 H（C）和离接地体约 20 m 远的接地棒；一根连接表上接线桩 S（P）和离接地体约 10 m 远的接地棒，如图 3.22 所示。

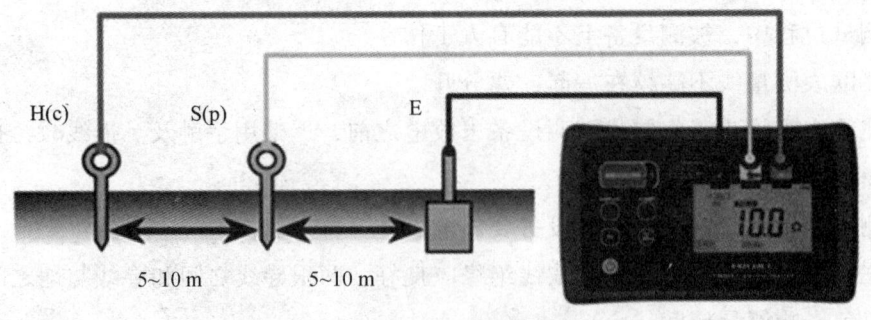

图 3.22 测量接地电阻连接示意图

（4）压下 MEASURE 键进行量测，当读值稳定时，此值即为测量值。

（5）为了保证所测接地电阻值的可靠性，应改变方位重新进行复测。取几次测量值的平均值作为接地体的接地电阻。

五、天线分析仪的使用

(一)天线分析仪的概念

天线分析仪是用来测量天线各项特性参数的仪器,有"天线万用表"的美称。

AFC 车票识别使用的是射频识别技术,涉及主要部件可分为读写器、电子标签(代币式车票、储值票),其工作原理为:读写器接通电源后,读写器的天线形成磁场区域,当电子标签进入磁场区域后,接收读取器发出的信号,凭借磁感应所获得的能量发送出存储在芯片中的相关信息。

读写器天线的阻抗匹配对于整个读卡器射频识别效率至关重要。当天线工作频率发生改变时候,必须通过调整天线板背后的可变电容,将天线的各项技术指标的参数调整到标准值,而在调整过程中,用于测量天线的各项参数的仪器就是天线分析仪了。图 3.23 所示是型号为 MFJ-259B 的天线分析仪。

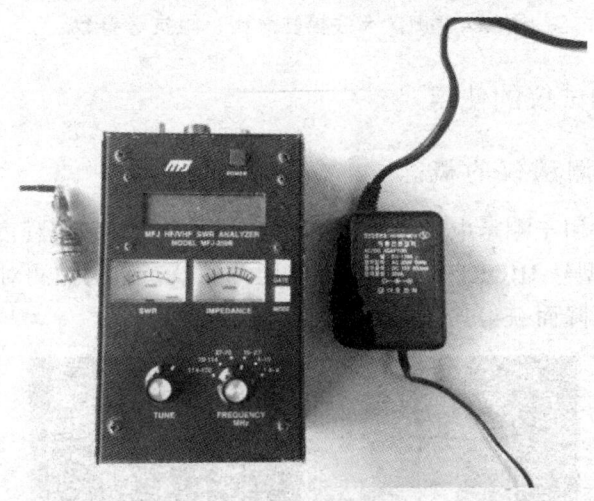

图 3.23 常用天线分析仪

(二)天线分析仪的使用方法

由于天线分析仪种类繁多,而且不同的读写器的天线有不同标准参数,这里以我国某市地铁某条线路的天线参数为例,使用 MFJ-259B 的天线分析仪调整步骤进行讲解。图 3.24 所示为使用 MFJ-259B 测量天线板驻波比、阻抗等参数。

(1)连接好天线分析仪的所有配件,设备上电。

(2)调整 FREQUENCY 旋钮,将指示点调至 10~27 MHz 挡。

(3)调整 TUNE 旋钮,将频率调整为 13.962 MHz,此值在 LCD 显示屏上可见,并且后续操作都要保持此频率。

(4)将准备调试的天线与 BNC 天线调谐连接转换头进行连接。

(5)调试天线板可调电容,将 X 调至 0,调整其他参数值时,X 值仍需保持为 0。

(6)调试天线板可调电容,将 SWR 调至所需值。

(7)当相关参数调整至 X = 0,SWR = 4.1(±0.1)后,R = 11,天线调整完成。

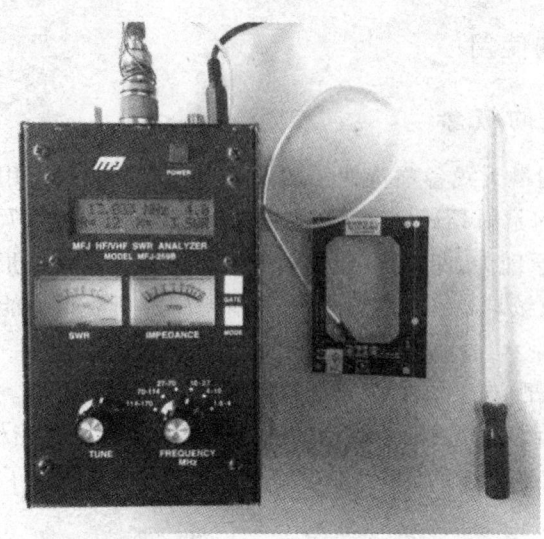

图 3.24　测量天线板驻波比、阻抗等参数

六、电池内阻测试仪的使用

（一）电池内阻测试仪的概念

电池内阻测试仪是用于测量电池内部阻抗和电池酸化薄膜破损程度的仪器，以下简称内阻仪，图 3.25 所示为型号 HIOKI3554 的电池内阻测试仪。它对被测对象施加 1 KHz 交流信号，通过测量其交流压降而获得其内阻。

图 3.25　电池内阻测试仪

（二）内阻仪使用方法

（1）首先将仪器放置于水平的工作台上。

（2）把测试仪的测试接头分别接入电池的正极和负极，使其完全接触并固定。

（3）打开仪器的电源开关，显示屏读数会跳动数次，这属于正常现象，约 100 ms 后其读数会自动稳定下来。

（4）根据所测电池内阻的大小按切换键，选择适当的量程（如量程太大或太小其读数都会不准确）。记下其准确的读数。使用测试仪测量 UPS 电池内阻情况，如图 3.26 所示。

图 3.26　测量 UPS 电池内阻

七、网络电缆测试仪的使用

（一）网络电缆测试仪的概念

网络电缆测试仪，也叫网线测试仪，如图 3.27 所示。它可以对双绞线 1，2，3，4，5，6，7，8，G 线逐根（对）测试，并可区分判定哪一根（对）错线，短路和开路。RJ45 头铜片没完全压下时不能测试，否则会使端口永久损坏；无注明 RJ11 的端口，均不能测试 RJ11 电话连接线，否则将导致端口插针永久损坏。

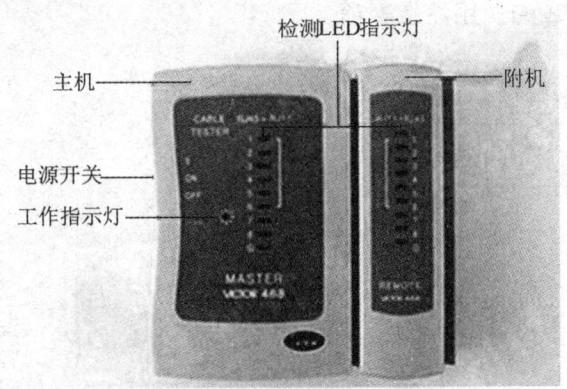

图 3.27　网线测试仪表结构

（二）网络测试仪的使用方法

（1）将网线两端的水晶头分别插入主测试仪和远程测试端的 RJ45 端口，将开关拨到"ON"（S 为慢速挡），这时主测试仪和远程测试端的指示灯应逐个闪亮。

（2）直通连线的测试：测试直通连线时，主测试仪的指示灯应从 1 到 8 逐个顺序闪亮，而远程测试端的指示灯也应从 1 到 8 逐个顺序闪亮。如果是这种现象，说明直通线的连通性没问题，否则就得重做。

（3）交错线连线的测试：测试交错连线时，主测试仪的指示灯应从 1 到 8 逐个顺序闪亮，而远程测试端的指示灯应按着3、6、1、4、5、2、7、8的顺序逐个闪亮。如果是这种现象，说明交错连线连通性没问题，否则就得重做。

（4）若网线两端的线序不正确时，主测试仪的指示灯仍然从1到8逐个闪亮，只是远程测试端的指示灯将按着与主测试端连通的线号的顺序逐个闪亮。也就是说，远程测试端不能按着（2）和（3）的顺序闪亮。

（5）导线断路测试的现象：当有1到6根导线断路时，则主测试仪和远程测试端的对应线号的指示灯不亮，其他的灯仍然可以逐个闪亮。当有7根或8根导线断路时，则全部指示灯都不亮。

（6）导线短路测试的现象：当有两根导线短路时，主测试仪的指示灯仍然按着从1到8的顺序逐个闪亮，而远程测试端两根短路线所对应的指示灯将被同时点亮，其他的指示灯仍按正常的顺序逐个闪亮。当有3根或3根以上的导线短路时，主测试仪的指示灯仍然从1到8逐个顺序闪亮，而远程测试端的所有短路线对应的指示灯都不亮。

复习思考题

1. 请列出 AFC 检修作业中最常用的五种工器具或仪表。
2. 请列出收益安全注意事项。
3. 请简述使用数字万用表测量电阻的步骤。
4. 请简述试电笔使用注意事项。
5. 请简述数字万用表的使用注意事项。

第四章　设备的基本操作及票务安全

【学习目标】

1. 学习自动售票机的基本操作；
2. 学习自动检票机的基本操作；
3. 学习票房售票机的基本操作；
4. 学习车站计算机的基本操作；
5. 学习自动售检票系统的票务安全知识及各类案例。

【知识要求与技能要求】

1. 掌握自动售票机的基本操作；
2. 掌握自动检票机的基本操作；
3. 掌握票房售票机的基本操作；
4. 掌握车站计算机的基本操作；
5. 掌握自动售检票系统的票务安全关键点。

第一节　自动售票机的基本操作

自动售票机的基本操作主要有现场购买单程票、网络方式购买单程票，以及补币、补票等后台操作等。下面以某城市地铁自动售票机为例进行介绍。

一、现场购买单程票

乘客可在自动售票机上购买单程票，设备接受的支付方式包括硬币、纸币，硬币和纸币混合，电子支付等。自动售票机通过触摸屏接收乘客的输入信息，采用形象化的地图模式、线路模式、语音提示引导用户购票，同时给乘客提供中文/英文界面切换功能（默认为中文）。目前可支持按地图、按线路、按票价三种购票方式。自动售票机的购票界面如图4.1所示。

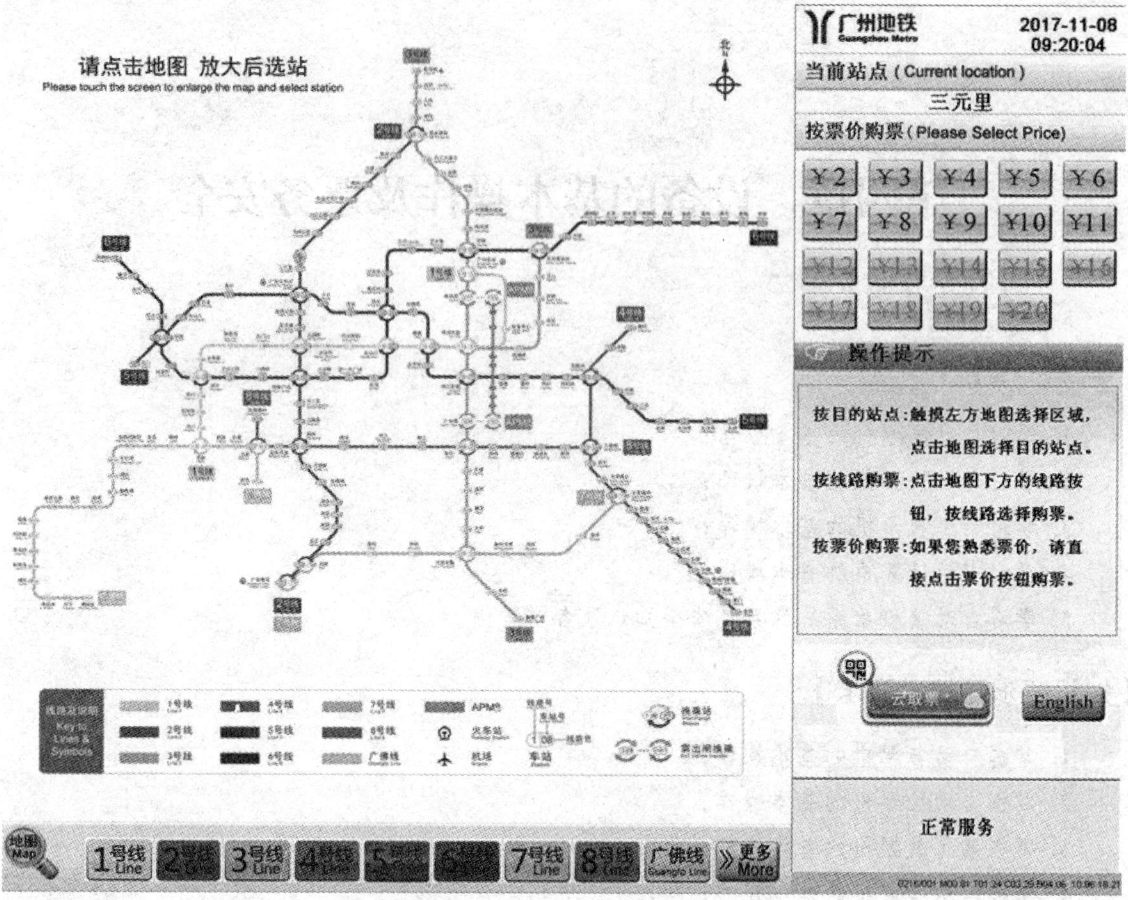

城市轨道交通自动售检票检修工

图 4.1 自动售票机购票界面

二、网络购买单程票

乘客通过各城市地铁官方 APP、支付宝、微信等渠道在线支付购买单程票，选择起始站点、终点站点、购票数量等信息，在线成功完成支付后，凭二维码在起始站的云购票机取票乘车。网络购买单程票及取票流程如图 4.2 和图 4.3 所示。

图 4.2 在线购买单程票示意图

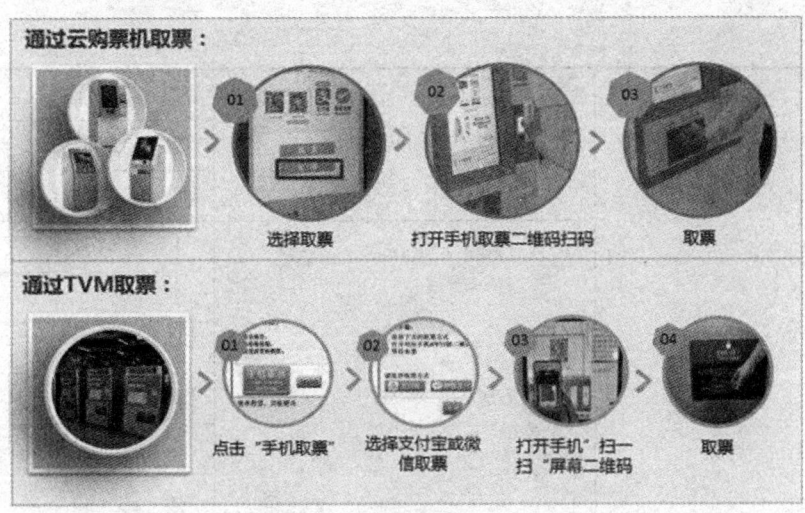

图 4.3　车站现场取单程票示意图

三、后台操作说明

后台维护终端的操作是通过终端操作面板上的按键来完成的。在终端显示屏上，系统会显示相应的菜单结构，每个菜单前面都有一个数字序号。要进行相应操作，只需在后台维护终端的键盘上按下相应的数字键就可进入相应的菜单或实现相应的菜单功能（当一屏显示不下菜单结构或信息时，可按指定翻页键进行翻页显示）。表 4.1 所示为 TVM 后台维护终端的菜单结构。

表 4.1　广州地铁 TVM 后台维护终端的菜单结构

	1 结账	
	2 补充硬币	1 储币箱1
		2 储币箱2
	3 补充车票	1 储票箱1
		2 储票箱2
	4 更换钱箱	1 硬币钱箱
1 运营操作		2 纸币钱箱
		3 所有钱箱
	5 更换票箱	1 回收箱
		2 废票箱
		3 所有票箱
	6 清空硬币	1 储币箱1
		2 储币箱2
		3 所有储币箱

续表

1 运营操作	7 清空车票	1	储票箱1
		2	储票箱2
		3	所有储票箱
	8 查询	1	交易记录
		2	操作记录
		3	异常记录
		4	当前现金
		5	当前车票
		6	寄存器计数
		7	当前运营全状态
2 维护操作	1 纸币接收器	1	开始接收
		2	停止接收
		3	退币
		4	复位
	2 硬币处理模块	1	开始接收
		2	停止接收
		3	退币
		4	传感器检测
		5	马达测试
		6	图像识别模块检测
		7	复位
	3 车票处理模块	1	出票测试
		2	电磁阀测试
		3	传感器测试
		4	复位
	4 车票读写器	1	读票测试
		2	SAM状态
		3	复位
	5 打印机	1	打印测试
	6 所有模块	1	自检
		2	复位

续表

2	维护操作	7	故障码查询	1	故障码描述信息查询
				2	当前模块故障码查询
3	管理操作	1	设置	1	设备编号
				2	IP 设置
				3	功能设置
				4	服务设置
				5	恢复出厂设置
		2	查询	1	本机设置
				2	软件版本
				3	当前参数版本
				4	将来参数版本
		3	程序	1	重启系统
				2	关闭系统
				3	软件导入
		4	数据	1	导入参数
				2	导出交易

（一）运营服务操作说明

运营服务主要是提供 TVM 进行单程票与票款的管理和操作，界面采用单行单列排放；可通过翻页键进行下翻页和上翻页操作。

1．补充车票

供操作人员进行补充车票操作，在运营服务菜单下选择补充车票，并选择所补充的出票箱（出票箱 1 或出票箱 2），界面显示当前票箱内单程票的剩余数量；维护人员通过输入数字键"0"或"1"来确定是否进行补充车票，输入补票数量，补充完成后系统自动打印补充车票单据。

2．补充硬币

供操作人员进行补充找零硬币操作，在运营服务菜单下选择补充硬币，并选择补充硬币的种类（出币器 1 或出币器 2），界面显示当前硬币出币器内剩余数量，维护人员通过输入数字键"1"或"2"来确定是否进行补充硬币，输入补币数量，补充完成后系统自动打印补充硬币单据。

3．更换硬币钱箱

当 TVM 硬币钱箱将满时，操作人员可通过该功能来更换硬币钱箱，以避免由于硬币钱箱超出所能容纳的硬币数量，而进入限制服务模式。进行更换硬币钱箱操作时，在运营服务菜单下选择本功能，系统自动打印更换硬币钱箱的单据。

4．更换纸币钱箱

当 TVM 纸币钱箱将满时，操作人员可通过该功能来更换纸币钱箱，以避免由于纸币钱箱超出所能容纳的纸币数量，而进入限制服务模式。进行更换纸币钱箱操作时，在运营服务菜单下选择本功能，系统自动打印更换纸币钱箱的单据。

5．清空硬币模块

在设备维护或模块维修时，本功能把硬币发售模块内的所有硬币清空到硬币钱箱，并打印清空单据。

6．清空车票发售箱

在设备维护或模块维修时，本功能把车票发售模块内的所有车票清空到车票回收箱，并打印清空单据。

7．废票箱数据清零

TVM 在发售车票时，把读写错误或无法读写的车票放入废票箱，废票数量打印在营运日结束后的结账单据上，并由操作人员清空回收，该功能可以清除寄存器内废票箱的数据。

8．结　账

TVM 在营运日结束后，操作人员需要对当日的售票和充值的各项数据进行统计，形成并打印结账单据。

（二）查询操作说明

用于维护人员查询 TVM 当前设备的状态和数据，包含以下功能选项：

1．运营状态

本功能提供查询当前设备的运行状态，如联网状态、支付模式、各模块状态、最近发生的故障代码等。

2．交易查询

通过本功能可以逐条查询 TVM 当前营运日的交易明细。使用上翻页和下翻页按键进行翻页阅览。

3．审计数据

提供 TVM 审计数据的查询，包含以下数据项：发售车票总数量、接收硬币总数、接收纸币总数、发售车票总票值、找出硬币总数、废票总数。

4．当前数据

当前数据是指目前 TVM 设备内各出币器、出票器和钱箱内的数据。

5．SAM 卡号

维护人员通过该功能查询 TVM 设备内的所有 SAM 卡卡号。

6．故障清单

提供维护人员查询 TVM 设备营运日内发生的故障信息。可通过"上翻页"键和"下翻页"键逐条浏览错误信息，按"ESC"键返回上一层菜单。

7．故障代码

提供维护人员根据故障代码查询故障详细内容。维护人员通过输入故障代码号，系统将显示对应的故障信息和处理方法。按"ESC"键返回上一层菜单。

（三）关闭/开机的操作说明

1．停止服务

该功能可设置 TVM 从正常服务状态切换到停止服务状态，当维护人员选择该项功能后，系统将提示是否确定要使设备切换到停止服务模式，维护人员按"0"取消并返回上一菜单，或按"1"确认。

2．正常服务

该功能可设置 TVM 从停止服务状态切换到正常服务状态，当维护人员选择该项功能后，系统将提示是否确定要使设备切换到正常服务模式，维护人员按"0"取消并返回上一菜单，或按"1"确认。

3．关闭设备

该功能可设置 TVM 退出系统并关闭主控器，当维护人员选择该项功能后，系统将提示是否确定关闭设备，维护人员按"0"取消并返回上一菜单，或按"1"确认。在设备完成关闭之前，请不要关闭设备电源。

4．重启设备

该功能可设置 TVM 系统重新启动，当维护人员选择该项功能后，系统将提示是否确定重新启动设备，维护人员按"0"取消并返回上一菜单，或按"1"确认。和关闭设备一样，在设备重新启动完成之前，请确保设备电源不被关闭。

第二节　自动检票机的基本操作

自动检票机的基本操作主要包括乘客验票过闸、更换单程票票箱及后台操作等。下面以某城市地铁为例进行介绍。

一、验票过闸

乘客通常可以使用单程票或 IC 卡刷卡通过自动检票机（闸机），具体过程如图 4.4 所示。

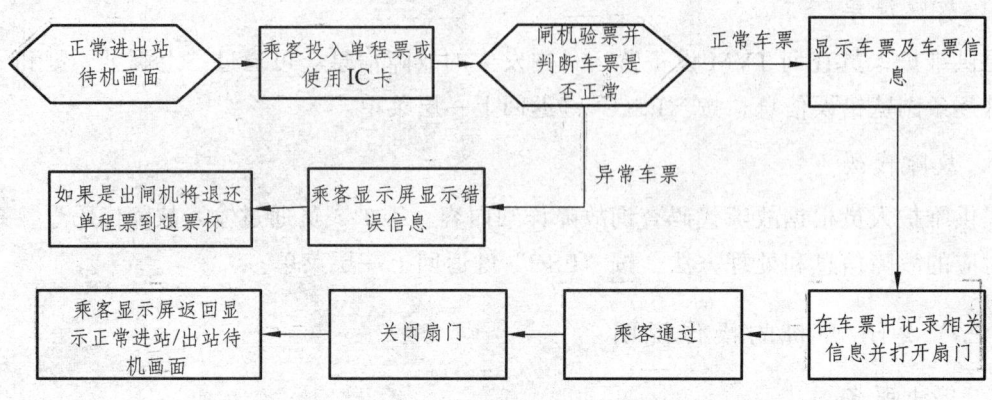

图 4.4　自动检票机检票处理流程

二、多元化车票过闸

目前各城市地铁陆续开发并实现不同的多元化车票过闸方式，乘客手持多元化车票过闸方式与传统车票过闸方式一致，把多元化车票打开后放置在指定读卡区域，"嘟"声后闸机扇门打开即可进、出站。下面以地铁云卡乘车为例进行介绍。

（1）下载安装指定 APP，并按照指引注册、绑定扣费银联卡，如图 4.5 所示。

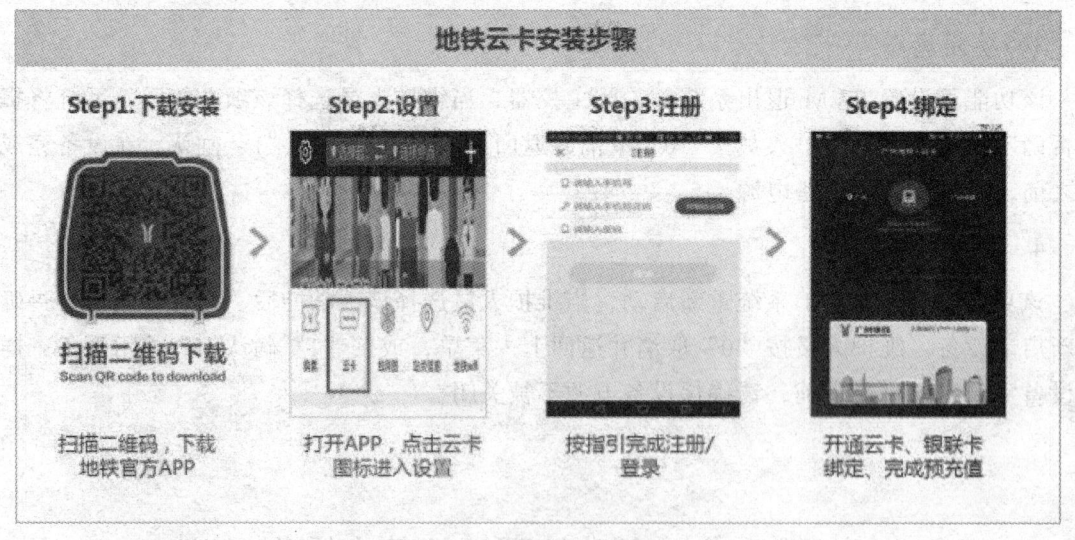

图 4.5　地铁云卡安装步骤

（2）打开手机云卡，点亮手机屏幕并靠近闸机读卡区，"嘟"声后闸门打开即可进、出站，如图 4.6 所示。

第四章　设备的基本操作及票务安全

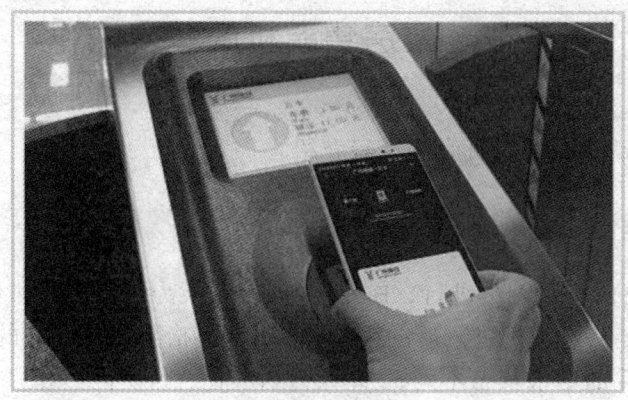

图 4.6　地铁云卡过闸步骤

三、更换票箱

对于车站运营人员，闸机的常用操作有更换票箱。当闸机检测到票箱的单程票数值达到报警值时，会发出警告信息，提醒车站运营人员需要进行票箱更换工作。当闸机检测到单程票箱的单程票数值已达到最高限值时，会停止单程箱回收模块的工作，工作人员需要进行更换单程票箱的操作才能恢复正常功能。操作人员可通过登录闸机系统进行更换票箱操作。各城市间的闸机存在硬件及软件上的各种差异。为了便于说明，本书以广州地铁的闸机为例进行介绍，具体流程如图 4.7 所示。

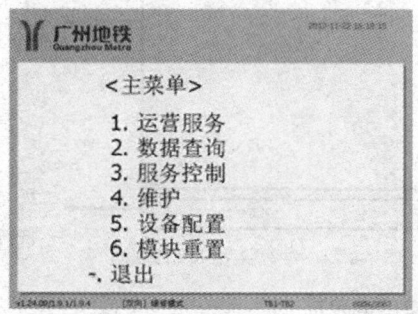

（a）登录闸机系统

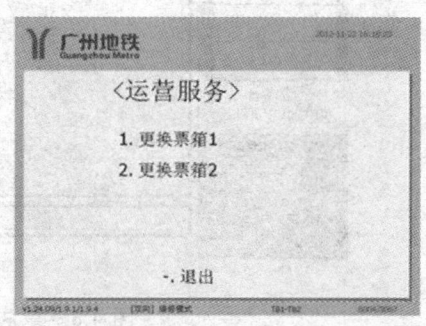

（b）选择运营服务，更换票箱

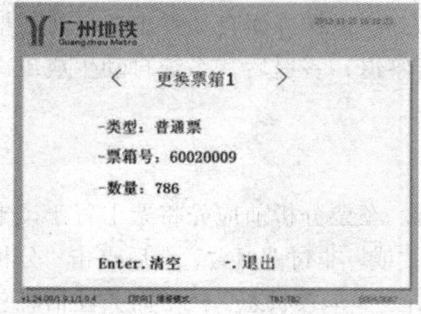

（c）核对信息，确认更换

（d）更换票箱

图 4.7　自动检票机更换票箱操作

第三节 票房售票机的基本操作

下面以某城市地铁票房售票机为例进行介绍。

一、BOM 的操作

BOM 的操作主要由车站人员进行，BOM 界面可切换为付费区或非付费区。付费区指需要利用有效车票验票，从进闸机进入后的区域；非付费区指除付费区外的所有区域。由于"付费区"和"非付费区"的车票状态不同，"车票分析"在"付费区"和"非付费区"将提供不同的功能选项。因此，车站票务人员处理在付费区或者非付费区的乘客车票时，必须将界面切换到相应区域，方可进行操作。BOM 操作主界面如图 4.8 所示。

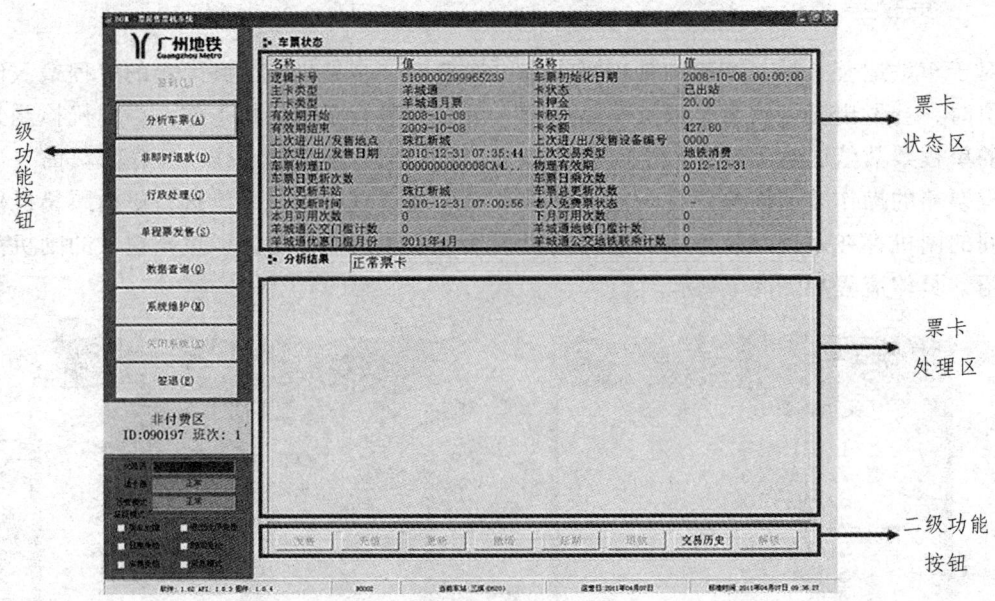

图 4.8 票房售票机操作主界面

1．签到签退

要操作 BOM，首先进行签到，点击"签到"按钮，操作界面自动弹出登录对话框让操作人员输入员工账号和密码。要结束班次，必须进行签退，签退后，系统自动生成班次数据文件，点击"签退"，确认后即可退出登录。

2．分析与处理车票

对车票作任何操作前，都必须先进行车票分析。车票分析前应先将票卡置于读卡器上，然后根据乘客持有车票的实际位置，选择"付费区"或"非付费区"，然后点击"分析车票"，读卡器分析完车票后，将详细信息显示于车票状态栏。"车票状态"栏中需关注信息包括逻辑卡号、卡状态、子卡类型、有效期结束、卡余额、上次进出发售地点、上次进出发售编号、上次进出发售日期、上次交易类型、上次更新车站、上次更新时间、羊城通公交地铁联乘计数等。车票分析后激活二级功能按钮,根据车票状态与信息进行相应操作(包括发售、充值、更新、激活、延期、退款、交易历史查询、解锁等)。

3. 非即时退款

当票卡损坏导致设备无法读取票卡信息时,由于不清楚卡内余额,无法办理即时退款,需后台查询损坏票卡信息,所以要办理非即时退款申请操作。在 BOM 软件界面中输入相应资料后按下确定提交申请,并将打出的小单交付乘客,乘客根据通知时间可到线网任一车站继续办理退款手续。乘客根据通知时间后凭小单到线网任一车站继续办理退款,这时点选"查询结果",输入小单序列号确认票卡数据,核实无误后确认退款。

4. 行政处理

行政处理分为两种:付费区行政处理和非付费区行政处理。付费区行政处理包括闸机被误用、遗失车票等多种情况,主要涉及收取乘客罚金的情况。根据实际情况点选原因,输入乘客姓名等相关资料,然后按下"处理"按钮。非付费区行政处理包括 TVM 卡币、卡票、发售无效票、少找零及其他五种情况,这时需要退还现金给乘客,根据实际情况点选原因,输入退还金额和乘客姓名等相关资料,然后按下"处理"按钮。

5. 单程票发售

除了在 TVM 上发售外,单程票也可以在 BOM 上发售,但只限于在非付费区操作。单程票发售可按车站或票价发售。按车站名发售,需选择线路、车站,输入实收金额。

二、自助客服中心的操作

自助客服中心的操作主要由乘客进行,乘客首先把将票卡放在读卡区,设备自动显示车票不能正常进/出闸的原因情况后,选择支付方式,手机付款码放在扫描区,支付成功后,更新车票即可取票进/出闸。乘客因无进站码无法出站在自助客服中心的操作方法如图 4.9 所示。

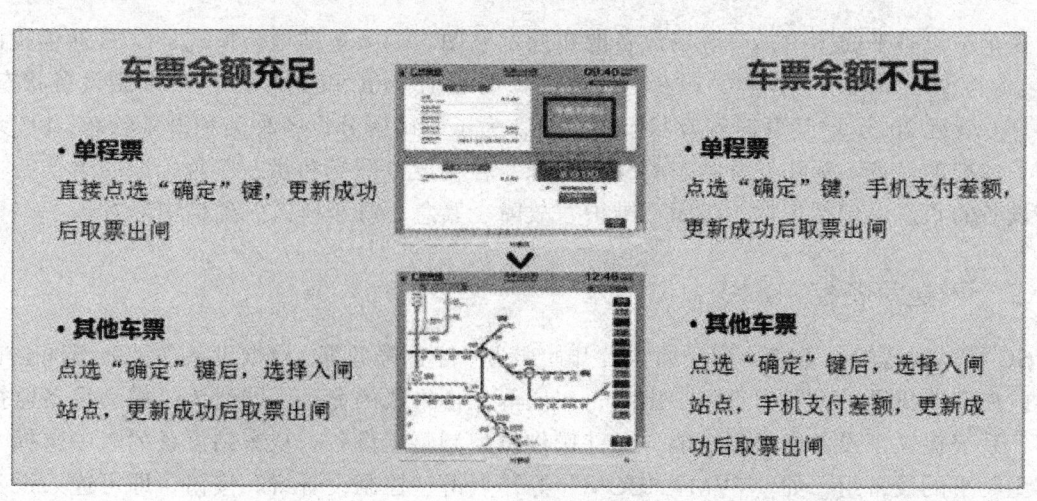

图 4.9 无进站码无法出站在自助客服中心的操作方法

第四节　车站计算机的基本操作

下面以某城市地铁车站计算机操作为例进行介绍。

一、监控站级设备状态

在登录或未登录状态下，SC 系统主页面默认为"设备监控"状态界面。激活车站设备平面图，对设备运行状态进行监视，如图 4.10 所示。

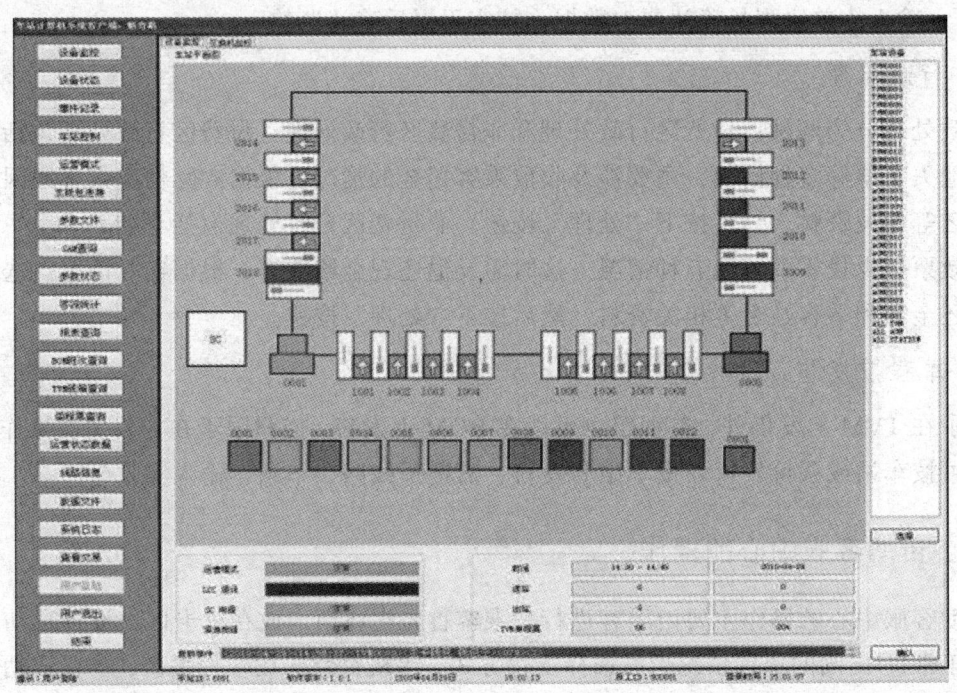

图 4.10　监控站级设备状态界面

在车站设备平面图中，有现场设备的布局示意图、当天车站运营模式、LCC 通信检测、SC 电源检测、紧急按钮检测、最新客流数据（最近 15 min 和全天累计）、最新设备状态/时间消息（最近 20 条）、运营时间及状态等信息。为了明确区分设备种类和设备状态，SC 系统定义了标准的设备图标和设备状态的颜色标识，各类设备图标和状态颜色标识的组合反映了当前设备的状态（包括正常、关闭、维护、故障、紧急、降级模式、通信中断等）。

二、发送设备控制命令

SC 可以发送的设备控制命令通常有开始服务、停止服务等，根据设备类型的不同会有所差异，如双向机具备设置为进闸、出闸、双向等工作方式的命令。同时为了提高设备监控的效率，系统提供了设备组控制功能，允许操作员控制整组设备。从车站设备列表中选择"设备类型"下的设备组，如"TVM""BOM"等，点击"控制设备组"按钮，即可进入设备组控制界面。

三、查看设备交易记录和客流数据

交易记录查询可以通过登录 SC 监控软件查看。各地铁线路的查询界面存在一定差异，但是方法原理大致相同。默认点击查询按钮，将显示当天所有的交易记录，但为了能更快捷的查询到想要查询的交易结果，操作员可通过设置"日期""设备类型""设备 ID""交易类型""票卡类型""票卡子类型"，"票卡逻辑 ID"等条件组合进行查询。

SC 可集中统一监控系统车票接收、发售及客流情况，通常 SC 监控软件每 15 min 统计一次车站进站、出站客流及单程票 SJT 的发售数量，并将数据以及运营日开始至上一次统计时间内的汇总数据显示在车站监控主界面的右下方客流信息区。若点击系统菜单的"客流统计"按钮，系统会显示详细的"客流统计"界面。在客流监控界面上可设置查询条件对客流进行查询，在"客流监控"界面设置"开始日期""结束日期""时间间隔""设备类型""设备 ID""票卡类型""票卡子类型"等查询条件后，单击"查询"按钮，系统返回符合条件的客流记录。

第五节 AFC 票务安全要求

AFC 设备是地铁设施设备中与"钱"打交道的设备，其票款收益是地铁运营收入的主要来源。在检修员工日常工作中，也会存在与"钱"接触的机会。因此，通过多层级监控管理的同时，提升员工票务安全意识，对于确保票务收益安全来说尤为重要。

一、AFC 检修人员的职业操守

职业操守，就是同人们的职业活动紧密联系的符合职业特点所要求的道德准则、道德情操与道德品质的总和，它既是对本职人员在职业活动中行为的要求，同时又是职业对社会的道德责任与义务。AFC 设备检修人员较其他设备检修人员相比，较大区别在于时刻与"金钱"打交道，包括实体现金、有值车票、收益数据等，除了遵守公司各项规章制度，AFC 检修人员具有廉洁诚信的职业操守就显得尤为重要。

二、日常检修的票务安全关键点

（1）处理车站的 TVM、BOM、AGM 故障，不允许私自拿钱和车票。在维修过程中涉及钱、票交接的票务问题，必须要求客运值班员确认钱、票数量，现金如要登记在票务系统中，维修人员必须要对交接表中的钱币金额、数量进行复核，然后输入员工操作号和密码完成确认。同时维修人员也必须要在维修日志内清楚填写交接钱、票的数量及对应的报表编号，并要求客运值班员在维修记录的备注栏中签章确认。

（2）在 TVM 内部发现有散落的硬币、纸币时，应立即取出，交给票务人员，并做好交接记录。

（3）在车站现场对钱箱、票箱维修过程中发现的现金和车票，在归还钱箱、票箱时一并交还车站，钱、票交接手续严格按规定执行。

（4）维修 TVM、AGM 和 TCM 时，必须按照票务管理规定向车站借用相应的设备钥匙，并做好借用登记。借出设备钥匙时，必须认真保管好，不能带离当站；需要离开当站时，必须先归还设备钥匙给车站，并在钥匙借用记录上签还。

三、账户和 SAM 卡的管理要求

（1）在检修 AFC 设备时，应注意个人 ID 号和密码的保密，不可随便混用，万一密码泄露，应该及时申请修改密码，必须严格按照自动售检系统用户密码管理规定执行。

（2）在打开自动售票机和闸机维修门后要马上输入操作员的 ID 号和 PIN 号并确认登录成功，否则会在开门的制定秒钟后发出报警声，同时报警信息会传到 SC 系统。

（3）对车站设备安装/更换 SAM 卡时，要严格按照自动售检票 SAM 卡领用表的设备编号和 SAM 卡逻辑号，将对应的 SAM 卡安装于相应的设备上，严禁将 SAM 卡安装于不相应的设备上。

（4）更换装有 SAM 卡的读卡器，或将读卡器对调测试时，必须要将 SAM 安装在原来注册的设备上，严禁将 SAM 卡安装在非配对的设备上。

四、设备收益数据的安全要求

（1）在更换电路板时必须非常小心，严禁带电插拔电路板和连接线；要做好静电防护措施，每条电缆必须标记好且连接正确。更换时应保证跳线与原设置一致，更换后必须检查设备的时钟、IP 及配置是否已恢复正常，严禁在未确认设备已修复的情况下将设备投入使用。上述安全隐患可能会导致乘客车票扣费错误。

（2）未经上级批准，禁止删除 AFC 设备上的文件和数据，以及随便修改 AFC 设备上的设置。

（3）进行软件方面的维修或更换 DOM 卡、CF 卡或硬盘时，在数据可读状态下，必须备份好原设备上的文件和数据，严禁在无备份原设备数据的情况下更换 DOM 卡、CF 卡或硬盘。更换至设备上的 DOM 卡、CF 卡或硬盘，必须删除非本机的数据，确保更换后没有异常交易上传。在更换时要断开网络，更换后必须检查设备的时钟、IP 及所有配置正确后，才能接上网络；在确认设备接通网络并同步所有参数后，才能正式投入使用。严禁在没确认设备已恢复正常的情况下将设备投入使用。

五、票务典型案例

案例一：错误操作导致交易数据混乱。

某日，AFC 维修人员在处理某站 V02 不能登录用户 ID 故障时，错误将 V01 的系统文件（含交易数据）复制到 V02 上使用，导致 V02 数据混乱。

案例点评：

（1）涉及本机运营数据的文件，不能删除或者复制到其他设备文件替代，否则会造成数据丢失或混乱。

（2）AFC 维修人员检修业务不强，在处理故障作业时，不清楚正确应复制的文件内容，同时作业后没有认真进行设备检查。

案例二：未及时上交现金。

某日，AFC 维修人员巡站时发现某站 V14 卡纸币，维修时将取出的 10 元纸币放在工具包中，直至事后检查工具包时才发现包内有一张 10 元纸币未及时上交。

案例点评：

（1）维修人员在处理 V14 卡纸币故障时，未及时上交从设备内取出的钱币并填写相应维修记录，下班时自查工作不到位。

（2）从设备取出或拾获的现金应及时交给票务人员，严禁放入衣袋、工具包中带离车站，下班前应做好衣袋、工具包的检查和确认。

案例三：票务钥匙使用与保管不当。

AFC 检修人员在维修 TVM 故障时不慎遗失 TVM 门钥匙。

案例点评：

员工在检修作业时对票务钥匙的保管不重视，票务安全意识薄弱；钥匙借出后需做好使用和保管。

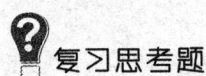
复习思考题

1. TVM 可支持哪几种购票方式？
2. BOM 非付费区行政处理包括哪 5 种情况？
3. 操作员可在 SC 通过设置哪些条件组合进行查询交易记录？
4. 请说明 AFC 账户和 SAM 卡的管理要求。
5. 请简单说明付费区和非付费区的定义。

第五章　设备日常巡检的流程及内容

【学习目标】

1. 了解 AFC 设备日检的工作内容；
2. 了解 AFC 设备日检作业的流程；
3. 了解 AFC 设备日常巡检工作的注意事项与要求。

【知识要求与技能要求】

1. 掌握 AFC 设备日检工作的注意事项；
2. 掌握 AFC 设备日检操作知识和技能；
3. 具备独立进行 AFC 设备日常巡检的基本技能。

第一节　日常巡检的流程与要点

一、日常巡检的概念

日常巡检简称日检，即 AFC 维修人员每天按照检修规程对 AFC 设备的主要功能与常用模块进行的专项检查，通过这种持续的快速检查，维修人员能迅速发现设备出现的故障、存在的隐患，并及时处理，确保 AFC 设备日常的正常运营。下面以某城市地铁为例进行介绍。

二、日常巡检的流程及要点

日检的作业流程分为作业前工作准备、作业中工作内容检查、作业中发现问题的处理和作业完成后的工作，具体流程图如图 5.1 所示。

日检作业前的准备，包括收集相关检修表格，带上工器具，并遵循车站相关管理规定进行准备。

车站级设备日检的主要内容包括车站计算机、票房售票机、自动售票机、自动检票机、自动验票机、票务辅助设备（便携式验票机）的运营状态检查。

完成车站设备的日检工作后，须如实填写《AFC 日常计划性检查表》，如表 5.1 所示。期间如发现设备故障应及时记录，并进行后续相关维修作业。

第五章 设备日常巡检的流程及内容

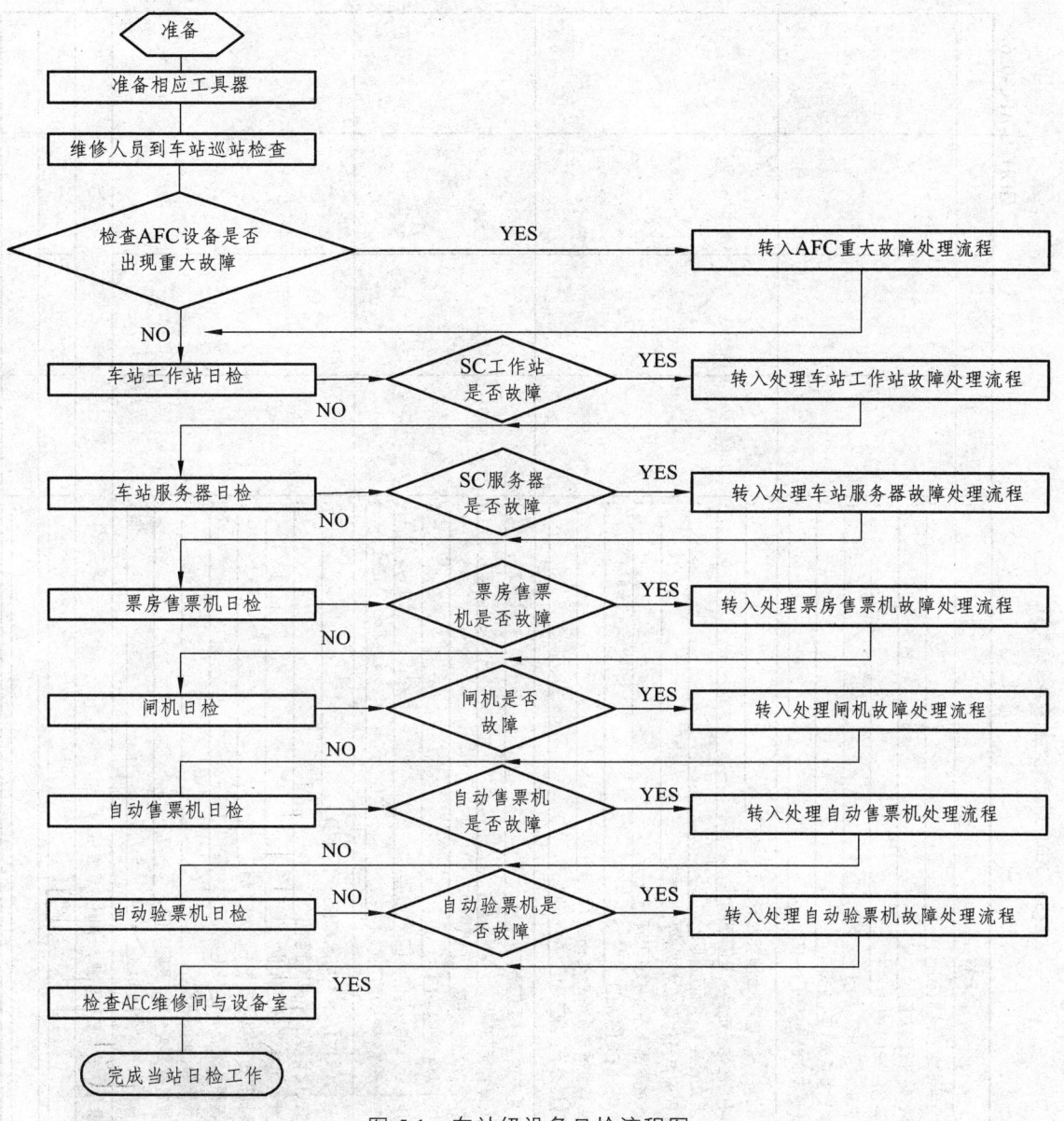

图 5.1 车站级设备日检流程图

第二节 车站计算机日常巡检

一、巡检目标

(1) 确保设备外观状态良好。
(2) 确保设备与站级设备、中央级设备通信正常。

表 5.1 AFC 日常计划性检查表（参考）　　　　　　　　　　　　　　　　　GDHT/J-AFC-056

车站：_____

日期		检查内容	开始时间	结束时间	检查人	备注
	设备检查	1. SC 通信、时间是否正常：是□ 否□ 2. 车站设备有无故障：无□ 有□_____ 3. 门禁通信有无异常：无□ 有□_____ 4. 通道门禁是否正常：是□ 否□_____ 5. 扇门、转杆动作是否正常：是□ 否□_____ 6. 闸机面板、底座是否有松脱：否□ 是□				
	安全、消防检查	1. 乙醇（≤1L）、油料（≤7L）存放有无超标：无□ 有□_____ 2. 应急灯、网络测试仪是否正常：是□ 否□_____ 3. AFC 设备配电盘有无异常：无□ 有□_____ 4. SC 及票亭交换机柜钥匙是否齐全：是□ 否□_____ 5. 门禁就地控制器钥匙是否齐全：是□ 否□_____ 6. 常用工器具是否齐全：是□ 否□_____ 7. 维修间卫生疏散通道是否畅通：是□ 否□ 8. 维修间消防是否有易燃杂物：否□ 是□				
	设备检查	1. SC 通信、时间是否正常：是□ 否□ 2. 车站设备有无故障：无□ 有□_____ 3. 门禁通信有无异常：无□ 有□_____ 4. 通道门禁是否正常：是□ 否□_____ 5. 扇门、转杆动作是否正常：是□ 否□_____ 6. 闸机面板、底座是否有松脱：否□ 是□				
	安全、消防检查	1. 乙醇（≤1L）、油料（≤7L）存放有无超标：无□ 有□_____ 2. 应急灯、网络测试仪是否正常：是□ 否□_____ 3. AFC 设备配电盘有无异常：无□ 有□_____ 4. SC 及票亭交换机柜钥匙是否齐全：是□ 否□_____ 5. 门禁就地控制器钥匙是否齐全：是□ 否□_____ 6. 常用工器具是否齐全：是□ 否□_____ 7. 维修间消防疏散通道是否畅通：是□ 否□ 8. 维修间是否有易燃杂物：否□ 是□				
临时性计划（用于临时性工作，如接待、驻站等填写，若无配合作业，请划斜线表示。）	临时工作	工作内容：_____				
	临时工作	工作内容：_____				

（3）确保软件版本正确，能对车站设备进行实时监控。
（4）确保时钟同步正常。
（5）确保客流数据、交易数据正常。

二、车站计算机日常巡检内容

1．车站计算机工作站（简称 SC 工作站）

（1）检查设备供电情况是否正常，通过目测设备的电源指示灯状态，观察设备运行状态是否正常。

（2）检查 SC 工作站（包括主机、显示器、鼠标、键盘、打印机、线缆等部件）的外观是否完好，运作是否正常。

（3）检查 SC 工作站主机外观是否完好，运作是否正常，是否报警。

（4）检查显示器外观是否完好，显示屏显示是否异常，表面是否存在污渍、破损、亮点或坏点。

（5）检查鼠标、键盘是否使用正常，表面有无污渍、破损。

（6）检查打印机连接是否正常、测试打印功能是否正常。

（7）工作站软件检查（包括通信、设备状态、交易客流上传情况、软件版本、时间同步和设备信息等）。

（8）在登录或未登录状态下，均可以使用 SC 系统主菜单中"设备监控"按钮，激活车站设备平面图，对设备运行状态进行监视，如图 5.2 所示。

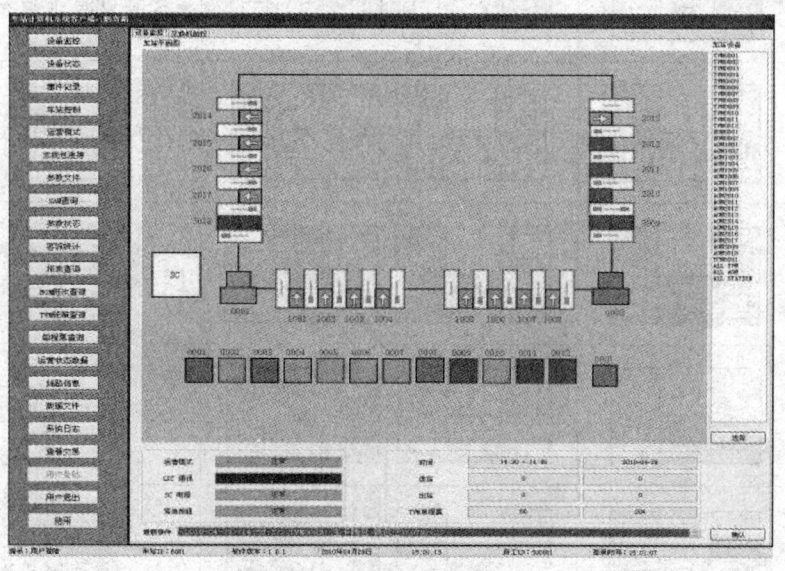

图 5.2　车站计算机设备监控界面

在车站设备平面图中，有现场设备的布局示意图、当天车站运营模式、LCC 通信检测、SC 电源检测、紧急按钮检测、最新客流数据（最近 15 min 和全天累计）、最新设备状态/时间消息（最近 20 条）、运营时间及状态等信息。

为了明确区分设备种类和设备状态，SC系统定义了标准的设备图标和设备状态的颜色标识，各类设备图标和状态颜色标识的组合反映了当前设备的状态，如表5.2和表5.3所示。

表5.2 闸机的状态图标

状态	单向闸机	双向闸机	说　明
正常			闸机正常运行
关闭			停止服务（通常表示当日运营结束后的状态）
维护			闸机处于维护状态，停止服务
故障			闸机出现故障，停止服务
紧急			车站发生紧急事件，闸机开放，乘客可以自由通行
降级模式			本站处于降级运营模式
通信中断			闸机与SC的通信中断，SC无法获取闸机的状态
报警			闸机发出报警信号
非法操作			停止服务，发生在维修人员没有合法登录闸机时
无票通行			在服务模式中，如果乘客无票或持非法票卡进站，闸机报告该状态

表 5.3　TVM、TCM 及 BOM 的状态图标

状态	TVM	TCM	BOM	说　明
正常			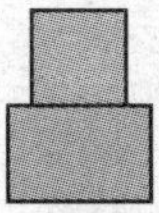	设备正常运行。对于 BOM 来说，只有当票务员登录成功后，才出现该状态
关闭				停止服务（通常表示当日运营结束后的状态）。对于 BOM 来说，当票务员退出后，即出现该状态
维护				设备处于维护状态，停止服务
故障				设备出现故障，停止服务
紧急				车站发生紧急事件，设备关闭，停止服务
降级模式			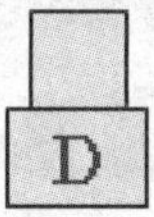 D	本站处于降级运营模式时，TVM 和 TCM 关闭，只有 BOM 处于降级工作模式
通信中断			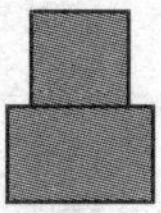	设备与 SC 的通信中断，SC 无法获取设备的状态
报警				设备发出报警信号
非法操作			不适用	停止服务，发生在维修人员没有合法登录设备时
无票通行	 BL	不适用	不适用	只有 TVM 在检测到黑名单卡时，才会通知 SC

除了通过监控图标，还能通过右键单击某一设备的图标，选择"查看细节"的方式查看具体的设备状态，如图 5.3 所示。通过此方法能查询到设备配置、设备状态、寄存器和事件记录等信息。

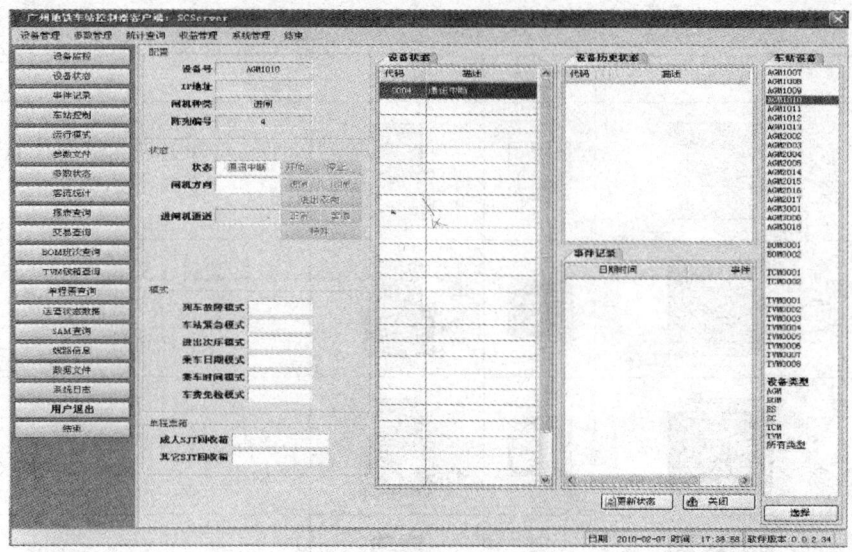

图 5.3 查看细节界面

（9）通过工作站监控软件，检查站级设备与 SC 的通信情况。检查 SC 与 LCC 的通信情况，如图 5.4 所示。

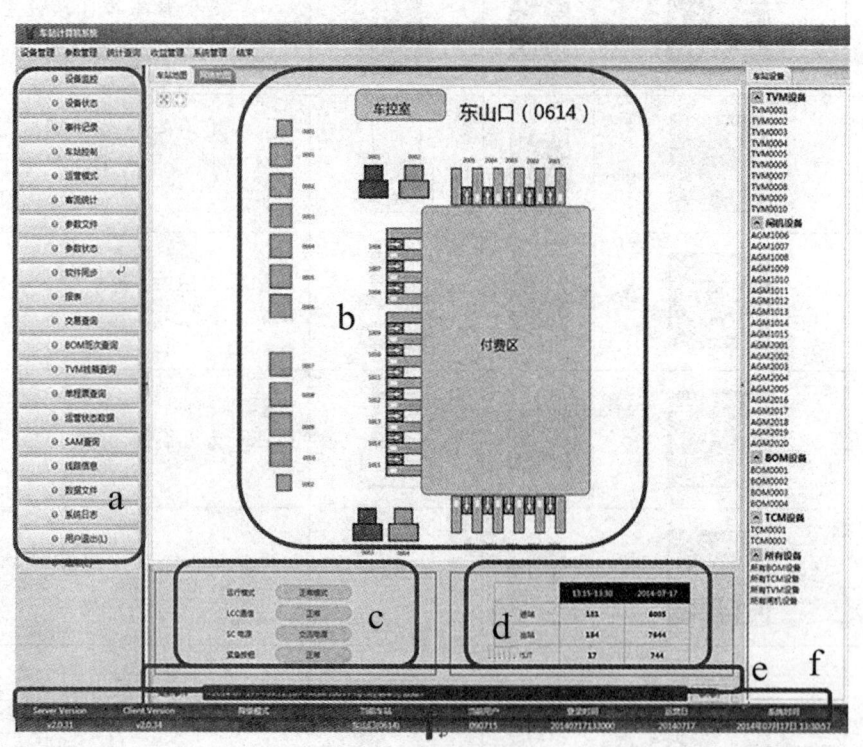

图 5.4 SC 工作站界面

a—功能按钮；b—设备图标；c—模式；d—客流；e—事件消息；f—监控软件版本与状态信息

（10）检查交易数据与客流数据上传情况。查看 SC 工作站监控软件界面图，查看"交易查询"，检查各类站级设备交易数据是否上传正常，如图 5.5 所示。

第五章　设备日常巡检的流程及内容

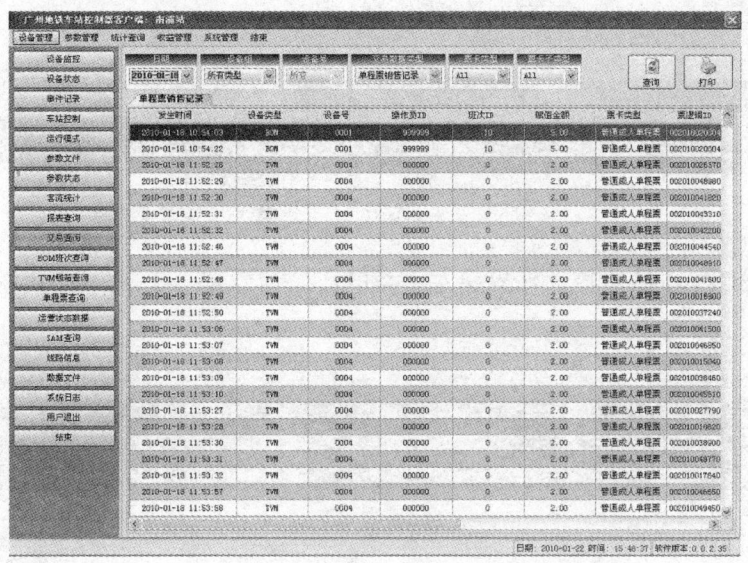

图 5.5　交易查询界面

（11）查看 SC 工作站监控软件界面图，查看"客流统计"显示信息是否正常，如图 5.6 所示。

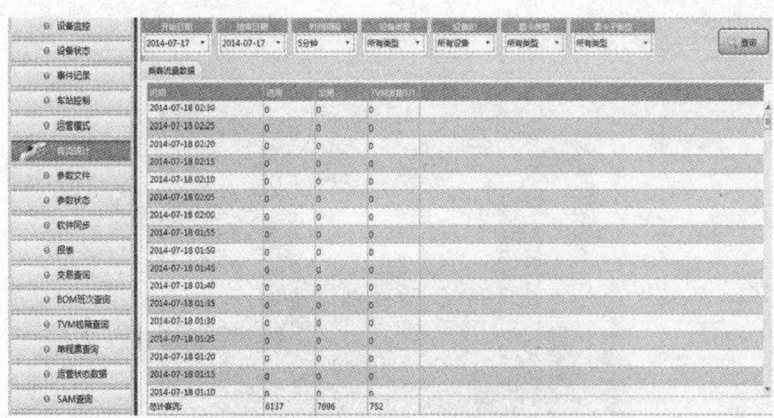

图 5.6　客流数据统计

（12）检查工作站软件版本，当前时钟和设备信息是否正常。查看 SC 工作站监控软件界面图底端"版本"，底部显示版本信息应与当前版本一致，如图 5.7 所示。

图 5.7　版本信息

（13）查看 SC 工作站监控软件界面右下角，显示的当前系统时间应与实际一致，如图 5.8 所示。

图 5.8　系统时间信息

（14）查看 SC 工作站监控软件界面左下角的车站信息是否正常，如图 5.9 所示。

图 5.9　车站信息

2．车站计算机服务器（简称 SC 服务器）

（1）检查 SC 服务器的外观（包括机柜、主机、外围设备、UPS 换机、交、线缆等）是否完好，运作是否正常，是否报警。

① 检查机柜外观是否正常，表面有无污渍，前、后门体开合是否顺畅，锁扣是否正常，如图 5.10 所示。

图 5.10　SC 服务器机柜

② 检查 SC 服务器外观正常，表面是否存在污渍、破损，检查服务器主控机电源指示灯是否正常（绿灯常亮）、硬盘运行指示灯是否正常（绿灯闪亮），面板有无报警信息，如图 5.11 所示。

图 5.11 检查 SC 服务器主机

③ 检查显示器外观是否正常，显示屏是否异常，表面是否存在污渍、破损、亮点或坏点，如图 5.12 所示。

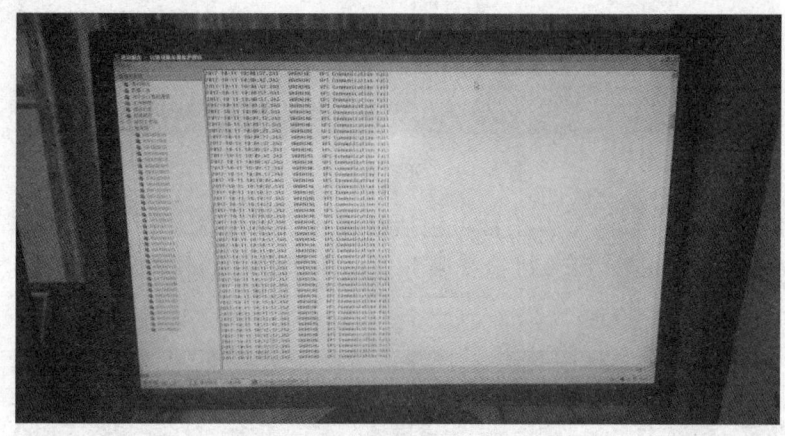

图 5.12 检查操作显示屏

④ 检查鼠标、键盘是否使用正常，表面有无污渍、破损。
⑤ 检查交换机运行是否良好，如图 5.13 所示。

图 5.13 交换机

⑥ 检查其他线缆捆扎是否良好，有无破损。
（2）检查服务器应用程序的运行情况。
① 检查 SC 服务器软件是否正常运行，日志是否有异常，如图 5.14 所示。

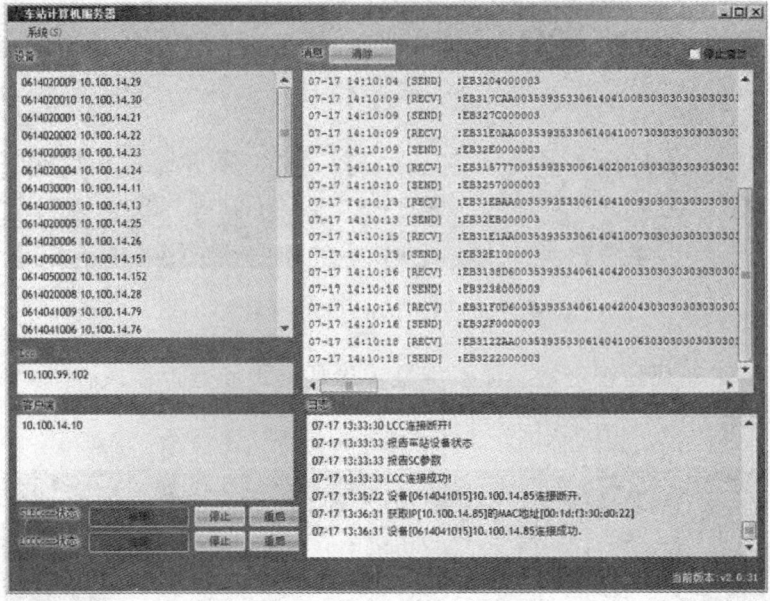

图 5.14　SC 服务器软件

② 检查 SC 服务通信软件是否正常（包括站级通信软件 SLeComm 和车站计算机与中央计算机通信软件 LccComm），可通过检查服务器桌面任务栏的软件图标或任务管理器的进程是否正常运行，如图 5.15 所示。

图 5.15　SleComm 图标

③ 检查服务器时钟同步软件的运行情况。点击服务器右下角时间同步软件图标，弹出与服务器的时钟同步情况，每隔 2 min 同步一次，如图 5.16 所示。

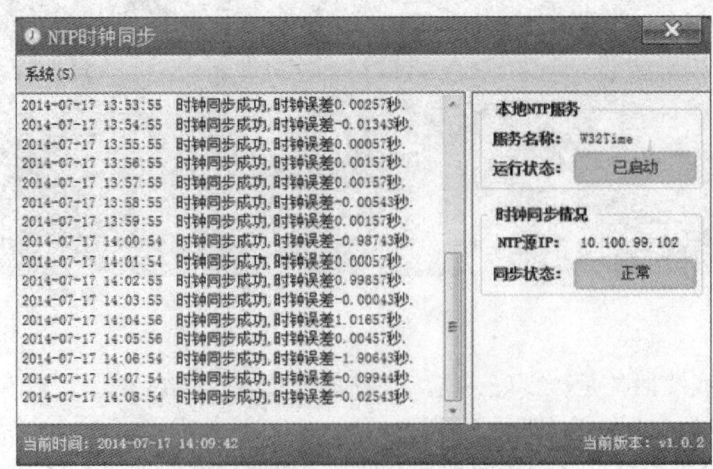

图 5.16　时间同步软件

第三节 票房售票机日常巡检

一、巡检目标

（1）确保设备外观完好。
（2）确保各类显示器信息正常。
（3）确保软件版本正确。
（4）确保设备信息正常。
（5）确保时钟同步正常。
（6）确保后备供电正常。

二、票房售票机日常巡检内容

1．硬件外观检查

（1）检查鼠标、键盘使用是否正常，表面有无污渍或破损，如图5.17所示。

图5.17　检查鼠标、键盘

（2）检查操作员显示器、乘客显示屏外观是否良好，表面有无污渍、破损、坏点、亮度，显示内容是否正确。

（3）检查工控机外观与运行状态是否正常。

（4）检查读卡器分析车票是否良好，读写有无异常，指示灯显示是否正确，如图5.18所示。

（5）检查打印机功能是否正常，打印票据字体是否清晰，如图5.19所示。

测试出纸：关闭打印机电源按钮，长按打印机测试出纸按钮，打开电源按钮，打印机会打印测试页，检查字体是否清晰，若不清晰，通知车站更换色带或按照故障维修流程处理。

图5.18　BOM读卡器

（6）检查UPS外观是否正常，表面有无污渍，面板指示灯显示是否正常、有无报警，如图5.20所示。

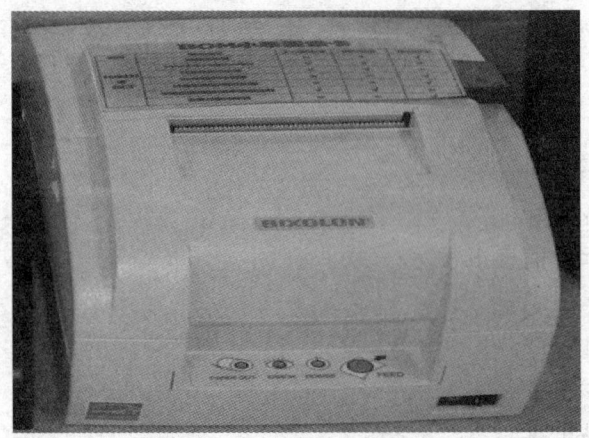

图 5.19 BOM 票据打印机

图 5.20 检查 UPS 工作状态

（7）检查其他线缆捆扎是否良好，有无破损，有无杂乱情况。

（8）检查机柜各门体开合是否顺畅，锁扣是否正常，安装是否牢固并处于锁闭状态下。

2．设备通信状态检查

（1）通过 BOM 的操作界面即可检查其通信状态，操作界面如图 5.21 所示。

图 5.21 BOM 软件界面

（2）查看操作员显示屏软件界面中的状态显示区，检查主控与 SC 的通信状态。通信正常时显示为绿色，通信异常时显示为红色，如图 5.22 和图 5.23 所示。

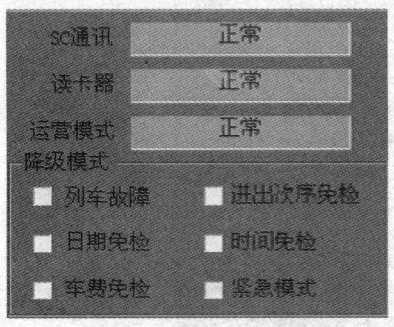 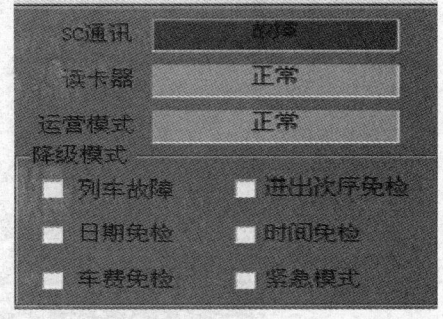

图 5.22　与 SC 通信正常　　　　　图 5.23　与 SC 通信异常

（3）查看操作员显示屏软件界面，查看读卡器与主控的通信状态。正常时显示为绿色，通信异常时显示为红色。

3．设备软件版本及固件版本检查

检查设备的软件版本、固件版本，版本信息应与当前实际使用的版本一致，如图 5.24 所示。

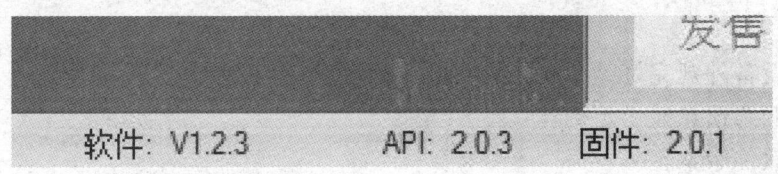

图 5.24　软件版本与固件版本

4．设备时钟同步检查

BOM 日期、时间应与当站 SC 服务器时间一致，时间相差不超过 2 min，如图 5.25 所示。

图 5.25　时钟运行情况

5．设备 ID、车站 ID 检查

检查设备 ID 和车站 ID 是否对应本站设备，如图 5.26 所示。

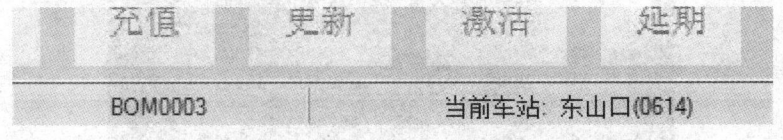

图 5.26　设备 ID 与车站 ID

6．车票处理情况检查

使用车票进行分析测试，正常票卡的分析结果如图 5.27 所示。

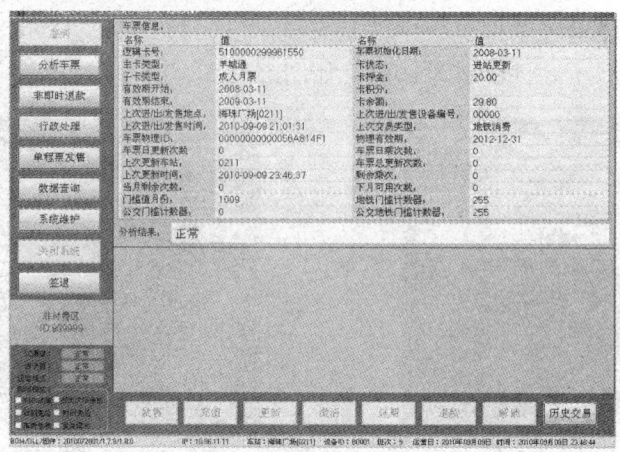

图 5.27　正常车票分析结果

第四节　自动售票机日常巡检

一、巡检目标

（1）确保设备外观完好；
（2）确保购票信息显示正确；
（3）确保软件版本正确；
（4）确保时钟同步。

二、自动售票机巡检内容

1．设备外观检查

（1）检查自动售票机整体外观是否完好，包括设备表面是否存在污渍、破损，维修门是否锁紧等，如图 5.28 所示。

图 5.28　TVM 维修门门锁（前、后门）

（2）检查设备贴纸有无破损起角，铭牌是否丢失，如图5.29所示。

图 5.29　检查贴纸与铭牌

2．设备信息显示情况检查

查看状态显示屏与乘客显示屏显示内容是否正确，显示屏有无坏点、亮点等，如图5.30所示。乘客显示屏重点要检查显示屏触摸功能是否正常，触摸屏所点选的车站、线路、票价、数量及金额是否正确，如图5.31所示。

图 5.30　状态显示屏

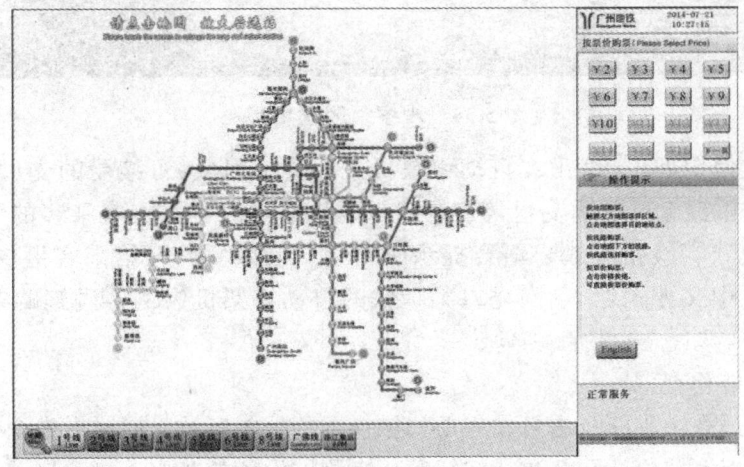

图 5.31　乘客显示屏显示情况

3．设备软件版本信息检查

设备软件版本信息一般显示在乘客显示屏右下角，包括设备车站ID、设备ID和软件版本，检查时必须确认设备软件版本信息是正确的，如图5.32所示。

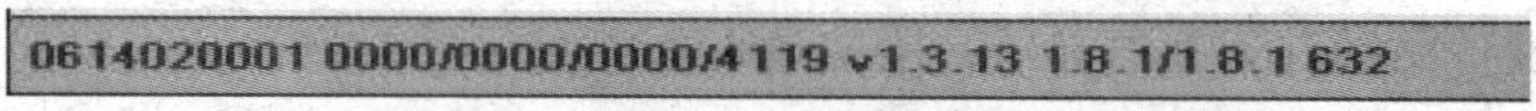

0614020001 0000/0000/0000/4119 v1.3.13 1.8.1/1.8.1 632

图 5.32　软件版本信息

4．设备时钟同步状态检查

检查 TVM 乘客显示屏界面上的日期时钟，显示当前系统时间应与当站系统计算机一致，设备之间时钟误差不能超过 2 min，如图 5.33 所示。如有异常，按照故障维修处理流程处理。

广州地铁
Guangzhou Metro
2014-07-21
10:27:15

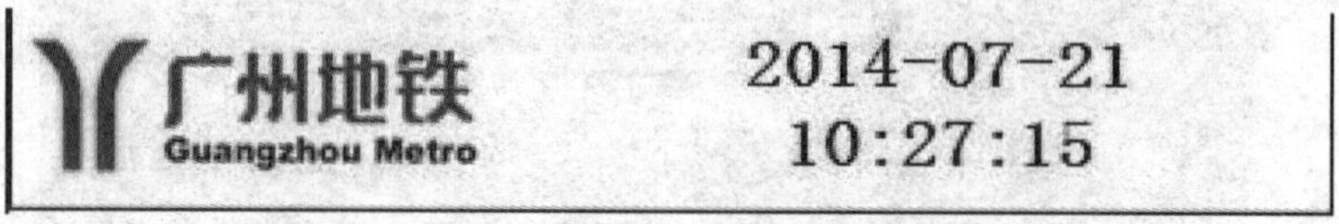

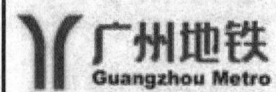

图 5.33　检查时钟运行情况

5．观察乘客购票

观察乘客购票过程，验证纸币验币性能、硬币验币性能、多元支付性能（微信、支付宝）、找零及发售车票的正确性，如图 5.34 所示。

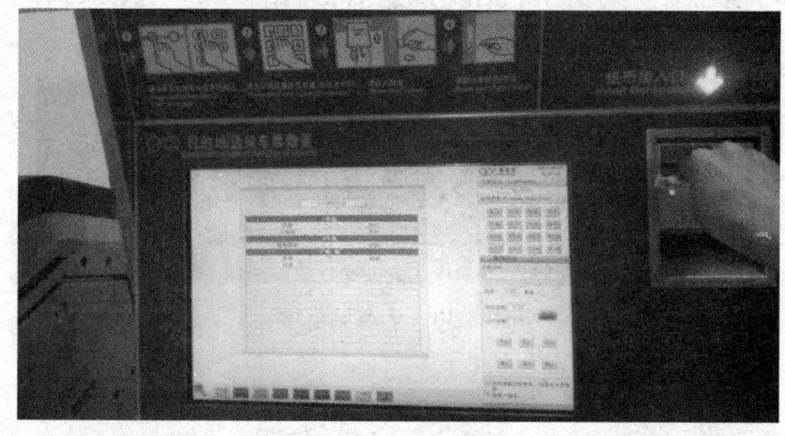

图 5.34　观察乘客使用情况

乘客可通过使用硬币、纸币在自动售票机上购买单程票，可接受的支付方式包括硬币、纸币、硬币和纸币混合、电子支付等。自动售票机通过触摸屏接收乘客的输入信息，采用形象化的地图模式、线路模式、语音提示引导用户购票。同时给乘客提供中文/英文界面切换功能（默认中文方式）。下面将以某地铁的自动售票机为例，讲解购票功能的检查要点。

（1）触摸功能检查。

操作人员通过在主界面点击自动售票机触摸屏的地图区域，通过点击全线地图或单条线路地图的各个站点、票价、购票数量按钮等，来测试设备的触摸功能。自动售票机的功能界面如图 5.35 所示。

（2）纸币、硬币的接收检查。

首先，操作人员在自动售票机的购票界面选择票价最高的站点和最多车票张数（防止操作人员投入的金额足够后出现购票成功），如图 5.36 所示。

第五章 设备日常巡检的流程及内容

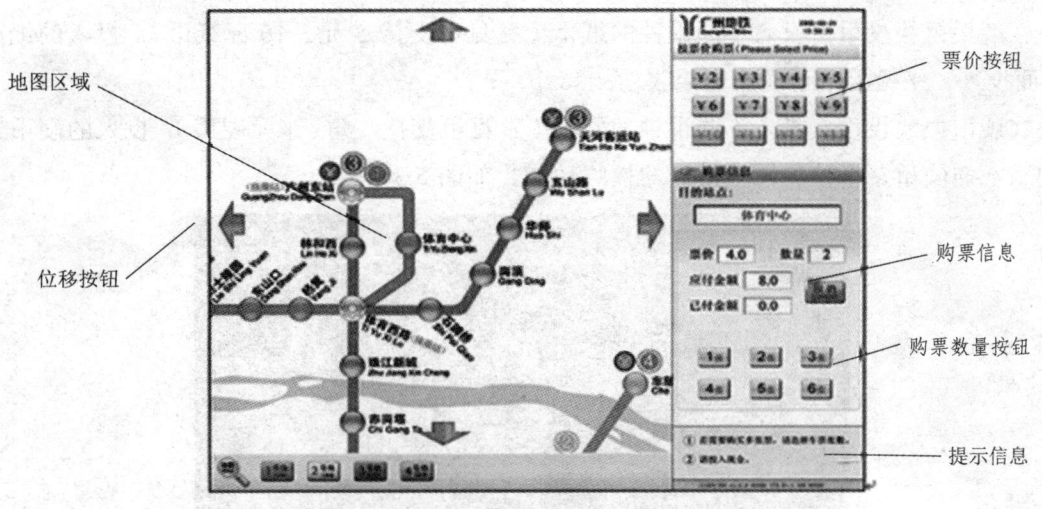

图 5.35 地图浏览购票操作界面

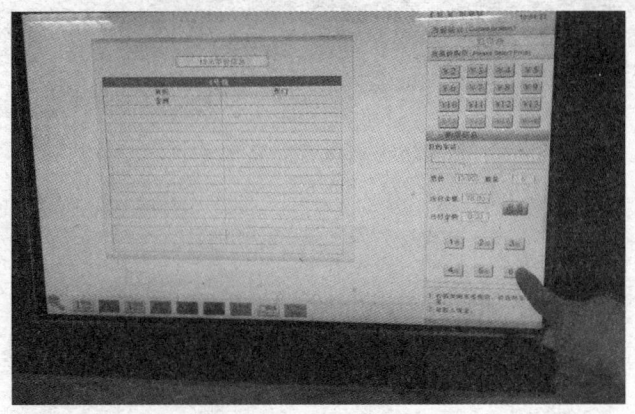

图 5.36 购票界面

观察纸币模块、硬币模块的投币指示灯是否能正常亮灯，亮灯则表示模块的接收功能可以使用，不亮灯则表示不可使用，如图 5.37 所示。

图 5.37 检查硬币、纸币模块接收指示灯

在纸币模块投币口投入不同币种的纸币（常见可支持5元、10元纸币），投入的纸币分4个面投入，来检测纸币模块的接收功能。

在硬币模块投币口投入不同币种的硬币（常见可支持5角、1元硬币），投入的硬币选用不同版本的硬币，来检测硬币模块的接收功能，如图5.38所示。

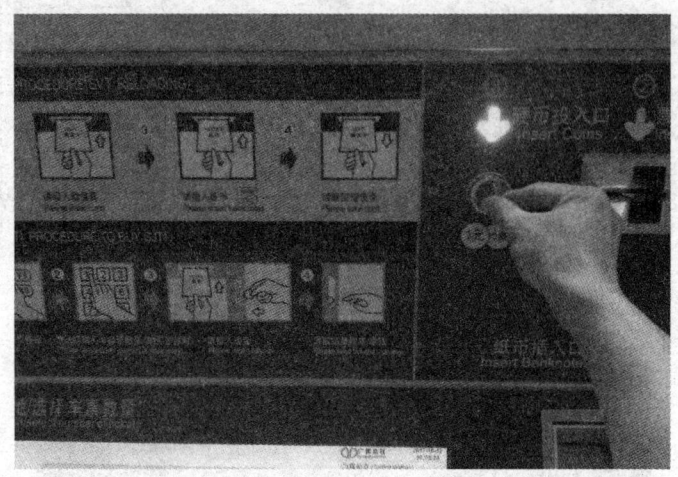

图5.38　硬币模块功能测试

第五节　自动检票机日常巡检

一、巡检目标

（1）确保设备外观完好；

（2）确保乘客显示屏显示正常；

（3）确保设备软件版本正确；

（4）确保设备信息正确；

（5）确保设备时钟同步；

（6）确保验票处理情况正常。

二、自动检票机巡检内容

（一）设备外观检查

1. 整机外观检查

检查闸机外观是否完整，表面无污渍，有无破损，设备铭牌是否丢失，面板有无松动，维修门是否锁紧等，如图5.39所示。

图 5.39 闸机设备外观

2．乘客显示屏外观检查

检查乘客显示屏表面有无污渍，有无破损，亮度是否正常，有无花屏，有无坏点，如图 5.40 所示。

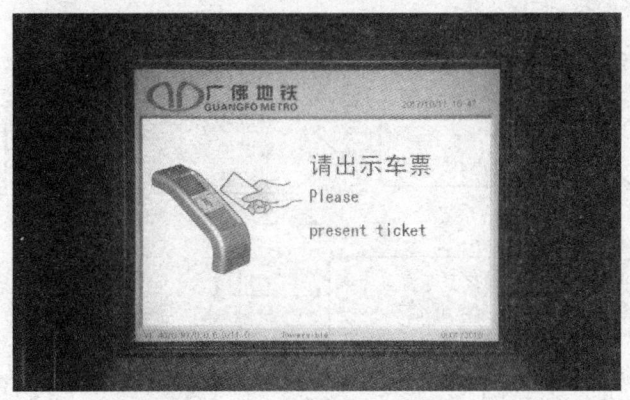

图 5.40 检查乘客显示屏

3．扇门检查

检查扇门表面有无污渍，有无破损、磨损或变形，扇门有无松动，如图 5.41 所示。

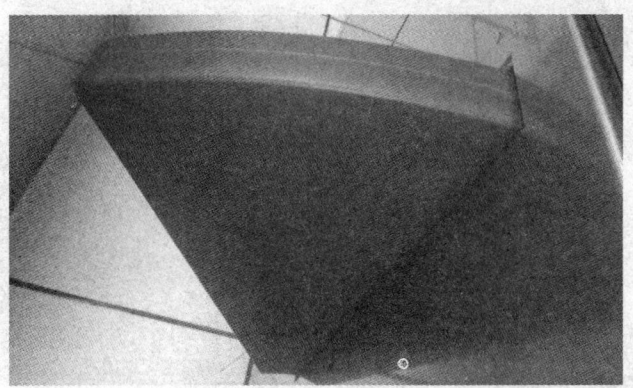

图 5.41 检查扇门状态

4．出闸机退票杯检查

检查退票杯内有无污渍阻挡传感器，有无破损，如图 5.42 所示。

图 5.42　检查退票杯使用情况

（二）观察乘客各类票卡的使用情况

1．票卡使用情况检查

乘客通常可以使用单程票或 IC 卡刷卡通过闸机，具体流程如图 5.43 和图 5.44 所示。

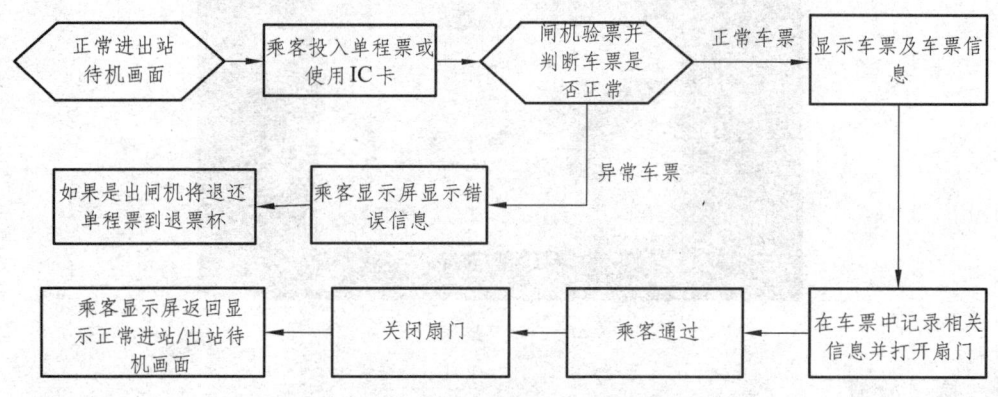

图 5.43　乘客正常验票过闸流程图

1．正常进出站待机，显示"请出示车票"。

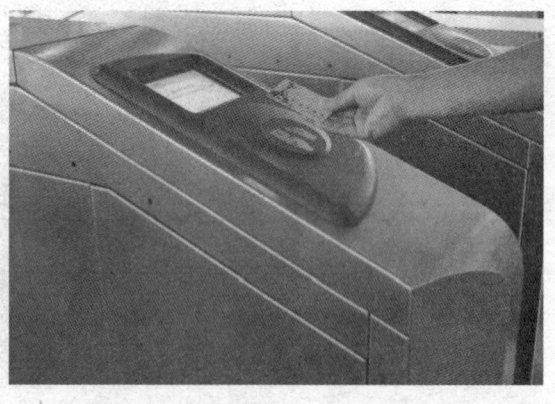

2．乘客使用 IC 卡在验票区刷卡。

第五章　设备日常巡检的流程及内容

3. 闸机验证车票有效，显示车票和通行信息。　　　　4. 闸机门打开，乘客通过。

图 5.44　乘客正常验票过闸状态示意图

观察单程票、卡式车票、金融 IC 卡、地铁云卡和二维码电子车票等各类票卡的使用及扣费情况，有无扣费不开门的现象，如有异常，按照故障处理流程处理，如图 5.45 所示。

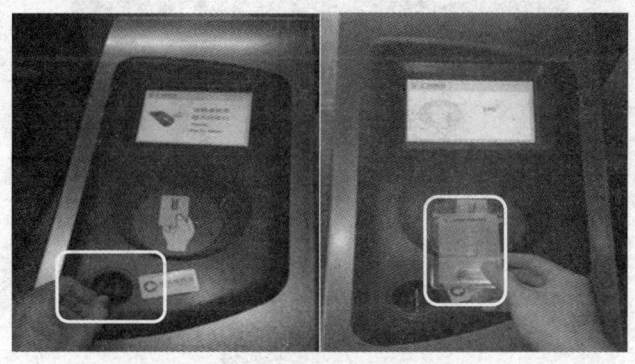

图 5.45　车票使用情况

（三）扇门动作检查

观察闸机扇门动作是否正常，有无抖动，有无两边开关动作不一致，有无动作时撞到中间盖板等情况，如有异常，按故障维修处理流程处理，如图 5.46 所示。

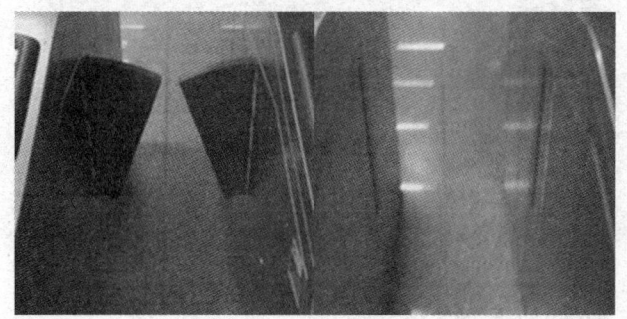

图 5.46　观察扇门动作情况

（四）特殊票指示灯检查

观察特殊票指示灯是否正常显示。正常情况下老人免费票显示红色，学生票、员工票显示黄色，如图 5.47 所示。如有异常，按故障维修处理流程处理。

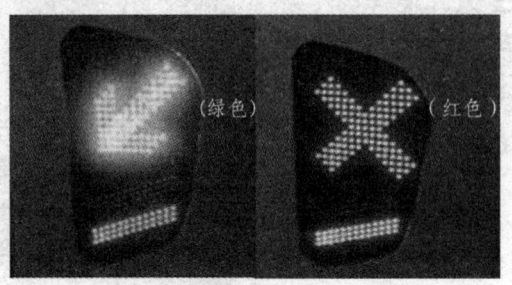

图 5.47　特殊票指示灯显示

（五）出闸机单程票投票口检查

观察乘客使用单程票出站，投票口挡片动作是否到位，动作是否顺畅，如图 5.48 所示。如出现卡票，按故障维修处理流程处理。

图 5.48　检查投票口状态检查

（六）车站 ID 和设备 ID 检查

查看乘客显示屏右下角车站 ID、设备 ID 是否与本站 ID、设备 ID 一致，如图 5.49 所示。

图 5.49　车站设备 ID 设备编号检查

（七）设备软件版本及读写器软件版本检查

查看设备乘客显示屏软件界面的软件版本、读卡器版本、内核版本，版本信息应与当前版本一致，如图5.50所示。

图5.50　设备版本号检查

（八）票箱识别情况检查

查看设备乘客显示屏软件界面的票箱ID是否正确识别，如图5.51所示，能否正常接收单程票，如有异常，按故障维修处理流程处理。

图5.51　正常识别两个票箱的状态

（九）设备时钟检查

查看设备乘客显示屏软件界面的日期时钟，显示日期、时间应与当站SC服务器时间一致，设备之间时钟误差不能超过2 min，如图5.52所示，如有异常，按照故障维修处理流程处理。

图5.52　时钟显示情况

第六节　自动验票机日常巡检

一、巡检目标

（1）确保设备外观状态正常；
（2）确保票卡分析查询功能正常。

二、自动验票机巡检内容

1．设备外观

（1）检查设备外观是否完整，表面有无污渍，有无破损，设备铭牌是否丢失，维修门是否锁紧等，如图5.53所示。

图 5.53 TCM、维修门门锁

（2）检查乘客显示屏是否破损、花屏或闪屏，如图 5.54 所示。

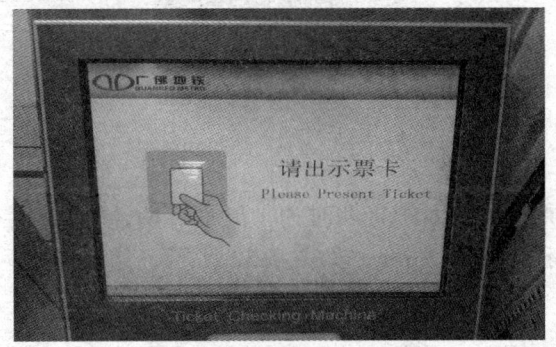

图 5.54 检查乘客显示状态

2．软件版本检查

查看设备乘客显示屏软件界面的软件版本，版本信息应与当前版本一致。如有异常，按照故障维修处理流程处理，如图 5.55 所示。

图 5.55 TCM 的版本号

3. 时钟检查

查看设备乘客显示屏软件界面的日期和时钟，显示当前系统时间应与当站 SC 服务器时间是否一致，设备之间时钟误差不能超过 2 min，如图 5.56 所示。如有异常，按照故障维修处理流程处理。

图 5.56　系统时间

4. 验票检查显示内容是否完整正确，如图 5.57 所示。

图 5.57　正常票卡信息

复习思考题

1. 车站计算机监控界面主要包括哪些信息？
2. 操作人员如何进行自动售票机的触摸功能检查？
3. SC 服务器主机检查应如何开展？
4. 自动检票机扇门动作如何验证是否正常？
5. 自动售票机纸币接收功能如何验证是否正常？

第六章 设备预防性维护

【学习目标】

1. 了解 AFC 设备预防性维护周期的定义及分类；
2. 了解 AFC 设备预防性维护作业前后的工作要点；
3. 了解 AFC 设备预防性维护作业的技能要求；
4. 掌握 AFC 设备预防性维护作业的基础技能；
5. 掌握 AFC 设备预防性维护作业的记录要求与方法。

【知识要求与技能要求】

1. 熟悉 AGM、TVM、BOM、TCM 的设备结构与工作原理；
2. 了解 AGM、TVM、BOM、TCM 设备模块拆装的工艺；
3. 熟悉 AGM、TVM、BOM、TCM 的功能检测要求；
4. 熟悉 AGM、TVM、BOM、TCM 的设备维护规程；
5. 了解 AFC 设备的作业安全关键点及防护措施。

第一节 AFC 设备预防性维护概述

AFC 系统设备的预防性维护包括了为保障系统设备持续良好运作而进行的计划性检修，以及根据系统设备具体部件运行参数进行的清理、润滑、调整、更换，其可分为按周期检修、按使用频次检修等多种方式。具体检修内容一般以各城市地铁正式发布的检修规程为准。

基于设备类型的差异性，本章内容以我国某城市地铁公司的设备为例进行讲述。

一、AFC 设备维护周期

AFC 设备维护工作一般采取预防性维护的工作方式，其目的是为了防止设备的故障发生，而根据合适的时间间隔对某个部件、模块或者某单台设备、某一种类型的设备进行保养或更换。

预防性维护作业的间隔时间根据设备的规模或使用寿命等来确定，根据设备综合运行情况，结合合理的经济指标来确定设备的维护周期。预防维护如果过多的话就会不经济实惠，过少则会产生较多的设备故障，甚至会缩短设备的使用寿命。

确定维护周期的主要方式有两种：

一是按照自然时间周期进行分类，常规保养周期包括周检、半月检、月检、季检、半年检和年检等。在长时间使用后，还可以定义中修、大修的检修周期，或者定义为三年检、五年检等。

二是根据设备或模块的使用频率进行有针对性的设备保养和维护，例如，定义纸币模块使用10万次后进行小修，工作内容包含清洁、调整、校验等；使用30万次后进行中修，包含更换微小零部件、易耗件等；使用80万次后进行大修，包含纸币模块全面检查、更换主要构件，对于已不能通过更换主要构件恢复原有功能的模块进行淘汰替换等。

在同一类型设备的整机修方面，通过综合分析设备的平均使用频率及设备表现，当单台设备使用指数达到标准时，启动维护作业。

二、AFC设备预防性维护周期的定义

周检，每周进行一次作业，对超高使用率的设备进行高频率的初级保养，如清洁TVM的纸钞检验器等。

半月检，每半个月进行一次作业，对高使用率的设备进行初级保养和调整，如AGM的通行控制机构。

月检，每个月进行一次作业，对较高使用频率的设备进行初级维护和检查，确保设备正常使用。

季检，每个季度进行一次作业，对AFC设备进行整机的基础保养和维护。

半年检、年检，每半年或每年进行一次作业，对AFC设备进行整机保养，对重要组成部件进行深度保养，对常用易耗部件进行定期更换。

高层次的维护包含了低层次维护的作业内容，进行高层次维护的时间段内，不需另外开展低层次的作业。

预防性维护工作流程如图6.1所示。

三、预防性维护的准备工作

在进行AFC设备维护作业之前，检修人员需要做好相关的准备工作，以保障作业的顺利开展。准备工作主要包括以下几个方面：

（1）时间安排：选择适当的维护作业的时间区间，尽量减少对于车站客流组织的影响（一般建议选择在车站客流低峰期、或运营时间结束之后进行作业）。

（2）工器具和材料的准备：根据AFC设备维护作业的特点进行选择，主要包括：

① 工器具类：鼓风机、钳子、扳手、螺丝刀、六角匙、剪线钳等；

② 仪器仪表类：万用表、钳表、兆欧表等；

③ 易耗品类：毛刷、压缩空气、棉布、除锈剂、润滑剂、电工胶布等；

④ 劳动保护类：劳保服、护目镜、防尘口罩、棉纱手套、橡胶手套等。

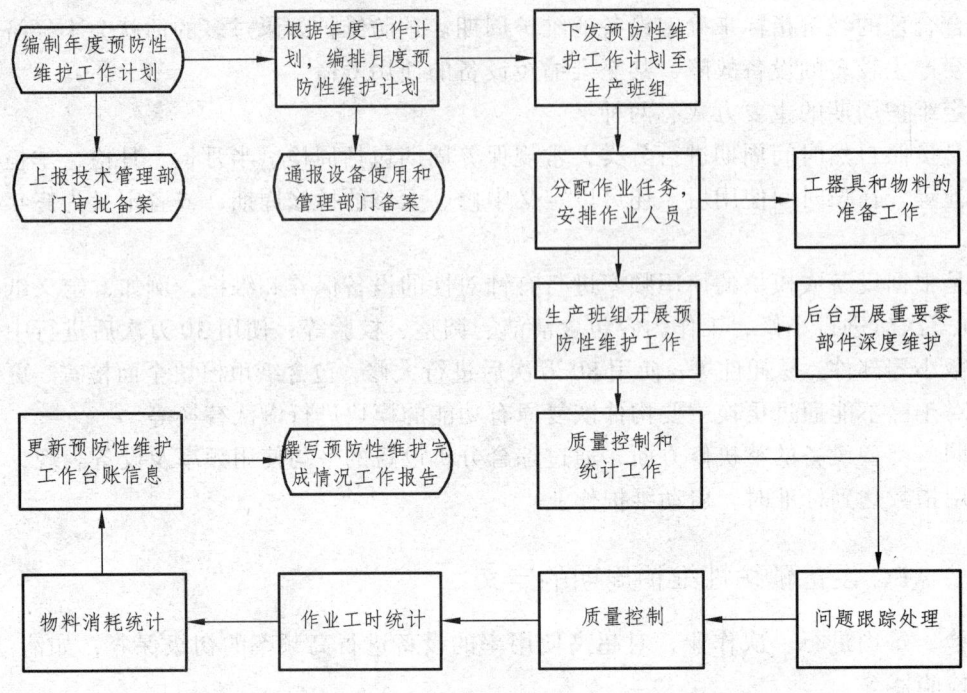

图 6.1 预防性维护工作流程图

（3）作业开始前，应按标准围蔽拟检修的设备，预留充足的检修空间和场地，防止乘客误入检修防护范围，避免造成客伤事故。

（4）准备好维护作业记录表格，边作业边记录，避免漏检和错检。

（5）检修人员按规范穿戴好劳动保护用品，做好安全保障措施。

第二节　自动检票机预防性维护

自动检票机（AGM）是控制乘客进出地铁车站付费区/非付费区的主要设备，担负着地铁车站客流组织、票务收入的重要角色，其维护作业的重点内容包括车票处理、通行控制等内容，本节选择与此相关的作业流程、操作工艺等进行讲述。

每个城市地铁的 AGM 外观会有差异，但通用的组成模块一般都包括电源模块、主控单元、车票处理模块、扇门马达模块、通行控制组件等。因设备使用特点，各模块的使用寿命和损耗程度会有所不同。

设备维护需结合设备的使用特点、运行环境、经济指标等综合考虑，设置相应的维护周期，保障设备的正常运行。下面以我国某城市地铁的设备为例，介绍 AGM 主要模块的预防性维护内容与周期（仅供参考），如表 6.1 所示。

表 6.1　AGM 预防性维护内容与周期

主要部件	维护内容	季度检	半年检	年检
供电模块	检查直流电源、UPS/后备电池、电源接线端子、交流输入/输出组件外观及连接线缆，供电性能安全检测		√	√
主控单元	检查并整理主控机内/外观及外部接线、端口及组件固定情况		√	√
车票处理模块	检查车票处理模块通信、传感器、电磁阀、票箱、乘客面板、显示屏、SAM 卡、读卡器、验票区、导轨、导向器/导向斜管等的外观及连接线缆	√	√	√
多元化支付模块	检查多元化支付组件（二维码识别器）安装情况，测试使用性能	√	√	√
电机/扇门/转杆模块	检查传感器、电机、扇门门体	√	√	√
系统软件/程序/运行模式	检查设备监控/应用/通信程序、软件版本、时间同步功能，要求功能正常		√	√
其他组件	检查测试门锁、门传感器、键盘、指示灯、维修门/盖板及组件、导轨/油叉、报警器（蜂鸣器或喇叭）	√	√	√

AGM 预防性维护流程，如图 6.2 所示。

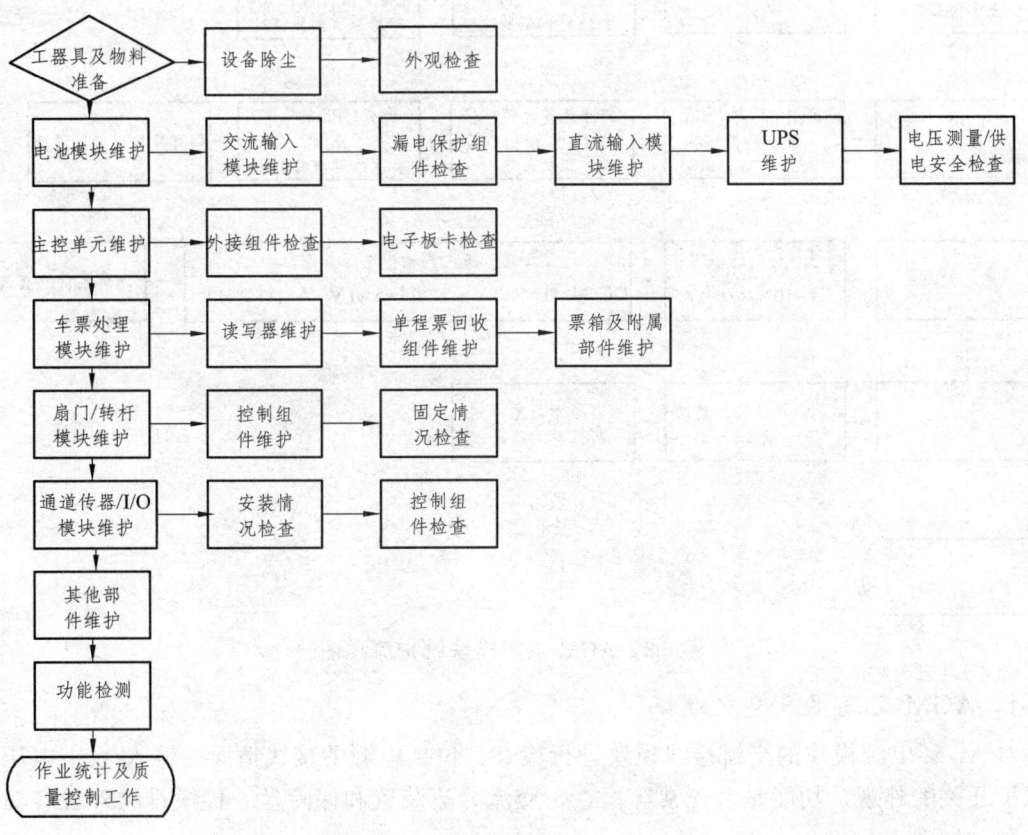

图 6.2　AGM 预防性维护流程图

- 143 -

一、AGM 供电组件维护

按照 AGM 作业流程开展电源模块维护工作，对 AGM 电源模块进行外观检查、直/交流电源电压值测量、UPS 输出性能检查、电池检查、板卡的电气特性性能测试等。

通过维护作业，确保 AGM 能够正常运行、正常开启，各指示灯指示正常，维护后的 AGM 电源模块符合维护作业的工艺标准。

AGM 电源模块的维护流程如图 6.3 所示。

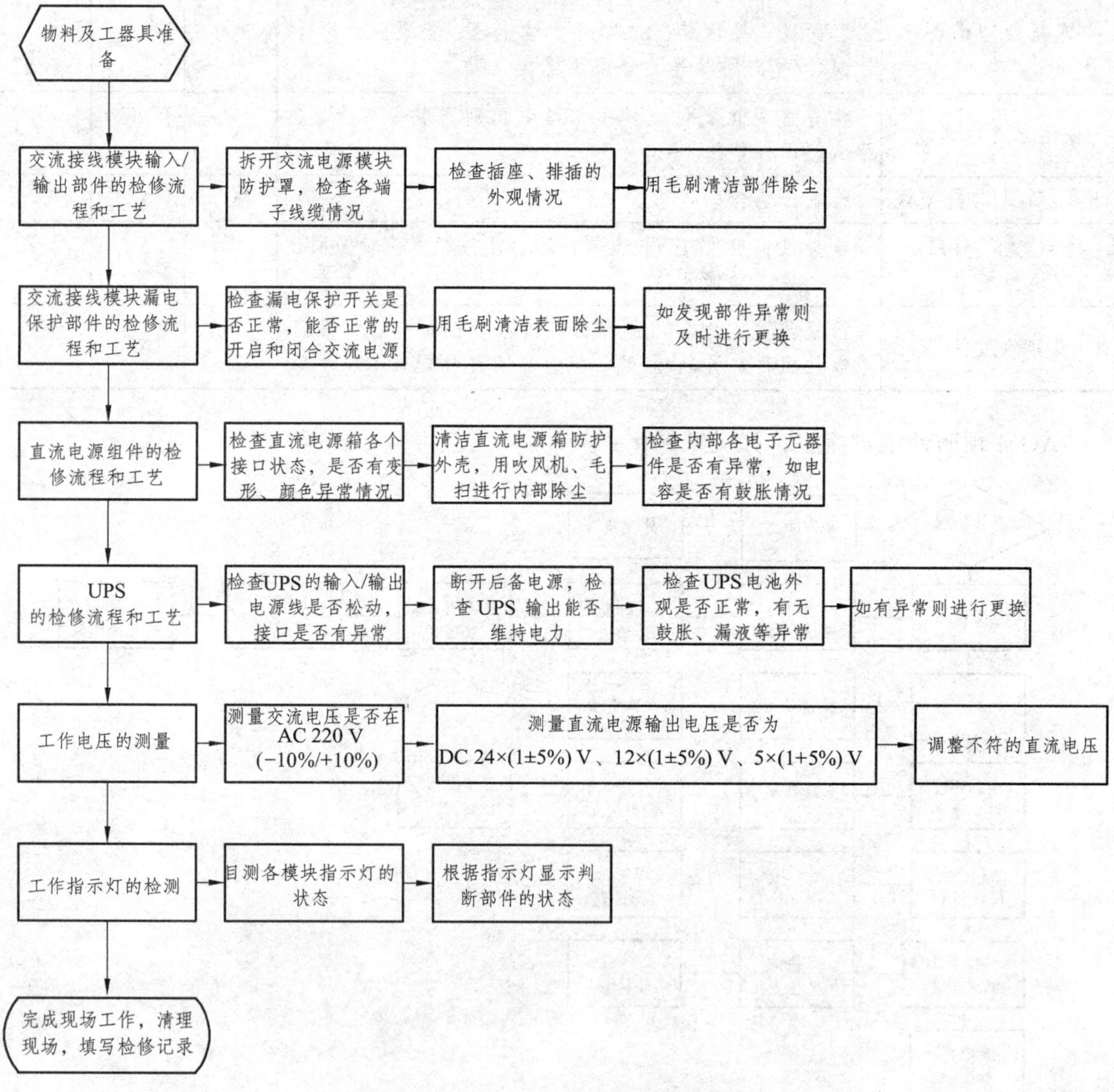

图 6.3 AGM 电源模块维护流程图

1. AGM 交流接线模块维护

对 AGM 电源模块的交流接线模块进行检查，包括电源的接线情况、输入/输出电压，漏电保护开关的外观、功能是否正常等检查，交流分流装置和保险丝、接线排的外观、功能是否正常，如图 6.4 所示。

图 6.4 交流电源模块

具体作业过程：

（1）根据维护规程要求，做好作业前的准备工作。

（2）关闭 AGM 电源。

（3）用绝缘十字螺丝批松开电源线接线端口防护罩的固定螺丝，取下防护罩。

（4）使用毛刷、吸尘器清洁交流电源输出插座、防护罩和电源线接线端口、维修插座的表面的积尘。

（5）检查电源线路的电线有无破损或虚接。

（6）固定接线端子有无氧化，螺丝有无松脱。

（7）漏电保护开关外观是否正常，有无烧焦或变形，是否能正常开合；交流电源输出插座无损坏，电压是否正常[交流电压范围 AC 220 V（-10% ~ +10%）]，地线接触是否良好，有无漏电，如图 6.5 所示。

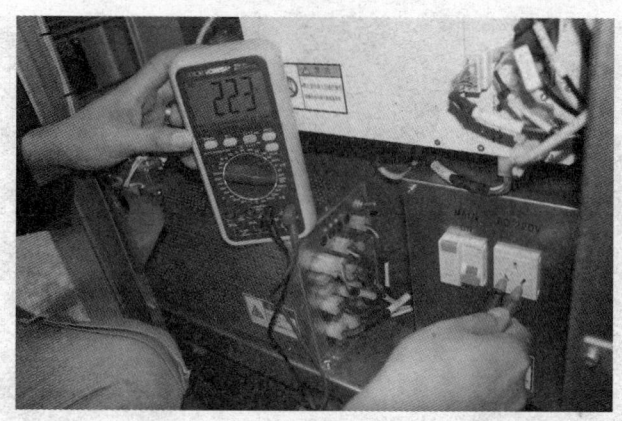

图 6.5 交流电源输出电压测试

⚠ 注意：设备内部如有 220 V 交流电压，维护及检修设备需由专业人员在关闭电源后进行。

2．直流电源组件维护

对直流电源组件进行维护作业，主要包括外观检查、清洁除尘、输出电压的检测与调校、内部板卡的外观、电容电阻等电子元器件进行检查。

具体作业过程：

（1）根据维护规程要求，做好作业前的准备工作。

（2）关闭 AGM 电源。

（3）使用棉布清洁直流供电电源表面的灰尘。

（4）使用十字螺丝批松开直流供电电源外壳的螺丝，取出外壳，用棉布擦拭除尘。

（5）使用毛刷、压缩空气或吹风机清洁内部部件灰尘，如图 6.6 所示。

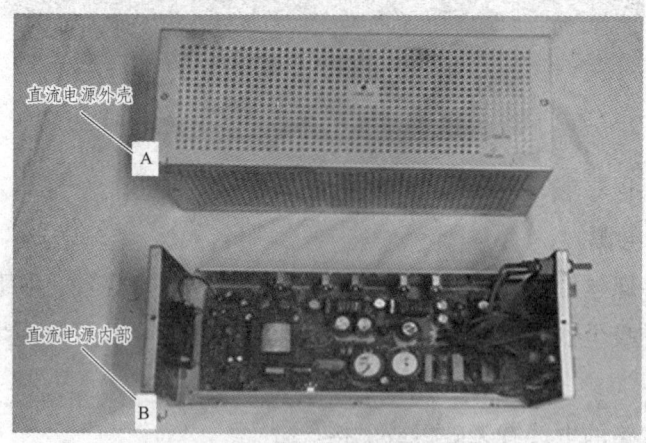

图 6.6 直流电源内外部图示

（6）检查内部电子部件的外观情况有无异常。

① 检查直流电源变压器固定情况；

② 检查直流电源变压器输入/输出连接线缆是否松动；

③ 检查直流电源散热风扇转动是否正常；

④ 查看电源板的各个电子器件的情况，是否有锈迹，检查电容是否有鼓胀。
⑤ 用棉布清洁直流电源外壳、除尘。

（7）安装直流供电电源外壳和螺丝，放直流供电电源回原位，安装前后四颗固定螺丝和机壳接地线螺丝，接回直流供电电源的所有接线。

（8）打开 AGM 电源。

（9）使用数字万用表欧姆挡测量直流供电电源接地点和机壳接地点之间的电阻，阻值应小于 1 Ω。

（10）检查直流电源电压是否正常，用万用表检查直流电源上输入 AC 220 V，输出 + 5 V + 5%、+ 12 V（1 ± 5%）、+ 24 V（1 ± 5%）电压，并调整偏差值。

调整直流电源变压器电压时，直流电源变压器要有回路方可调整，如图 6.7 所示。

图 6.7　直流电源供电电压测量点

3．AGM 不间断电源维护

对不间断电源（UPS）进行外观检查、清洁，测试 UPS 能否在断开后电源后维持足够的电力供应，对爆浆、鼓胀的电池进行更换，如图 6.8 所示。

图 6.8　UPS 外观（型号：APC-620）

具体维护过程：

（1）打开 AGM 维修门前门。

（2）目测 UPS 电源指示灯是否正常显示，有无报警，如有则按提示进行相应检查。

（3）测量 UPS 输入/输出端的电压是否在正常范围内。

（4）断开后备电源输入，只留 UPS 供电，检查其电池电力维持能否达到工艺的要求。

（5）断开 UPS 输入/输出电源线。

（6）进行 UPS 内部电池外观检查。

⚠ 注意：① 进行电池拆除，先拆除 UPS 底板，取出电池（注意：拆卸时应先拆除电池，防止电池的电线与外壳、电路板相碰，造成电路板短路），如图 6.9 和图 6.10 所示。

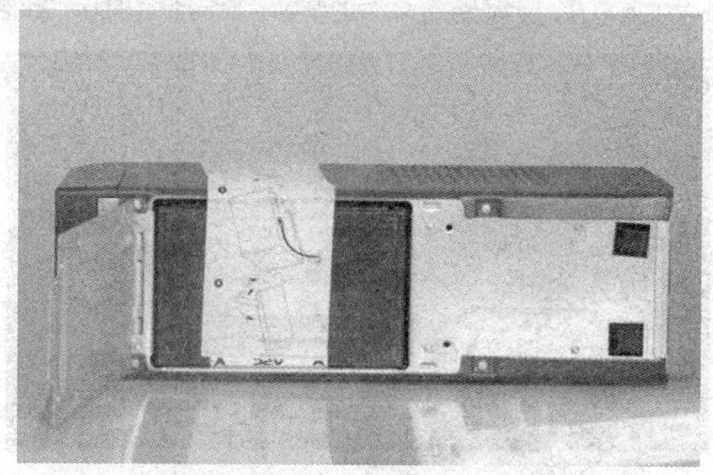

图 6.9　UPS 电池在其底部

图 6.10　UPS 拆除外壳和电池后

② 用吹风机、毛刷清洁不间断电源内积尘。

③ 检查电池是否鼓胀、漏液等异常，如有则进行更换。

④ 安装 UPS 外壳，放回原位，接回所有接线。

注意事项：
（1）电源箱的各个输出接口外观上都很相似，但电压是不同的，所以切忌乱接线而烧坏部件。
（2）直流电源散热风扇的寿命约为 2 年，对状态不良的散热风扇要及时更换。
（3）UPS 内的蓄电池使用寿命约为 3 年，建议定期更换。

二、AGM 主控单元预防性维护

AGM 主控单元的维护作业主要内容包括检查主控器的安装、紧固情况，线缆连接情况，散热风扇的运转检查等。通过维护，主控单元应符合维护作业的工艺标准。

AGM 主控单元的维护流程如图 6.11 所示。

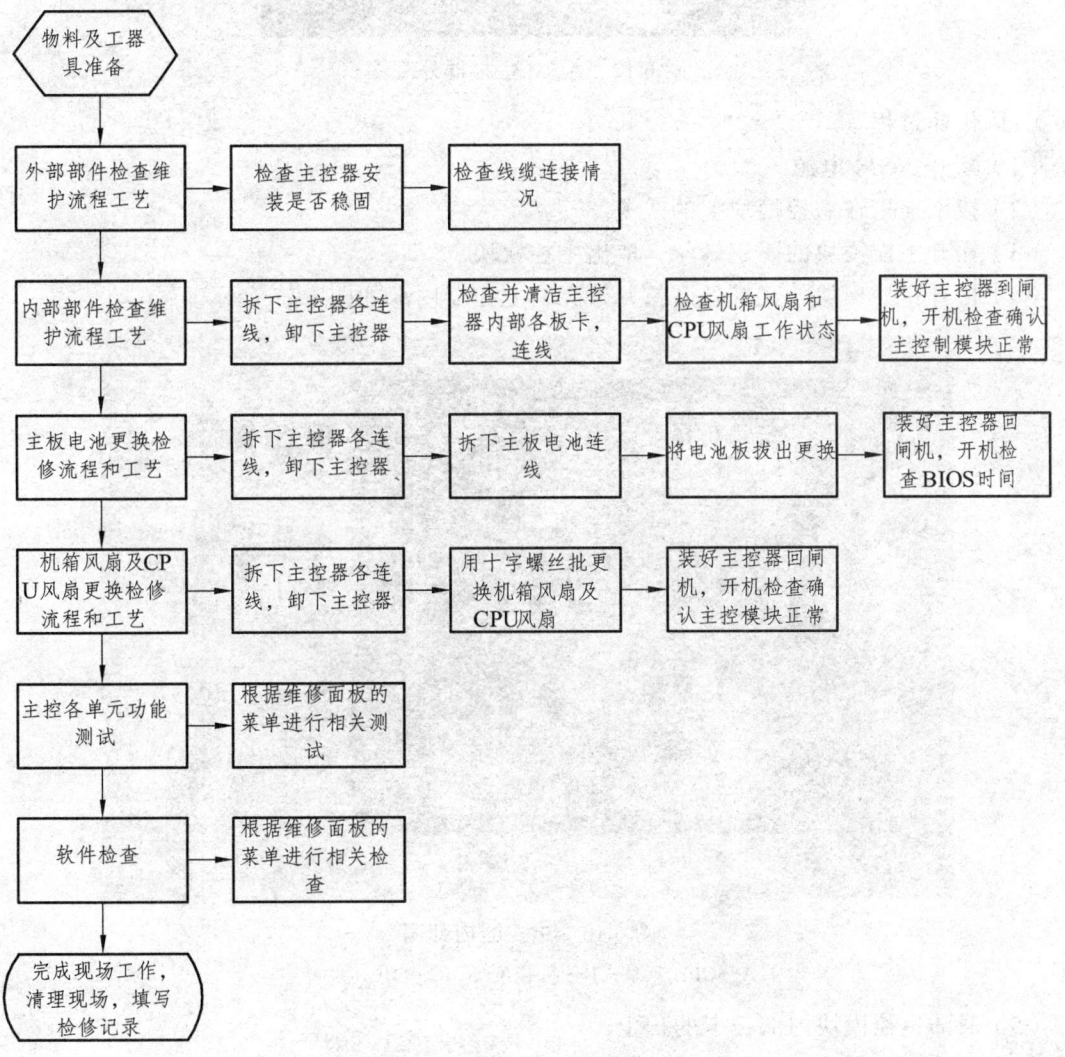

图 6.11 AGM 主控单元维护流程图

1．主控模块硬件维护

对主控模块硬件进行外观检查，包括散热风扇、电池等检查，主控制器的外观如图 6.12 所示。

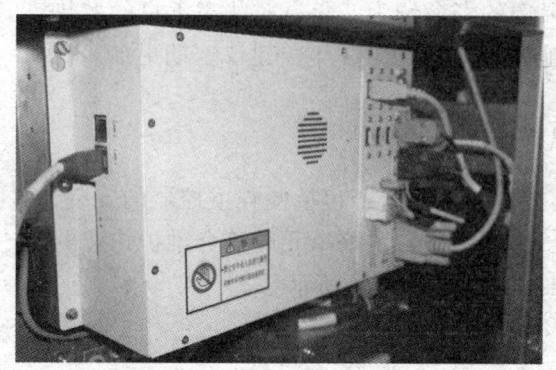

图 6.12　AGM 主控器外观图

具体作业过程：

（1）断开 AGM 电源。

（2）拔下连接在主控模块上的线缆。

（3）松开主控模块的固定螺丝，取出主控模块。

（4）松开主控模块外壳螺丝，打开外壳，主控器内部如图 6.13 所示。

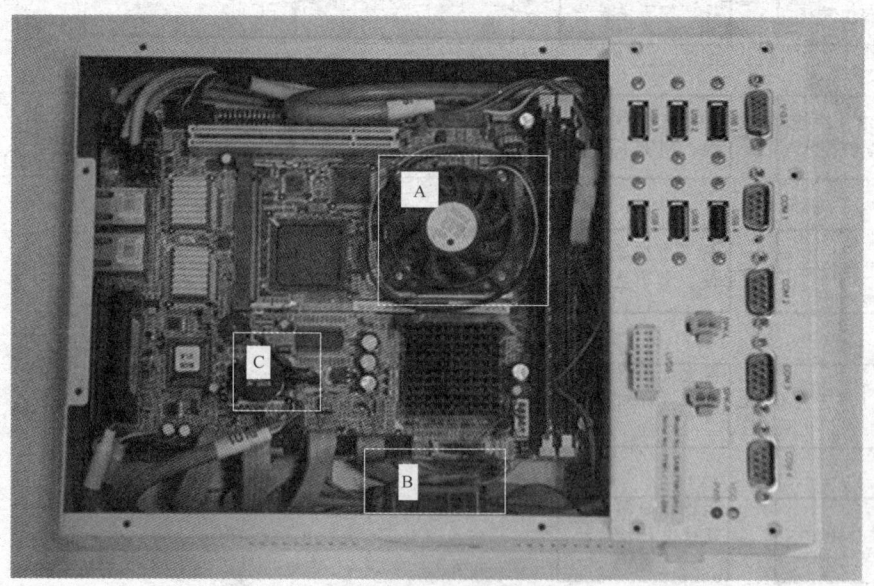

图 6.13　主控器内部图

A—CPU 风扇；B—机箱风扇；C—BIOS 电池

（5）清洁主控模块内部板卡的积尘。

（6）清洁主控模块机箱散热风扇和 CPU 散热风扇。

（7）检查主控模块内部线缆连接情况，确认线缆连接紧固无松动。

（8）装上主控模块外壳。

（9）将主控模块安装到 AGM 上，要求主控模块固定无松动。

（10）接上主控模块与外部模块的所有线缆，所有连接线缆连接牢固无松动。

（11）AGM 上电后检查主控模块散热风扇是否正常运转，如风扇有异响或不能转动，须更换散热风扇。

（12）AGM 上电后检查主控模块能否正常启动 AGM 主程序。

2．主板电池维护（更换）

对主控模块主板电池进行更换，并对启动后的主控器进行功能检查。

具体作业过程：

（1）将主控单元的外部连接接口线缆卸下。

（2）卸下主控单元底座固定螺丝，并取出主控器模块。

（3）用十字螺丝刀卸下主控器外壳螺丝。

（4）拔下主板电池连线，将电池取出更换，如图 6.14 所示。

图 6.14　主板电池

（5）更换后测试整机运作性能。

3．主板风扇及 CPU 风扇维护（更换）

对主控器的散热风扇及 CPU 风扇进行更换，并对启动后的主控进行功能检查。

具体作业过程：

（1）将主控模块的外部连接接口线缆卸下。

（2）卸下主控单元底座固定螺丝，取出主控器模块。

（3）用十字螺丝刀卸下主控器外壳螺丝。

（4）用十字螺丝刀卸下主控器的 CPU 散热风扇，拔下 CPU 散热风扇电源线对其更换，如图 6.15 所示。

图 6.15　CPU 散热风扇

（5）更换后测试整机运作。

三、车票处理模块维护

车票处理模块由读卡器（或 TCB 板）、天线板、回收通道、电磁阀与传感器部件等组成，如图 6.16 所示。

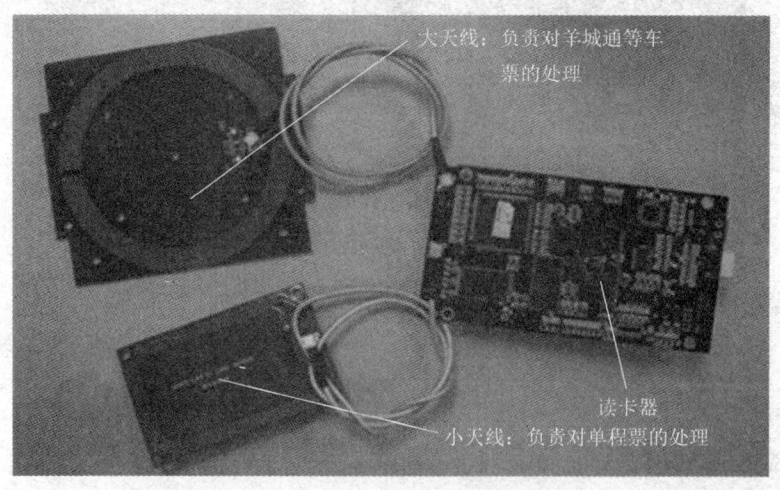

图 6.16　出闸模块读卡器

按照作业流程开展车站 AGM 车票处理模块维护工作，对 AGM 车票处理模块进行外观检查、电磁阀检查、传感器检查、票箱外观检查、IBUTTON 针检查、导票管检查、各个板卡接线情况检查。

通过定期维护作业，确保 AGM 车票回收模块运行正常，能够正常读取车票信息，控制电磁阀经过维护后动作敏捷、顺畅，检修保养后 AGM 读写器模块应符合维护作业的工艺标准。

车票处理模块的维护流程如图 6.17 所示。

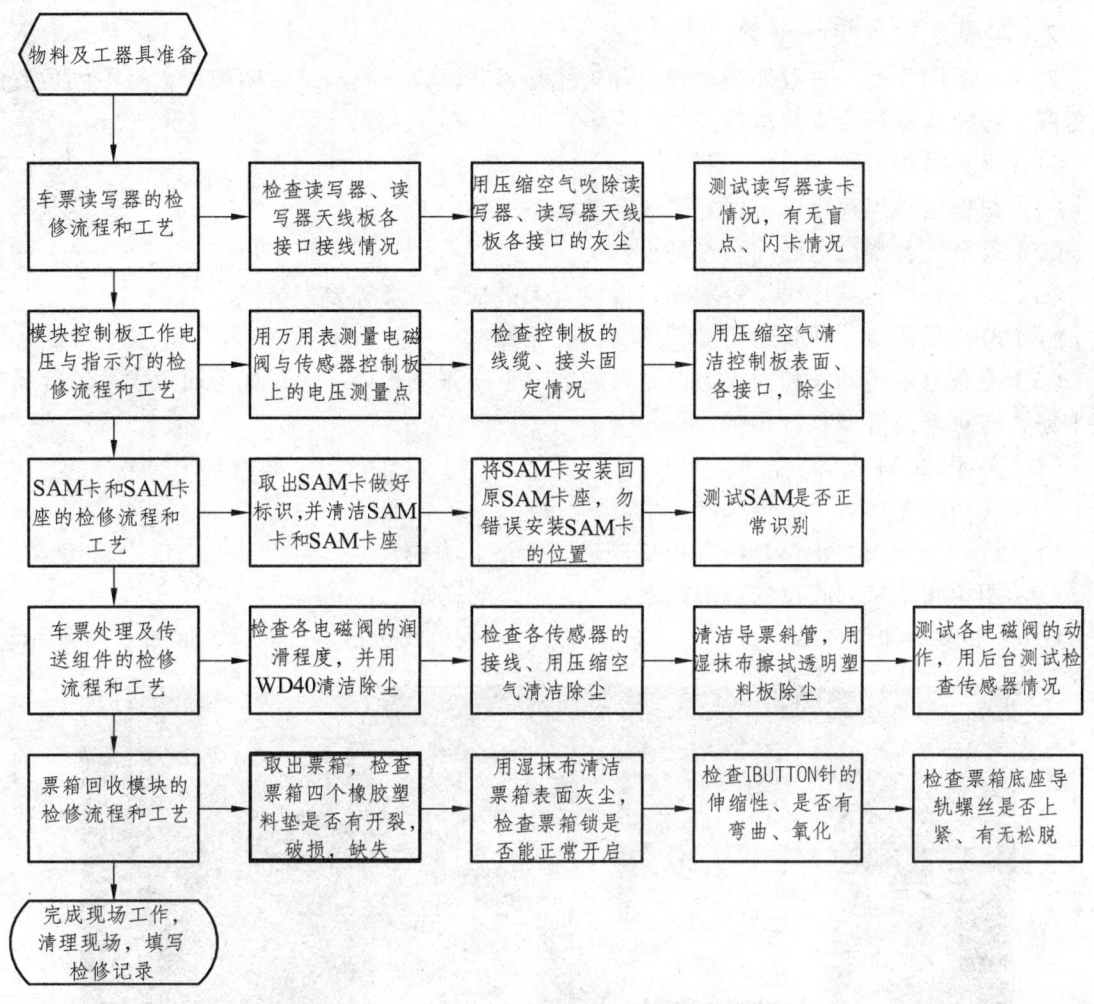

图 6.17　AGM 车票处理模块维护流程图

1．AGM 读写器检查

对 AGM 读写器进行外观检查，各接线是否紧固，检查 SAM 卡板各 SAM 卡安装是否到位。

具体作业过程：

（1）根据维护规程要求，做好作业前的准备工作。

（2）关闭 AGM 电源。

（3）检查各接线口是否紧固、接口有无变形等。

（4）拆卸读写器天线板，用压缩空气进行清洁除尘。

（5）拆卸 SAM 卡板，取出 SAM 卡后用压缩空气进行除尘，SAM 卡要与 SAM 卡槽一一对应，避免安装错误。

（6）安装读写器天线，上电测试车票信息能否正常读取，测试有无闪卡与盲点；如有异常则需进行调整，或更换故障部件。

（7）关闭维修门，清理现场。

2．单程票回收模块维护

对 AGM 回收模块进行外观检查，各接线是否紧固，检查清洁透明挡板，对不同位置的电磁阀、传感器进行检查与清洁。

具体维护过程：

（1）根据维护规程要求，做好作业前的准备工作。

（2）登录后台测试电磁阀动作是否顺畅。

（3）检查各接线端接线是否紧固，接口有无破损、变形等异常情况。

（4）检查投票口、回收通道是否顺畅，有无异物。

（5）检查电磁阀动作和回收通道是否能容得下一张单程票进出，如果通道太大，容易造成卡票，需对其进行调整。

（6）关闭 AGM 电源。

（7）使用压缩空气清洁传感器灰尘。

（8）拆卸电磁阀，用 WD40 对电磁阀进行清洁、去锈。

（9）用棉布擦拭回收口的透明挡板。

（10）安装拆卸部件后，打开 AGM 电源，对回收机构进行后台测试，如图 6.18 所示。

图 6.18 单程票回收通道

3．票箱及其附属部件维护

对 AGM 票箱进行外观检查，要求外观组件完整，导轨安装紧固、无变形等，票箱组件示意图如图 6.19 所示。

第六章　设备预防性维护

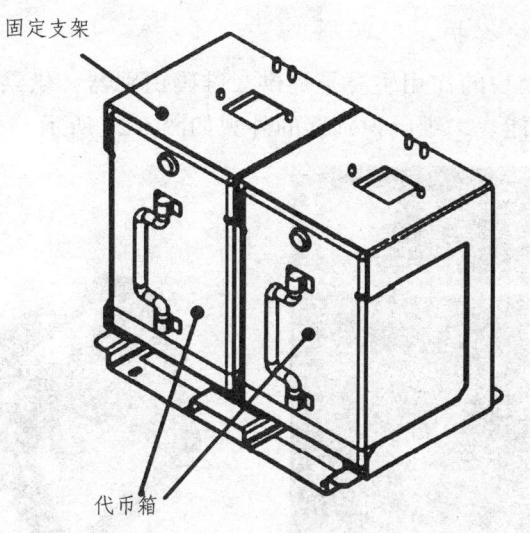

图 6.19　代币式票箱及支架示意图

具体维护过程：

（1）根据维护规程要求，做好作业前的准备工作。

（2）取出票箱，检查票箱外观是否完好，有无变形、黑色橡胶垫有无缺失或破损，白色的塑料条是否有断裂，若有则需更换。

（3）清洁票箱表面。

（4）检查导轨是否松动，螺丝有无缺失，是否有变形或毁坏，拉动后动作是否顺畅。若螺丝有缺失则进行补充，导轨毁坏则进行更换。

（5）检查票箱的 Ibutton 触点是否有变形，影响票箱识别的则进行更换。

（6）检查 Ibutton 针（读取器）是否氧化、变形，检查票箱识别触点是否有弹性，在按压之后能够弹回，如图 6.20 所示。

图 6.20　检查测试 IBUTTON 触针情况

（7）票箱读取器（Ibutton）连接线是否牢固。

（8）票箱接口板上指示灯是否正常，正常情况下两个 LED 显示灯会闪亮。

4. 多元化支付模块维护

AGM 多元化支付模块的作用主要是提供二维码识别器，供乘客扫描手机屏幕上的二维码，实现进/出闸检验功能。二维码识别器的外观如图 6.21 所示。

图 6.21 二维码识别器

具体维护过程：
（1）检查二维码识别器的外观。
（2）检查二维码识别器的安装固定情况。
（3）检查控制电子元器件的情况。
（4）测试识别器的使用性能。

四、扇门/转杆模块维护

扇门控制模块维护作业主要包括对扇门控制模块外观检查、安装检查、电路板检查、联动功能测试等，作业后的扇门控制模块应符合相关的工艺标准。

1. 扇门控制模块维护

对扇门控制机构进行外观检查及清洁、扇门模块安装情况检查、扇门控制板检查、扇门动作测试。

扇门控制模块维护的工作流程如图 6.22 所示。

具体维护过程：
（1）检查底座的固定螺栓有无松动，如有必要，重新上紧螺栓。
（2）清洁扇门，检查扇门看有没有损坏，如有必要就更换扇门。
（3）检查回弹弹簧有无损坏。
（4）检查并清洁开/关门到位传感器，如图 6.23 和图 6.24 所示。
（5）用润滑油对扇门驱动力臂的铰链和轴承进行清洗和润滑，如图 6.25 所示。
（6）检查并清洁扇门电机、变速箱、电磁吸盘、扇门固定臂、磁性板等组件。
（7）扇门控制板（PCM）的检查及清洁，用毛刷或压缩空气除尘，检查安装是否牢固，接线是否有松动，各电子原件是否有老化迹象，控制板上 5 V、12 V、24 V 电压是否正常。

第六章 设备预防性维护

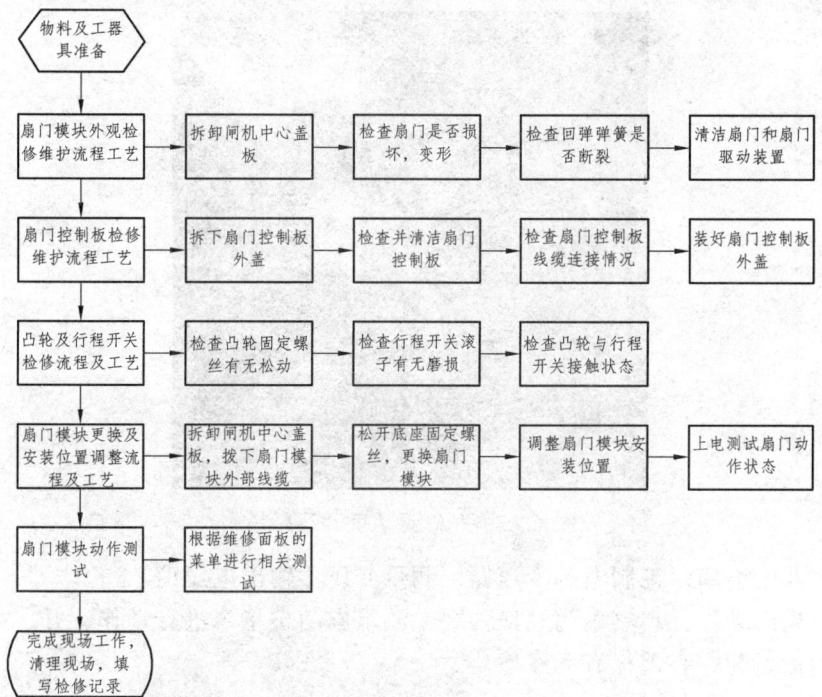

图 6.22 扇门模块维护流程图

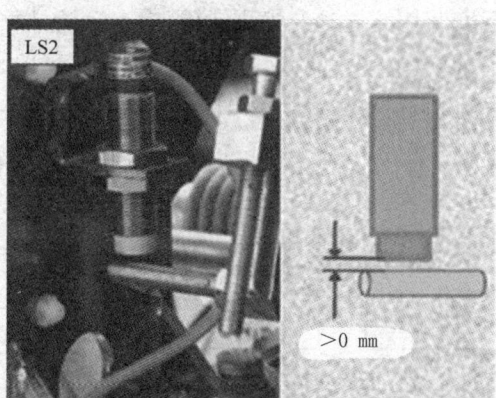

图 6.23 检查关门到位传感器

图 6.24 检查开门到位传感器

图 6.25 扇门驱动手臂及轴承

（8）检查及清洁扇门控制电源变压器，测量变压器输出电压值。

（9）测试扇门动作，观察扇门动作情况，要求扇门按指令进行动作，开、关动作过程无抖动，扇门动作时与中心盖板有无摩擦。

2. 转杆模块维护

对 AGM 转杆模块进行安装固定检查、模块功能检查、清洁润滑、通行测试检查，检修保养质量符合维护作业工艺标准。

转杆模块的检查与调整流程如图 6.26 所示。

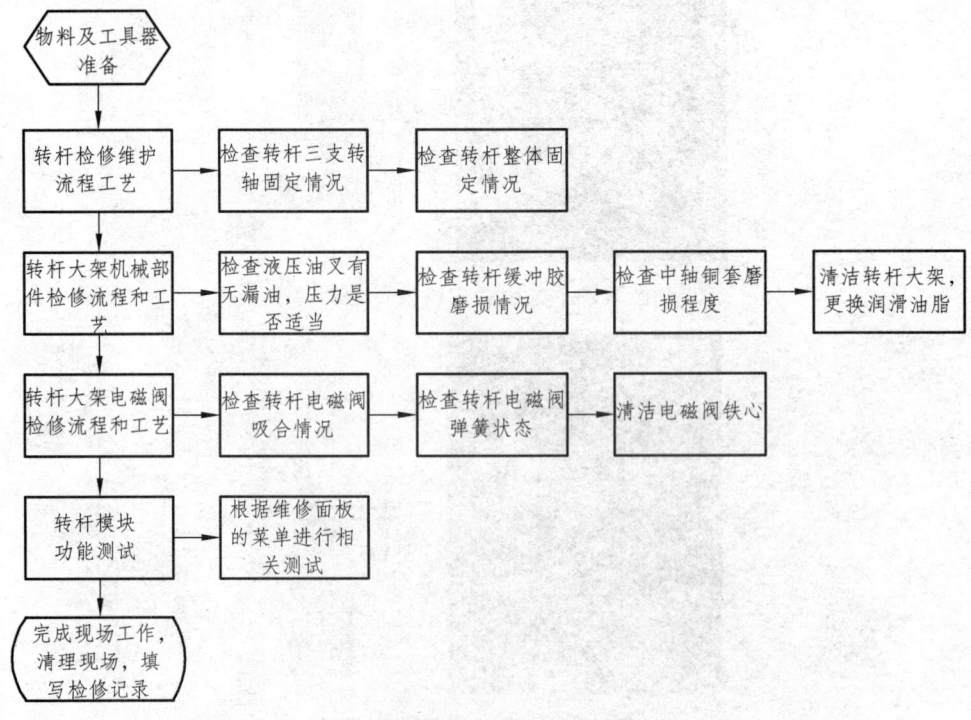

图 6.26 转杆模块维护流程图

具体维护流程：
（1）关闭 AGM 电源。
（2）用手转动转杆（三支轴臂），检查固定情况，如有松动，使用 T 字形扳手或六角螺丝刀将其拧紧，补充缺失的螺丝，如图 6.27 和图 6.28。

图 6.27　转杆模块

图 6.28　转杆

（1）检查转杆整体固定情况，如有松动，使用 T 字形扳手或六角螺丝刀拧紧固定螺丝。
（2）检查转杆液压油叉有无漏油情况，压力是否可以调整。
（3）检查转杆缓冲胶状态，是否有缺角或爆裂损坏情况。
（4）检查转杆中轴铜套磨损程度，磨损严重的须更换。
（5）用棉布清洁转杆大架，更换转杆大架润滑油。
（6）测试转杆大架电磁阀吸合情况，观察电磁阀在动作过程中动作是否顺畅，力度是否足够吸合、释放。

（7）检查转杆电磁阀弹簧的状态，是否能正常连接弹簧杆和电磁阀，且无松动情况，有损坏的弹簧须更换。

（8）清洁电磁阀铁心。

（9）检查断电情况下转杆能否自由下落，使通道可以自由通行。

五、AGM 通道传感器及 I/O 模块维护

对 AGM 的通道传感器及 I/O 模块开展维护作业，确保模块硬件状态良好，功能正常。AGM 通道传感器及 I/O 模块的维护作业流程如图 6.29 所示。

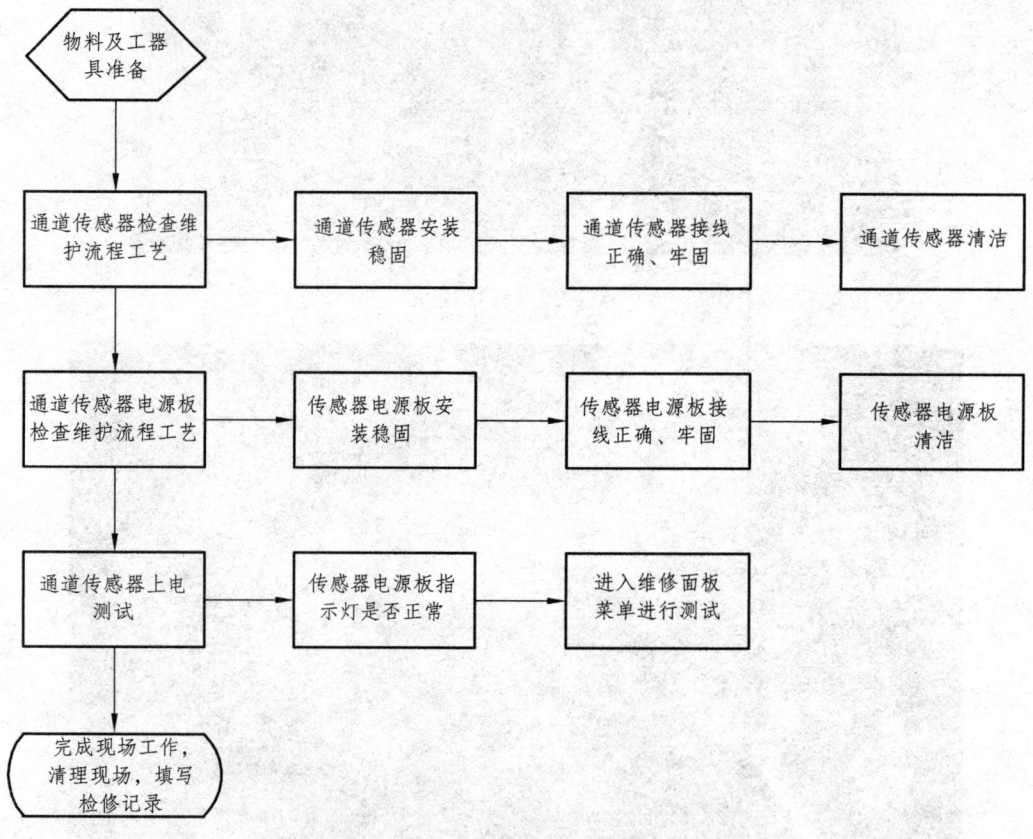

图 6.29　AGM 通道传感器及 I/O 模块维护流程图

（一）AGM 通道传感器及组件维护

对 AGM 通道传感器及其组件进行外观检查、功能测试。

具体作业过程：

（1）用毛刷和压缩空气清洁通道传感器及安装槽的表面积尘，如图 6.30 所示。

（2）检查通道传感器是否安装牢固。

（3）检查通道传感连接线缆是否松动。

（4）检查通道传感器电源板是否安装牢固。

图 6.30　通道传感器清洁

（5）检查通道传感电源板连接线缆是否松动，发现松动须马上上紧。
（6）测试指令检测传感器的工作性能。

（二）AGM I/O 模块维护

对控制单元（GCU 板）与可编程逻辑控制器（PLC）进行外观检查与功能测试。
具体作业过程：
（1）组件的外观检查与清洁。
（2）检查接线情况，无松脱和损伤。
（3）GCU 能正确接收各传感器的状态，正确发出扇门开关、方向指示器、警示灯等的控制信号。
（4）可编程逻辑控制器能正常运行，正确接收和输出信号，各指示灯正常。

六、AGM 其他部件的维护

对 AGM 的乘客显示屏、警示灯、方向指示器、维修门、蜂鸣器等其他部件开展维护作业，确保各部件硬件状态良好，功能正常。

AGM 其他部件的维护作业内容主要是检查外观完好性、部件紧固情况、功能是否完好，维护作业流程如图 6.31 所示。

七、AGM 维护后的收尾工作

完成 AGM 的维护作业之后，进行上电测试检查，确保设备以最佳状态投入正常运营。

1．具体收尾工作过程
（1）及时清理作业现场，检查工器具、劳保用品、螺丝等是否有遗漏在现场。

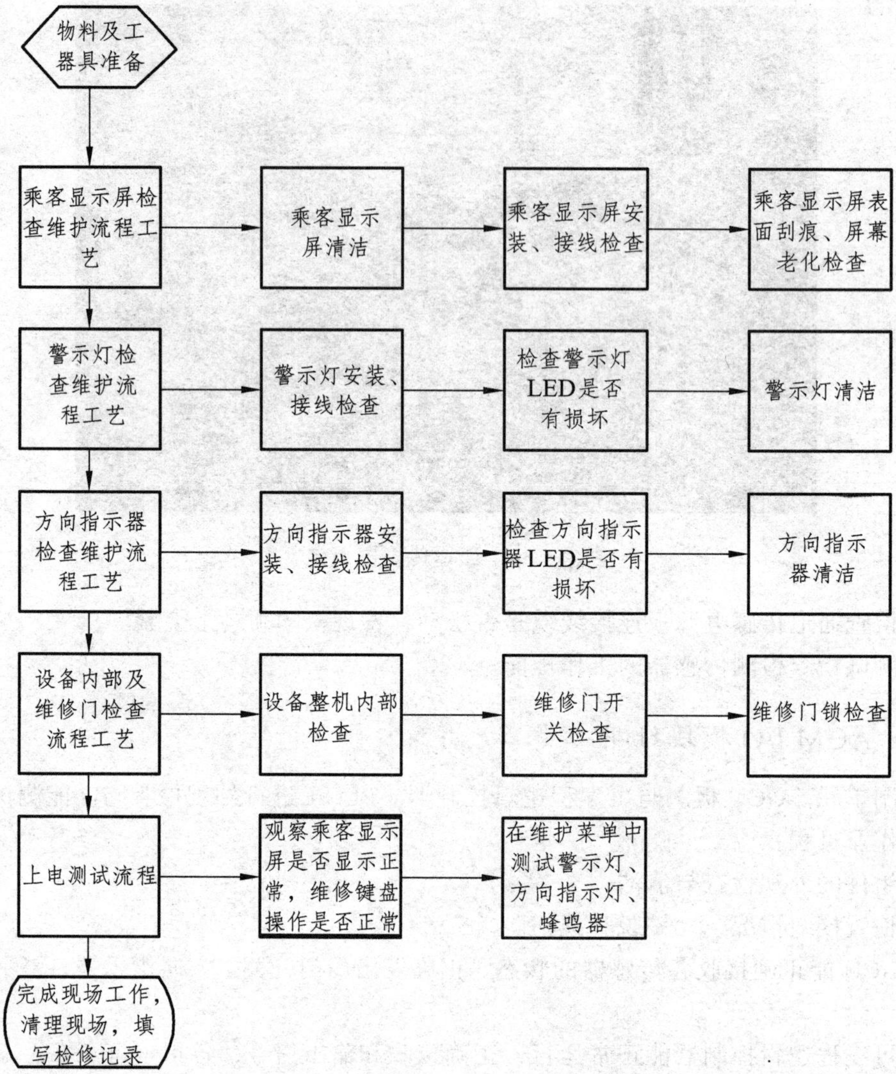

图 6.31 AGM 其他部件的维护流程图

（2）观察扇门是否正常关闭，两扇门门体位置是否对称。

（3）检查乘客显示屏显示是否正常。

（4）使用测试票进行验票通过，查看乘客显示屏显示、通行指示灯以及警示灯显示、扇门动作等是否正常。

（5）观察乘客使用 AGM 情况。

2．维护表格的填写要求

完成维护作业后，检修人员需要正确、如实填写检修作业记录表，记录本次检修情况，对检查中发现有异常的地方进行备注说明。记录表格如表 6.2 所示（仅供参考）。

表 6.2 AGM 维护作业记录表（供参考）

车站：_____　　设备：_____　　维修人员：_____
日期：_____　　开始时间：_____　　结束时间：_____

序号	作业项目	状态及测量数值	备注（存在问题）
1	供电模块检查及测试	电源值测量结果： UPS 功能测试结果：	
2	扇门模块检查及测试	通道传感器功能测试结果： 扇门运行情况检测结果：	
3	车票处理模块检查及测试	SAM 卡及天线安装情况检查结果： 车票检验及回收存储机构检查结果：	
4	主控机检查及测试	工控机功能检测结果：	
5	外部组件检查	通行指示灯功能检测结果： 维修操作组件（键盘等）检测结果：	
6	多元化支付模块检查及测试	二维码识别器安装情况检查结果： 二维码识别器功能测试结果：	
7	系统软件检查	功能正常□	
8	通行功能测试	功能正常□	
9	整机状态分析		

*注：此表格为 AGM 维护表格的示例，仅供参考。

第三节　自动售票机预防性维护

自动售票机（TVM）是负责地铁车站售票的主要设备，担负着地铁车站现金收入的重要角色，其维护作业的重点内容包括钱币接收和处理模块、车票发售模块、硬币模块等。本节选择与此相关的作业流程、工艺等进行讲述。

TVM 频繁接收纸（硬）币、发售车票、找零等动作，会加快相关组件的积尘、磨损，因此，TVM 需要加强相关模块的维护工作，从一些地铁公司的维护经验来看，在季检的基础上，增加半月检（或双周检），对纸币（硬币）模块和车票处理模块进行维护作业，可以保证设备的正常运转。

下面以我国某城市地铁的设备为例，介绍 TVM 主要模块的预防性维护的内容与周期，如表 6.3 所示。

表 6.3 TVM 预防性维护的内容与周期

主要部件	维护内容	季度检	半年检	年检
供电模块	检查直流电源、UPS/后备电池、电源接线端子、交流输入/输出组件外观及连接线缆，供电性能安全检测		√	√
主控单元	检查并整理主控机内/外观及外部接线、端口及组件固定情况		√	√
纸币模块	清洁和检查纸币模块储币箱、流转组件（轴承、电机、传感器、皮带等）、滑轨、钱箱及相关控制组件的外观、接线及固定情况	√	√	√
硬币模块	清洁和检查硬币模块储币箱、流转组件（暂存器、分向器、传感器等）、滑轨、钱箱及相关控制组件的外观、接线及固定情况	√	√	√
车票处理模块	检查车票处理模块通信、传感器、电磁阀、储票箱、SAM 卡、读卡器、验票区、导轨、导向器/导向斜管等的外观及连接线缆，测试取票口功能		√	√
多元化支付模块	检查多元化支付组件（二维码识别器）安装情况，测试使用性能		√	√
乘客触摸显示屏	检查乘客触摸显示屏（含组件）安装固定及线缆连接情况		√	√
系统软件/程序/运行模式	检查设备系统、监控/应用/通信程序、关闭模式、软件版本、数据库连接、寄存器、登录/签到/签退功能		√	√
其他组件	检查门锁、门传感器、维修终端组件（维修面板及维修键盘）、报警器	√	√	√

为使读者更好理解 TVM 维护的作业流程，本书列举 TVM 主要模块的预防性维护流程，供读者参考，如图 6.32 所示。

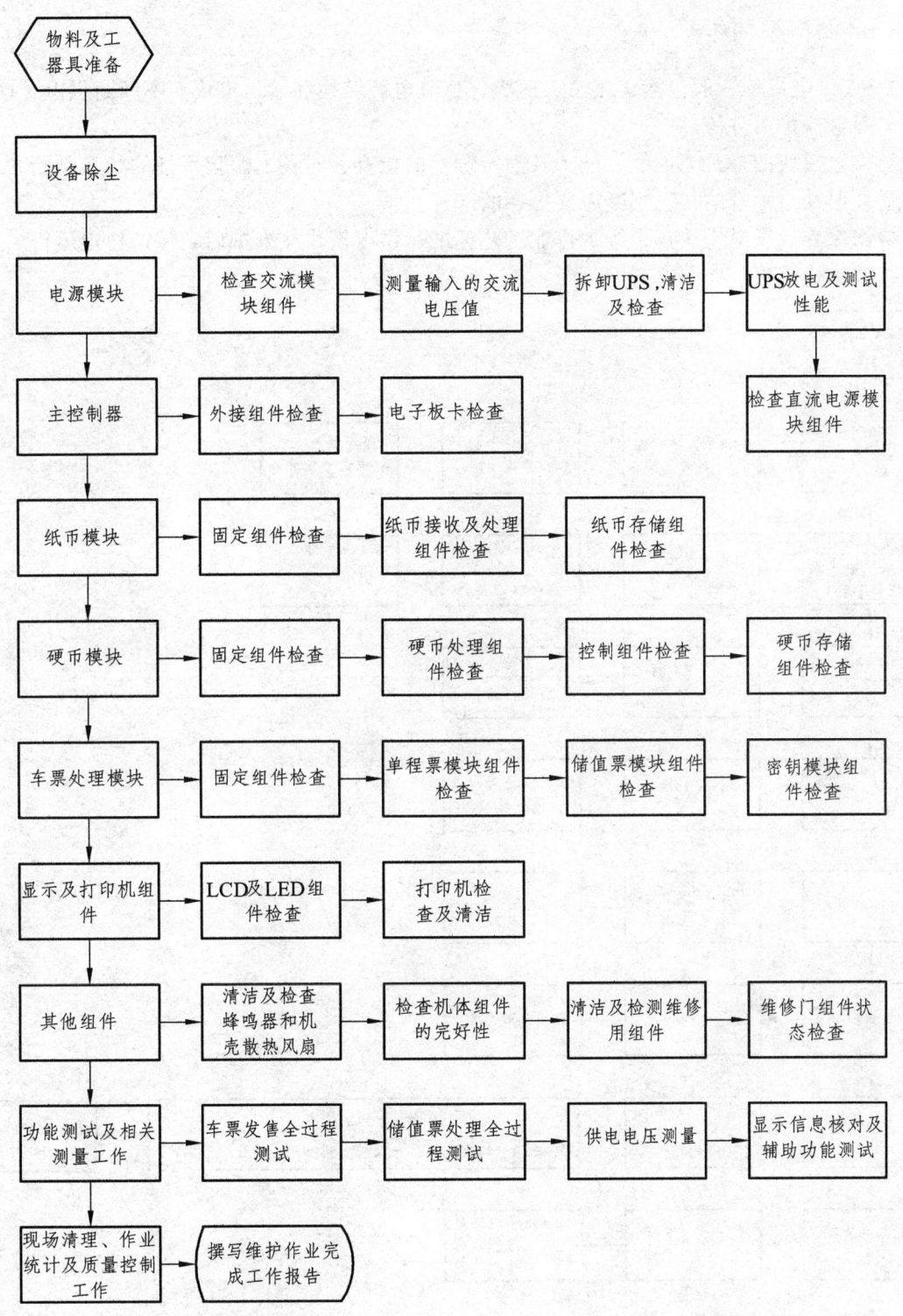

图 6.32 TVM 预防性维护流程图

下述内容以 TVM 的主要模块预防性维护内容为例,讲解 TVM 维护的流程及注意事项。

城市轨道交通自动售检票检修工

一、供电模块维护

TVM 供电模块一般包括交流输入模块、直流电源转换和输出模块、不间断供电（UPS）模块、漏电保护组件等。

对供电模块的外观、连线、端子及固定螺丝的检查，对各电源指示灯的状态判断，并根据测量数据及指示灯的状态判断需要更换的部件。

检修保养后供电模块符合维护作业工艺标准，供电模块在维护后，保持稳定运行。供电模块维护作业流程，如图 6.33 所示。

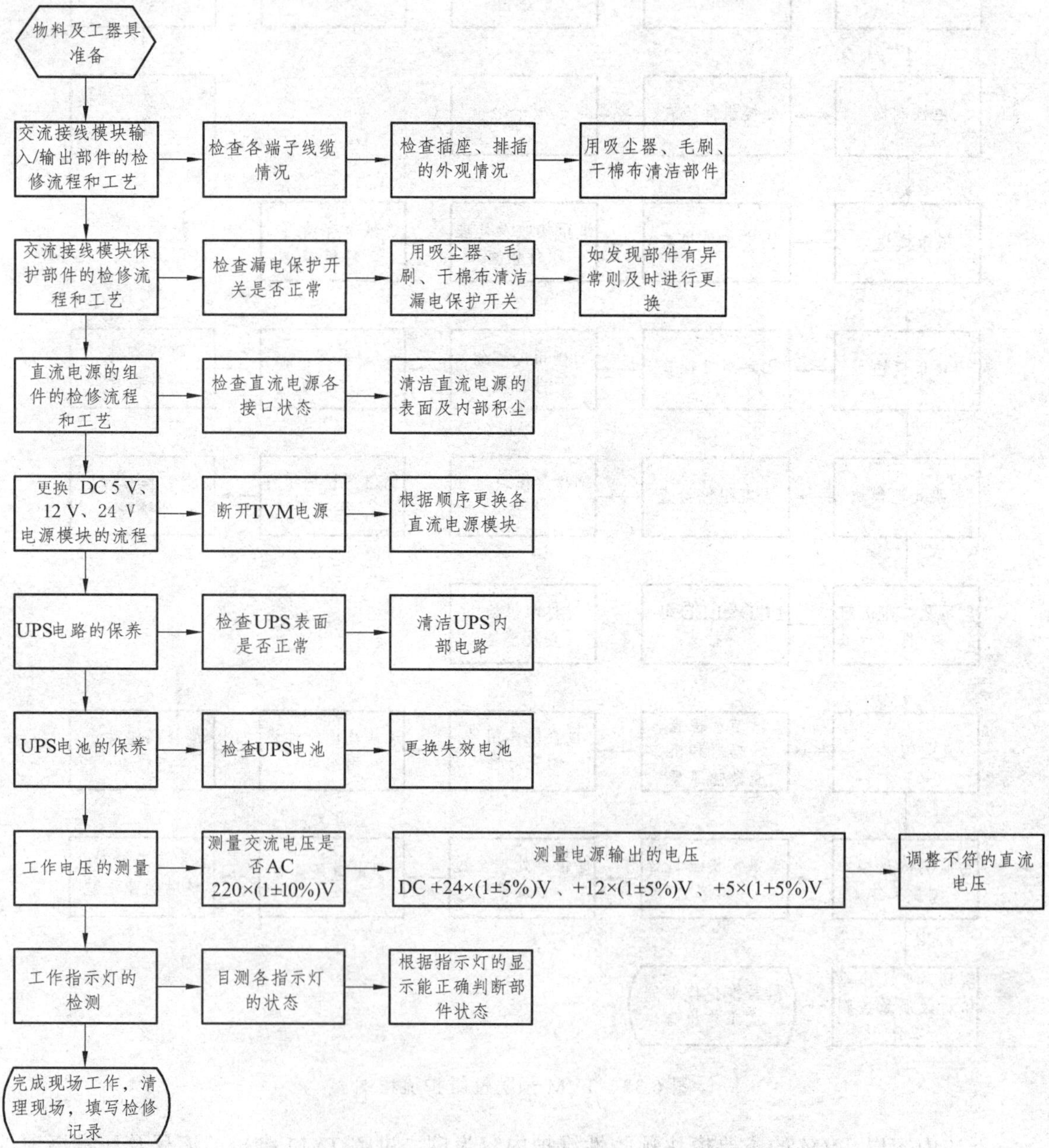

```
物料及工器具准备
   ↓
交流接线模块输入/输出部件的检修流程和工艺 → 检查各端子线缆情况 → 检查插座、排插的外观情况 → 用吸尘器、毛刷、干棉布清洁部件
   ↓
交流接线模块保护部件的检修流程和工艺 → 检查漏电保护开关是否正常 → 用吸尘器、毛刷、干棉布清洁漏电保护开关 → 如发现部件有异常则及时进行更换
   ↓
直流电源的组件的检修流程和工艺 → 检查直流电源各接口状态 → 清洁直流电源的表面及内部积尘
   ↓
更换 DC 5 V、12 V、24 V 电源模块的流程 → 断开TVM电源 → 根据顺序更换各直流电源模块
   ↓
UPS电路的保养 → 检查UPS表面是否正常 → 清洁UPS内部电路
   ↓
UPS电池的保养 → 检查UPS电池 → 更换失效电池
   ↓
工作电压的测量 → 测量交流电压是否AC 220×(1±10%)V → 测量电源输出的电压 DC +24×(1±5%)V、+12×(1±5%)V、+5×(1+5%)V → 调整不符的直流电压
   ↓
工作指示灯的检测 → 目测各指示灯的状态 → 根据指示灯的显示能正确判断部件状态
   ↓
完成现场工作，清理现场，填写检修记录
```

图 6.33 供电模块维护流程图

1．交流接线模块输入/输出部件的维护

对交流接线模块进行外观检查包括接线、端子、螺丝、表面的清洁。

具体作业流程：

⚠ 注意：对电源模块进行操作前，一定要按照相关维护规程进行操作以免造成触电或设备损坏！

（1）关闭 TVM 交流输入电源。

（2）清洁 TVM 交流电源输出端口表面的积尘。

（3）电源线路的电线有无破损或虚接。

（4）固定接线端子有无氧化，螺丝有无松脱。

（5）电源开关是否能正常动作，如图 6.34 所示。

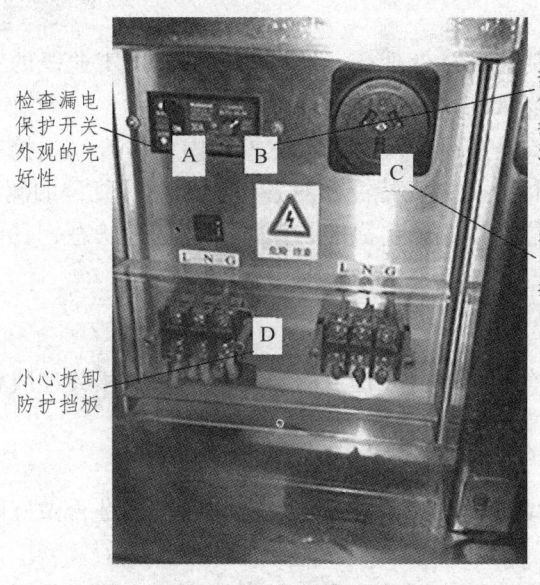

图 6.34　交流输入输出部件

（6）检查交流电源输出插座有无损坏，电压是否正常，地线接触是否良好。

（7）现场填写该模块的检修表格并记录设备检修过后的状态。

2．直流电源模块维护

对直流电源模块进行外观检查及表面清洁工作，以及对直流电源内部进行清洁。

具体作业流程：

（1）清洁直流供电电源表面的灰尘。

（2）清洁直流电源内部的积尘。

（3）检查直流电源电压是否正常，如不正常则需要调整或更换。

（4）现场填写该模块的检修表格并记录设备检修过后的状态。

3．UPS 维护

对 UPS（不间断电源）进行外观检查、电池保养、电路板卡清洁和检查等。

具体作业流程如下：

(1) 取出 UPS。
(2) 打开 UPS 电源，检查报警蜂鸣器是否正常鸣响、电源指示灯发亮是否正常。
(3) 关闭 UPS 电源，用棉布、毛刷、洗耳球清洁 UPS 外部表面的积尘。
(4) 取下 UPS 外壳，使用毛刷和吸尘器清洁 UPS 内部部件和电路板积尘；
(5) 检查 UPS 内部部件紧固情况。
(6) 观察电池组外观，有无漏液或肿胀。
(7) 测试蓄电池组可以正常放电，放电时间须符合规定。
(8) 安装 UPS，接回所有接线。
(9) 现场填写该模块的检修表格并记录设备检修过后的状态。

二、主控单元维护

主控模块是 TVM 的控制与信息处理核心，一般都是使用工业级的主控机。它具有工作性能稳定、使用寿命长、符合 AFC 系统的使用特点等优点。

主控模块的维护作业主要是进行外观检查、主控器内部检查、主控器端口连线、板块连接、CPU 风扇及主板电池的检查、电气特性及对各模块和部件复位的测试。

维护作业后，主控单元符合作业工艺标准，保持稳定运行状态，具体工作流程如图 6.35 所示。

1. 外部部件维护

对主控模块的外观进行检查并进行方正目测与测量，对各相关连线稳固性进行检查，对主控工作电压进行检测。

具体作业流程：

(1) 检查主控制器的各线缆及接头是否正常，安装稳固，是否做好防损措施，螺丝固定是否完好。
(2) 检查主控器外部连线有无破损、短路、断裂等现象，固定是否完好。
(3) 测量 DC 5 V 输入电压值是否正常 [范围为 $+5\times(1+5\%)$ V]。
(4) 现场填写该模块的检修表格并记录设备检修过后的状态。

2. 内部部件维护

对主控模块进行内部部件检查、方正目测与测量、各相关连线稳固性检查、CPU 风扇和主板电池工作状态检测。

具体作业流程：

(1) 取出主控单元。
(2) 清洁主控器内部，包括主板、内存条、显卡、CPU 风扇等部件，检查并确认各电路板及零部件之间的连线是否正确，有无插座移位、针脚偏移、折断等现象。
(3) 观察主控器 CPU 散热风扇运转情况，必要时须更换。
(4) 拆下主板 BIOS 电池，用万用表直流挡测量电压是否正常，必要时更换电池。

在检查、清洁完成后，将各电路板、连线按原有方法正确连接，上紧螺丝、接口，连接完成后，再次检查、确定各部件连接正确。

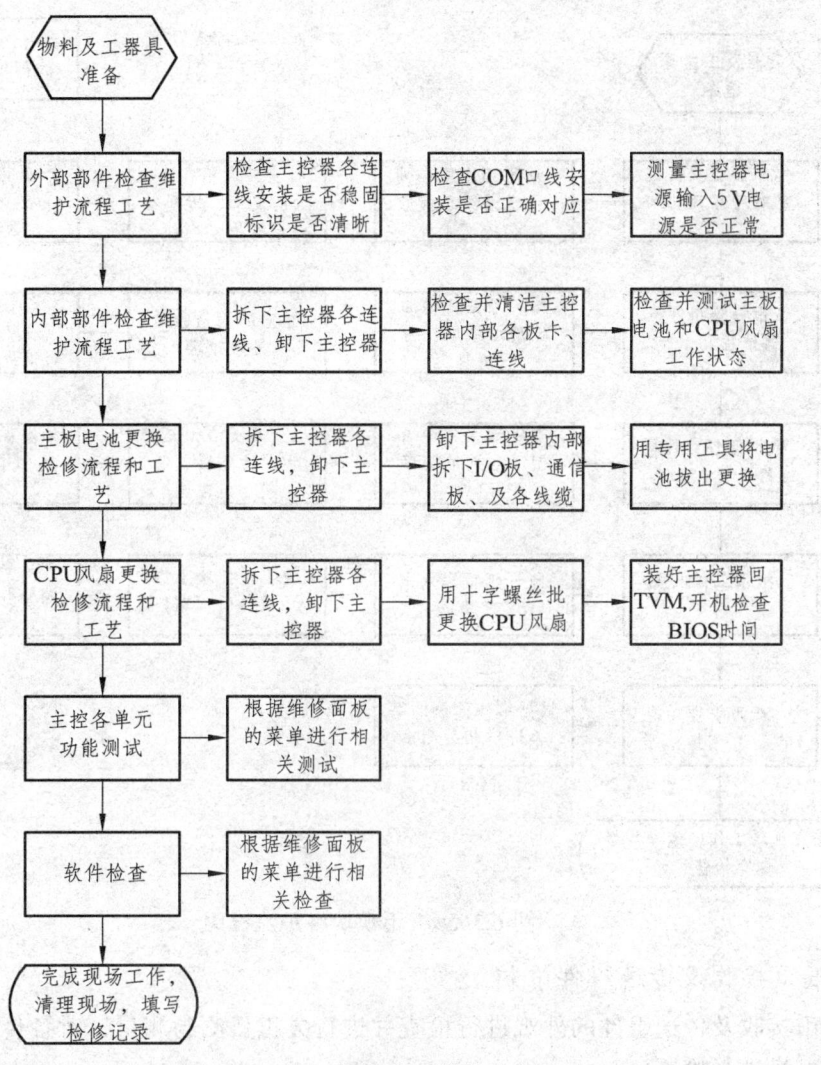

图 6.35　主控单元维护流程图

（6）将主控器单元正确安装到 TVM 上，正确连接各接口的连线。

（7）打开 TVM 电源，开机时进入 BIOS 界面，重新输入时间，重启主控，在乘客显示屏目测 BOIS 时间是否正确。

（8）测试整机运作。

（9）现场填写该模块的检修表格并记录设备检修过后的状态。

三、纸币模块维护

以某城市地铁使用的纸币模块（型号：BIM2020）为例，进行具体说明。

对 BIM2020 纸币模块进行外观检查、纸币机内外检查、纸币支架内外检查、验币器检查、传感器检查、电机、电磁阀检查、传动皮带检查、电气特性及纸币接收性能测试。

检修保养后，纸币模块应符合维护工艺标准。使纸币模块维护后，能保持正常运行状态。具体作业过程，如图 6.36 所示。

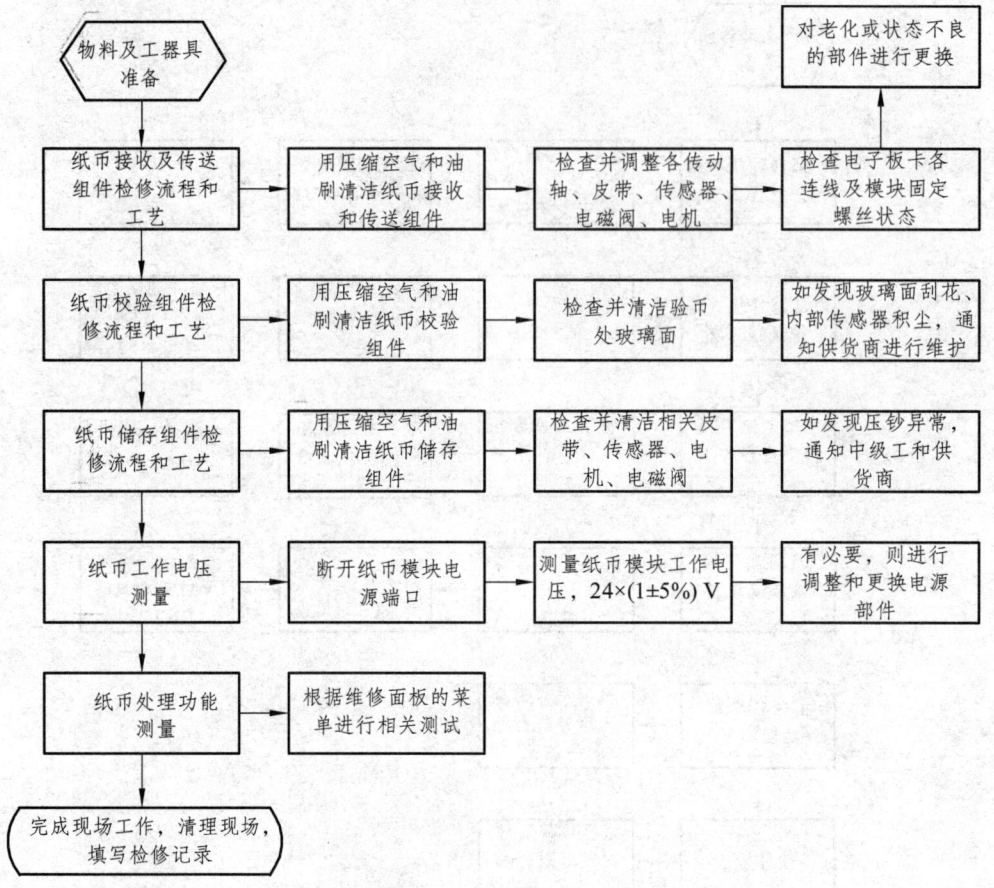

图 6.36 纸币模块维护流程图

1. 纸币接收及传送组件维护

对纸币接收及传送组件的外观进行检查并进行方正目测与测量,对各传动轴、传感器、电磁阀、电机进行检查。

具体作业过程:

(1) 打开 TVM 维修门。

(2) 在维修控制盘上进行登录。

(3) 用肉眼观察纸币入钞口 LED 指示灯是否正常闪亮。

(4) 关闭 TVM 电源。

(5) 用镜头纸、压缩空气、毛刷、棉布清洁纸币模块(含支架部分)各部件(含皮带)表面的积尘。

(6) 检查并调整纸币模块(含支架部分)的皮带,对变形和磨损严重的皮带进行更换。

(7) 检查并调整纸币模块入钞口组件、验币区、回旋处组件、退币通道组件、暂存位组件、出口位组件、离合器组件、压钞区摇臂组件、压钞电机组件,使之达到良好的状态。

(8) 检查纸币模块的各连接线缆、接头、螺丝是否安装、固定正确,做好防损并补充缺失的螺丝。

(9) 检查各轴承部件是否老化,对磨损严重的驱动轴、传动轴进行更换。

(10)检查并对老化的纠偏电机、入口电磁阀、分向电磁阀、暂存位防钓电磁阀、压钞马达电机进行更换。

(11)检查并对老化的各光电传感器进行更换。

(12)检查纸币模块滑轨状态是否正常。

(13)打开 TVM 电源并进行测试。

(14)现场填写该组件的检修表格并记录设备检修过后的状态。

2．纸币校验组件维护

对纸币校验组件进行外观检查、方正目测与测量、各传感器检查。

具体作业过程：

(1)打开 TVM 维修门。

(2)在维修控制盘上进行登录。

(3)关闭 TVM 电源。

(4)卸下纸币验币器塑料固定螺帽，将纸币验币器从固定杆上取下。

(5)断开纸币验币器的通信端口线。

(6)检查纸币校验处的玻璃面是否松脱，如松脱则修复。

(7)检查并清洁纸币验币器表面（注意在清洁纸币校验处时，要使用专用镜头纸，不能使用粗糙的材料，以免刮花纸币校验处的玻璃面，影响接收纸币的功能）。

(8)检查纸币验币器内的传感器是否积尘严重，如严重则进行维护。

(9)检查纸币验币器通信端口是否完整，固定良好。

(10)检查纸币验币器的固定杆安装是否良好。

(11)接好纸币验币器的通信端口线，将纸币验币器装到固定杆上，上紧塑料固定螺帽。

(12)现场填写该组件的检修表格并记录设备检修过后的状态。

3．纸币储存组件维护

对纸币储存组件进行外观检查、方正目测与测量、各传感器检查。

具体作业过程：

(1)打开 TVM 维修门。

(2)在维修控制盘上进行登录。

(3)关闭 TVM 电源。

(4)拆下纸币机，用十字螺丝刀拆下支架背板固定螺丝（6颗），拆下支架。

(5)用 7 mm 扳手拆下支架挡板固定螺丝（6颗），取下支架挡板。

(6)拔下叠钞传感器数据线和钱箱叠钞器电机电源线，用 3 mm 六角匙拆下钱箱叠钞器固定螺丝（4颗）。

(7)检查钱箱支架皮带和压钞电机传动皮带状态。

(8)用干棉布清洁压钞电机的螺纹轴上的润滑脂，重新更换新的润滑脂。

(9)用 3 mm 六角匙上紧叠钞器固定螺丝（4颗），接回 PD9 传感器数据线和钱箱叠钞器电机电源线。

(10) 用十字螺丝刀上紧背板固定螺丝 (6 颗), 装回支架。
(11) 装好纸币机。
(12) 打开 TVM 电源并进行测试。
(13) 现场填写该组件的检修表格并记录设备检修过后的状态。

四、硬币模块维护

硬币模块的外观（以国内某地铁的 TVM 硬币模块为例）如图 6.37 所示。

图 6.37 硬币模块外观

硬币模块的维护主要是对硬币模块的内外观、验币器、传感器、电机、电磁阀、传送组件进行检查，并对其电气特性及硬币接收性能进行测试。

维护后硬币模块应符合维护作业标准，保持稳定运行状态。维护流程如图 6.38 所示。

1. 硬币模块控制板卡的维护

对硬币模块板卡的外观进行检查并清洁，目测各 LED 指示灯的状态是否正常，对各连接线缆、固定螺丝的状态进行检查。以国内某城市地铁 TVM 为例进行说明。

具体作业过程：

(1) 目测硬币模块控制板各 LED 指示灯是否正常闪亮（见图 6.39）。
(2) 检查连接在控制板上各连线接头是否正常。
(3) 清洁控制板及周边表面的积尘。
(4) 现场填写该组件的检修表格并记录设备检修过后的状态。

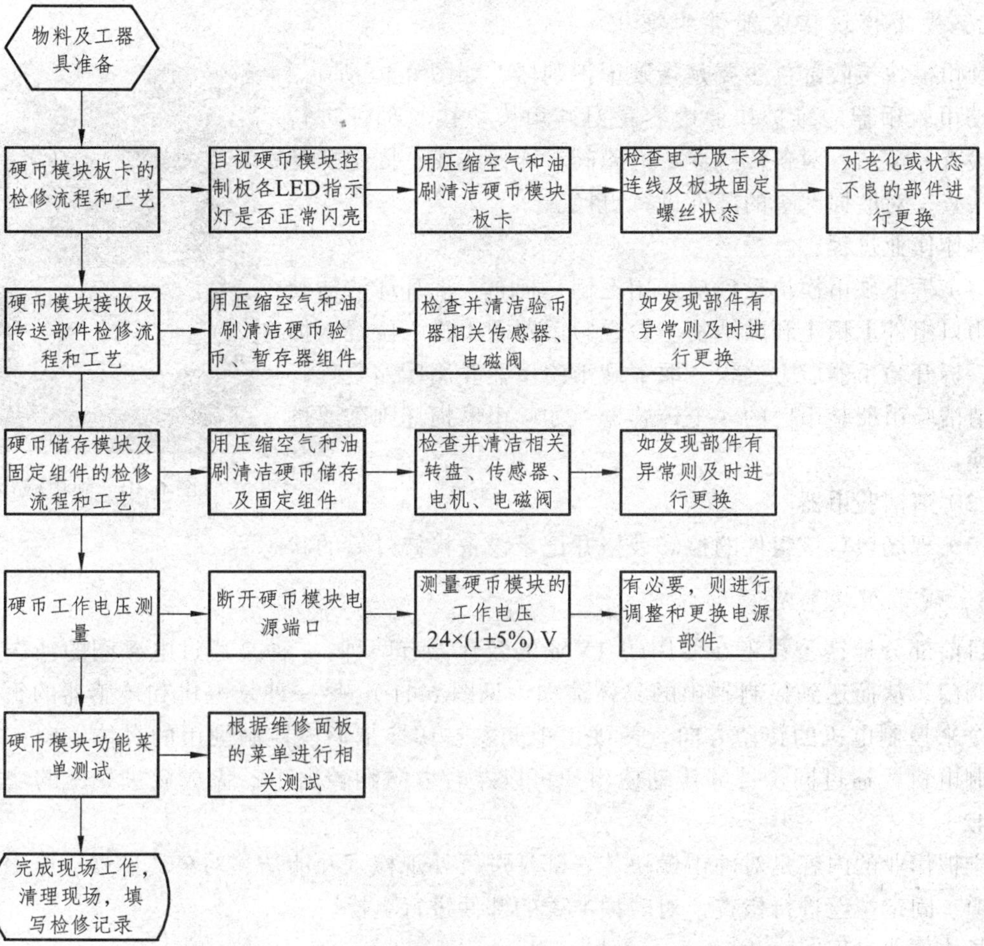

第六章 设备预防性维护

```
物料及工器具准备
  │
  ▼
硬币模块板卡的检修流程和工艺 → 目视硬币模块控制板各LED指示灯是否正常闪亮 → 用压缩空气和油刷清洁硬币模块板卡 → 检查电子版卡各连线及板块固定螺丝状态 → 对老化或状态不良的部件进行更换
  │
  ▼
硬币模块接收及传送部件检修流程和工艺 → 用压缩空气和油刷清洁硬币验币、暂存器组件 → 检查并清洁验币器相关传感器、电磁阀 → 如发现部件有异常则及时进行更换
  │
  ▼
硬币储存模块及固定组件的检修流程和工艺 → 用压缩空气和油刷清洁硬币储存及固定组件 → 检查并清洁相关转盘、传感器、电机、电磁阀 → 如发现部件有异常则及时进行更换
  │
  ▼
硬币工作电压测量 → 断开硬币模块电源端口 → 测量硬币模块的工作电压 24×(1±5%) V → 有必要,则进行调整和更换电源部件
  │
  ▼
硬币模块功能菜单测试 → 根据维修面板的菜单进行相关测试
  │
  ▼
完成现场工作,清理现场,填写检修记录
```

图 6.38 硬币模块维护流程图

图 6.39 硬币模块控制板

2. 硬币模块接收部件的维护

硬币模块接收部件主要是指硬币识别器，如图 6.40 所示。

硬币验币器的维护作业内容是对硬币模块接收部件进行外观检查并清洁，对各传感器、电磁阀、连接线缆、固定螺丝进行检查，对磨损严重的部件进行更换。

具体作业过程：

（1）拆下硬币模块投币口，用毛刷、棉布、洗耳球清洁硬币投币口组件上积尘和黏结物。检查验币器硬币投入位置磨损程度，拆开验币器后方挡板，取下硬币验币器并用压缩空气、棉布清洁验币器验币区的 4 个传感器，如验币器损坏则需要进行更换。

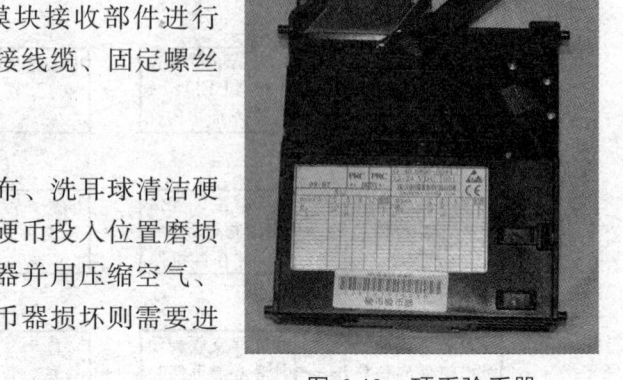

图 6.40　硬币验币器

（2）清洁验币器。

（3）现场填写该组件的检修表格并记录设备检修过后的状态。

3. 硬币模块暂存器的维护

目前部分地铁公司正在使用的 TVM 的暂存器有两种：一种是通过电磁阀的动作来控制暂存阀门，从而达到控制硬币的具体流向（见图 6.41）；另一种是电机和传感器的组合，通过指令来控制电机的转动方向，使硬币币兜左右切换来形成控制硬币的具体流向；利用电路控制电机，通过同步带的传动使币兜可以左右方向翻转出币，完成后进先出的功能（见图 6.42）。

维护作业的内容是对硬币模块传送部件进行外观检查并清洁，对各传感器、电磁阀、连接线缆、固定螺丝进行检查，对磨损严重的部件进行更换。

具体作业过程：

图 6.41　暂存器（电磁阀型）

图 6.42 暂存器（电机型）

（1）拆下暂存器。
（2）清洁暂存电磁阀及挡片、电机组件、传输导管。
（3）检查传输导管有无异物且导币是否顺畅。
（4）检查电机组件是否活动正常，且在动作时有无异响。
（5）检查暂存器退币电磁阀、进钱箱电磁阀动作是否顺畅、挡片活动是否正常及有无磨损（见图 6.43）。

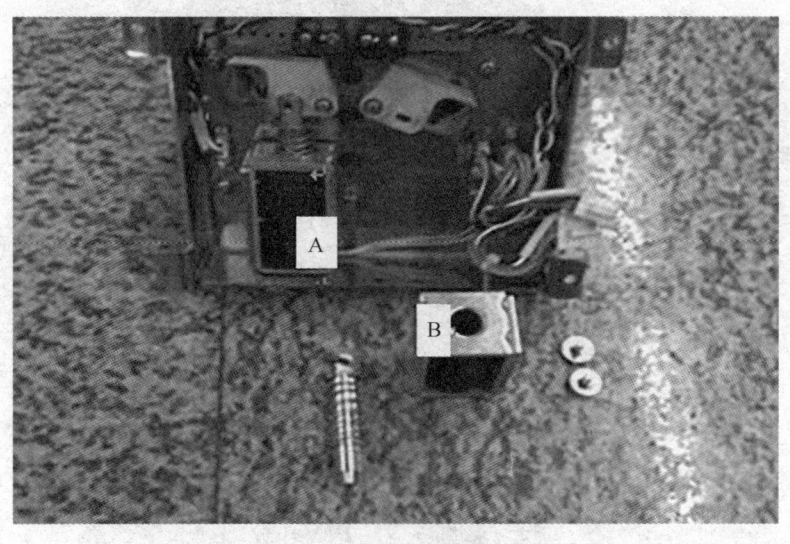

图 6.43 硬币暂存器电磁阀

（6）检查各传感器外观是否完好。
（7）检查连接到各部件上的连接线接头是否正常。
（8）把暂存器装回支架上并调整好位置、再接好连线，上紧固定螺丝。

(9) 检查并清洁挡片 A、B 活动是否正常及有无磨损。

(10) 检查并清洁电磁阀 A、B 动作是否顺畅。

(11) 现场填写该组件的检修表格并记录设备检修过后的状态。

4. 硬币储存模块及固定组件的维护

目前部分地铁公司正在使用的 TVM 的硬币储存模块（Hopper）有两种：一种是通过转盘的转动带动控制硬币流向（见图 6.44）；另一种是通过履带的带动控制硬币流向（见图 6.45 和图 6.46）。

维护作业的内容是对硬币储存模块及固定组件的外观、转盘、各连接线缆、各传感器、马达、固定螺丝、导轨状态进行检查并清洁。

具体作业过程：

（1）转盘型硬币储存模块（Hopper）的维护：

① 取出储币箱（见图 6.47）。

② 清洁储币箱体、转盘（特别是 3 个硬币孔位）及传感器。

图 6.44 转盘型硬币储存模块（Hopper）

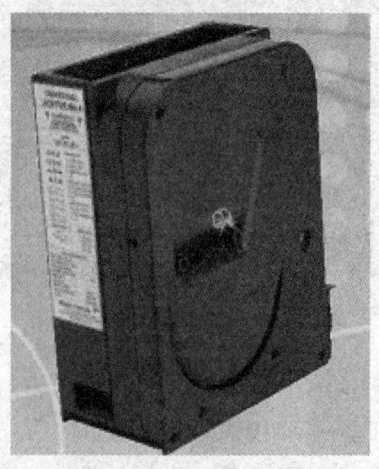

图 6.45 履带型硬币储存模块（Hopper）外观图

图 6.46 履带型硬币储存模块（Hopper）内部结构图

③ 检查转盘是否出现打滑、空转现象。
④ 检查电机动作是否顺畅，连接轴是否出现磨损现象。
⑤ 检查各传感器外观是否完好。
⑥ 检查连接到各部件上的连接线接头是否正常。
⑦ 把储币箱体装回支架上，并调整好位置。
⑧ 小心地拔下 A、B 处的电源线及信号线。
⑨ 检查并清洁 C 处转盘（见图 6.48）。

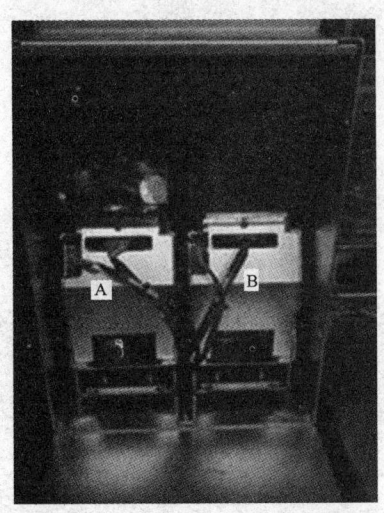

图 6.47 硬币储币箱连线的拆卸

图 6.48 硬币储币转盘的检查

⑩ 现场填写该组件的检修表格并记录设备检修过后的状态。

（2）履带型硬币储存模块（Hopper）的维护：
① 取出储币箱。
② 拆下储币箱外壳固定螺丝，打开储币箱（见图 6.49）。
③ 清洁储币箱内导币皮带及传感器。
④ 安装储币箱导币履带时，测试履带是否安装到履带转动滑轨内（见图 6.50）。

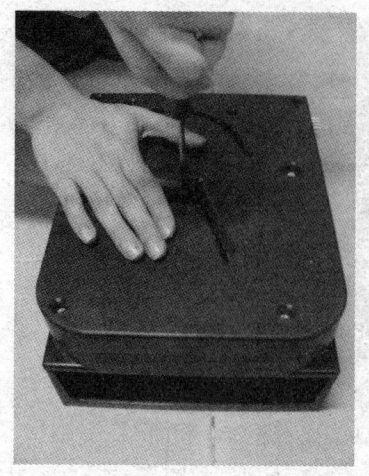
图 6.49 拆下储币箱外壳

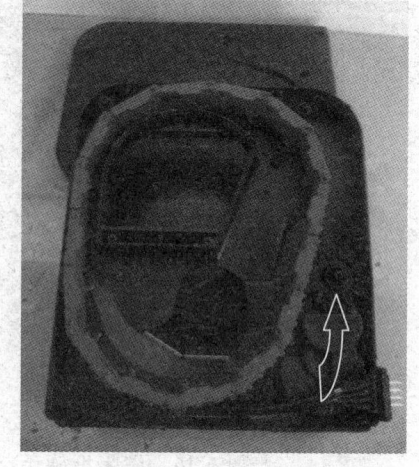
图 6.50 用手滑动履带测试是否安装到位

⑤ 检查连接到各部件上的连接线接头是否正常。
⑥ 把储币箱重新安装到硬币模块上。
⑦ 现场填写该组件的检修表格并记录设备检修过后的状态。

（3）硬币固定组件的维护：
① 清洁硬币模块滑轨及周边的表面积尘。
② 检查硬币钱箱的锁头、箱体、箱座等是否正常，有无变形或爆裂，ID 识别器有无变形，能否正常识别钱箱 ID，固定是否良好。
③ 用手试拉硬币模块滑轨运行状态，动作是否顺畅，固定扣件是否完好。
④ 检查就位传感器外观是否完好，接触是否正常。
⑤ 检查并清洁积尘。
⑥ 现场填写该组件的检修表格并记录设备检修过后的状态。

五、车票处理模块的维护

对车票处理模块的内外观、传感器、电机、电磁阀、导票斜管进行了检查，对板卡的电气特性性能进行测试。

检修保养后车票处理模块应符合维护作业的工艺标准。使车票处理模块在维护后，能保持稳定运行状态。

车票处理模块的维护流程如图 6.51 所示。

1．车票储票箱组件的维护

对车票储票箱组件的外观进行检查并进行方正目测与测量，对转盘、传感器、电磁阀、转盘电机、各连线接头进行检查。

具体作业过程：
（1）登录设备，关闭电源。
（2）取出储票箱，检查储票箱（转盘）是否安装固定良好。
（3）清洁储票箱组件的积尘。

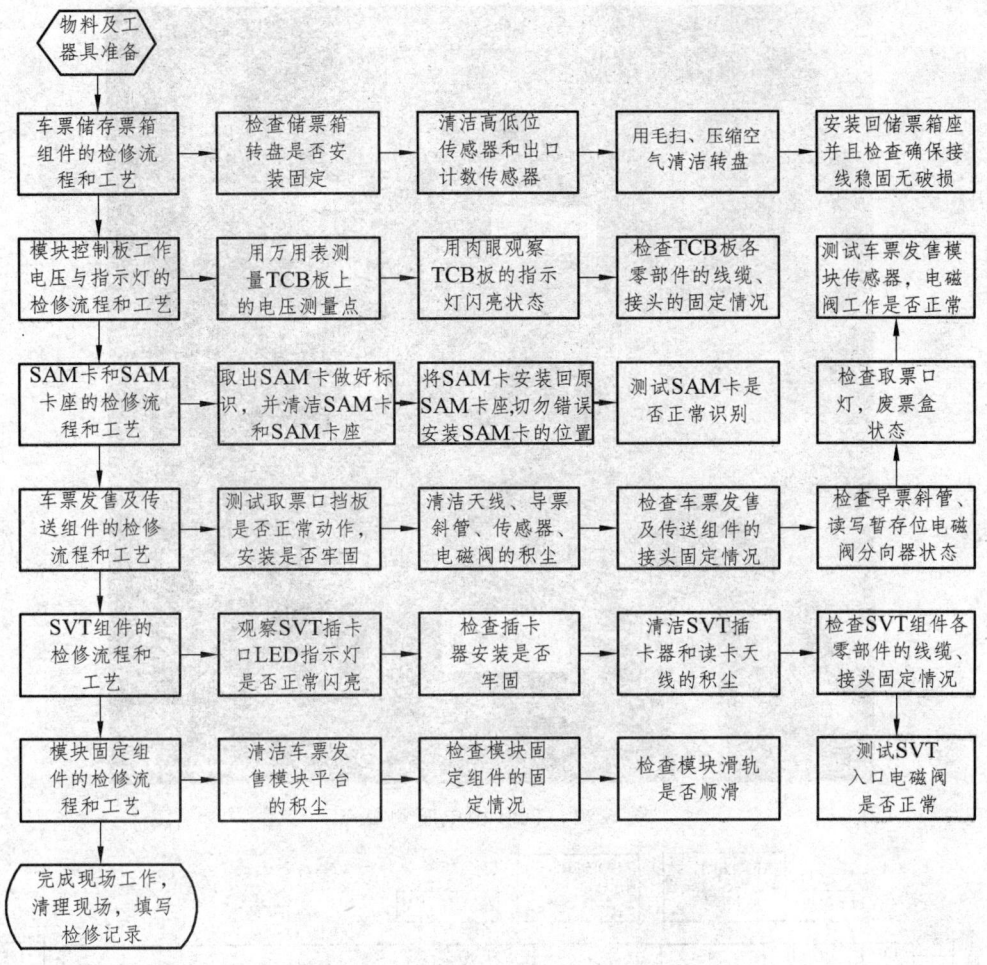

图 6.51 车票处理模块维护流程图

（4）检查储票箱组件各零部件的线缆、接头及零部件的固定情况。
（5）测试储票箱组件的传感器、电机工作是否正常。
（6）完成作业，清理现场，现场填写该组件的检修表格并记录设备检修过后的状态。

2．模块控制板工作电压与指示灯的维护

测量模块控制板工作电压，检查指示灯。测量控制板的工作电压时要按要求使用正确的万用表挡位。在检查车票模块控制板的线缆与接头固定情况时要注意先关闭电源。

具体作业过程：

（1）测量 TCB 板的工作电压，操作方法如图 6.52 所示。
（2）用肉眼观察 TCB 板的指示灯闪亮状态，指示灯状态的说明如图 6.53 所示。
（3）检查 TCB 板各零部件的线缆、接头及零部件的固定情况。
（4）现场填写该组件的检修表格并记录设备检修过后的状态。

3．SAM 卡和 SAM 卡座的维护

检查 SAM 卡与 SAM 卡座的工作状态，SAM 识别是否正常。

图 6.52 TCB 板电压测量点

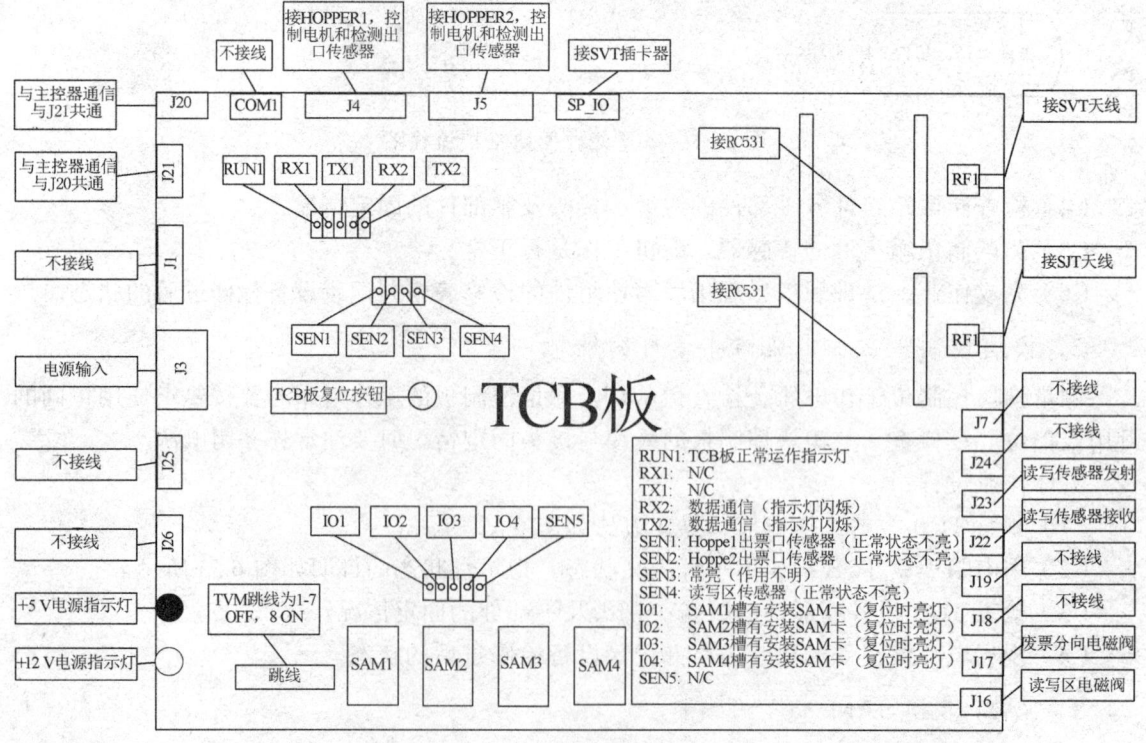

图 6.53 TCB 板指示灯状态说明

定期检查 SAM 卡与 SAM 卡座的工作状态能够提前发现 SAM 的安装情况，及时处理，避免出现 SAM 卡号与原始台账不符合，SAM 卡故障无法识别等情况。在检查 SAM 卡与 SAM 卡座的工作状态时要注意先关闭电源，工作电压要按要求使用正确的万用表挡位。在检查车票模块控制板的线缆与接头固定情况时要注意先关闭电源。

具体作业过程：

（1）取出 SAM 卡做好标识，并清洁 SAM 卡和 SAM 卡座。
（2）将 SAM 卡安装回原 SAM 卡座，切勿错误安装 SAM 卡的位置。
（3）测试 SAM 是否能正常识别。
（4）现场填写该组件的检修表格并记录设备检修过后的状态。

4．车票发售及传送组件的维护作业

对车票发售及传送组件进行外观检查，包括转盘、传感器、电磁阀、转盘电机、各连线接头等。

定期检查车票发售及传送组件的工作状态能够有提前发现车票发售及传送组件的工作状态，及时处理避免车票发售及传送组件故障。

在检查车票发售及传送组件的工作状态时要注意先关闭电源。

具体作业过程：

（1）用手检测取票口挡板是否正常动作，安装是否牢固。
（2）用毛刷、干棉布、压缩空气清洁单程票天线、导票斜管、传感器、电磁阀的积尘。
（3）检查车票发售及传送组件各零部件的线缆、接头及零部件的固定情况。
（4）检查导票斜管、读写暂存位电磁阀分向器、取票口灯等是否正常工作，废票盒状态是否完好。
（5）测试车票发售模块传感器、电磁阀工作是否正常。
（6）现场填写该组件的检修表格并记录设备检修过后的状态。

5．SVT（储值票）组件的维护

具体作业过程：

（1）对 SVT 组件的外观进行检查并清洁，SVT 电磁阀是否正常。观察 SVT 插卡口 LED 指示灯是否能正常闪亮。
（2）检查插卡器的安装是否牢固。
（3）用毛刷、干棉布、压缩空气清洁 SVT 插卡器和读卡天线的积尘。
（4）检查 SVT 组件各零部件的线缆、接头及零部件的固定情况。
（5）检查 SVT 插卡器能否正常工作。
（6）测试 SVT 入口电磁阀是否正常。
（7）现场填写该组件的检修表格并记录设备检修过后的状态。

六、辅助部件的维护

TVM 的辅助部件一般包括乘客显示屏、状态显示屏、维修面板、票据打印机等部件。

对 TVM 的辅助部件进行外观检查、安装情况检查、性能测试等。检修保养后 TVM 的辅助部件应符合维护作业的工艺标准,使辅助部件在维护后,能保持稳定运行状态。TVM 辅助部件维护的作业工作流程如图 6.54 所示。

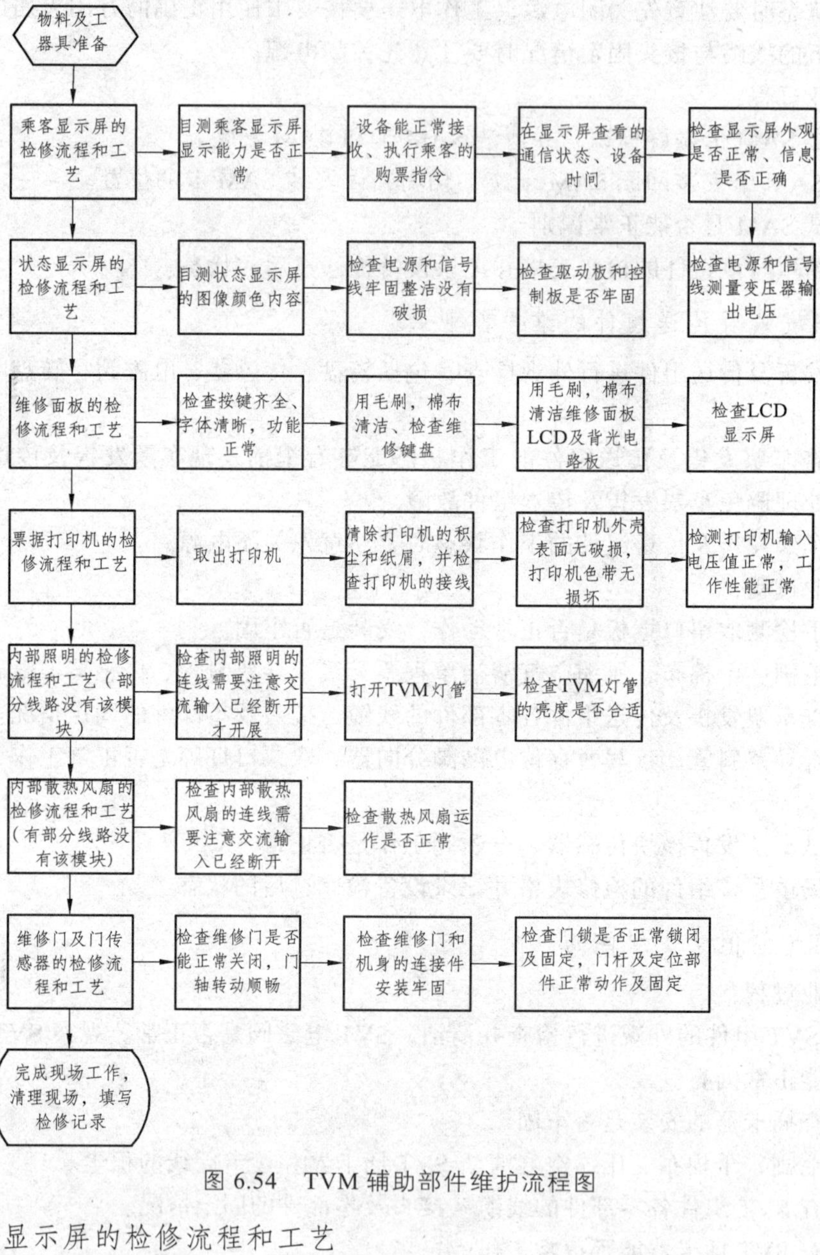

图 6.54 TVM 辅助部件维护流程图

1. 乘客显示屏的检修流程和工艺

对乘客显示屏进行外观检查,目测设备能正常接收、执行乘客的购票指令,完成交易过程,检查显示屏信息是否正确。

具体作业过程:

(1)目测乘客显示屏显示正常(包括图像、颜色、内容等)。

(2)目测设备能正常接收、执行乘客的购票指令,并完成交易过程。

(3)目测乘客显示屏显示内容正确(包括通信状态、时间同步、购票地图等)。

（4）检查乘客显示屏固定是否良好、外观是否完好。

（5）检查乘客液晶显示屏的表面有无划痕或碎裂，并清洁表面的污渍，检查乘客操作显示屏显示的信息是否正确。

（6）检查乘客液晶显示屏的电源和信号线缆接线是否牢固、整洁有序，有无破损，供电变压器是否能正常工作，用数字万用表测量液晶显示屏供电变压器输出电压是否正常。

（7）检查乘客液晶显示屏有无花屏或闪烁现象。

（8）清洁电路板及其他零部件的积尘。

（9）测试乘客信息显示器的功能，确认能正常显示正确的内容。

（10）检查乘客液晶显示屏的调节功能按钮是否正常，将显示屏调至最佳状态，测试乘客液晶显示屏的功能是否正常。

（11）现场填写该组件的检修表格并记录设备检修过后的状态。

2．状态显示屏的检修流程和工艺

对状态显示屏的外观进行检查，目测检查状态显示屏显示的信息是否正确。

具体作业过程：

（1）目测状态显示屏显示是否正常（包括图像、颜色、内容等）。

（2）检查状态显示屏固定是否良好，外观是否完好。

（3）检查状态显示屏显示的信息是否正确。

（4）检查状态显示屏有无花屏或闪烁现象。

（5）检查状态显示屏的电源和信号线缆接线是否牢固、整洁有序，有无破损。

（6）清洁并检查状态显示器驱动电路板和控制电路板，上紧和补充固定螺丝。

（7）观察状态显示器能否正常显示正确的内容。

（8）现场填写该组件的检修表格并记录设备检修过后的状态。

3．维修门及门传感器的检修流程和工艺

对维修门及门传感器的外观进行检查，检查维修门的门锁开关是否顺畅，维修门的开关是否顺畅，门传感器测试的功能是否正常（在检查维修门的门体和门铰时要注意切勿伸手在门缝中，避免夹伤手）。

具体作业过程：

（1）检查维修门是否能正常关闭，门轴转动是否顺畅，门和机身的连接件安装是否牢固。

（2）检查门锁是否正常锁闭及固定，门杆及定位部件能否正常动作及固定。

（3）检查门锁外侧的六角固定螺丝是否正常。

（4）用润滑油、除锈剂对门锁进行润滑和除锈。

（5）检查并测试维修门的传感器是否正常。

（6）现场填写该组件的检修表格并记录设备检修过后的状态。

七、设备功能检测

TVM设备功能检测作业主要包括接收钱币功能（含扫码支付功能）、存储和找零功能、车票发售和废票回收功能等的检测。本书选取有代表性的模块，以流程图的形式简单说明设备的性能测试流程。

（1）TVM整机性能测试的作业流程如图6.55所示。

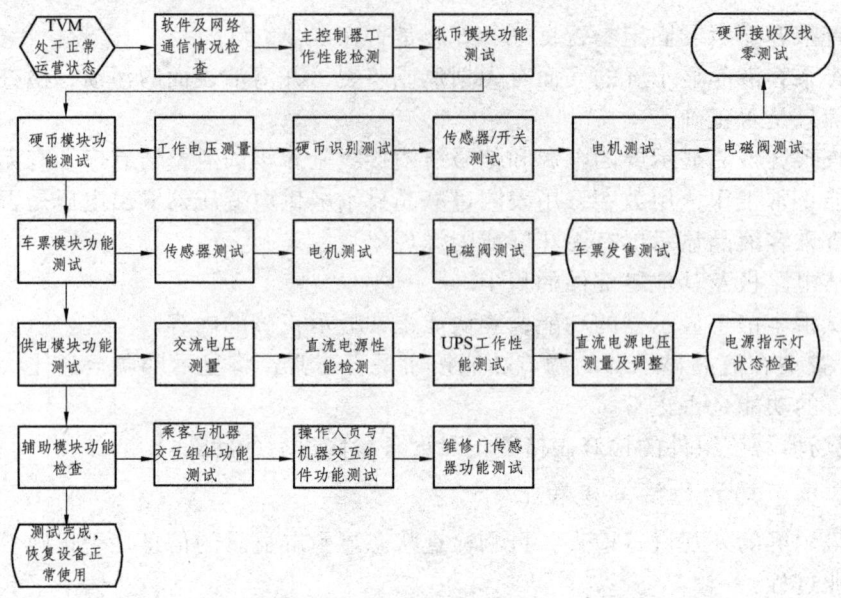

图 6.55　TVM 整机功能测试流程

（2）纸币模块功能测试的作业流程如图 6.56 所示。

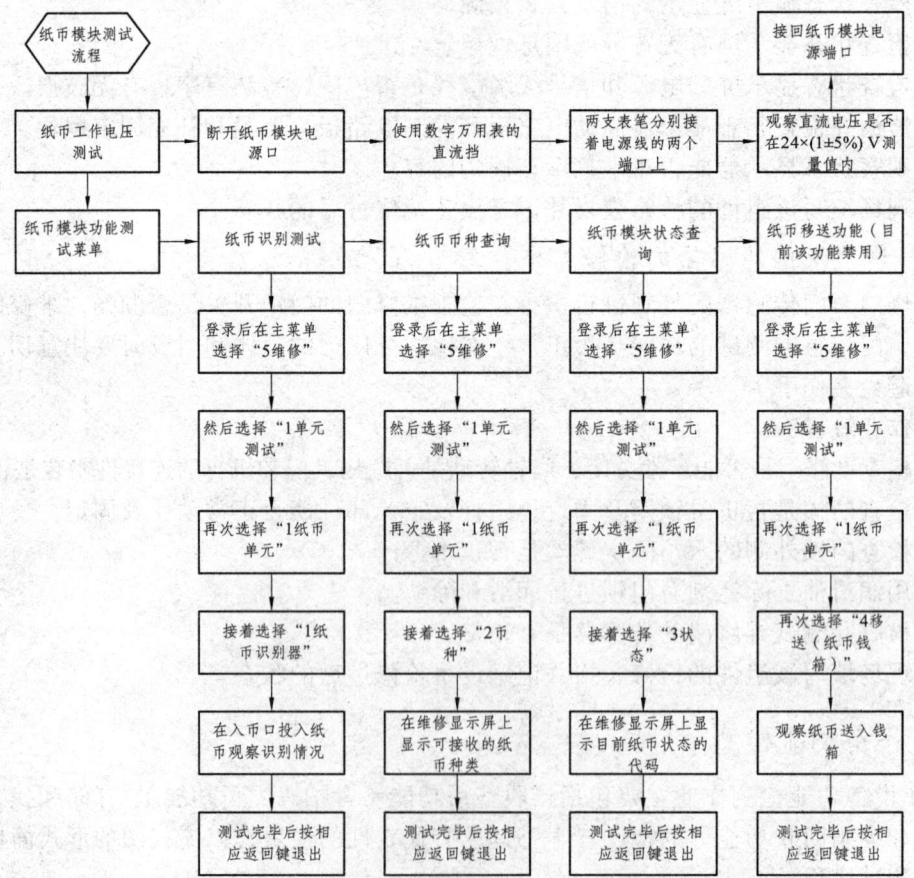

图 6.56　纸币模块功能测试流程图

（3）车票模块功能测试的作业流程如图 6.57 所示。

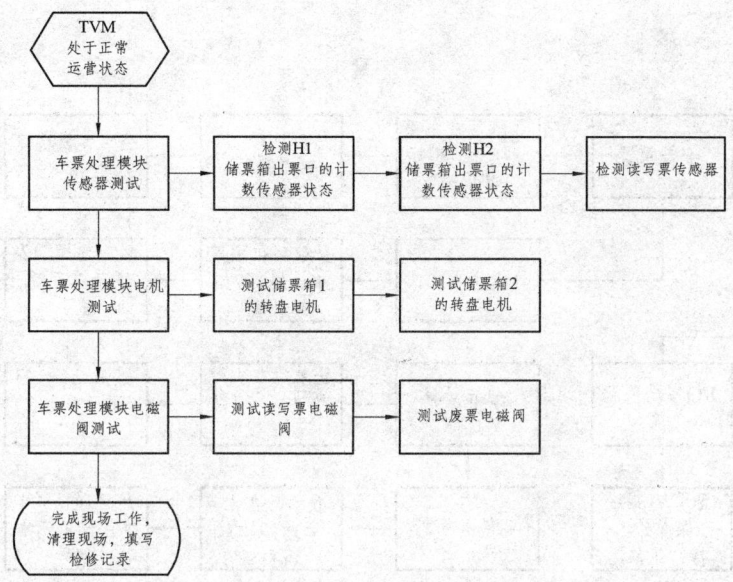

图 6.57　车票模块功能测试流程图

（4）硬币模块功能测试的作业流程如图 6.58 所示。

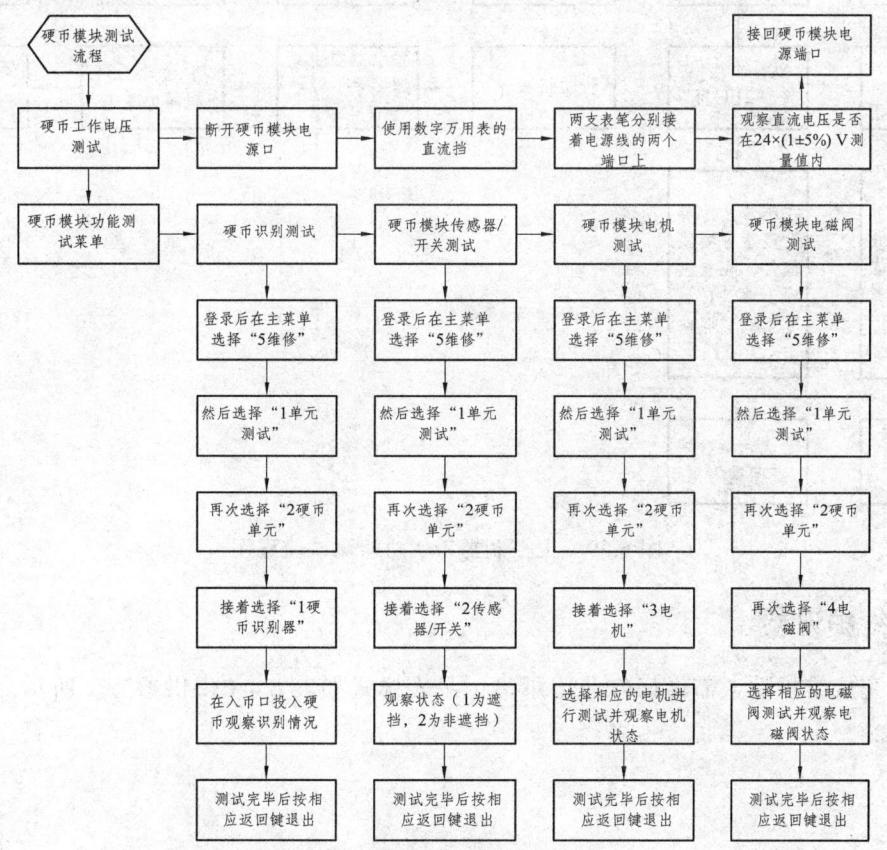

图 6.58　硬币模块功能测试流程图

（5）主控器 I/O 功能测试的作业流程如图 6.59 所示。

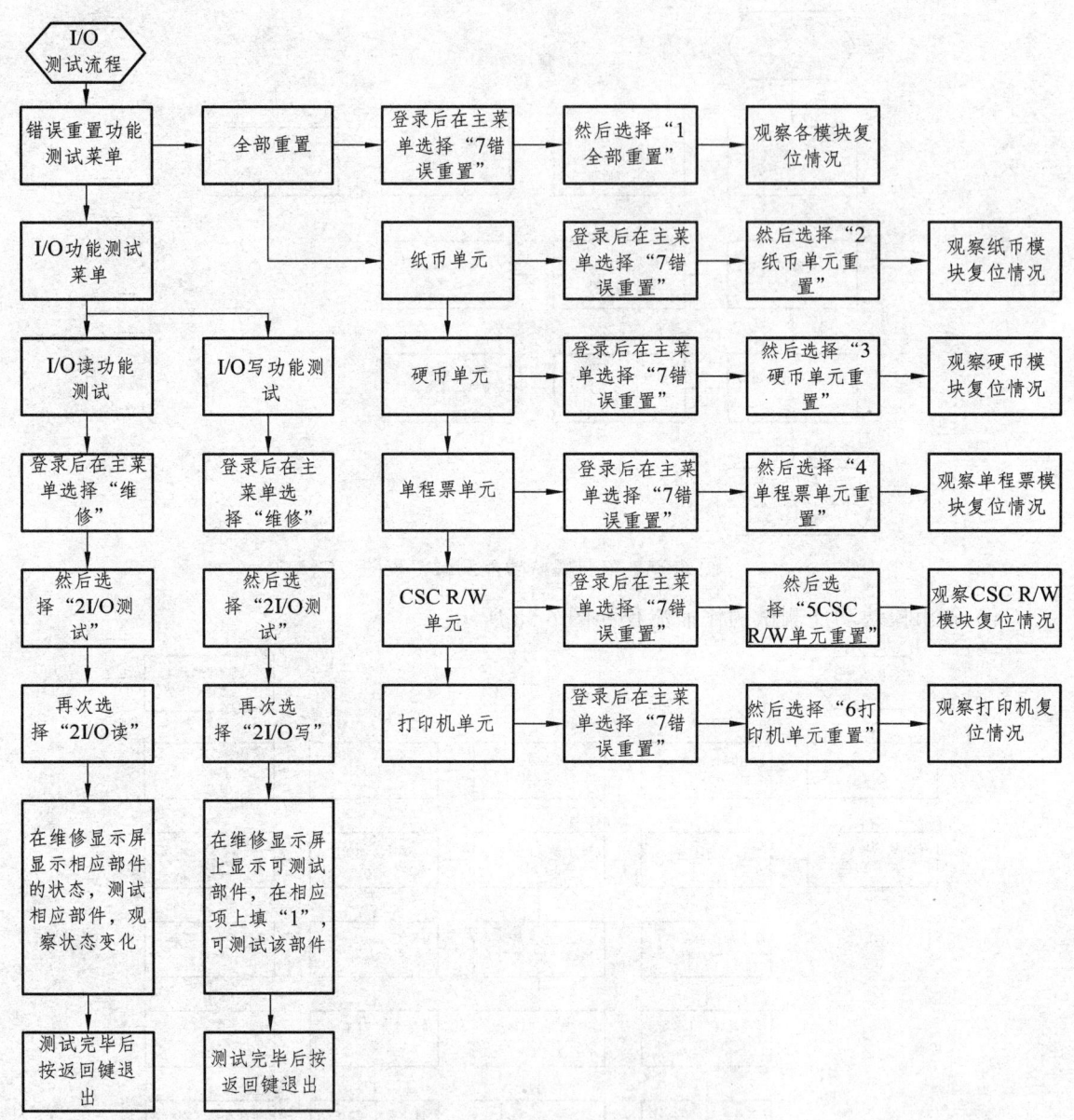

图 6.59　主控制器 I/O 功能测试流程图

八、维护记录

TVM 完成维护后，需做好作业记录，记录表样式如表 6.4（仅供参考）所示。

表 6.4 TVM 维护作业记录表(供参考)

作业车站:_____ 设备编号:_____ 检修人员:_____
作业日期:_____ 开始时间:_____ 结束时间:_____

序号	检修项目	状态及测量数值	备注(存在问题)
1	供电模块检查及测试	电源值测量结果: UPS 功能测试结果:	
2	主控机检查及测试	工控机功能检测结果:	
3	纸币模块检查及测试	纸币存储组件检查结果: 纸币接收和找零组件检查结果: 功能测试结果:	
4	硬币模块检查及测试	硬币存储组件检查结果: 硬币接收和找零组件检查结果: 功能测试结果:	
5	车票处理模块检查及测试	SAM 卡及天线安装情况检查结果: 车票发售组件检查结果:	
6	多元化支付模块检查及测试	二维码识别器安装情况检查结果: 二维码识别器功能测试结果:	
7	乘客购票显示屏	外观检查结果: 功能测试结果:	
8	外围组件检查	打印机功能检测结果: 维修操作组件(键盘等)检测结果:	
9	系统软件检查	功能正常□	
10	整机功能测试	功能正常□	
11	设备状态分析		

第四节 票房售票机预防性维护

票房售票机(BOM)在地铁车站的票务服务设备中担负着辅助售票、处理乘客事务的角色,由于每个地铁车站设置的 BOM 数量不多,部分车站站厅只设置了一台 BOM,其运行的稳定性将直接、快速影响 AFC 设备的服务质量。

BOM 维护作业内容主要包括:对供电模块、主控机、BOM 乘客显示屏、BOM 读卡器、操作显示屏、交换机及周边其他部件进行保养,并检测工作性能,其重点内容是检测和保证车票处理功能的正常使用。

下面以我国某城市地铁的设备为例,介绍 BOM 主要模块的预防性维护的内容与周期,如表 6.5 所示。

表 6.5

主要部件	维护内容	季度检	半年检	年检
供电模块	检查直流电源、UPS/后备电池、电源接线端子、交流输入/输出组件外观及连接线缆，供电性能安全检测		√	√
主控单元	检查并整理主控机内/外观及外部接线、端口及组件固定情况		√	√
车票读写器模块	读卡器检查外观及接线情况、检查SAM卡安装情况、检查读卡器面板连接线情况	√	√	√
多元化支付模块	检查多元化支付组件（二维码识别器）安装情况，测试使用性能	√	√	√
系统软件/程序/运行模式	检查设备系统、监控/应用/通信程序、软件版本、数据库连接、寄存器、登录/签到/签退功能		√	√
外围组件	外围设备（乘客显示屏、显示器、鼠标、键盘、打印机等）检查外观及接线、组件固定情况	√	√	√

BOM 的整体外观如图 6.60 所示。因为 BOM 设备安装于车站站厅显眼的位置，容易积尘，所以其主控单元、供电组件等一般都使用机柜进行存放，目的是为了更好地保护设备正常运行（BOM 多元化支付模块维护与 AGM 类似，本节内容不再赘述）。

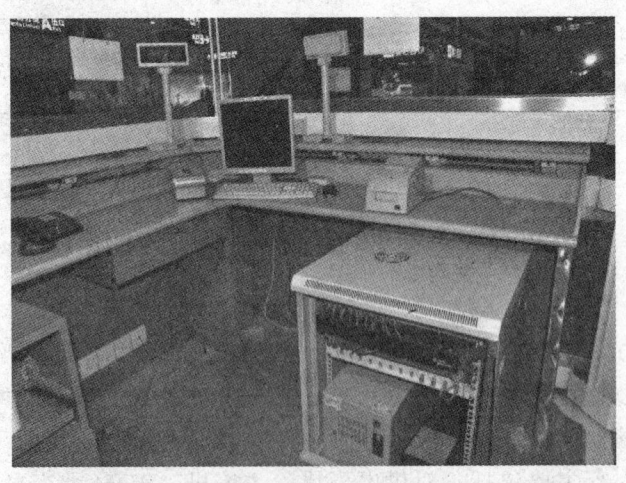

图 6.60 BOM 整体外观图

BOM 的维护项目主要包括电源模块、主控模块、读卡器模块、乘客显示屏及周边部件的维护工作。维护作业后 BOM 的正常使用，其运行状态应符合维护规程的要求。

BOM 预防性维护的作业流程如图 6.61 所示。

第六章 设备预防性维护

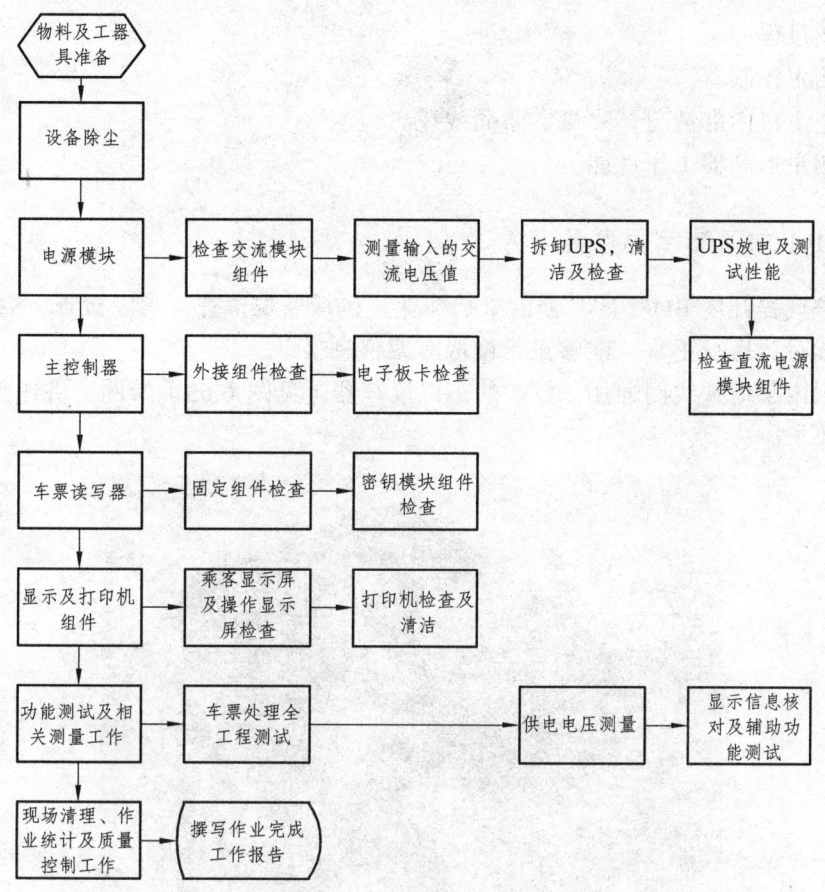

图 6.61 BOM 预防性维护流程图

一、BOM 主控模块维护作业

按照维护规程对 BOM 的主控器开展维护作业,主要包括外观检查、清洁除尘、性能检测等,作业质量应符合维护规程的相关标准。下面以国内某地铁 BOM 的主控器为例进行讲述,如图 6.62 所示。

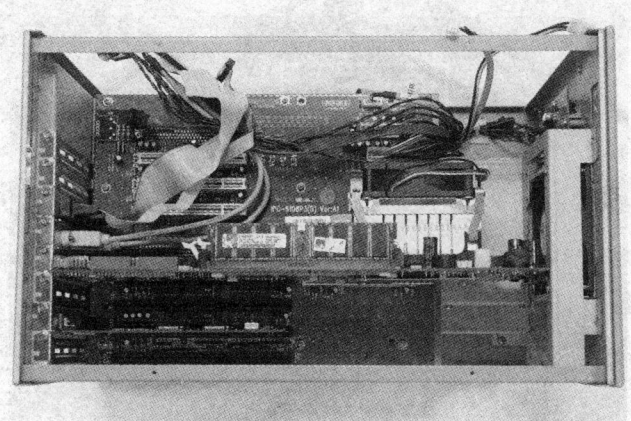

图 6.62 BOM 主控制器

具体作业过程：
（1）清洁主控制器。
（2）检查主机内部情况，除尘，紧固线缆。
（3）检测主控制器工作性能。

二、BOM 车票读写器的维护

按照维护规程开展 BOM 读写器的维护作业，包括外观检查、紧固检查、SAM 卡安装检查等，确保读写器运行正常，能够正常读取车票信息。

下面以国内某地铁线网通用 BOM 的车票读写器（见图 6.63）为例，讲述其维护作业的相关流程与要求。

图 6.63　BOM 车票读写器

具体作业过程：
（1）清洁读卡器，清洁过程中要特别注意图 6.64 中标注的线缆的紧固情况。

图 6.64　读卡器内部图

（2）检查读写器组件的安装情况，重点留意板卡间的连接与紧固，如图 6.65 所示。

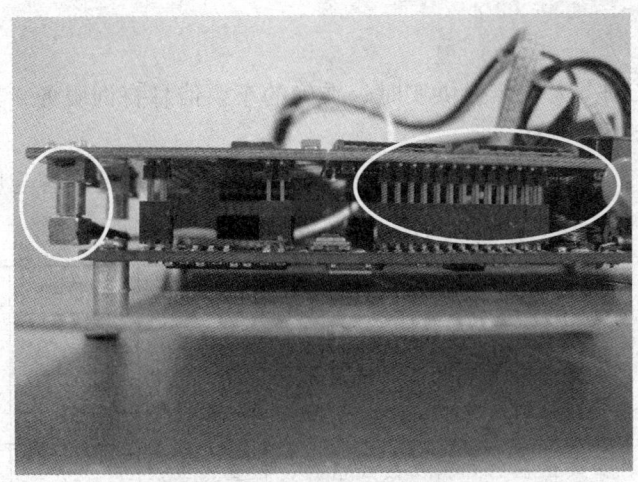

图 6.65　读写器 SAM 卡的安装检查

（3）测试车票读写器的工作性能。

三、维护记录

BOM 完成维护后，需做好作业记录，记录表样式如表 6.6（仅供参考）所示。

表 6.6　BOM 维护作业记录表（供参考）

作业车站：_____　　设备编号：_____　　检修人员：_____
作业日期：_____　　开始时间：_____　　结束时间：_____

序号	检修项目	状态及测量数值	备注（存在问题）
1	供电模块检查及测试	电源值测量结果： UPS 功能测试结果：	
2	主控机检查及测试	工控机功能检测结果：	
3	车票处理模块检查及测试	读卡器检查结果： 车票发售组件检查结果：	
4	多元化支付模块检查及测试	二维码识别器安装情况检查结果： 二维码识别器功能测试结果：	
5	外围组件检查	打印机功能检测结果： 乘客显示屏功能检测结果： 键盘鼠标等辅助组件检测结果：	
6	系统软件检查	功能正常□	
7	整机功能测试	功能正常□	
7	设备状态分析		

第五节　自动验票机预防性维护

自动验票机（TCM）为乘客提供实时、准确的车票信息查询服务，其维护作业的主要内容是通信功能和显示功能检查。

下面以我国某城市地铁的设备为例，介绍 TCM 预防性维护的内容与周期，如表 6.7 所示。

表 6.7　TCM 预防性维护内容与周期

主要部件	维护内容	季度检	半年检	年检
供电模块	检查直流电源、UPS/后备电池、电源接线端子、交流输入/输出组件外观及连接线缆，供电性能安全检测		√	√
读卡器模块	检查读卡器的外观及接线情况，检查天线、控制板卡、SAM 卡安装情况	√	√	√
主控机	检查主控机内/外观及外部接线、端口及组件的固定情况		√	√
乘客显示屏	检查乘客显示屏（含组件）的安装固定情况	√	√	√
系统软件/程序/运行模式	检查设备系统、监控/应用/通信程序、软件版本		√	√

TCM 维护主要是对电源模块、车票处理模块、主控模块、乘客显示模块及周边其他部件进行保养，并检测工作性能。维护后 TCM 能正常使用，其运行状态应符合维护规程的要求。TCM 预防性维护的作业流程如图 6.66 所示。

一、TCM 车票处理模块（读写器）的维护作业

按照维护规程对 TCM 车票处理模块进行维护作业，对 TCM 车票处理模块进行外观检查、SAM 卡安装检查、板卡接线情况检查，确保 TCM 车票处理模块运行正常，能够正常读取车票信息。维护后，TCM 票卡处理模块能正常使用，运行状态应符合维护规程的要求。

具体作业过程：
（1）清洁车票处理模块板卡。
（2）检查车票处理模块线缆的安装情况。
（3）测试车票处理模块的工作性能。

二、TCM 主控单元维护作业

按照维护规程对 TCM 主控模块进行维护工作，对 TCM 主控模块进行线缆连接检查、安装牢固检查、各散热风扇的情况检查，确保 TCM 主控模块的部件运作正常、安装牢固。维护后，TCM 主控单元能正常使用，运行状态应符合维护规程的要求。

第六章 设备预防性维护

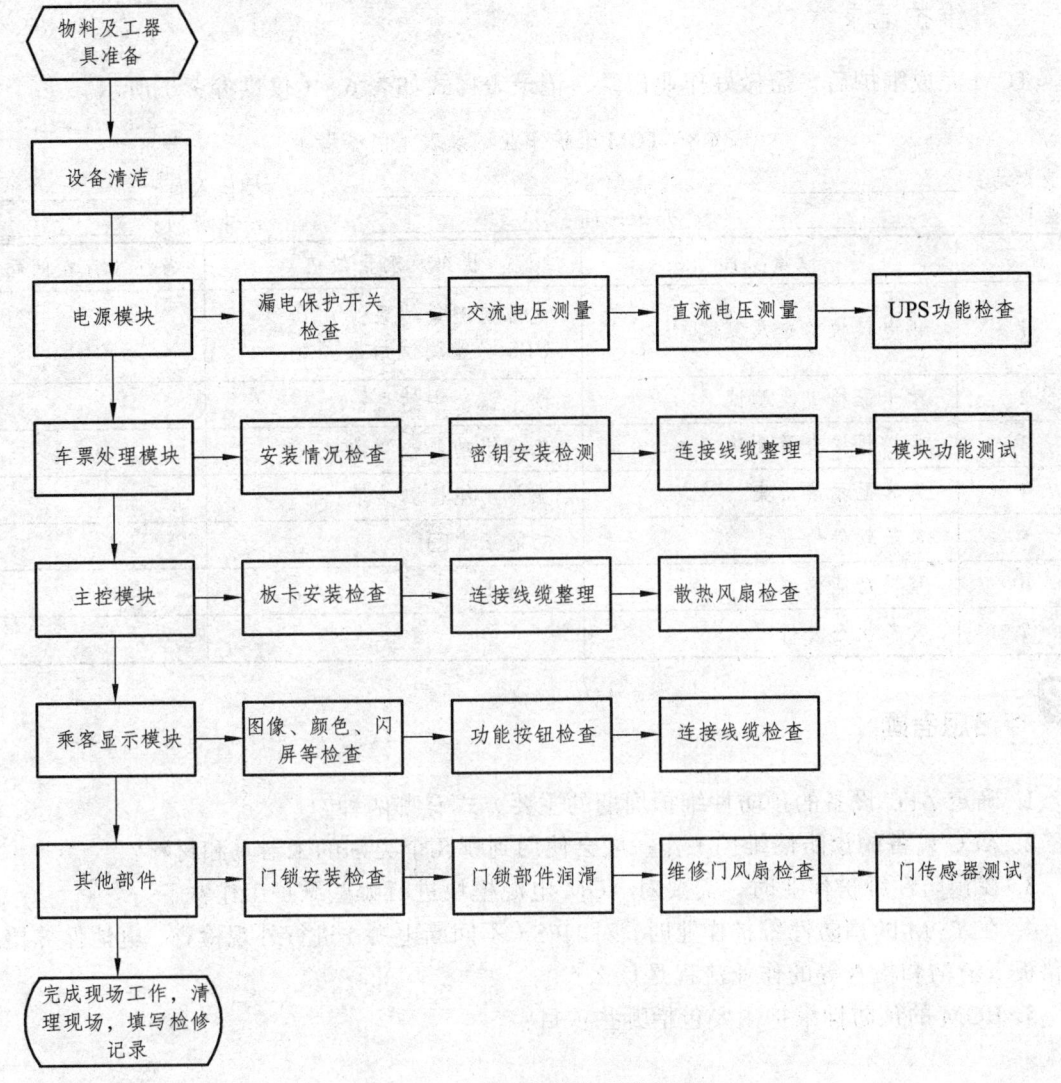

图 6.66 TCM 维护作业流程图

具体作业过程：
（1）清洁主控模块。
① 拔下主控模块外部的连接线缆。
② 拆下主控模块。
③ 拆下主控模块外壳挡板。
④ 用压缩空气、毛刷和吹风机清洁主控模块内部。
（2）检查主控模块内部。
① 检查主控模块内部的连接线缆。
② 检查主控模块内部散热风扇的情况。
③ 检查板卡是否安装牢固。
④ 整理内部线缆。

三、维护记录

TCM 完成维护后,需做好作业记录,记录表样式如表 6.8(仅供参考)所示。

表 6.8 TCM 维护作业记录表(供参考)

作业车站:_____ 设备编号:_____ 检修人员:_____
作业日期:_____ 开始时间:_____ 结束时间:_____

序号	检修项目	状态及测量数值	备注(存在问题)
1	供电模块检查及测试	电源值测量结果: UPS 功能测试结果:	
2	读卡器检查及测试	读卡器检查结果:	
3	主控机检查及测试	工控机功能检测结果:	
4	乘客显示屏检查	显示功能检测结果:	
5	系统软件检查	功能正常□	
6	整机功能测试	功能正常□	
7	设备状态分析		

复习思考题

1. 确定 AFC 设备的预防性维护周期的主要方式有哪两种?
2. AFC 设备的预防性维护工作一般会使用到哪几个类别的工器具和材料?
3. 在预防性维护作业时,需要对 AGM 电源模块进行哪些维护工作?
4. 在 TVM 的预防性维护作业时,对 UPS(不间断电源)进行外观检查、电池保养检查、电路板卡清洁和检查等的作业流程是什么?
5. BOM 的预防性维护主要包括哪些项目?

第七章　常见故障的判断与处理

【学习目标】

1. 了解 AFC 设备故障的处理原则；
2. 学习自动检票机常见故障的判断与处理流程；
3. 学习自动售票机常见故障的判断与处理流程；
4. 学习票房售票机常见故障的判断与处理流程；
5. 学习车站计算机常见故障的判断与处理流程；
6. 学习 AFC 设备重大故障的判断与处理流程。

【知识要求与技能要求】

1. 掌握 AFC 设备故障的处理原则；
2. 掌握自动检票机常见故障的类型与判断方法；
3. 掌握自动售票机常见故障的类型与判断方法；
4. 掌握票房售票机常见故障的类型与判断方法；
5. 掌握车站计算机常见故障的类型与判断方法；
6. 掌握 AFC 设备重大故障的类型与判断方法。

第一节　AFC 设备故障处理的基本原则

AFC 系统在城市轨道交通运营收益和对外服务系统中直接面对乘客，是城市轨道交通运营服务的窗口。因此，AFC 设备的故障维修响应时间、故障处理速度、故障维修质量将直接关系到运营服务的水平。

AFC 设备 24 h 通电，设备随使用时间和运营客流不断增长，设备各机械部件会出现不同程度的磨损或故障损坏，设备模块的电子控制板卡会出现元器件电子性能下降、线缆老化、电源性能不稳定、设备硬件停产、软件不能满足现场使用需求等问题。

AFC 检修人员除了定期对 AFC 设备开展计划性检修外，当发现或者接报故障后，在规定时间的到达故障现场，响应处理故障并询问车站相关人员故障现象，结合故障代码，判断故障点，并处理故障，保证设备运行性能稳定，提高设备对乘客的服务质量。

一、AFC 常见故障的处理原则

AFC 设备故障的维修以日常故障性维修为主，日常的故障性维修主要是设备出现故障后，及时合理安排维修人员跟进检查故障设备，各级相关检修人员须首先判断其性质、影响范围，其次须尽快隔离故障设备；然后按其轻重缓急组织维修，以尽快恢复设备正常运行。

当 AFC 设备发生故障时，检修人员应根据设备操作界面的显示故障信息和维修面板的模块测试状态确认故障发生的确切原因进行修复。如果判断为设备部件故障，则更换发生故障的模块。AFC 设备常见故障处理流程图如图 7.1 所示。

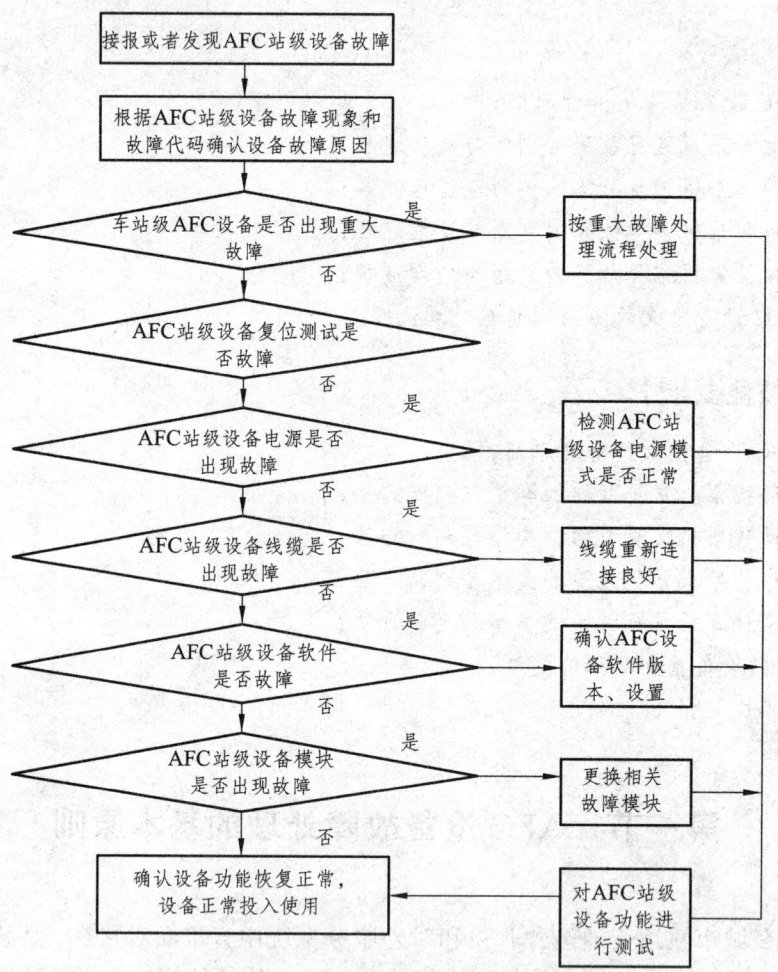

图 7.1 AFC 设备常见故障处理流程图

【例】 自动售票机卡纸币故障处理流程：

（1）检修人员接报设备故障后，应立即达到设备现场。

（2）检修人员签借相关设备锁匙。

（3）检修人员对现场设备进行安全防护工作。

（4）向乘客或者站务人员了解设备卡纸币故障情况，包括设备号、卡币类型、卡币金额、故障时间等。

（5）到现场观察设备的状态，登录设备后台，查询相关的交易数据、钱箱 ID 号等。

（6）判断是否存在卡币的情况，向车站反馈信息，确认是卡纸币故障后再修复故障。

（7）将设备取出的钱币按相关规定上交。

（8）对设备相关部件连接线缆、电源、硬件、软件进行检查并对模块进行测试。

（9）填写维修记录，观察乘客使用正常后，才能投入运营。

二、AFC 设备重大故障处理

AFC 设备发生重大故障后，对影响大、重要设备损坏严重的故障，各级相关检修人员须立即判断其性质和影响范围，并隔离故障设备，按"先通后复""先主后次"的原则，尽快采取措施，修复部分设备，及时降低故障影响，尽力缩小对地铁正常运营的影响。

1．重大故障类型

（1）车站自动售票机全部停用，或在站厅层分离的一端内全部自动售票机停用。

（2）车站自动检票机的出闸机全部故障，或在站厅层分离的一端内全部出闸机故障。

（3）车站自动检票机的进闸机全部故障，或在站厅层分离的一端内全部进闸机故障。

（4）车站票房售票机全部故障，或在站厅层分离的一端内全部票房售票机故障。

（5）全部车站计算机（AFC 系统内）故障。

（6）在软件升级或参数下载后，AFC 系统发生大面积设备故障，导致全线或单站的同类设备停用超过 75%。

（7）对地铁形象、地铁运营、车站管理、乘客出行影响较大的少量设备故障。

（8）单台或多台车站设备（如自动售票机、自动检票机、票房售票机、自动验票机、车站计算机等）出现冒烟、着火。

（9）单台或多台车站设备（如自动售票机、自动检票机、票房售票机、自动验票机、车站计算机等）遭人为恶意破坏，导致设备损坏。

（10）车站设备（如自动售票机、自动检票机、票房售票机、自动验票机、车站计算机等）丢失或设备的某些部件被盗、丢失。

2．重大设备故障处理原则

（1）按"先通后复"的原则，在接报故障后先恢复简单故障设备，尽快降低故障等级。

（2）确保每个付费区均有运行良好的自动检票机。

（3）确保车站每端均有运行良好的自动售票机。

（4）确保车站每端均有运行良好的票房售票机。

（5）按"先主后次"原则，在最短时间内恢复车站计算机的部分必要功能，降低对系统和运营的影响。

3．重大设备故障发生时的处理流程

（1）检修人员接报故障后，应简要地询问故障情况，立即赶赴故障现场，并在赶赴现场途中尝试通过电话指导站务人员修复故障设备。

（2）检修人员到达现场，迅速检查设备的故障情况，判断需要配送的备件，可申请派抢险车接送。

（3）检修人员接报故障后，应立即上报上级部门，到达现场后判断设备故障情况，在短时间内能否修复，如不能修复应马上请求技术支援。

（4）支援人员接报故障后，应带齐必需的技术资料和检测仪器，立即赶赴现场。

（5）抢修故障时，应集中技术力量抢修故障情况最轻的设备。

（6）如故障设备没法修复，则应马上请求上级部门安排技术研发人员到场支援。

（7）故障修复后，检修人员和支援人员要做好检查，充分考虑故障修复后是否仍存在大面积故障的隐患，做好相应的预防措施。

（8）故障修复后，将设备情况及时上报部门。

（9）检修人员做好故障处理过程的详细记录。

4．AFC设备重大设备故障发生时的处理流程（见图7.2）。

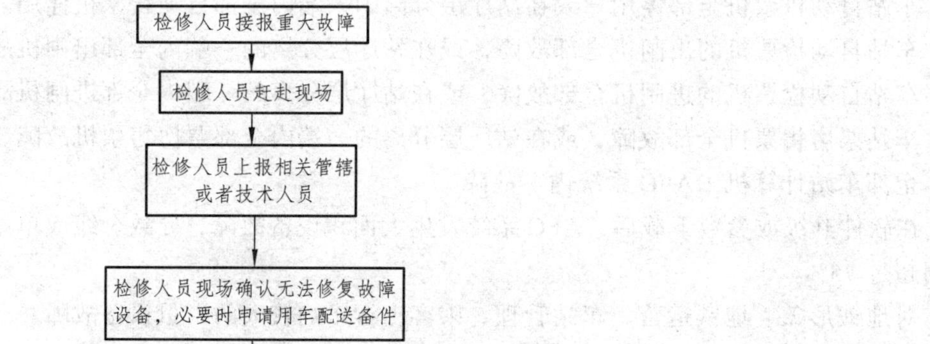

图 7.2 重大设备故障处理流程图

5．案　例

某地铁站全部自动检票机暂停服务，没法正常投入运营。

事情经过：2017 年 11 月 2 日 5:50，某地铁站报：车站全部自动检票机均无法自动开启正常服务模式，站务人员在车站计算机上无没法控制站厅自动检票机进入正常服务模式，车站通知检修人员抢修。6:05 AFC 检修人员到达故障现场进行处理。6:15，车站报：经 AFC 人员处理后，全部出闸机已恢复正常使用。

案例分析：检查发现 4:50 车站计算机与站厅全部自动检票机通信中断，车站计算机光纤交换机出现电源模块故障，4:50 后车站计算机与站厅自动检票机无法通信，车站计算机执行下发运营时刻表，但没有成功下发到本地自动检票机，本地自动检票机运营时刻表由于升级改造设置错误，本地自动检票机自身的运营时刻表运行错误。

对现场车站计算机设备日志和自动检票机本地日志整理分析，核查结果显示：当站车站计算机在 4:50 后与站厅全部自动检票机通信中断，车站运营开始前，车站计算机正常执行下发运营时刻表到本地自动检票机，由于现场设备与车站计算机通信中断，车站计算机下发的命令本地自动检票机无法收到，本地自动检票机自身运营时刻表设置错误，运营开始时自动检票机执行自身运营时刻表，但运行错误。导致全站自动检票机在 6:00 无法自动进入正常服务模式，整个车站自动检票机全部暂停服务，受其影响，车站自动检票机 6:15 才能正常投入运营。

第二节　自动检票机常见故障的判断与处理

当自动检票机出现故障时，维修人员到达故障设备现场，并可通过相关故障代码，在维修面板，确认设备状态，进行系统测试，确认设备的详细故障内容。确认故障后，可通过硬件操作和软件操作排除，如果现场无法排除故障时，应通过更换模块或者部件解决故障问题。

自动检票机常见故障主要有以下几种：软件故障、票卡模块故障、扇门模块（剪式扇门或转杆式闸门）故障、电源模块故障、主控模块故障、乘客显示屏模块故障。下面以某城市地铁为例进行介绍。

一、常见故障类型

1. 软件故障

自动检票机软件故障主要是主控器系统故障、设备参数故障。设备软件故障，会导致主控器无法开启运营，设备进入暂停服务状态，直接影响乘客正常使用。

2. 票卡模块故障

票卡模块故障主要是票卡模块电磁阀或传感器连接线缆接触不良、电磁阀或传感器故障、票卡模块控制板故障、直流电压不稳定、票卡模块软件控制流程出错、票卡模块机械部件损坏等问题，导致票卡模块出现卡票、不能正常分析车票、不能正常回收单程票、不能识别票箱等故障，设备进入暂停服务状态，会直接影响乘客正常使用。

3. 扇门模块故障

扇门模块（剪式扇门或转杆）故障主要是扇门模块电源或者信号连接线缆接触不良、通道传感器故障、扇门控制板故障、电压不稳定、扇门模块软件控制流程出错、机械部件损坏等问题，导致扇门模块出现验票不开门、扇门常开、扇门不停动作、开关动作异响等故障，设备暂停服务，直接影响乘客正常使用。

4. 电源模块故障

电源模块故障主要是电源模块线缆接触不良、交流模块故障、直流电源模块故障、外部电压波动等问题，导致电源模块出现交流或者电源进入保护状态、电子板卡烧坏、电源电压不稳、电源模块短路等故障，设备暂停服务，直接影响乘客正常使用。

5. 主控模块故障

主控模块故障主要是主控模块线缆接触不良、主控器板卡故障、设备温度超过规定范围、电压输入不稳定、软件运行错误等问题，导致主控模块出现死机、自动重启、主控没法启动、系统报错等故障，设备暂停服务，直接影响乘客正常使用。

6. 乘客显示屏模块故障

乘客显示屏模块故障主要是线缆接触不良、显示屏背光等烧坏、显示屏控制板卡故障、显示屏损坏、电压不稳定等问题，导致乘客显示屏出现显示屏黑屏、花屏、闪烁、老化变色等故障，会导致乘客验票通过自动检票机时无法正常观察车票的相关信息。

根据自动检票机日常故障现象，按设备模块划分，故障类别具体归纳为以下几个方面，如表 7.1 所示。

表 7.1 自动检票机常见故障列表（供参考）

故障现象	故障处理步骤
软件故障	（1）检查设备系统软件运行是否正常； （2）检查设备应用软件运行是否正常； （3）检查设备参数软件是否正常
票卡模块故障	（1）检查读卡器是否故障； （2）检查读卡器连接线缆是否正常； （3）检查自动检票机机械部件是否正常； （4）检查自动检票机回收票模块连接线缆是否正常； （5）检查自动检票机回收模块控制板是否正常； （6）检查票箱是否正常； （7）检查票箱 ID 识别器是否正常
扇门模块故障	（1）检查扇门模块机械部件是否正常； （2）检查扇门控制板是否正常； （3）检查扇门模块连接线缆是否正常； （4）检查扇门电机是否正常； （5）检查通道传感器连接线缆是否正常； （6）检查通道传感器控制板是否正常； （7）检查通道传感器是否正常； （8）检查扇门模块电压是否正常

续表

故障现象	故障处理步骤
电源模块故障	（1）检查电源电压输入和输出电压是否正常； （2）检查电源控制板卡是否正常； （3）检查电源连接线缆是否正常
乘客状态显示屏模块故障	（1）检查乘客状态显示屏电源是否正常； （2）检查乘客状态显示屏连接线缆是否正常； （3）检查乘客状态显示屏控制板是否正常
主控模块故障	（1）检查主控温度是否正常； （2）检查主控电子板卡是否正常； （3）检查主控软件运行是否正常； （4）检查外围输入设备是否正常； （5）检查运营模式设置是否错误

二、常见故障案例

1．自动检票机软件故障

（1）故障现象：

自动检票机启动后无法进入正常服务模式，系统主程序运行报错，设备暂停服务如图7.3所示。

图7.3　自动检票机系统软件故障

（2）故障原因分析（见图7.4）：

根据"鱼骨分析法"分析自动检票机软件故障可能由以下3个方面原因造成：① 系统软件故障；② 应用软件故障；③ 参数故障。

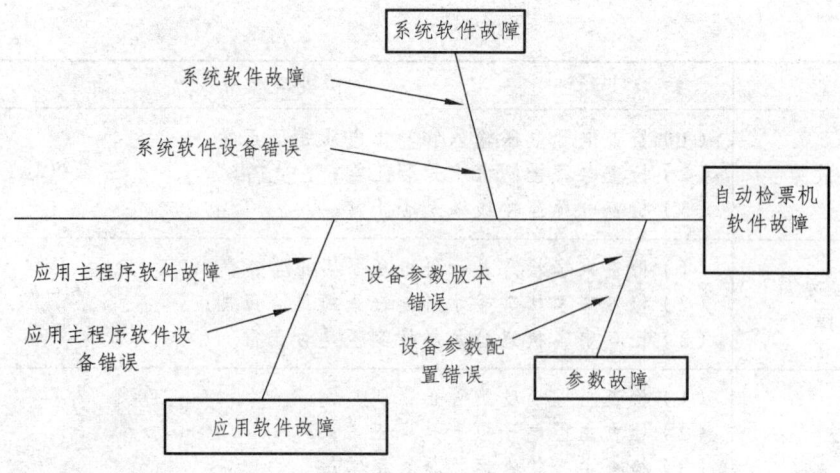

图 7.4 自动检票机软件故障分析

（3）故障判断维修流程如图 7.5 所示。

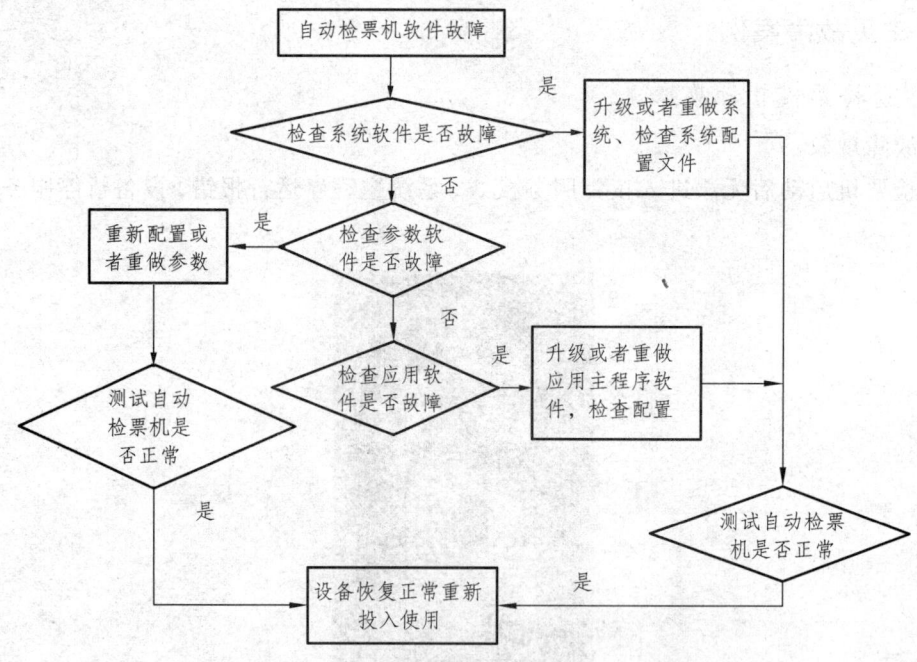

图 7.5 自动检票机软件故障处置流程图

（4）故障处理操作步骤：

① 观察自动检票机提示软件故障信息，确认设备故障情况。
② 检查自动检票机系统软件是否正常，必要时升级或者重做软件。
③ 检查自动检票机参数是否正常，必要时升级或者重做参数。
④ 检查自动检票机应用软件是否正常，必要时升级或者重做软件。
⑤ 测试自动检票机软件运行是否满足现场需求，恢复设备正常运行。

2. 自动检票机卡票（代币式单程票）故障

（1）故障现象：

乘客持有效车票出站，车票经投票口放入自动检票机，扇门模块不动作，自动检票机显示暂停服务，并提示相应故障代码，通行指示灯显示禁止通行，如图7.6所示。

图7.6　自动检票机回收通道卡票

（2）故障原因分析（见图7.7）：

根据"鱼骨分析法"分析自动检票机卡票故障可能由以下5个方面原因造成：① 相关硬件（电磁阀、传感器、马达、分向叶等）故障；② 连接线缆问题；③ 电源故障；④ 控制板故障；⑤ 其他异常问题导致回收车票通道被异物堵塞，车票变形。

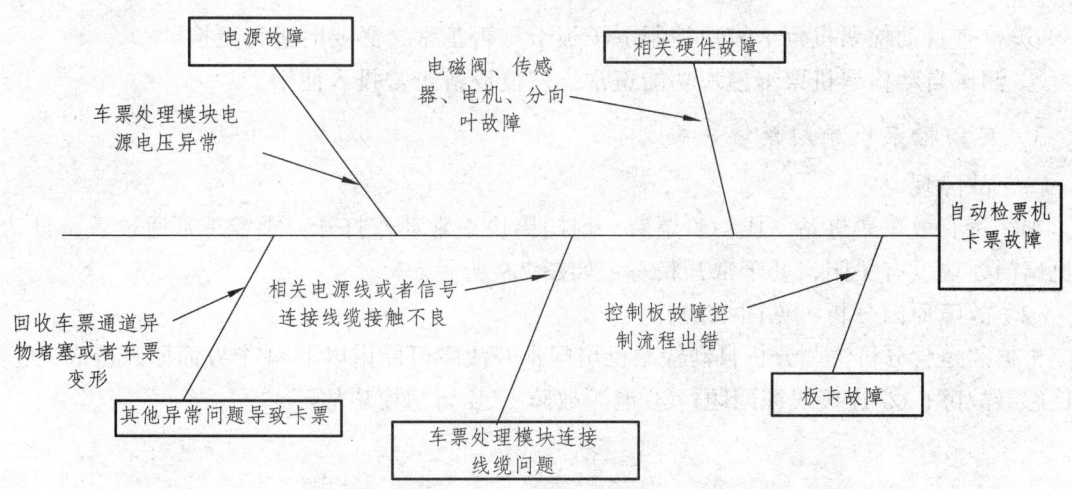

图7.7　自动检票机卡票故障分析

（3）故障判断维修流程如图7.8所示。

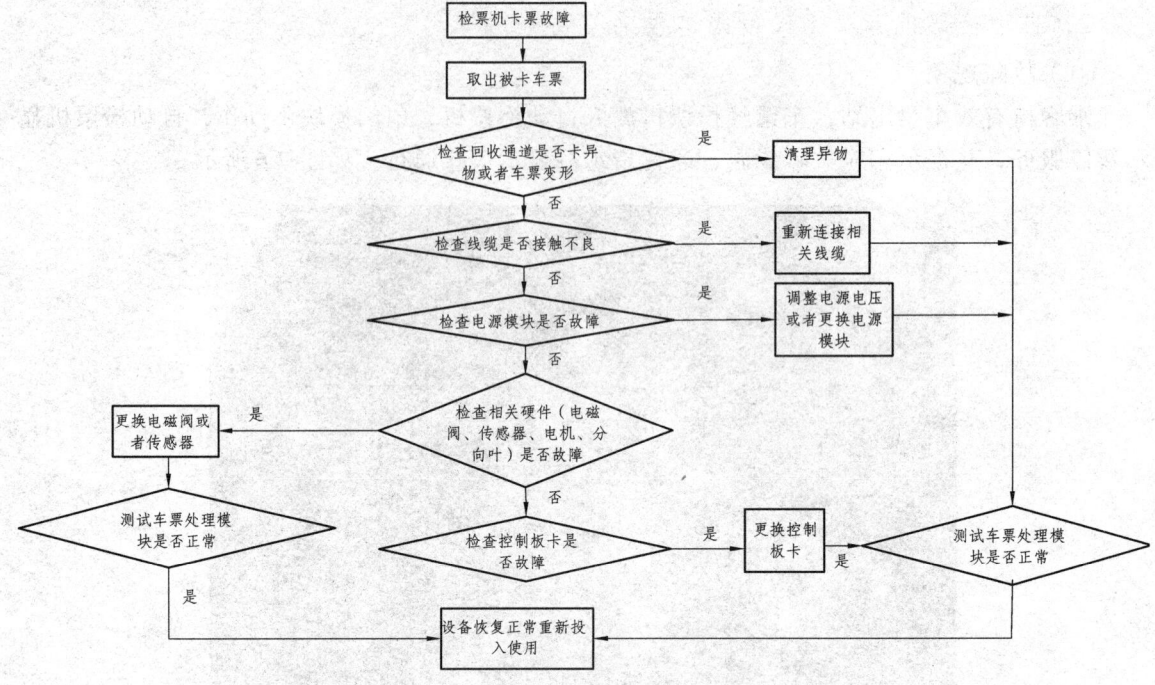

图 7.8 自动检票机卡票故障处置流程图

（4）故障处理操作步骤：

① 观察自动检票机票卡模块状态、故障信息，确认设备故障情况。
② 打开自动检票机票卡模块，取出被卡票卡，并进行相关清洁。
③ 检查自动检票票卡模块线缆连接是否良好，必要时更换新线缆。
④ 用万用表检测自动检票机票卡模块电压，电压值须满足使用要求。
⑤ 检查自动检票机票卡模块各机械硬件动作、传感器状态满足使用要求，必要时进行更换。
⑥ 检查自动检票机票卡模块控制电子板卡是否正常，必要时进行更换。
⑦ 测试自动检票机票卡模块功能正常，恢复设备正常投入使用。

3．自动检票机扇门模块故障

（1）故障现象：

乘客持有效车票进站，成功验票后，扇门模块正常动作打开，乘客正常通过后，自动检票机扇门模块没有关闭，处于常开状态，如图 7.9 所示。

（2）故障原因分析（见图 7.10）：

根据"鱼骨分析法"分析自动检票机扇门常开故障可能由以下 4 个方面原因造成：① 通道传感器故障；② 连接线缆问题；③ 电源故障；④ 扇门模块故障。

第七章　常见故障的判断与处理

图 7.9　自动检票机扇门常开状态

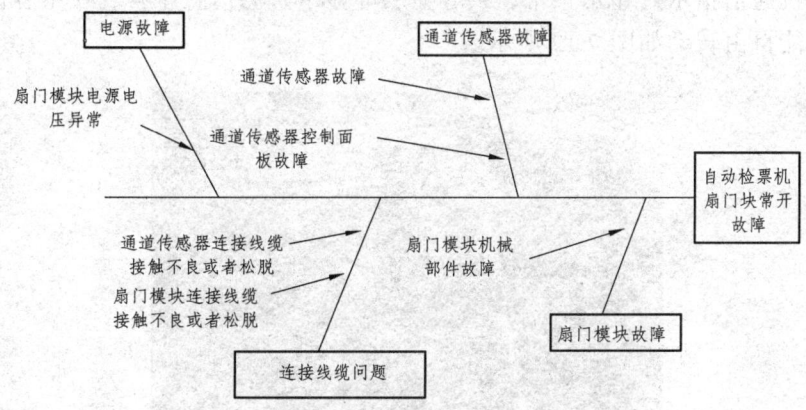

图 7.10　自动检票机扇门模块故障分析

（3）故障判断维修流程如图 7.11 所示。

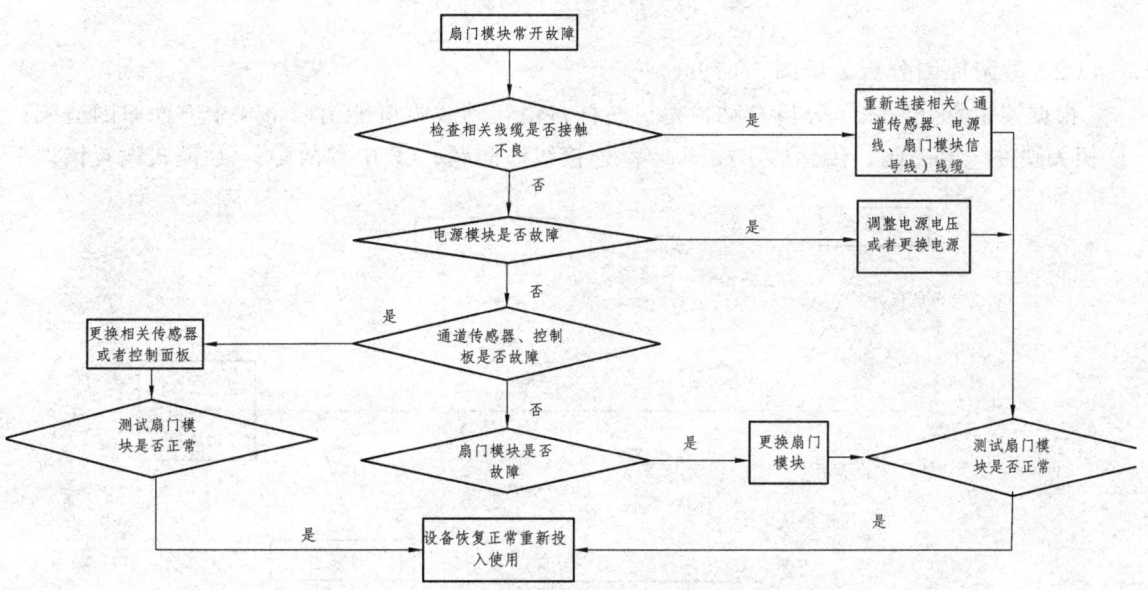

图 7.11　自动检票机扇门模块故障处置流程图

（4）故障处理操作步骤：

(1)观察自动检票机扇门模块状态、故障信息,确认设备故障情况。
(2)检查自动检票机扇门模块线缆连接是否良好,必要时更换新线缆。
(3)用万用表检测自动检票机扇门模块电压,电压值满足使用要求。
(4)检查自动检票机扇门模块控制电子板卡是否正常,必要时进行更换。
(5)检查自动检票机通道传感器是否正常,必要时进行更换。
(6)检查自动检票机扇门模块动作和状态是否满足使用要求,必要时进行更换。
(7)测试自动检票机扇门模块功能动作正常,恢复设备正常投入使用。

4.自动检票机转杆模块故障

(1)故障现象:

自动检票机通信指示灯显示正常,乘客显示屏显示状态信息正常,在乘客没有验票情况下,转杆模块能自由转动如图7.12所示。

图7.12 自动检票机转杆外观图

(2)故障原因分析(见图7.13):

根据"鱼骨分析法"分析自动检票机转杆自由转动故障可能由以下4个方面原因造成:①相关硬件(电磁阀、传感器)故障;②连接线缆问题;③电源故障;④模式设置错误。

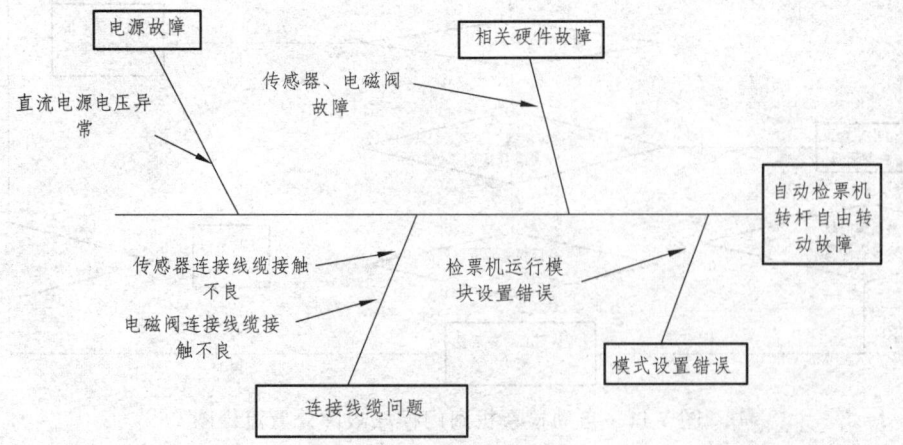

图7.13 自动检票机转杆自由转动故障分析

(3)故障判断维修流程如图 7.14 所示。

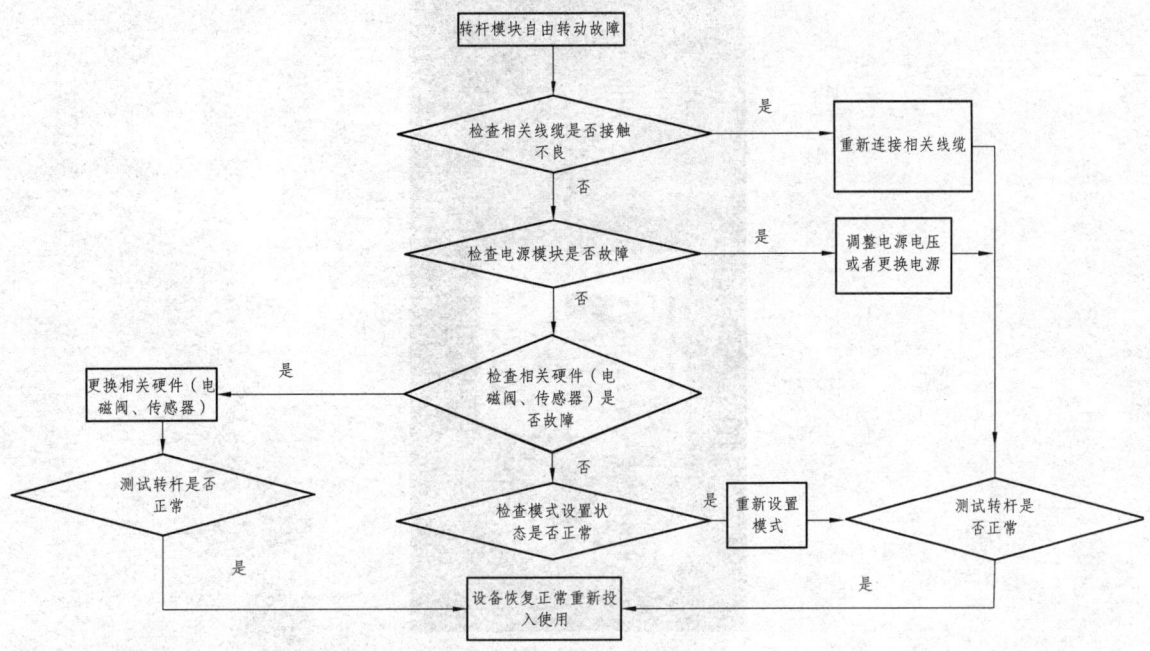

图 7.14 自动检票机转杆自由转动故障处置流程图

(4)故障处理操作步骤:

① 观察自动检票机转杆模块状态、故障信息,确认设备故障情况。

② 检查自动检票机转杆模块线缆连接是否良好,必要时更换新线缆。

③ 用万用表检测自动检票机转杆模块电压,电压值应满足使用要求。

④ 检查自动检票机转杆模块各机械部件动作、传感器状态满足使用要求,必要时进行更换。

⑤ 检查自动检票机转杆模块模式设置是否正常。

⑥ 测试自动检票机转杆模块功能动作正常,恢复设备正常投入使用。

5. 自动检票机读卡器模块故障

(1)故障现象:

自动检票机正常运营状态下,通过读卡器模块读取乘客手上车票,并在乘客显示屏上为乘客提供车票状态信息,但读卡器模块出现故障,不能分析车票,乘客持有效车票无法验卡进/出站,如图 7.15 所示。

(2)故障原因分析(见图 7.16):

根据"鱼骨分析法"分析自动检票机读卡器模块故障可能由以下四个方面原因造成:① 读卡器故障;② 连接线缆问题;③ 电源故障;④ 控制板卡故障。

图 7.15　自动检票机读卡器模块故障

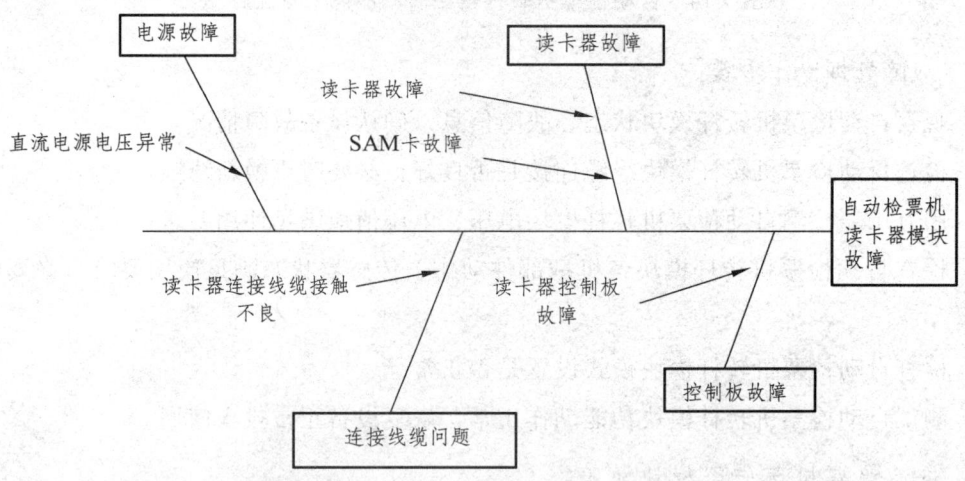

图 7.16　自动检票机读卡器故障

（3）故障判断维修流程如图 7.17 所示。
（4）故障处理操作步骤：
① 观察自动检票机故障状态、故障信息，确认设备故障情况。
② 检查自动检票机读卡器模块线缆连接是否良好，必要时更换新线缆。
③ 用万用表检测自动检票读卡器模块电压，电压值应满足使用要求。
④ 检查自动检票机读卡器模块、SAM 卡是否正常，必要时进行更换。
⑤ 检查自动检票机读卡器控制板是否正常，必要时进行更换。
⑥ 测试自动检票机读卡器模块功能正常，恢复设备正常投入使用。

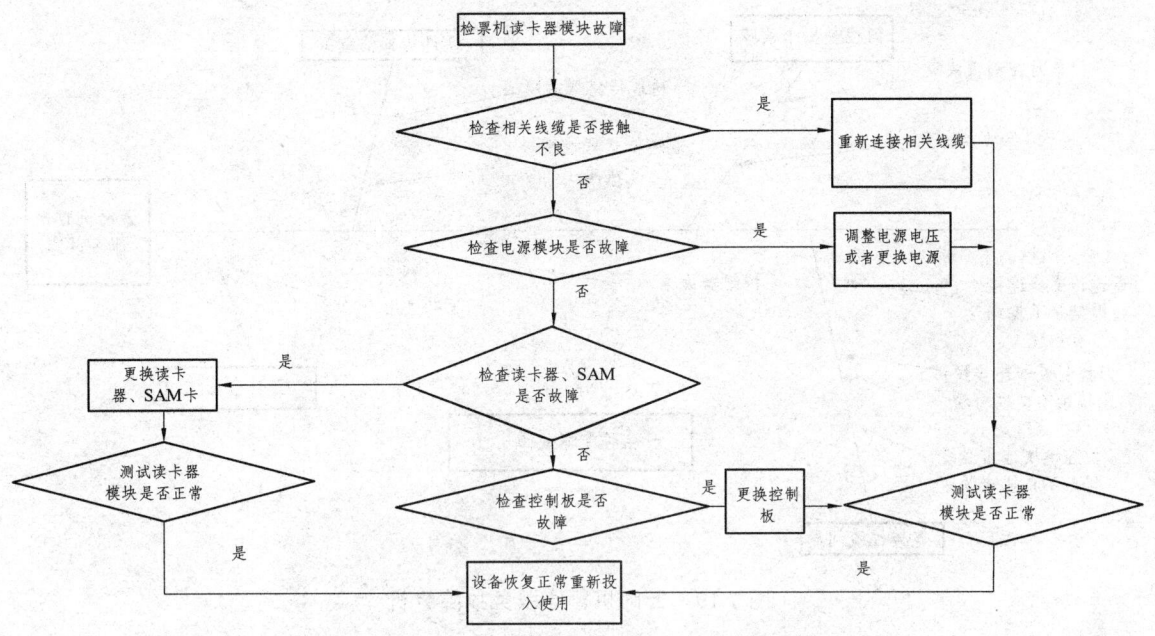

图 7.17 自动检票机读卡器故障处置流程图

6. 云闸机暂停服务故障

（1）故障现象：

云闸机乘客显示屏显示暂停服务，通行指示灯为红叉，设备暂停使用，如图 7.18 所示。

图 7.18 云闸机暂停服务

（2）故障原因分析（见图 7.19）：

根据"鱼骨分析法"分析云闸机暂停使用故障可能由以下 5 个方面原因造成：① 主控器故障；② 通道传感器故障；③ 软件故障；④ 连接线缆问题；⑤ 门控制板卡故障。

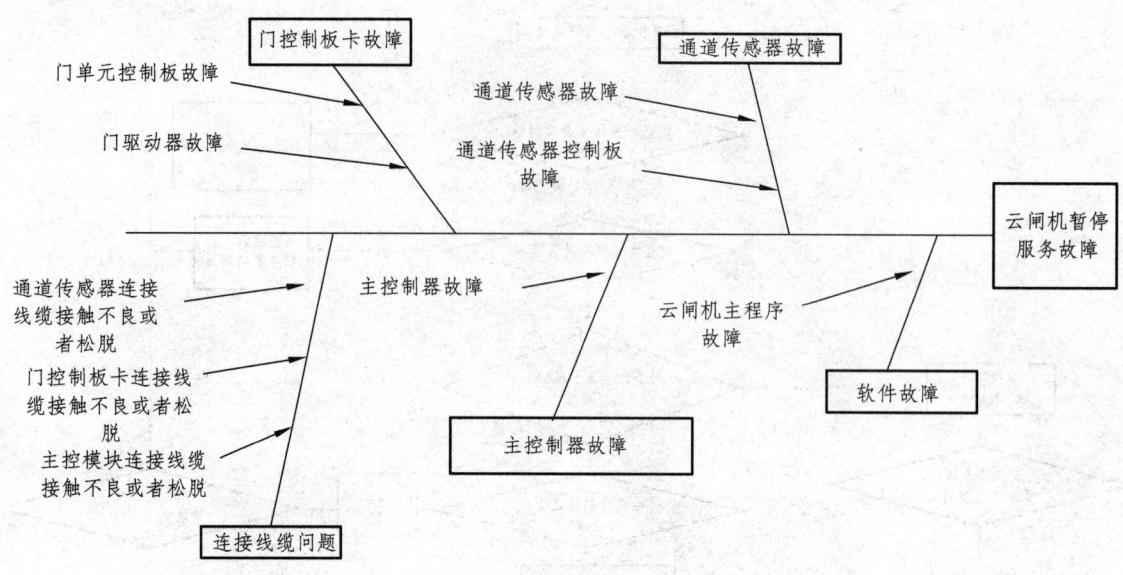

图 7.19 云闸机暂停服务故障分析

（3）故障判断维修流程如图 7.20 所示。

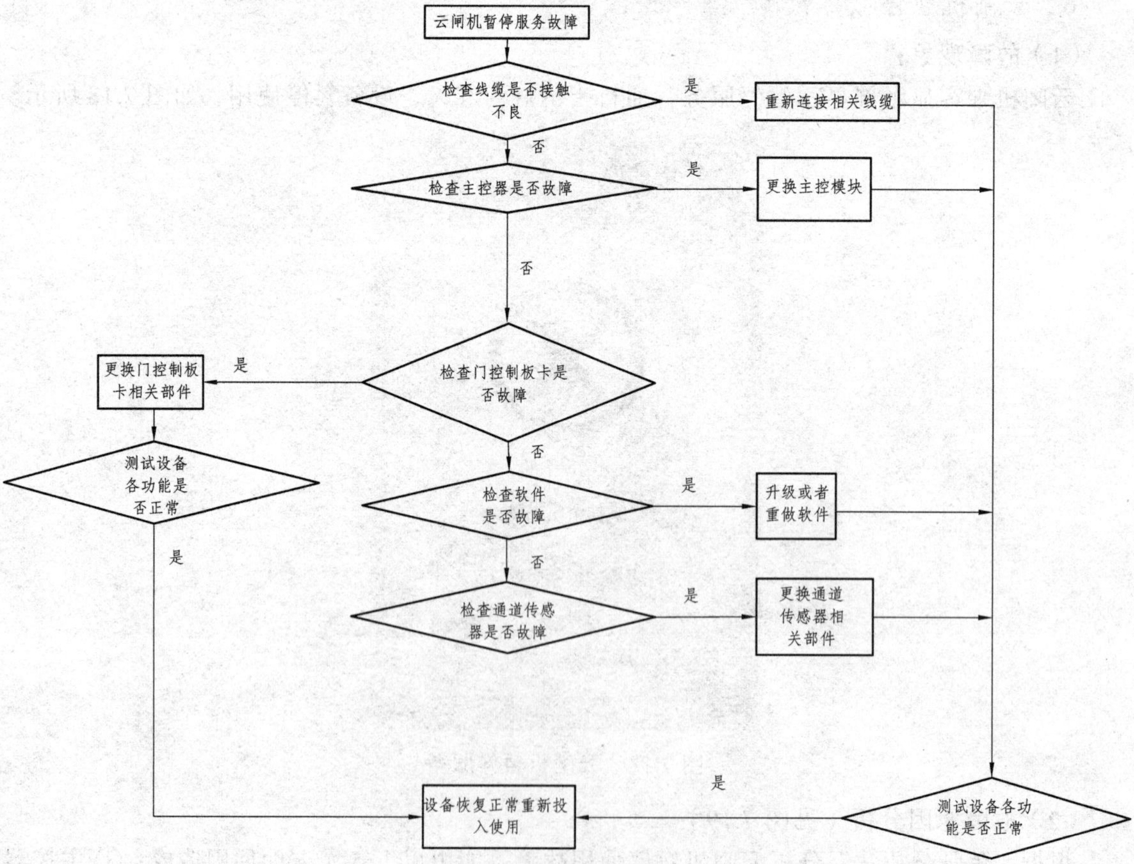

图 7.20 云闸机暂停服务故障处置流程图

（4）故障处理操作步骤：
① 观察云闸机故障状态、故障信息，确认设备故障情况。
② 检查云闸机主控、通道传感器、门控制板卡线缆连接是否良好，必要时更换新线缆。
③ 检查云闸机主控模块是否正常，必要时进行更换。
④ 检查云闸机门控制板卡是否正常，必要时进行更换。
⑤ 检查云闸机主程序软件版本是否正常，必要时进行软件升级。
⑥ 检查云闸机通道传感器是否正常，必要时进行更换。
⑦ 测试云闸机使用功能是否正常，恢复设备正常投入使用。

第三节　自动售票机常见故障的判断与处理

当自动售票机出现故障时，自动售票机乘客显示屏会提示故障代码信息，维修人员到达故障设备现场后可通过相关故障代码，在维修面板确认设备状态，进行系统测试，确认设备的详细故障内容。确认故障后，可通过硬件操作和软件操作排除故障，如果现场无法排除故障，应通过更换模块或部件来解决故障问题。

下面以某城市地铁为例进行介绍。自动售票机常见故障主要有以下几种：单程票模块故障、硬币模块故障、纸币模块故障、触摸屏模块故障、电源模块故障、主控模块故障。

一、常见故障类型

1．单程票模块故障

单程票屏模块故障主要是由于线缆接触不良、电磁阀或传感器故障、单程票控制板卡故障、电压不稳定、软件控制流程出错等问题，导致单程票模块出现显示卡票、发售无效票、不出票、多出票等故障，设备进入暂停服务状态，直接影响乘客正常使用。

2．硬币模块故障

硬币模块故障主要是由于线缆接触不良、验币器故障、传感器故障、硬币模块控制板故障、储币箱故障、电压不稳定、软件控制流程出错、机械部件损坏等问题，导致硬币模块出现显示卡币、少找零、多找零、不能回收硬币等故障，设备进入暂停服务状态，直接影响乘客正常使用。

3．纸币模块故障

纸币模块故障主要是由于线缆接触不良、传感器故障、纸币模块控制板故障、电压不稳定、软件控制流程出错、机械部件损坏等问题，导致纸币模块出现入币口卡纸币、验币器区卡纸币、回旋处卡纸币、退币通道卡纸币、退币口卡纸币、暂存位卡纸币、出币口卡纸币、压钞装置卡纸币等故障，设备进入暂停服务状态，直接影响乘客正常使用。

4. 触摸屏模块故障

触摸屏模块故障主要是由于线缆接触不良、触摸屏故障、电压不稳定、触摸屏软件出错等问题，导致触摸屏模块出现黑屏、花屏、闪烁、选择票价或站点失效等故障，设备进入暂停服务状态，直接影响乘客正常使用。

5. 电源模块故障

电源模块故障是由于线缆接触不良、交流模块故障、直流电源模块故障、电压不稳定等问题，导致电源模块出现交流或电源进入保护状态，电子板卡烧坏、电源电压不稳、电源模块短路等故障，设备暂停服务，直接影响乘客正常使用。

6. 主控模块故障

主控模块故障是由于线缆接触不良、控制板卡故障、设备温度超过规定范围、电压输入不稳定、软件控制流程出错等问题，导致主控模块出现死机、自动重启、主控无法启动、系统报错等故障，设备暂停服务，直接影响乘客正常使用。

根据自动售票机日常故障表现，按设备模块进行划分，故障类别具体归纳为以下几个方面，如表7.2所示。

表7.2 自动售票机常见故障列表（供参考）

故障现象	故障处理步骤
单程票模块故障	（1）检查票卡模块机械部件动作是否正常； （2）检查票卡模块传感器状态是否正常； （3）检查票卡模块连接线缆是否正常； （4）检查票卡模块控制板是否正常； （5）检查票卡模块电压是否正常； （6）检查票卡模块软件是否正常
硬币模块故障	（1）检查硬币模块机械部件动作是否正常； （2）检查硬币模块传感器状态是否正常； （3）检查硬币模块连接线缆是否正常； （4）检查硬币模块控制板是否正常； （5）检查硬币模块电压是否正常； （6）检查硬币模块软件是否正常
纸币模块故障	（1）检查纸币模块机械传动部件是否正常； （2）检查纸币模块传感器状态是否正常； （3）检查纸币模块皮带是否正常； （4）检查纸币模块连接线缆是否正常； （5）检查纸币模块电压是否正常； （6）检修纸币模块软件是否正常
电源模块故障	（1）检查电源模块电压是否正常； （2）检查电源模块连接线缆是否正常； （3）检查电源模块电子元器件是否正常

续表

故障现象	故障处理步骤
触摸屏模块故障	（1）检查触摸屏连接线缆是否正常； （2）检查触摸屏控制板是否正常； （3）检查触摸屏触摸模块是否正常； （4）检查触摸屏液晶显示模块是否故障
乘客状态显示屏故障	（1）检查乘客状态显示屏电源是否正常； （2）检查乘客状态显示屏连接线缆是否正常； （3）检查乘客状态显示屏控制板是否正常
主控模块故障	（1）检查主控温度是否正常； （2）检查主控电子板卡是否正常； （3）检查主控软件运行是否正常； （4）外围输入设备是否正常； （5）运营模式设置错误

二、常见故障案例

1．自动售票机卡票（代币式单程票）故障

（1）故障现象：

乘客使用5元硬币进行购票，成功接收硬币后，自动售票机没有发售车票，硬币由退票杯自动退还乘客，设备进入暂停服务模式，检修人员到场后查看后台故障记录，根据相应故障代码，发现单程票模块出现卡票故障，如图7.21所示。

图7.21　自动售票机单程票模块卡票

（2）故障原因分析（见图7.22）：

根据"鱼骨分析法"分析自动售票机单程票模块卡票故障可能由以下5个方面原因造成①相关硬件（电磁阀、传感器）故障；②连接线缆问题；③电源故障；④控制板故障；

⑤ 其他异常问题导致回收车票通道被异物堵塞、车票变形。

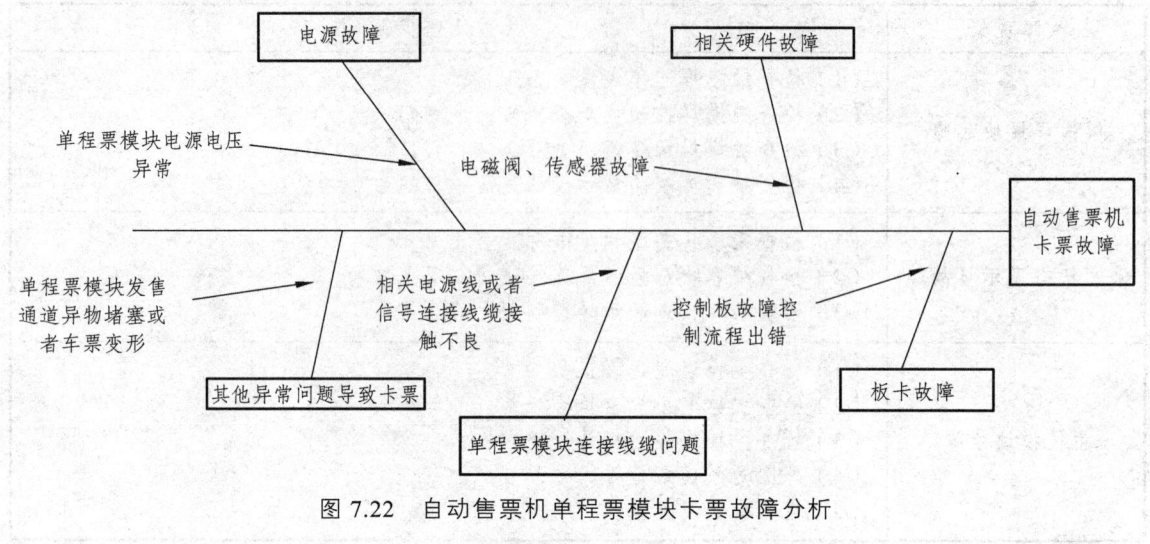

图 7.22　自动售票机单程票模块卡票故障分析

（3）故障判断维修流程如图 7.23 所示。

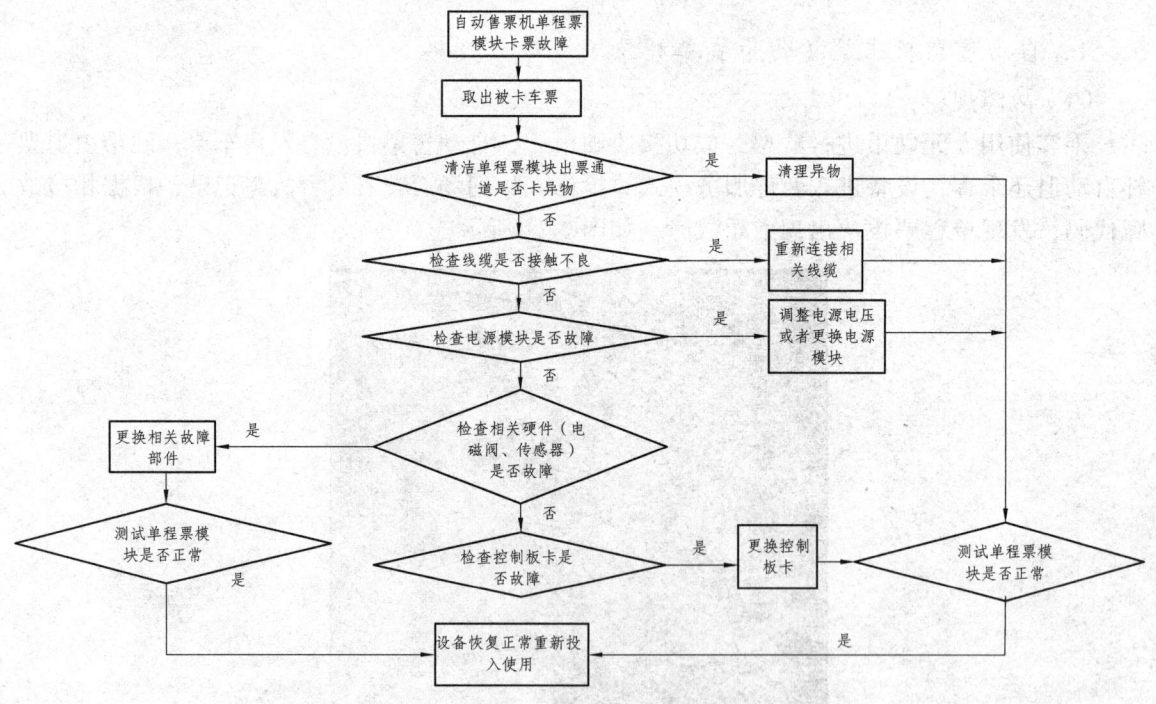

图 7.23　自动售票机单程票模块卡票故障处理流程图

（4）故障处理操作步骤：
① 观察自动售票机故障状态、故障信息，确认设备故障情况。
② 打开自动售票机单程票模块取出被卡车票，并清洁积尘、异物。
③ 检查自动售票机单程票模块连接线缆是否完好，必要时更换新线缆。

④ 检查自动售票机单程票模块电压，电压值满足使用要求。
⑤ 检查自动售票机单程票模块电磁阀、传感器状态是否正常，必要时进行更换。
⑥ 检查自动售票机单程票模块控制板卡是否正常，必要时进行更换。
⑦ 测试自动售票机功能是否正常，恢复设备正常投入使用。

2．自动售票机验币器卡硬币故障

（1）故障现象：

乘客使用6元硬币进行购票，自动售票机没有发售车票，硬币没有退还乘客，验币器卡币，查询维修后台没有相应故障代码和故障记录，如图7.24所示。

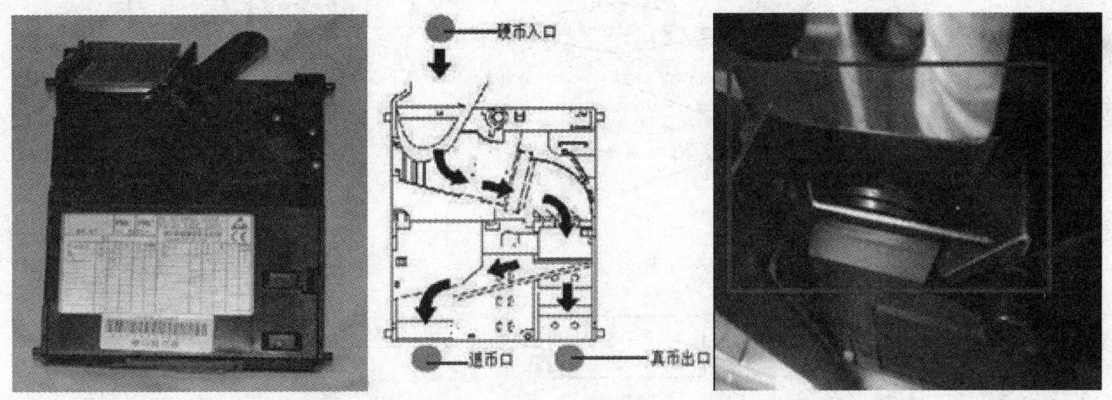

图7.24　验币器卡币

（2）故障原因分析（见图7.25）：

根据"鱼骨分析法"分析自动售票机验币器卡硬币故障可能由以下4个方面原因造成：① 验币器故障；② 连接线缆问题；③ 电源故障；④ 硬币表面有黏结物、通道异物堵塞导致卡币。

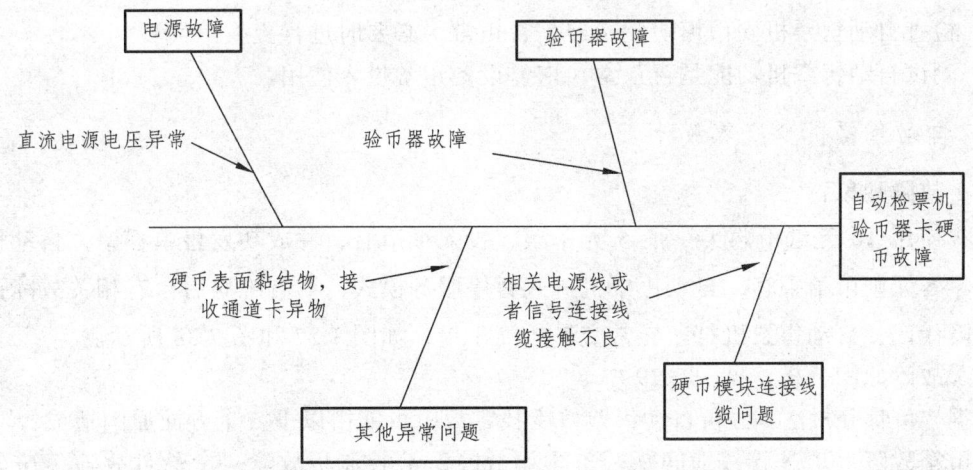

图7.25　自动售票机验币器卡硬币故障分析

(3) 故障判断维修流程如图 7.26 所示。

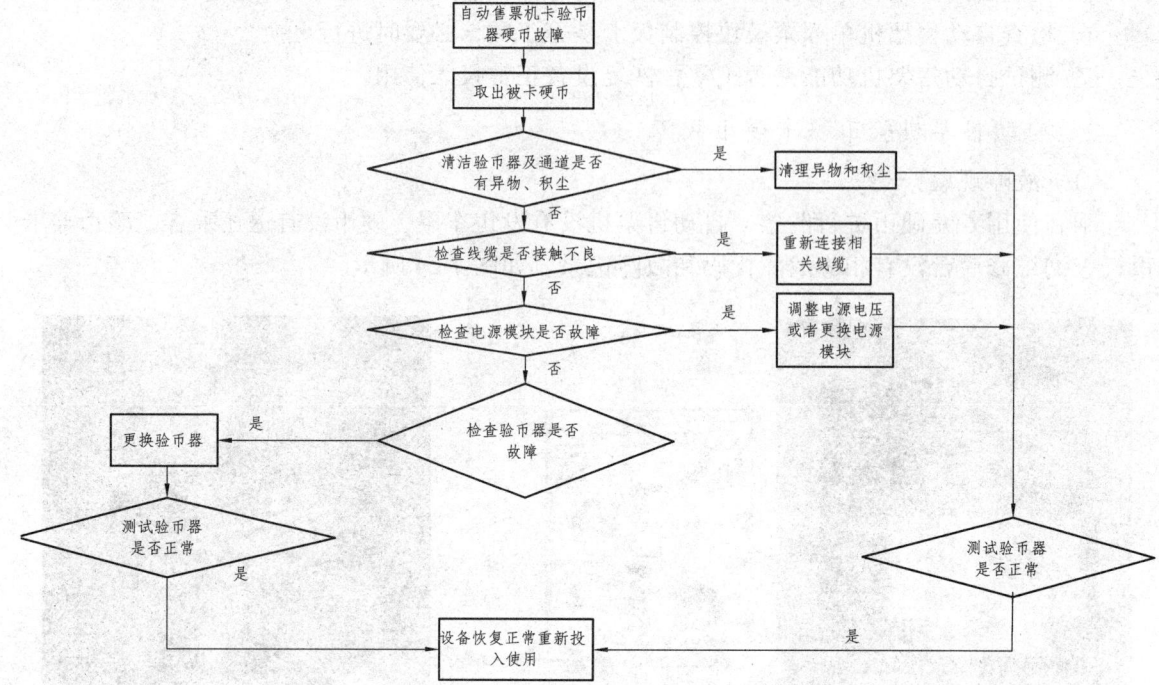

图 7.26 自动售票机验币器卡硬币故障处理流程图

(4) 故障处理操作步骤：
① 观察自动售票机故障状态、故障信息，确认设备故障情况。
② 打开自动售票机硬币模块，取出被卡硬币，并清洁硬币模块积尘、异物。
③ 检查自动售票机硬币模块连接线缆是否完好，必要时更换新线缆。
④ 检查自动售票机硬币模块电压，电压值满足使用要求。
⑤ 检查自动售票机硬币模块验币器是否正常，必要时进行更换。
⑥ 测试自动售票机功能是否正常，恢复设备正常投入使用。

3．自动售票机少找零故障

(1) 故障现象：

乘客使用 10 元纸币购买一张 5 元车票，投入纸币后，并成功发售单程票，自动售票机没有找零 5 元硬币给乘客，自动售票机进入暂停服务模式，查看维修后台有相关故障记录和相应故障代码，自动售票机打印异常交易故障小单，如图 7.27 和图 7.28 所示。

(2) 故障原因分析（见图 7.29）：

根据"鱼骨分析法"分析自动售票机少找零故障可能由以下 6 个方面原因造成：① 相关硬件储币箱故障；② 连接线缆问题；③ 电源故障；④ 控制板故障；⑤ 软件故障；⑥ 硬币表面有黏结物，出币通道异物堵塞。

图 7.27 找零器（转盘式）

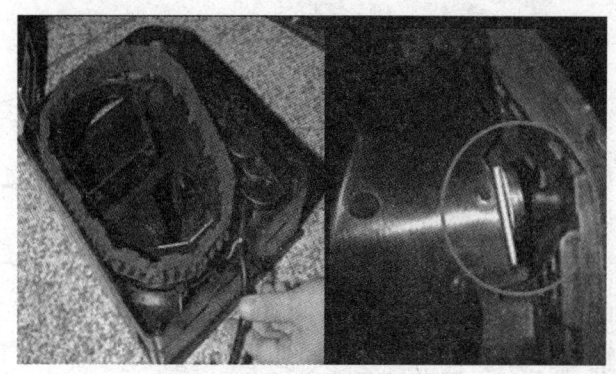

图 7.28 找零器卡币（履带式）

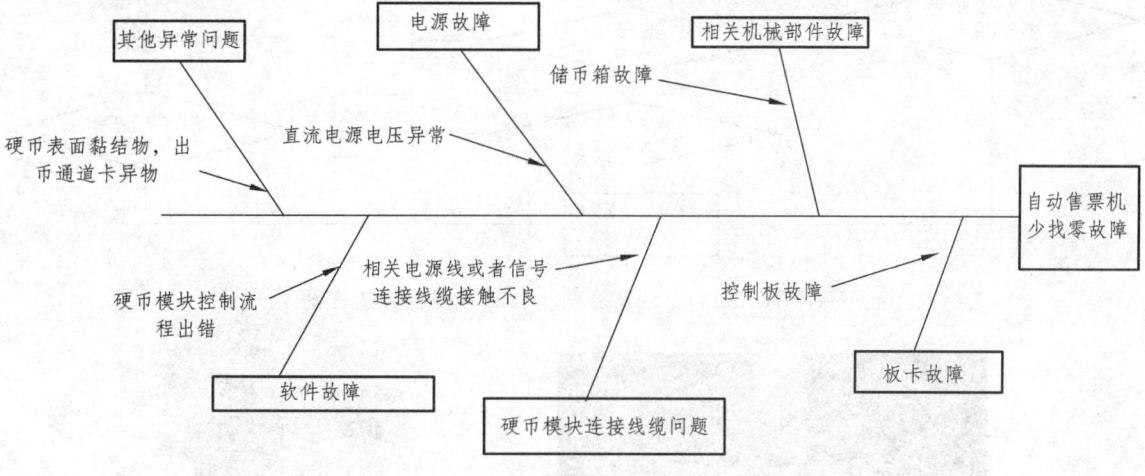

图 7.29 自动售票机少找零故障分析

（3）故障判断维修流程如图 7.30 所示。

（4）故障处理操作步骤：

① 观察自动售票机故障状态、故障信息，确认设备故障情况；
② 打开自动售票机硬币模块，并清洁硬币模块出币通道的积尘、异物；
③ 检查自动售票机硬币模块连接线缆是否完好，必要时更换新线缆；
④ 检查自动售票机硬币模块电压，电压值能否满足使用要求；
⑤ 检查自动售票机硬币模块储币箱动作是否正常，必要时进行更换；
⑥ 检查自动售票机硬币模块电子板卡是否正常，必要时进行更换；
⑦ 检查自动售票机硬币模块软件是否正常；必要时进行升级；
⑧ 测试自动售票机硬币模块功能是否正常，恢复设备正常投入使用。

4．自动售票机卡纸币故障

（1）故障现象：

乘客使用 10 元纸币购买两张 5 元车票，纸币投入后自动售票机显示纸币模块故障，自动售票机无法发售单程票给乘客，查看维修后台有相关故障记录和相应故障代码，自动售票机打印异常交易故障小单，如图 7.31 和图 7.32 所示。

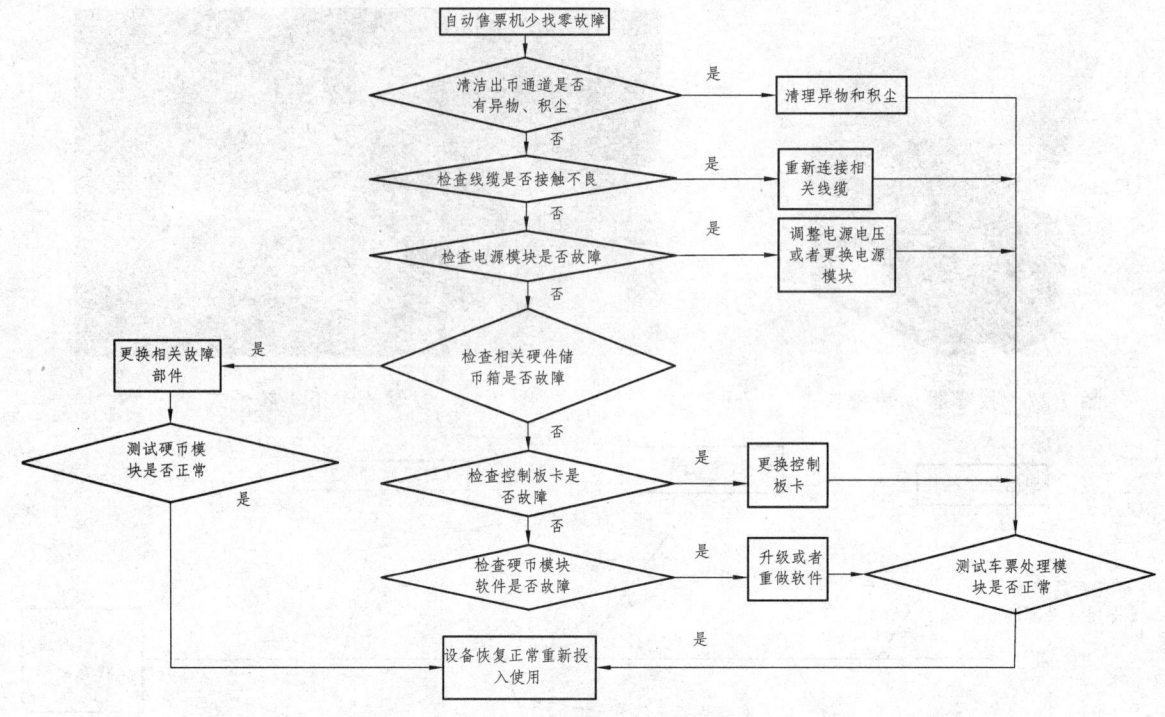

图 7.30　自动售票机少找零故障处理流程图

图 7.31　BIM2020 纸币模块

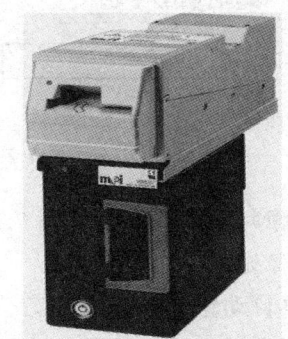

图 7.32　BNA57 纸币模块

（2）卡纸币故障分类。

纸币模块卡纸币故障主要分为入币口卡纸币、验币器区卡纸币、回旋处卡纸币、退币通道卡纸币、退币口卡纸币、暂存位卡纸币、出币口卡纸币、压钞装置卡币等，如图 7.33 所示。

（3）故障原因分析（见图 7.34）：

根据"鱼骨分析法"分析自动售票机卡纸币故障可能由以下 5 个方面原因造成：① 相关硬件（传感器、电机、皮带、轴承、分向叶、传动机构）故障；② 连接线缆问题；③ 电源故障；④ 控制板故障；⑤ 软件故障。

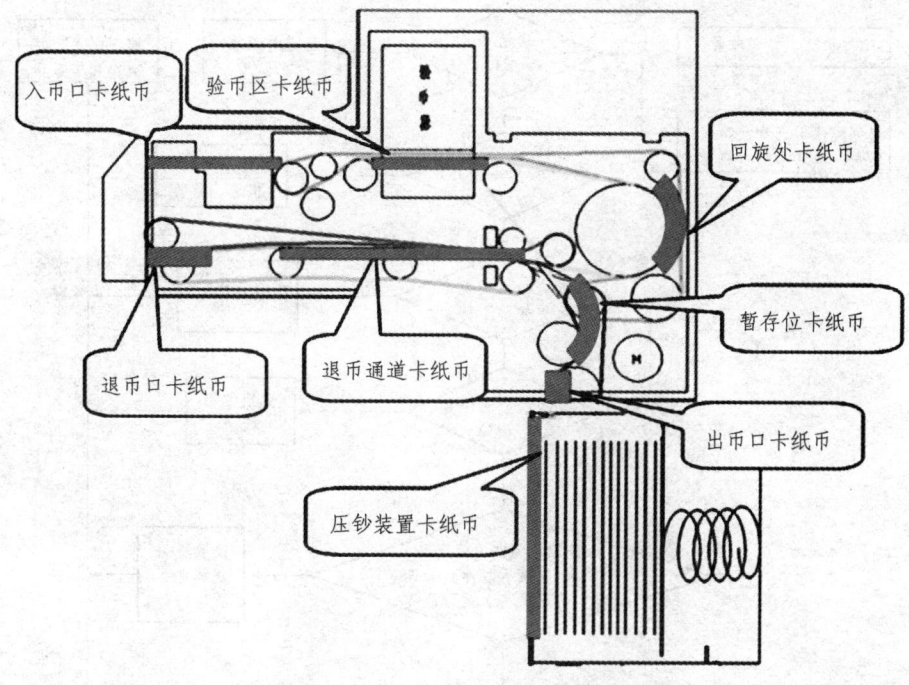

图 7.33 BIM2020 纸币模块卡币类型

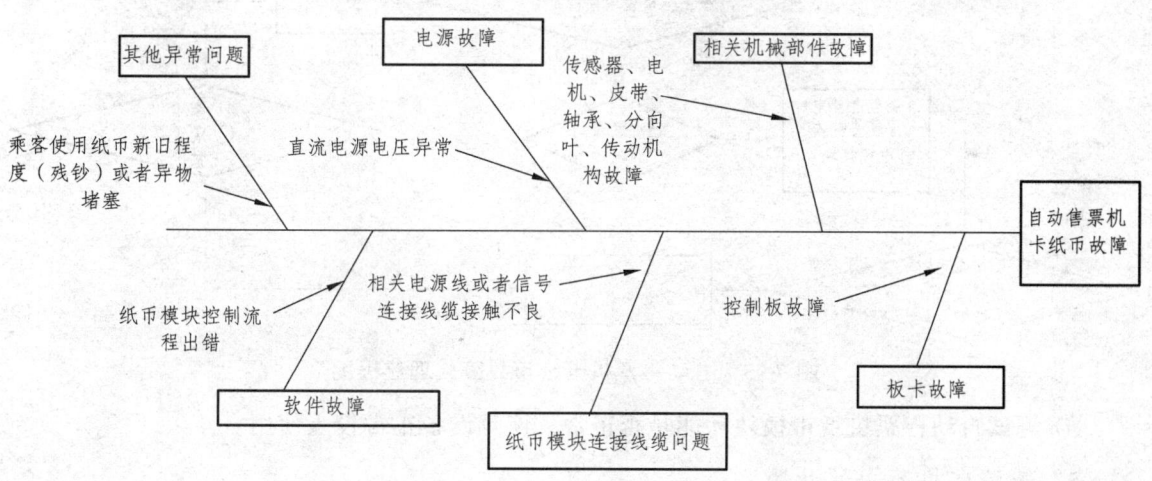

图 7.34 自动售票机卡纸币故障分析

（4）故障判断维修流程如图 7.35 所示。
（5）故障处理操作步骤：
① 观察自动售票机故障状态、故障信息，确认设备故障情况；
② 打开自动售票机纸币模块，取出被卡纸币，并清洁纸币模块的积尘、异物；
③ 检查自动售票机纸币模块连接线缆是否完好，必要时更换新线缆；
④ 检查自动售票机纸币模块电压，电压值能否满足使用要求；
⑤ 检查自动售票机纸币模块机械部件、电子板卡是否正常，必要时进行更换；
⑥ 检查自动售票机纸币模块软件是否正常，必要时进行升级；

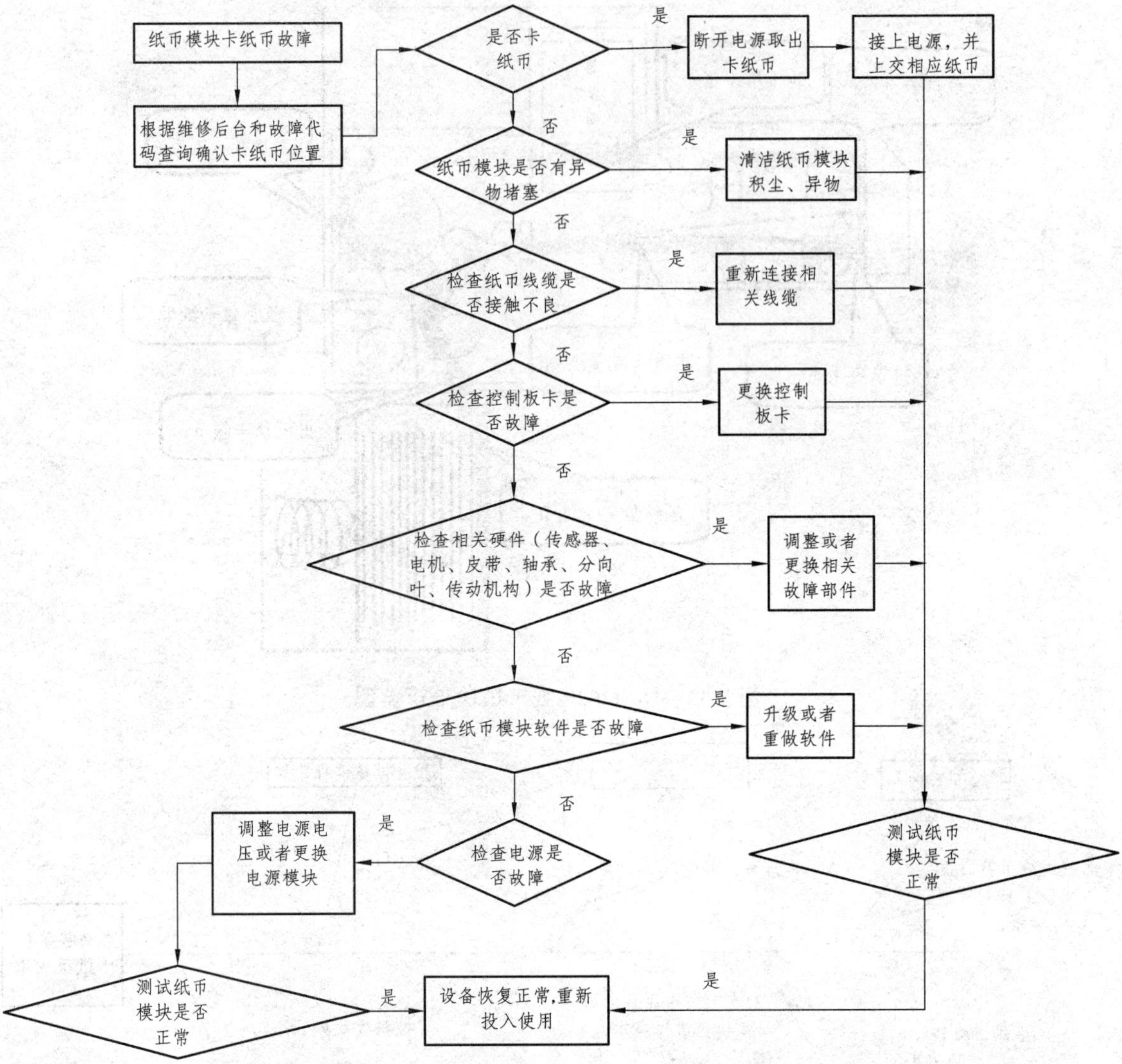

图 7.35 自动售票机卡纸币故障处理流程图

⑦ 测试自动售票机纸币模块功能是否正常,恢复设备正常投入使用。

5. 云购票机不出票故障

(1) 故障现象:

乘客购买 5 张元单程票,使用支付宝进行购票,设备不出票,并进入暂停服务模式,打印故障交易异常小单,如图 7.36 所示。

(2) 故障原因分析(见图 7.37):

根据"鱼骨分析法"分析云购票机不出票故障可能由以下 5 个方面原因造成:① 主控器故障;② 连接线缆问题;③ 软件故障;④ 单程票模块故障;⑤ 网络故障。

(3) 故障判断维修流程如图 7.38 所示。

(4) 故障处理操作步骤:

① 观察云购票机故障状态、故障信息,确认设备故障情况;

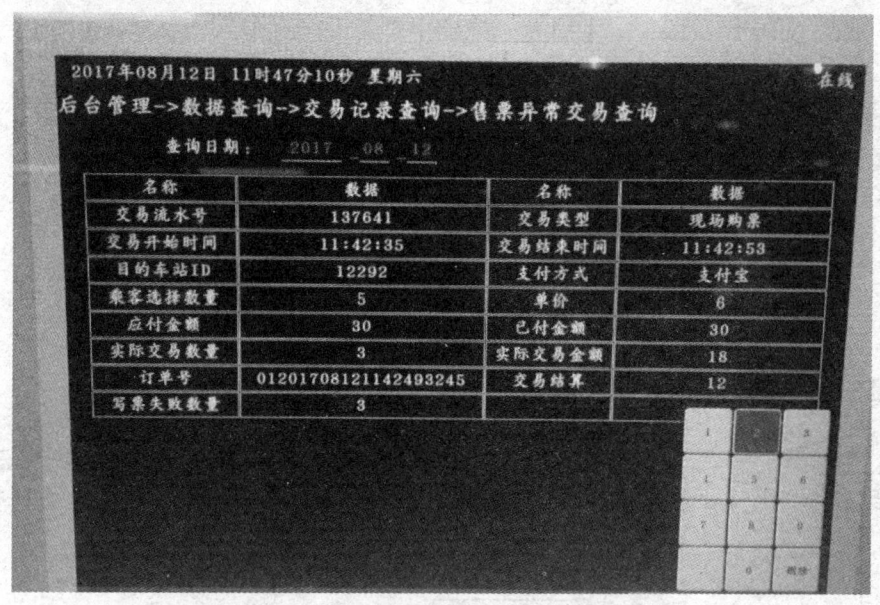

图 7.36　云购票机购票异常交易界面

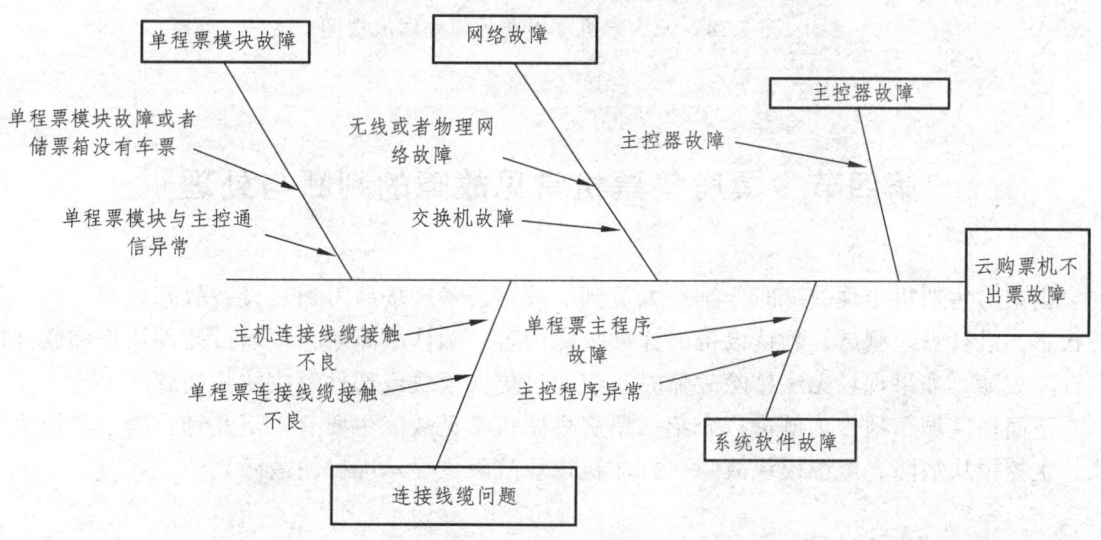

图 7.37　云购票机不出票故障分析

② 检查云购票机主控模块与单程票模块连接线缆是否完好，必要时更换新线缆；
③ 检查云购票机网络是否正常，重新配置网络 IP 或者更换交换机，恢复设备网络；
④ 检查云购票机主控器是否正常，必要时进行更换；
⑤ 检查云购票机单程票模块是否正常，必要时进行更换；
⑥ 检查云购票机主程序、单程票运营软件是否正常，必要时进行升级或重做；
⑦ 测试云购票机各功能是否正常，恢复设备正常投入使用。

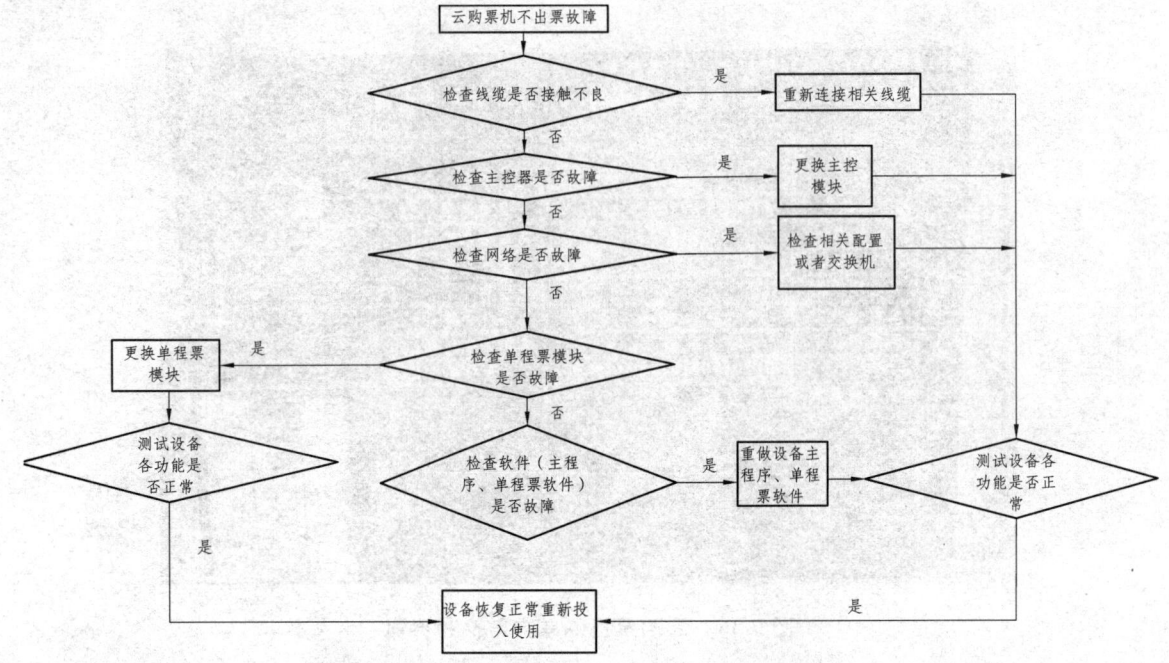

图 7.38 云购票机不出票故障处理流程图

第四节 票房售票机常见故障的判断与处理

当票房售票机出现故障时,维修人员到达故障设备现场后可通过设备故障现象,确认设备状态,进行系统测试,确认设备的详细故障内容。确认故障后,可通过硬件操作和软件操作排除故障,如果现场无法排除故障时,应通过更换模块或部件解决故障问题。

下面以某城市地铁为例进行介绍。票房售票机常见故障主要有以下几种:读卡器模块故障、主控模块故障、电源模块故障、打印机模块故障、显示屏模块故障。

一、常见故障类型

1．读卡器模块故障

读卡器模块故障主要是由于线缆接触不良、读卡器故障、软件运行错误、电压不稳定等问题,导致读卡器出现不能分析车票、不能发售车票等故障,设备暂停服务,无法办理乘客事务。

2．主控模块故障

主控模块故障主要是由于线缆接触不良、控制板卡故障、设备温度超过规定范围、电压输入不稳定、软件程序出错等问题,导致主控模块出现死机、自动重启、主控无法启动、系统报错等故障,设备暂停服务,无法办理乘客事务。

3. 电源模块故障

电源模块故障主要是由于线缆接触不良、交流模块故障、不间断电源模块故障、控制软件错误问题，导致电源模块短路、电源模块出现交流保护状态、电子板卡烧坏等故障，设备暂停服务，直接影响乘客正常使用。

4. 打印机模块故障

打印机模块故障主要是由于线缆接触不良、打印机故障、缺纸、打印色带故障、机械零部件损坏、主程序软件设置错误等问题，导致打印机出现不能打印、卡纸、打印小单字迹模糊等故障，设备异常，影响服务质量。

5. 显示模块故障

显示模块故障主要是由于线缆接触不良、显示屏背光灯等烧坏、显示屏控制板卡故障、显示屏故障、电压故障等问题，导致显示屏出现黑屏、花屏、闪烁、老化变色等故障，设备异常，影响服务质量。

根据票房售票机日常故障表现，按设备模块进行划分，故障类别具体归纳以下几个方面，如表 7.3 所示。

表 7.3 票房售票机常见故障列表（供参考）

故障现象	故障处理步骤
读卡器模块故障	（1）检查读卡器电源模块是否正常； （2）检查读卡器是否正常； （3）检查读卡器的串口设置是否正常； （4）检查读卡器连接线缆是否正常
打印机故障	（1）检查打印机电压是否正常； （2）检查打印机是否缺纸、卡纸，色带是否正常； （3）检查打印机串口设置是否正常； （4）检查打印机连接线缆是否正常
显示器故障	（1）检查显示器的电源是否正常； （2）检查付费区乘客显示器、非付费区乘客显示器的串口线设置是否正常； （3）检查显示器线缆连接是否正常
主机故障	（1）检查主机温度是否正常； （2）检查主机电子板卡是否正常； （3）检查主机软件运行是否正常； （4）检查主机各连接线缆是否正常； （5）检查主机电压是否正常
电源模块故障	（1）检查电源电压输入和输出是否正常； （2）检查电源控制板卡是否正常； （3）检查电源连接线缆是否正常

二、常见故障案例

1. 票房售票机不能分析车票故障

（1）故障现象：

票房售票机不能分析车票，主程序操作界面显示主机与读卡器通信故障，如图7.39所示。

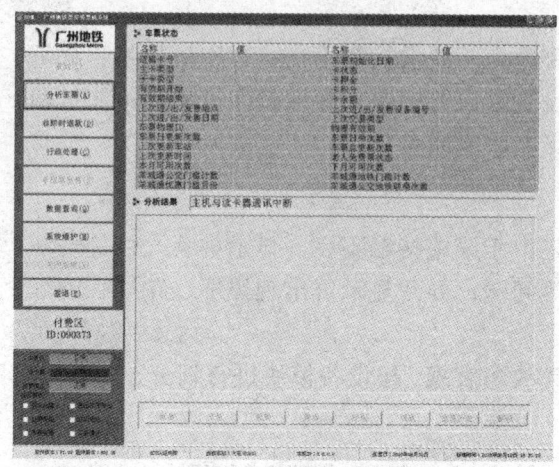

图7.39 票房售票机不能分析车票

（2）故障原因分析（见图7.40）：

根据"鱼骨分析法"分析票房售票机不能分析故障可能由以下4个方面原因造成：① 读卡器故障；② 连接线缆问题；③ 电源故障；④ 软件故障。

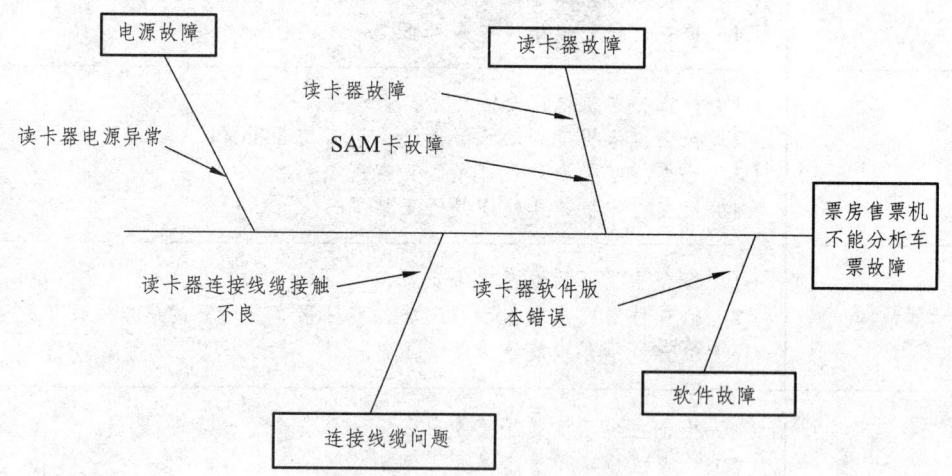

图7.40 票房售票机不能分析车票故障分析

（3）故障判断维修流程如图7.41所示。

（4）故障处理操作步骤：

① 观察票房售票机故障状态、故障信息确认设备故障情况；

② 检查票房售票机读卡器线缆连接是否良好，必要时更换新线缆；

③ 检查票房售票机读卡器电压，电压值满足使用要求；

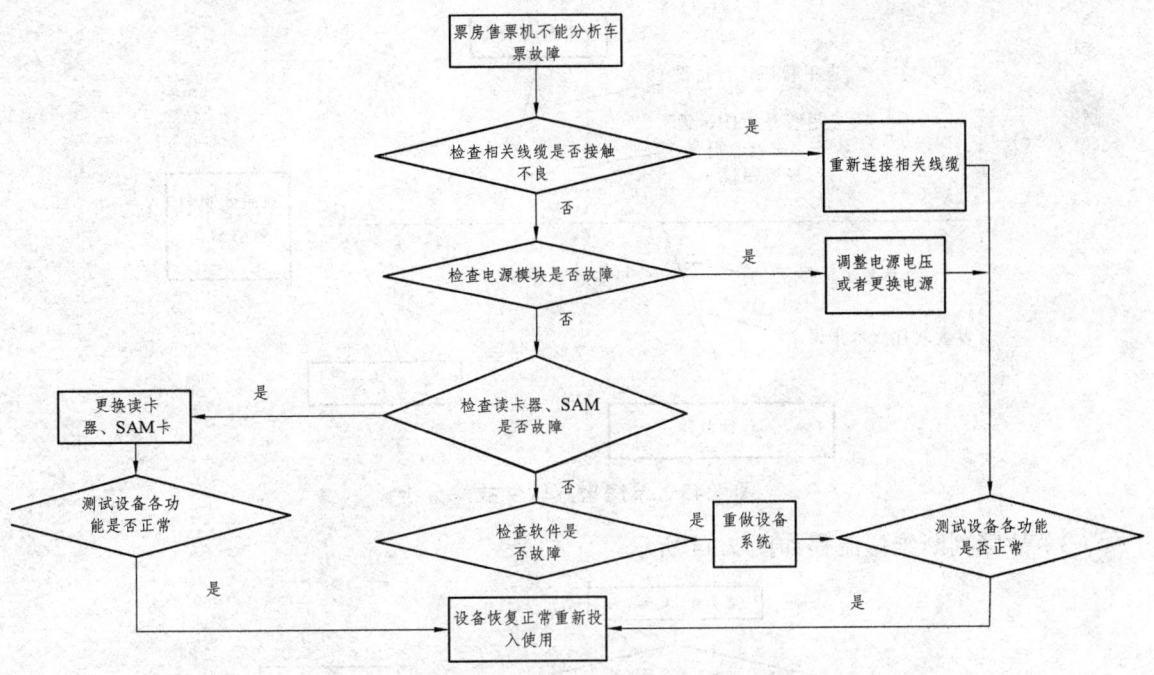

图 7.41 票房售票机不能分析车票故障处理流程图

④ 检查票房售票机读卡器电子板卡是否正常，必要时进行更换；

⑤ 检查票房售票机读卡器软件、主程序版本是否正常，必要时更新读卡器软件或主程序版本；

⑥ 测试票房售票机各功能是否正常，恢复设备正常投入使用。

2．票房售票机软件故障

（1）故障现象：

票房售票机主程序软件报警，提示应用程序无法正常启动，站务人员无法对乘客事务进行处理，如图 7.42 所示。

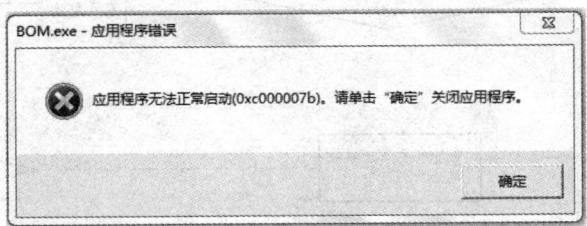

图 7.42 票房售票机软件故障

（2）故障原因分析（见图 7.43）：

根据"鱼骨分析法"分析票房售票机软件故障可能由以下 3 个方面原因造成：① 应用软件故障；② 参数故障；③ 系统故障。

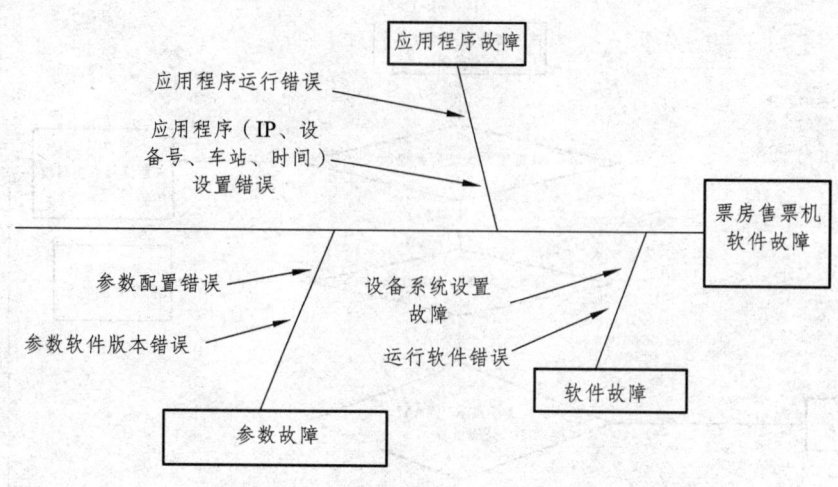

图 7.43 票房售票软件故障分析

（3）故障判断维修流程如图 7.44 所示。

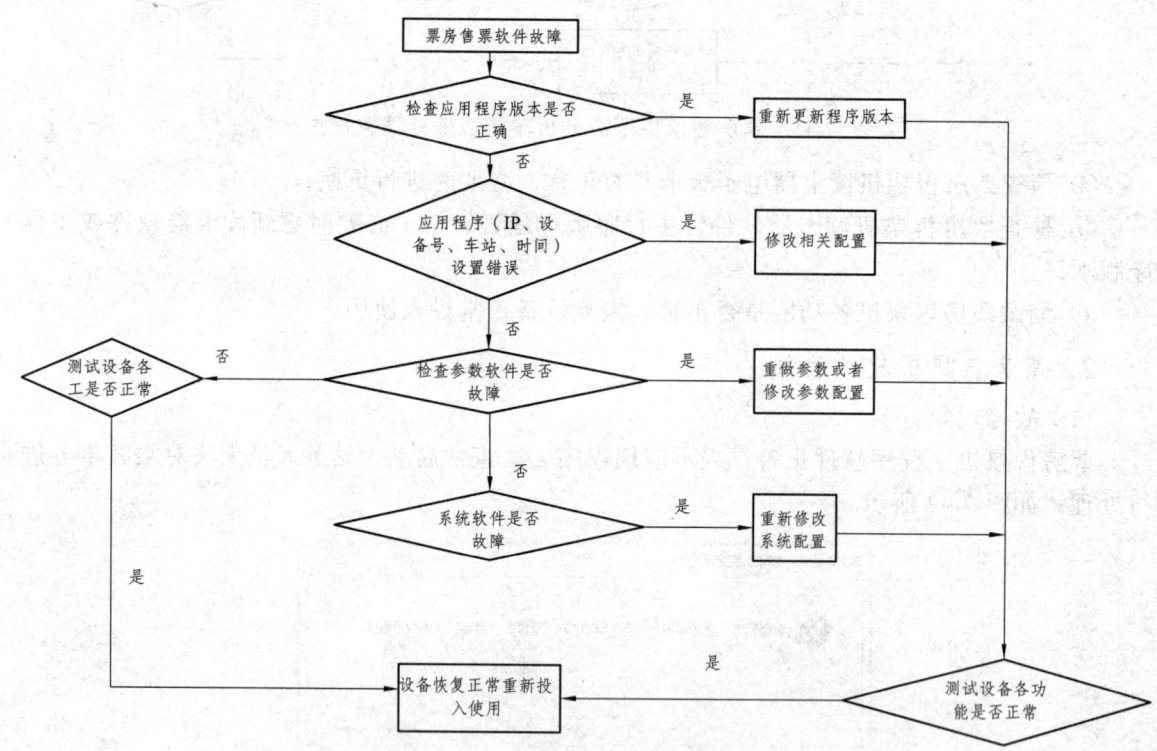

图 7.44 票房售票机软件故障处理流程图

（4）故障处理操作步骤：
① 观察票房售票机系统软件故障状态、提示信息，确认设备故障情况；
② 检查票房售票机应用程序版本是否正常，必要时更新版本；
③ 检查票房售票机应用程序设置是否正常，必要时重新配置；
④ 检查票房售票机参数是否正常，必要时重做参数文件；
⑤ 检查票房售票机参数配置是否正常，必要时重新设置参数；

⑥ 测试票房售票机各功能是否正常，恢复设备正常投入使用。

3．票房售票机打印机故障

（1）故障现象：

车站站务人员对乘客超程车票进行更新处理，处理完成后，票房售票机打印机不能打印交易小单，如图7.45所示。

（2）故障原因分析（见图7.46）：

根据"鱼骨分析法"分析票房售票机打印机故障可能由以下四个方面原因造成：① 打印机故障；② 连接线缆问题；③ 电源故障；④ 软件故障。

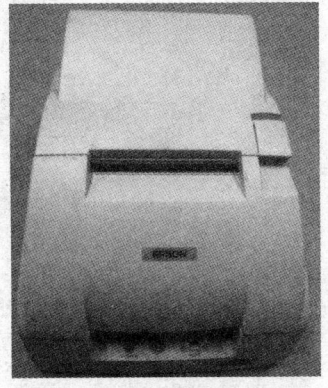

图7.45 票房售票机打印机

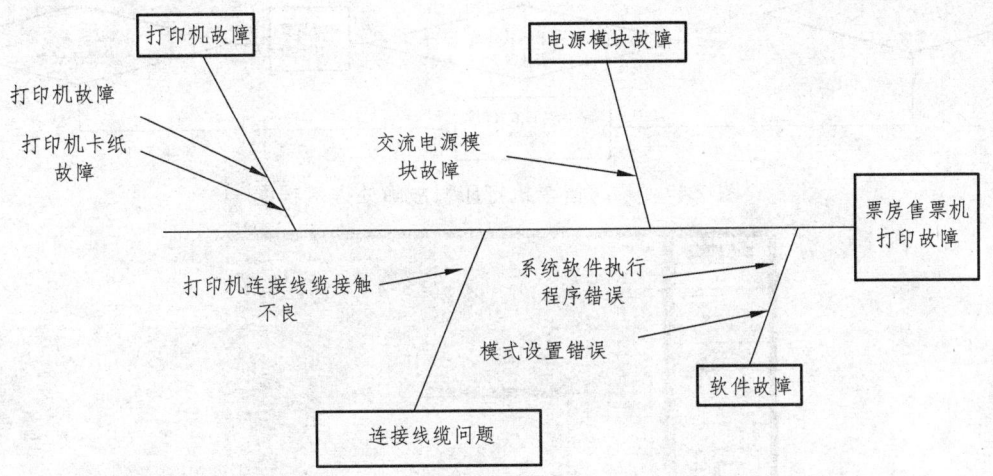

图7.46 票房售票机打印机故障分析

（3）故障判断维修流程如图7.47所示。

（4）故障处理操作步骤：

① 观察票房售票机故障状态、故障信息，确认设备故障情况；

② 检查票房售票机打印机线缆连接是否良好，必要时更换新线缆；

③ 检查票房售票机打印机电压，电压值是否满足现场需求；

④ 检查票房售票机打印机是否正常，必要时进行更换；

⑤ 检查票房售票机打印机软件设置是否正常，必要时重新设置软件参数；

⑥ 测试票房售票机打印机各功能是否正常，恢复设备正常投入使用。

4．票房售票机无法登录操作故障

（1）故障现象：

车站站务人员无法登录票房售票机，对有问题车票无法进行事务处理，如图7.48所示。

（2）故障原因分析（见图7.49）：

根据"鱼骨分析法"分析票房售票机无法登录操作故障可能由以下4个方面原因造成：① 键盘和鼠标故障；② 连接线缆问题；③ 主机是故障；④ 软件故障。

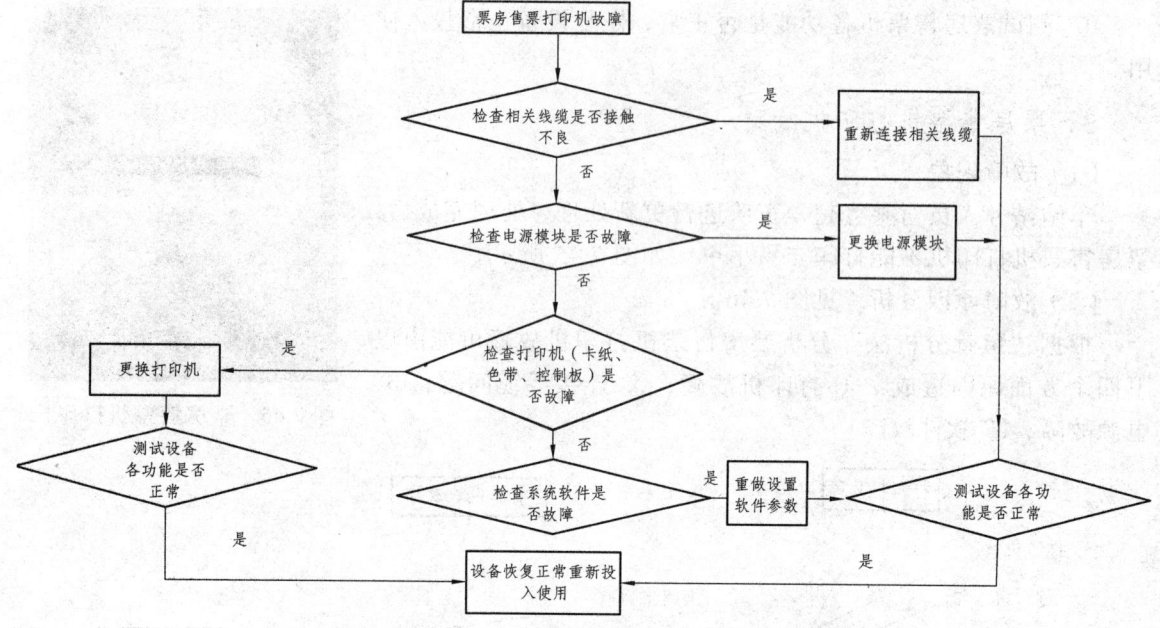

图 7.47　票房售票机打印机故障处理流程图

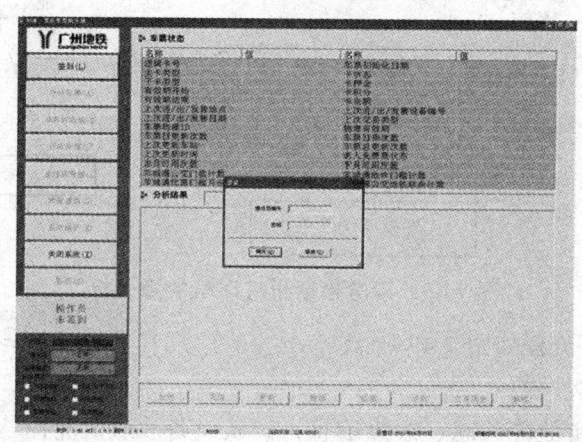

图 7.48　票房售票机无法登录

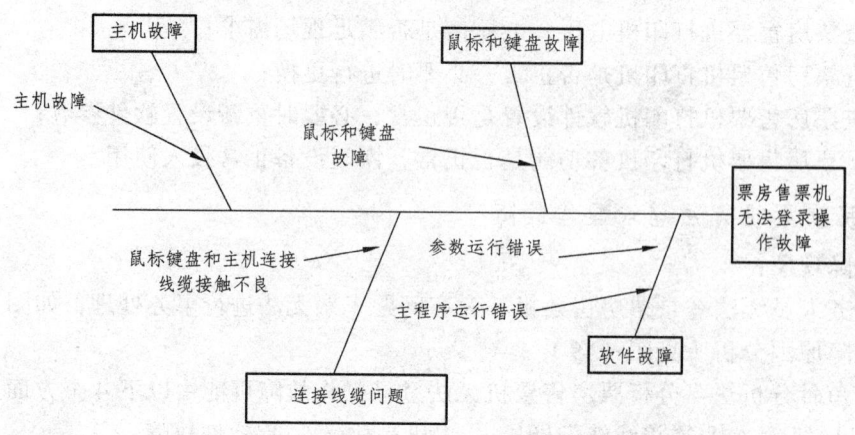

图 7.49　票房售票机没法登录操作故障分析

(3)故障判断维修流程如图 7.50 所示。

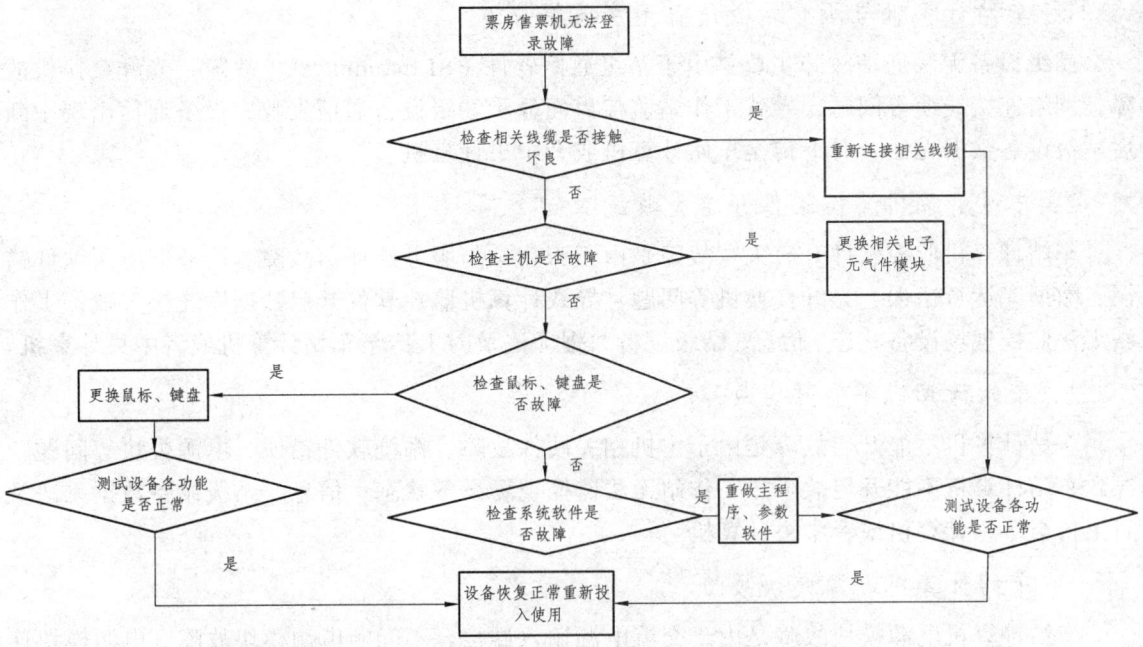

图 7.50 票房售票机无法登录操作故障处理流程图

(4)故障处理操作步骤：

① 观察票房售票机故障状态、故障信息，确认设备故障情况；
② 检查票房售票机主机、外围输入设备相关连接线缆是否完好，必要时更换新线缆；
③ 检查票房售票机主机、外围输入设备是否正常，必要时进行更换；
④ 检查票房售票机参数、主程序软件设置是否正常，必要时重做参数或重新设置主程序；
⑤ 测试票房售票机各功能是否正常，恢复设备正常投入使用。

第五节 车站计算机常见故障的判断与处理

当车站计算机（服务器和工作站）出现故障时，维修人员到达故障设备现场后可通过设备故障现象，确认设备状态，一般可通过硬件操作和软件操作排除故障，如果现场无法排除故障时，应通过更换模块或部件解决故障问题。

下面以某城市地铁为例进行介绍。车站计算机常见故障主要有以下几种：车站计算机与所有站级设备无法通信故障、车站计算机监控软件开启失败故障、车站计算机与中央级设备通信失败故障、车站计算机不能开启故障、车站计算机电源模块故障等。

一、常见故障类型

1. 车站计算机与所有站级设备无法通信故障

站级设备无法通信故障主要是由于站级通信软件（SLEcomm.exe）故障、光纤交换机故障、网络连接线缆等问题，导致工作站监控界面显示站级设备通信失败，设备通信出现中断后站级设备数据无法及时上传至车站计算机或者中央计算机。

2. 车站计算机监控软件开启失败故障

车站计算机监控软件开启失败故障是由于工作站与服务器通信故障、服务器应用软件错误、数据库运行错误、光纤交换机等问题，导致计算机监控软件开启数据库连接失败，工作站无法监控现场设备状态、信息，站级设备数据无法及时上传至车站计算机或者中央计算机。

3. 车站计算机不能开启故障

车站计算机不能开启故障是由于主机相关硬件故障、系统软件错误、电源模块等问题，导致车站计算机不能开启故障，工作站无法监控现场设备状态、信息，站级设备数据无法及时上传至车站计算机或者中央计算机。

4. 车站计算机电源模块故障

车站计算机电源模块故障是由于交流电源输入异常、不间断电源模块故障、电源模块连接线缆等问题，导致车站计算机电源模块故障，设备自动关机，站级设备数据无法及时上传至车站计算机。

根据车站计算机日常故障表现，按设备模块进行划分，故障类别具体归纳为以下几个方面，如表 7.4 所示。

表 7.4 车站计算机常见故障列表（供参考）

故障现象	故障处理步骤
主机故障	（1）检查主机温度是否正常； （2）检查主机电子板卡是否正常； （3）检查主机软件运行是否正常； （4）检查主机各连接线缆是否正常； （5）检查主机电压是否正常
电源模块故障	（1）检查电源电压输入和输出是否正常； （2）检查电源控制板卡是否正常； （3）检查电源连接线缆是否正常
显示屏故障	（1）检查显示屏电源电压是否正常； （2）检查显示屏连接线缆是否正常； （3）检查显示屏是否正常
软件故障	（1）检查车站计算机系统软件是否正常； （2）检查车站计算机应用软件是否正常； （3）检查车站计算机参数软件是否正常； （4）检查光纤交换是否正常； （5）检查网络通信连接线缆是否正常

二、常见故障案例

1. 车站计算机与所有站级设备无法通信故障

（1）故障现象：

登录车站工作后打开监控软件，软件显示与所有站级设备通信中断，车站计算机无法监控站级设备，站级设备状态、数据无法上传至服务器，如图 7.51 所示。

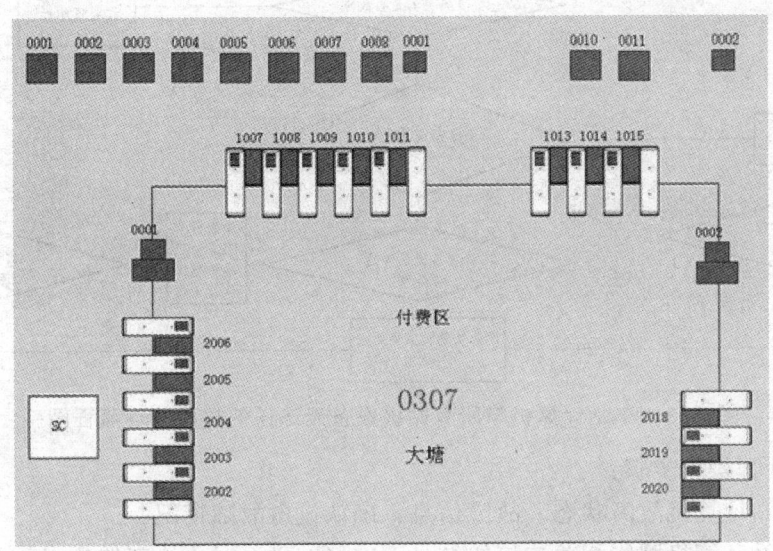

图 7.51　车站计算机与所有站级设备无法通信故障

（2）故障原因分析（见图 7.52）：

根据"鱼骨分析法"分析车站计算机与所有站级设备没法通信故障可能由以下 4 个方面原因造成：① 服务器故障；② 网络连接线缆问题；③ 交换机故障；④ 软件故障。

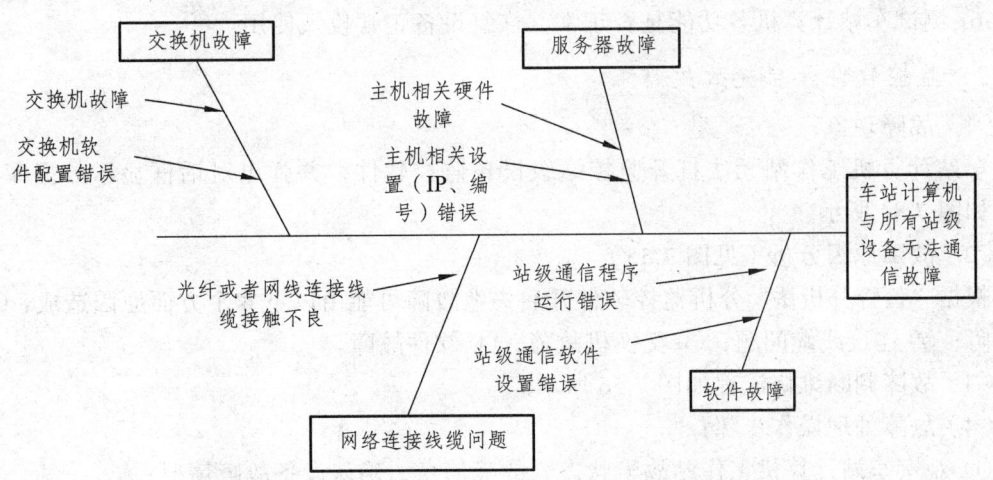

图 7.52　车站计算机与所有站级设备无法通信故障分析

（3）故障判断维修流程，如图 7.53 所示。

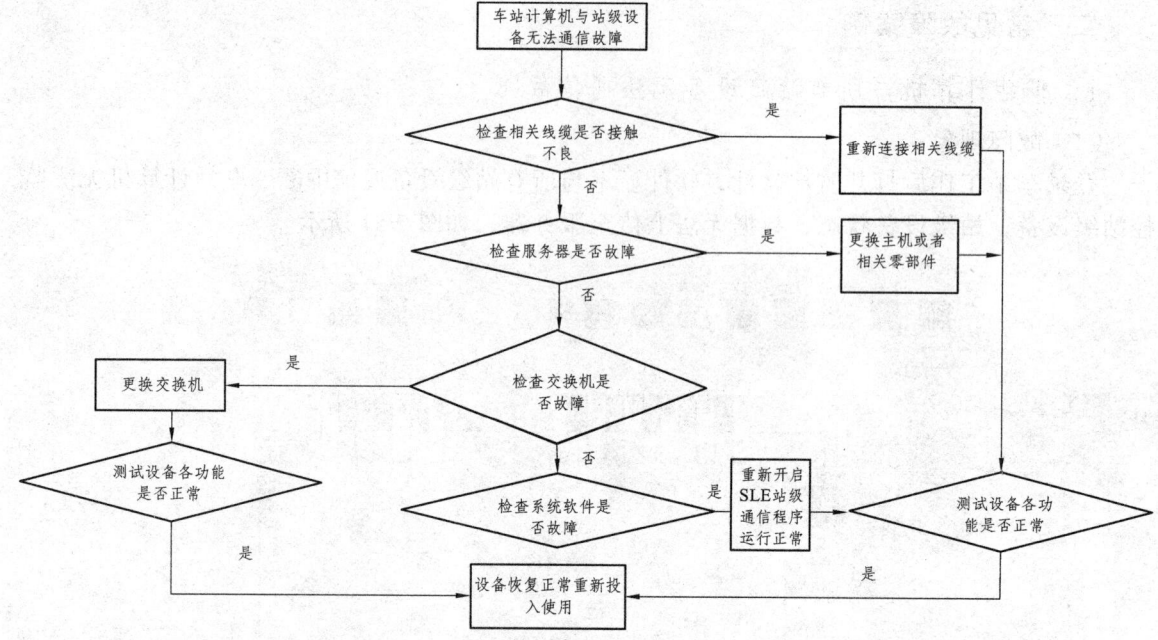

图 7.53 车站计算机与所有站级设备无法通信故障处理流程图

（4）故障处理操作步骤：
① 观察车站计算机故障状态、故障信息，确认设备故障情况；
② 检查车站计算机网络相关连接线缆是否完好，必要时更换新线缆；
③ 检查车站计算机主机设备相关硬件是否正常，必要时进行更换；
④ 检查车站计算机交换机是否正常，必要时进行更换；
⑤ 检查车站计算机 SLE 站级通信程序软件设置运行是否正常，必要时重做 SLE 站级通信程序软件；
⑥ 测试车站计算机各功能是否正常，恢复设备正常投入使用。

2．监控软件开启失败故障
（1）故障现象：
车站计算机工作站无法打开监控站级设备监控软件，并弹出对话框显示数据库连接失败，如图 7.54 所示。
（2）故障原因分析（见图 7.55）：
根据"鱼骨分析法"分析监控软件开启失败故障可能由以下 4 个方面原因造成：① 服务器故障；② 连接线缆问题；③ 交换机故障；④ 软件故障。
（3）故障判断维修流程如图 7.56 所示。
（4）故障处理操作步骤：
① 观察车站计算机工作站故障状态、故障信息，确认设备故障情况；
② 检查车站计算机网络相关连接线缆是否完好，必要时更换新线缆；
③ 检查车站计算机主机设备相关硬件是否正常，必要时进行更换；
④ 检查车站计算机交换机是否正常，必要时进行更换；

第七章 常见故障的判断与处理

图 7.54 监控软件开启失败故障

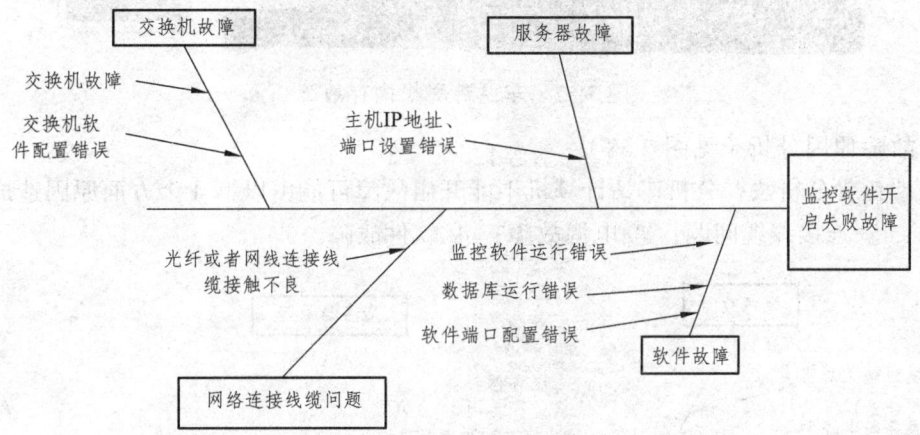

图 7.55 监控软件开启失败故障分析

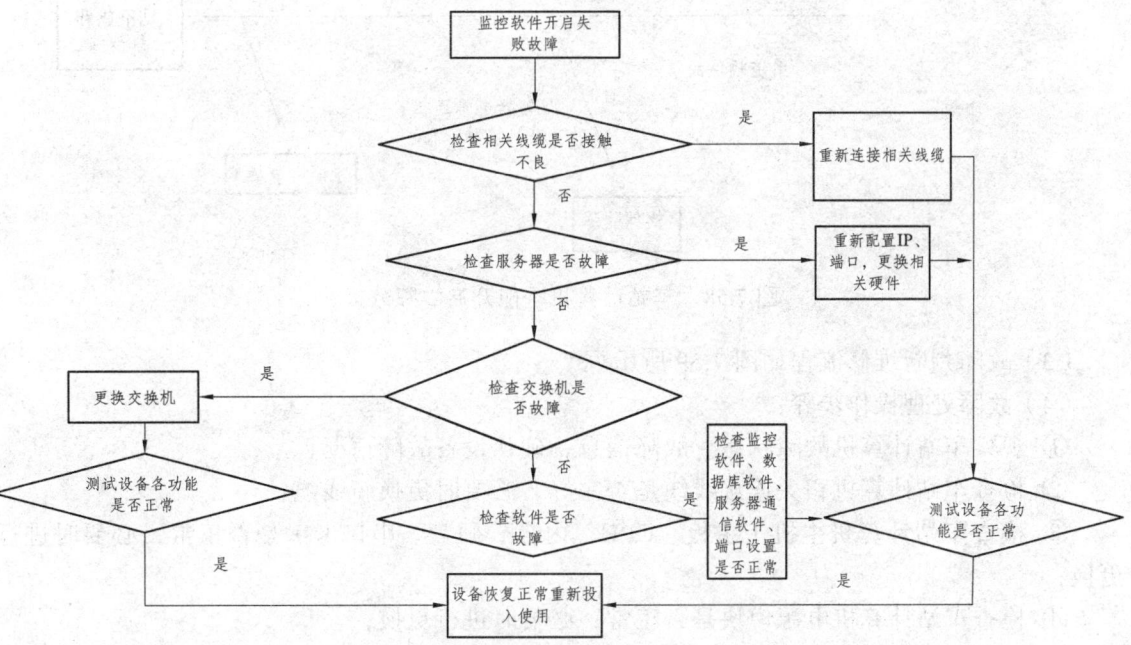

图 7.56 监控软件开启失败故障处理流程图

⑤ 检查车站计算机检查监控软件、数据库软件、服务器通信软件以及各个端口设置是否正常，必要时重新进行设置；

⑥ 测试车站计算机各功能是否正常，恢复设备正常投入使用。

3．车站计算机不能开启故障

（1）故障现象：

车站 AFC 设备检修人员对车站计算机进行日检作业时，发现某车站服务器监控软件自动退出，服务器显示系统报错信息，检修人员对车站计算进行检查后，发现设备警示灯内存报警，如图 7.57 所示。

图 7.57　车站计算机内存故障

（2）故障原因分析（见图 7.58）：

根据"鱼骨分析法"分析车站计算机不能开启故障可能由以下 4 个方面原因造成：① 服务器故障；② 连接线缆问题；③ 电源故障；④ 软件故障。

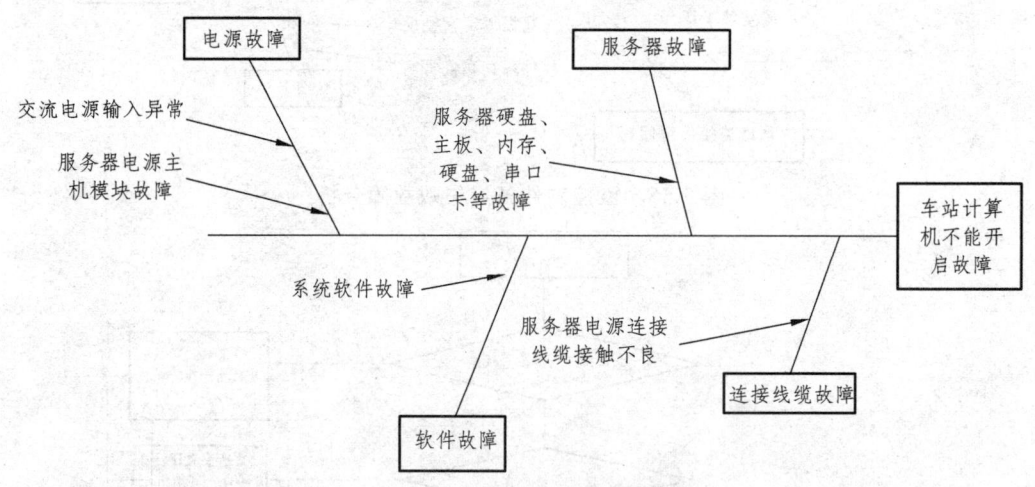

图 7.58　车站计算机不能开启故障分析

（3）故障判断维修流程如图 7.59 所示。

（4）故障处理操作步骤：

① 观察车站计算机故障状态、故障信息，确认设备故障情况；

② 检查车站计算机相关连接线缆是否完好，必要时更换新线缆；

③ 检查车站计算机主机（主板、CPU、内存、硬盘、串口卡）是否正常，必要时进行更换；

④ 检查车站计算机电源模块是否正常，必要时进行更换；

第七章 常见故障的判断与处理

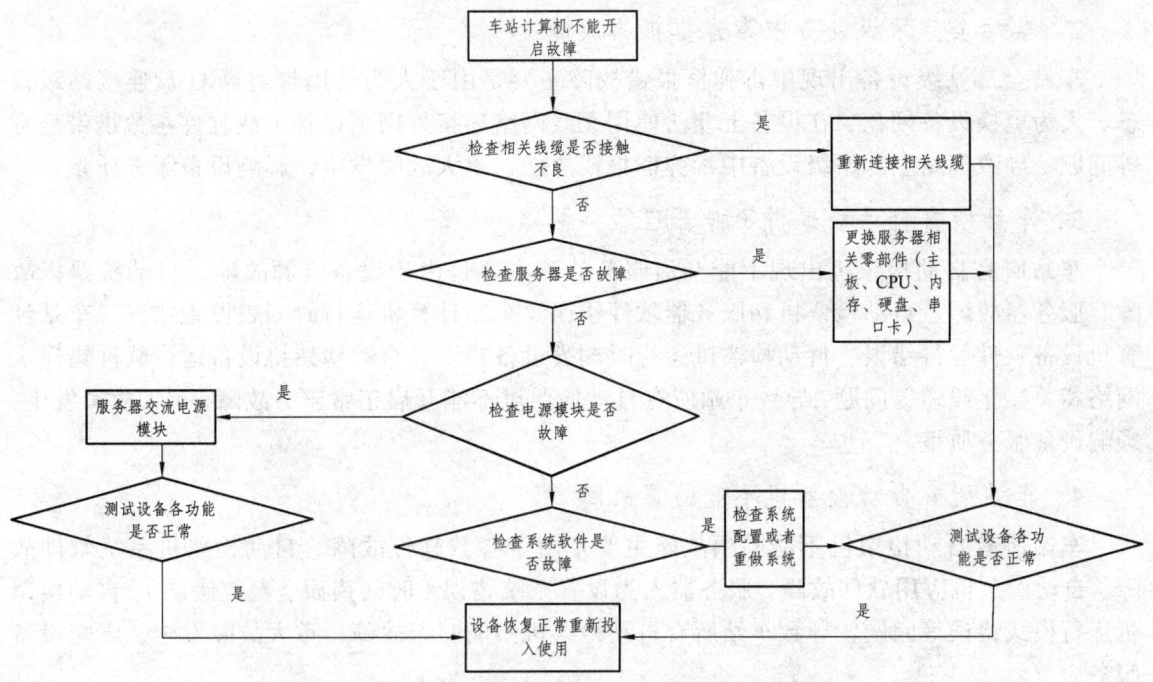

图 7.59 车站计算机不能开启障处理流程图

⑤ 检查车站计算机软件是否正常，必要时进行升级或者重做；
⑥ 测试车站计算机各功能是否正常，恢复设备正常投入使用。

第六节 车站级设备重大故障的判断与处理

当车站级设备发生重大故障时，维修人员到达故障设备现场后，在相关规定时间内修复部分设备，及时降低故障影响，尽力缩小其对地铁正常运营的影响。

下面以某城市地铁为例进行介绍。车站计算机常见故障主要有以下几种：车站站厅所有自动检票机扇门常开故障、车站全部站级设备中毒弹框报错故障、车站所有自动检票机不能开启服务故障、车站所有自动检票机不能验票等。

一、常见故障类型

1. 车站站厅所有自动检票机扇门常开故障

车站站厅所有自动检票机出现扇门常开故障主要是由于自动检票机进入紧急模式、紧急模式控制盘故障、火灾消防误报警、紧急模式相关设备连接线缆接触不良、车站计算机紧急模式操作错误等问题，导致车站站厅所有自动检票机出现扇门常开故障，重大故障发生，影响设备服务质量。

2. 车站全部站级设备中毒弹框报错故障

车站全部站级设备出现中毒弹框报错故障主要是由于人为使用带病毒U盘连接站级设备、人为更换设备硬盘、在设备上非法使用无线网络连接外网、设备下载软件参数携带病毒等问题,导致车站全部站级设备中毒弹框报错故障,重大故障发生,影响设备服务质量。

3. 车站所有自动检票机不能开启服务故障

车站所有自动检票机出现不能开启服务故障主要是由于设备电源故障、自动检票机故障、服务器故障、自动检票机和服务器软件错误(车站计算机运行时刻表设备错误、车站计算机设备软件运行错误、自动检票机运行时刻表设备错误、自动检票机设备运行软件错误)、网络相关连接线缆等问题,导致车站所有自动检票机不能开启正常服务故障,重大故障发生,影响设备服务质量。

4. 车站所有自动检票机不能验票故障

车站所有自动检票机不能验票故障主要是由于参数软件故障、自动检票机系统软件故障、自动检票机应用软件故障、服务器人为设置系统错误(时间错误、参数错误)、自动检票机运行模式错误等问题,导致车站所有自动检票机不能验票故障,重大故障发生,影响设备服务质量。

根据车站级设备重大故障表现进行划分,故障类别具体可以归纳为以下几个方面,如表7.5所示。

表7.5 车站级设备重大故障列表(供参考)

故障现象	故障处理步骤
车站站厅所有自动检票机扇门常开故障	(1)检查车站站厅所有自动检票机紧急模式相关线缆连接是否良好; (2)检查车站站厅所有自动检票机紧急控制相关部件是否良好; (3)检查车站火灾消防系统是否有报警,是否有联动; (4)检查车站计算机主机是否人为设置进入紧急模式
车站全部站级设备中毒弹框报错故障	(1)确认AFC站级设备是否被病毒感染弹框报错,断开车站AFC站级设备、中央级设备之间网络连接线缆; (2)对当前车站AFC站级所有设备硬盘进行更换; (3)对当前车站AFC站级所有设备系统进行杀毒
车站所有自动检票机不能开启服务故障	(1)检查车站所有自动检票机相关连接线缆是否完好; (2)检查车站站厅所有自动检票机相关电源模块是否正常; (3)检查车站站厅所有自动检票机、车站计算机主机是否正常; (4)检查车站站厅所有自动检票机、车站计算机系统运行时刻表时间设置是否错误; (5)检查车站站厅所有自动检票机、车站计算机是否运行软件错误
车站所有自动检票机不能验票	(1)检查自动检票机系统软件是否正常; (2)检查自动检票机应用软件是否正常; (3)检查自动检票机和车站计算机参数是否一致,版本是否正常; (4)检查自动检票机运行模式设置是否错误; (5)检查车站计算机系统时间设置是否错误

二、常见故障案例

1．车站站厅所有自动检票机扇门常开故障

（1）故障现象：

车站检修人员接报某站，所有自动检票机在运营时间内自动进入紧急模式，扇门常开。

（3）故障原因分析（见图 7.60）：

根据"鱼骨分析法"分析车站站厅所有自动检票机扇门常开故障可能由以下 4 个方面原因造成：① 紧急控制盘故障；② 火灾消防误报警；③ 紧急连接线缆问题；④ 车站计算机设置进入紧急模式故障。

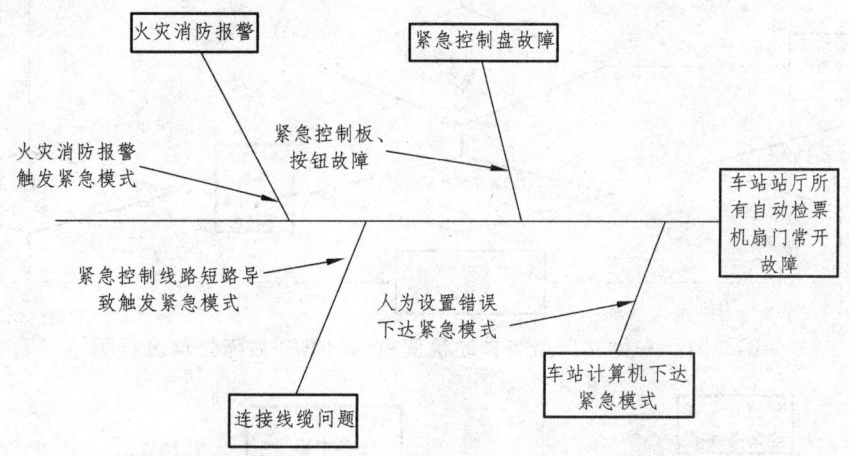

图 7.60　车站站厅所有自动检票机扇门常开故障分析

（3）故障判断维修流程如图 7.61 所示。

（4）故障处理操作步骤：

① 观察车站站厅所有自动检票机故障状态、故障信息，确认设备故障情况；

② 检查车站站厅所有自动检票机紧急模式相关线缆连接是否良好，必要时更换新线缆；

③ 检查车站站厅所有自动检票机紧急控制相关部件是否完好，必要时进行更换；

④ 检查车站火灾消防系统是否有报警，是否有联动；

⑤ 检查车站计算机主机是否人为设置进入紧急模式；

⑥ 测试车站计算机各功能是否正常，恢复设备正常投入使用。

2．车站全部站级设备中毒弹框报错故障

（1）故障现象：

某日车站检修人员接报，某车站全部自动检票机中毒弹框报错，乘客无法使用车票正常出闸。

（2）故障原因分析（见图 7.62）：

根据"鱼骨分析法"分析车站全部站级设备中毒弹框报错故障可能由以下 4 个方面原因造成：① 人为使用非法 U 盘设备中毒；② 更换设备硬盘导致中毒；③ 非法使用无线网络连接外网导致中毒；④ 设备参数下载导致中毒。

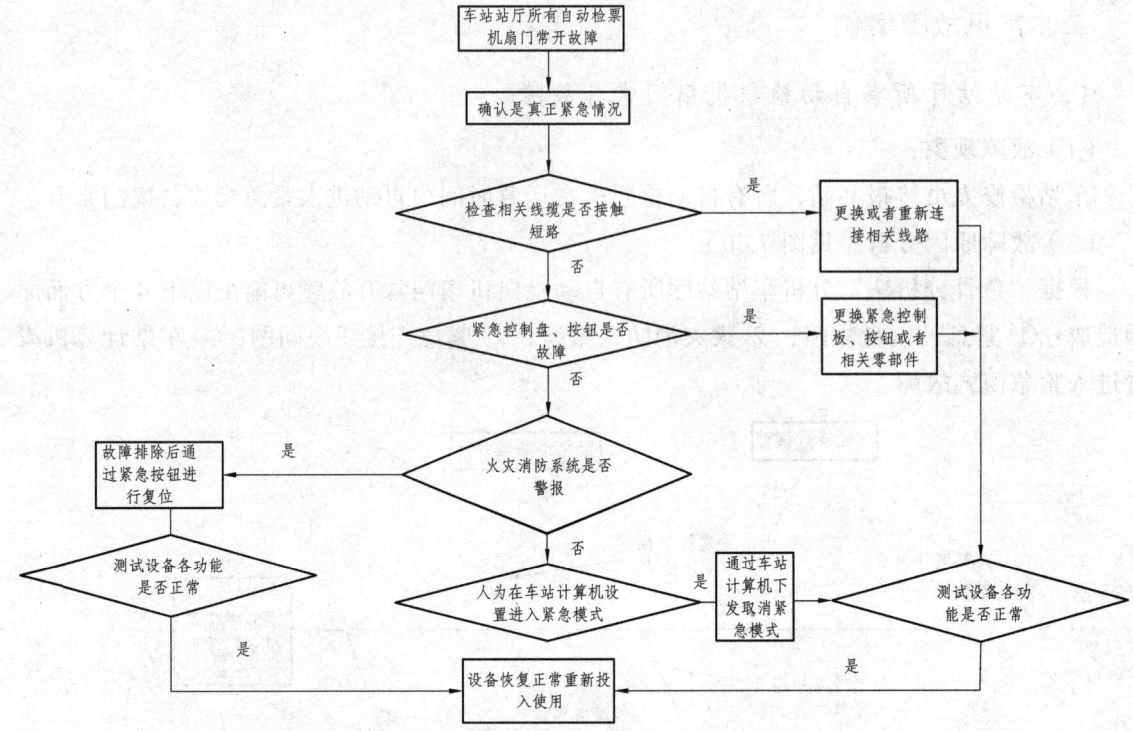

图 7.61 车站站厅所有自动检票机扇门常开故障处理流程图

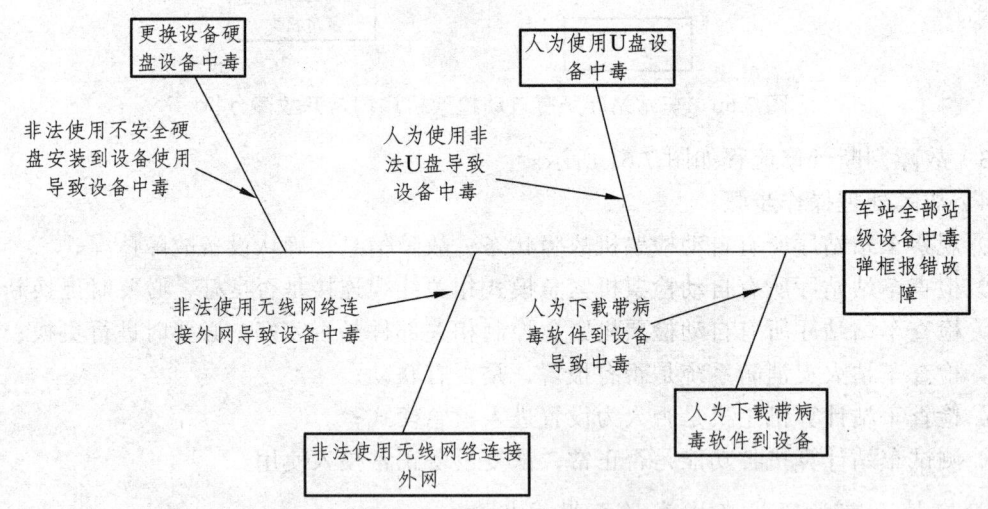

图 7.62 车站全部站级设备中毒弹框报错故障分析

（3）故障判断维修流程如图 7.63 所示。

（4）故障处理操作步骤：

① 观察车站 AFC 站级设备故障状态、故障信息，确认设备故障情况；

② 确认 AFC 站级设备是否被病毒感染弹框报错，断开车站 AFC 站级设备、中央级设备之间网络连接线缆；

③ 对当前车站 AFC 设备进行病毒库更换至最新版本；

④ 对当前车站 AFC 站级所有设备硬盘进行杀毒；
⑤ 如当前车站 AFC 站级所有设备硬盘被病毒感染，无法修复，则更换硬盘；
⑥ 确认车站所有设备病毒查杀完成，设备恢复正常，重新连接网络，恢复通信，设备投入使用。

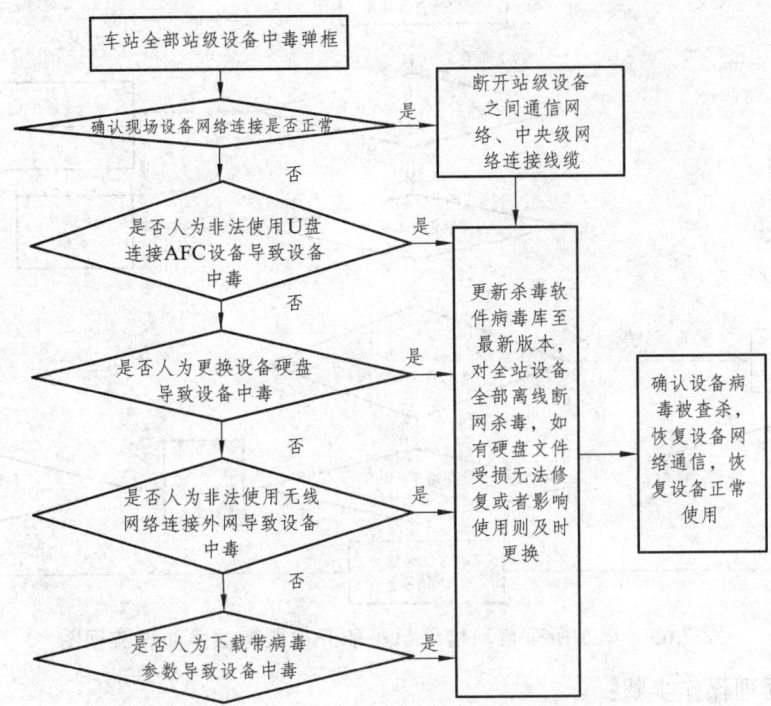

图 7.63 车站全部站级设备中毒弹框报错故障处置流程图

3．车站所有自动检票机不能开启服务故障

（1）故障现象：

某日在 6:00 运营时间，车站所有自动检票机不能自动开启，设备显示暂停服务。

（2）故障原因分析（见图 7.64）：

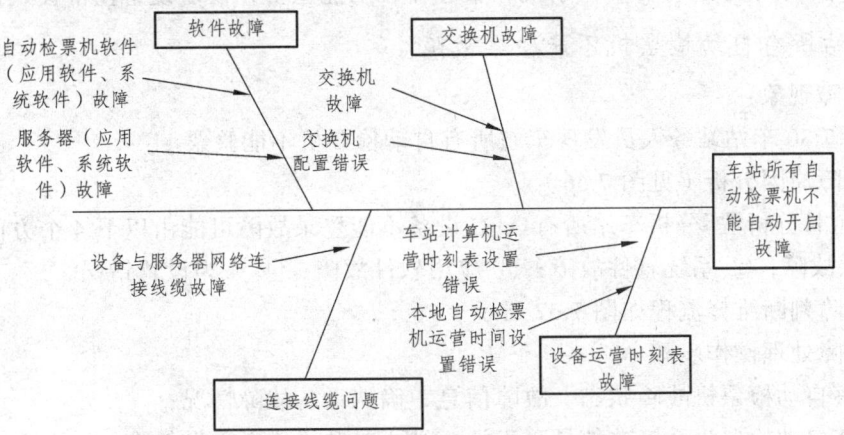

图 7.64 车站所有自动检票机不能开启服务故障分析

根据鱼骨分析法分析车站所有自动检票机不能自动开启故障可能由以下 4 个方面原因造成：① 光纤交换机故障；② 设备运营时刻表故障；③ 软件故障；④ 网络连接线缆问题。

（3）故障判断维修流程如图 7.65 所示。

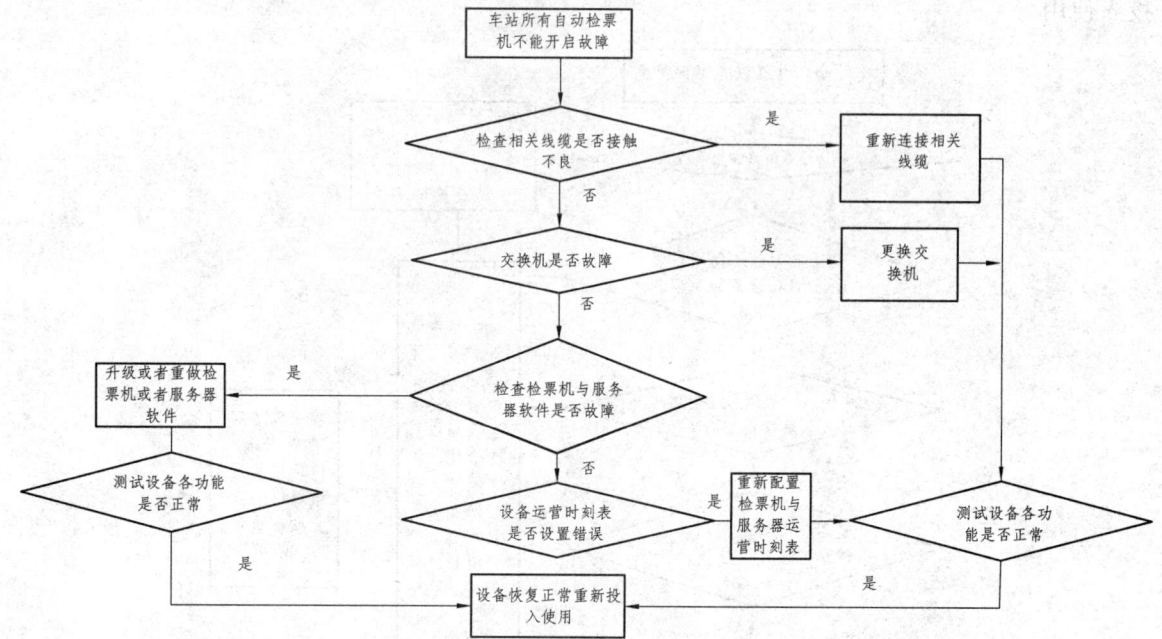

图 7.65　车站所有自动检票机不能开启服务故障处理流程图

（4）故障处理操作步骤：

① 观察车站所有自动检票机故障状态、故障信息，确认设备故障情况；

② 检查自动检票机和车站计算机网络相关连接线缆是否接触良好，必要时重新连接线缆；

③ 检查交换机模块是否正常，必要时进行更换；

④ 检查车站站厅所有自动检票机和服务器应用软件是否正常，必要时升级或者重做软件；

⑤ 检查车站站厅所有自动检票机和服务器运营时刻表设置是否正常；

⑥ 测试车站站厅所有自动检票机和服务器各功能正常，恢复设备正常投入使用。

4．车站所有自动检票机不能验票故障

（1）故障现象：

某日在 7:30 车站站务人员发现车站所有自动检票机不能验票。

（2）故障原因分析（见图 7.66）：

根据"鱼骨分析法"分析车站所有 AFC 设备不能登录故障可能由以下 4 个方面原因造成：① 参数软件故障；② 系统软件故障；③ 应用软件故障；④ 人为设置错误。

（3）故障判断维修流程如图 7.67 所示。

（4）故障处理操作步骤：

① 观察自动检票机故障状态、故障信息，确认设备故障情况；

② 检查自动检票机系统软件是否正常，必要时升级或者重做软件；

第七章 常见故障的判断与处理

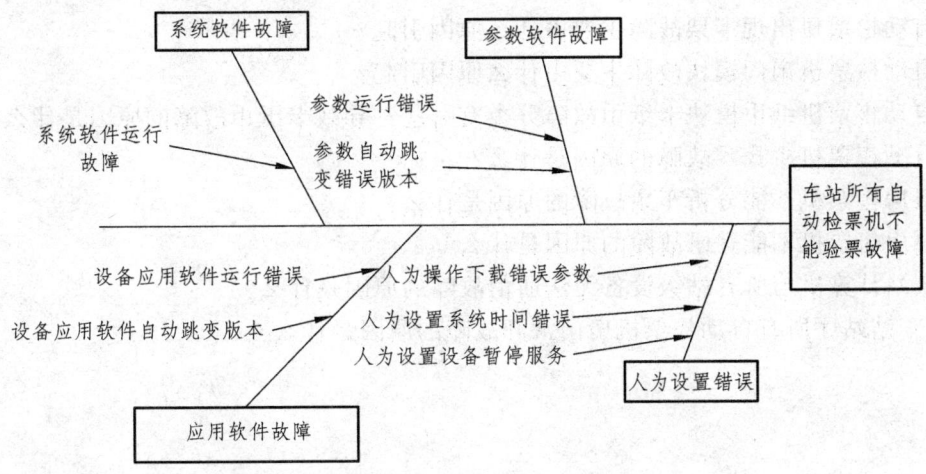

图 7.66　车站所有自动检票机不能验票故障分析

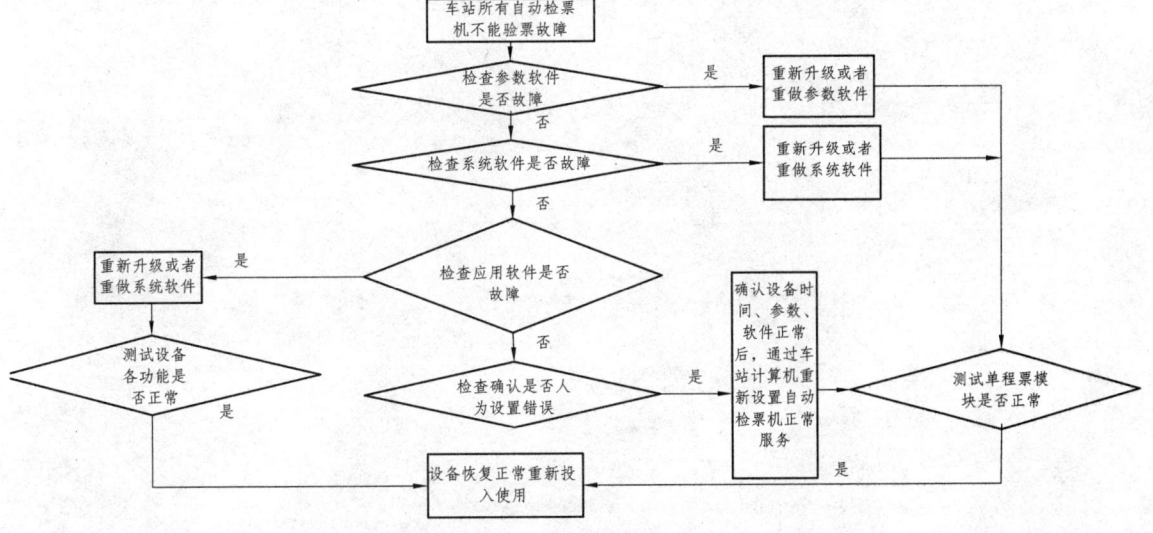

图 7.67　车站所有自动检票机不能验票故障处理流程图

③ 检查自动检票机应用软件是否正常，必要时升级或者重做软件；

④ 检查自动检票机和车站计算机参数是否一致，版本是否正常，必要时升级或者重做参数；

⑤ 检查自动检票机运行模式设置是否错误，必要时重新设置正常服务模式；

⑥ 检查车站计算机系统时间设置是否错误，必要时重新设置正常系统时间；

⑦ 测试车站站厅所有自动检票各功能是否正常，恢复设备正常投入使用。

复习思考题

1. 请简述自动售票机常见的故障类型（不少于五项）。
2. 请简述自动检票机常见的故障类型（不少于五项）。

3. 自动检票机出现卡票故障主要由什么原因引起？
4. 自动检票机扇门模块故障主要由什么原因引起？
5. 自动售票机纸币模块卡纸币故障分类有哪些？导致卡纸币故障的原因是什么？
6. 自动售票机少找零故障的原因是什么？
7. 票房售票机不能分析车票故障的原因是什么？
8. 票房售票机不能登录故障的原因是什么？
9. 车站计算机与所有站级设备无法通信故障的原因是什么？
10. 车站站厅所有自动检票机扇门常开故障的原因是什么？

第八章　设备安装调试与验收

【学习目标】

1. 了解新设备的安装和调试；
2. 掌握 AFC 设备单机测试技能；
3. 了解新设备的验收要求；
4. 掌握设备的移交和接管程序。

【知识要求与技能要求】

1. 掌握设备安装基础知识；
2. 掌握安全操作注意事项；
3. 掌握设备调试和验收标准；
4. 能正确安装和紧固设备；
5. 能正确连接模块线缆；
6. 能正确安装设备操作系统。

在新建线路（简称新线）AFC 系统建设过程中，作为设备检修人员，必须提前介入，提前熟悉设备，跟进设备安装调试与验收的整个过程，为运营接管后的检修工作打好基础。检修人员介入的阶段一般选在设备安装之前，涵盖设备到货检验、设备安装、单机调试、系统联调、功能验收，直到开通接管的整个过程。

本章内容以国内某城市地铁公司为例，讲解设备安装调试与验收的工作流程。

第一节　设备安装与调试

一、新线设备单机安装调试

新线设备单机安装调试，是为了保证单台设备按照图纸安装到位，设备内各部件、元器件齐全且按照图纸接线正确，通电后各部件动作正常，能实现本机功能无故障。虽然设备在出厂前都已进行测试检验，但经过仓储、搬运、安装等一系列过程后，还必须进行单机的调试与测试。每台设备都要进行单机安装调试，维修接管单位要安排人员全程参与，确保每台设备的所有功能、性能能满足运营的要求。单机安装调试主要分为硬件安装检查、通电部件调试、软件的安装调试、整机功能测试等。

1．硬件安装检查

设备硬件安装检查主要有以下内容：

（1）检查设备内部所有电气接线是否牢固，外观是否完好。

（2）检查电气元件标识、接线与设计原理图是否一致。

（3）对照设备设计原理图，逐一核对按钮、开关、继电器、接触器等电气元件以及线排接线的数量、线号及位置是否正确，并检查接线的连接是否与设计原理图完全一致。

（4）检查内部交流输出/输入线缆是否无损、无裸露，线缆的连接端应紧固无松脱，元器件、接线端子的接线情况是否与图纸一致。

（5）检查设备内部板卡的接线标识是否清晰，内部线缆分类是否整齐，连接是否正确。

（6）检查设备机柜的安装是否符合设计要求，能否防腐、防蚀、防锈，是否清洁、无破损、锈蚀、变形、漆面完好，边角包边有无毛刺。

（7）机柜门开关是否灵活，有无变形，机柜门与机柜接地是否良好。

2．软件安装配置

设备的软件分为操作系统软件及应用软件。应用软件因设备厂家不同，因此，下面主要讨论操作系统软件的安装。AFC设备的操作系统多为定制的嵌入式系统，现场设备的系统安装多采用镜像的方式进行。通过镜像方式安装设备操作系统是维修人员需要掌握的技能之一。

在操作系统安装完成，并安装部署了设备应用软件后，还需要对设备进行必要的配置，例如：

（1）设备的IP地址。

（2）设备的编号，属于哪个车站，需要连接哪台服务器等。

（3）设备软件运行的其他必要配置。

下面介绍用GHOST软件从母盘制作镜像文件并安装到目标盘的具体操作。

操作准备：① 一个已安装好操作系统母盘的磁盘；② 一个空白的目标存储介质（如CF卡）；③ 一台装有GHOST软件的电脑，并连接好母盘及目标盘。

操作步骤：

步骤1：用母盘制作镜像文件。

（1）打开GHOST软件，进入GHOST界面，选择菜单 Local（本机）——→Disk（磁盘）——→To Image（到镜像），如图8.1所示。

（2）选择存放镜像的目标盘和磁盘分区，因操作系统一般安装在C盘，此处选择第一个分区，然后点击"OK"，如图8.2所示。

（3）此处需要是输入备份文件名字（按 Tab 选定），回车。此处名字为"windows"，可以选择别名字。在上方"Look in"内选择储存的设定目录（如e盘），如图8.3所示。

第八章 设备安装调试与验收

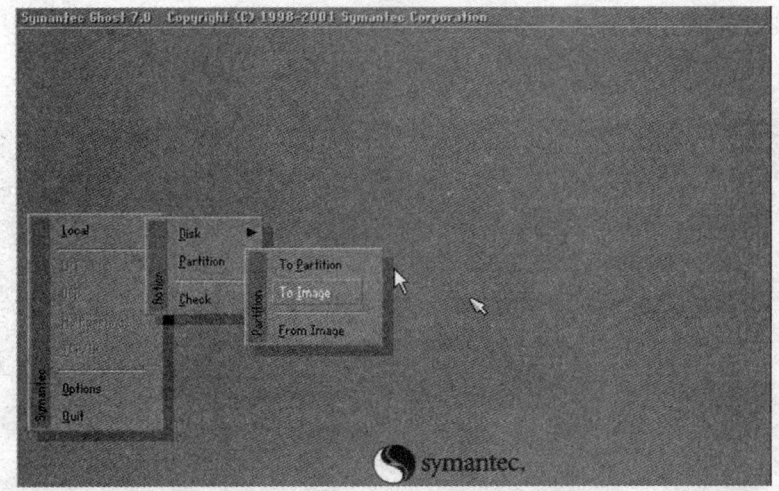

图 8.1 选择菜单

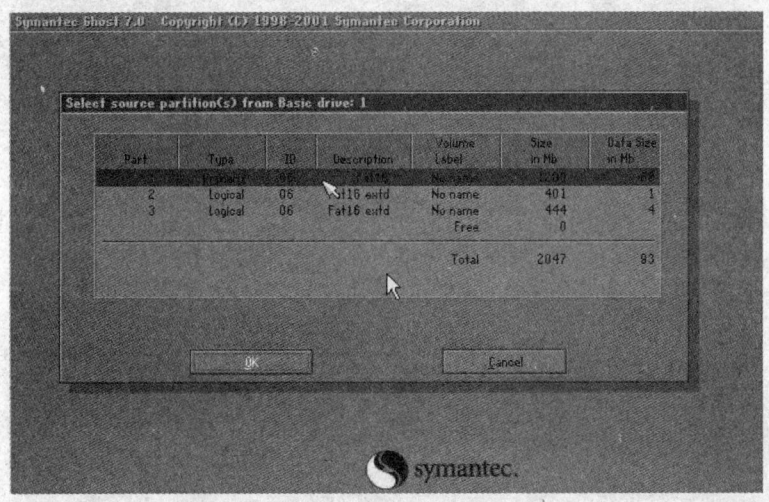

图 8.2 选择需要备份的分区

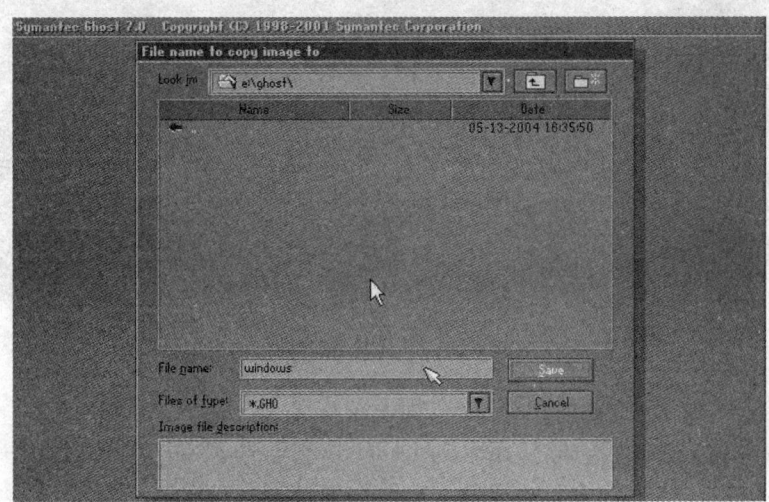

图 8.3 输入备份的文件名

（4）选择压缩模式。共有 3 个选择：No 表示不压缩，Fast 表示速度优先压缩，High 表示高密度压缩。选择 Fast 或 High 都可以，如图 8.4 所示。

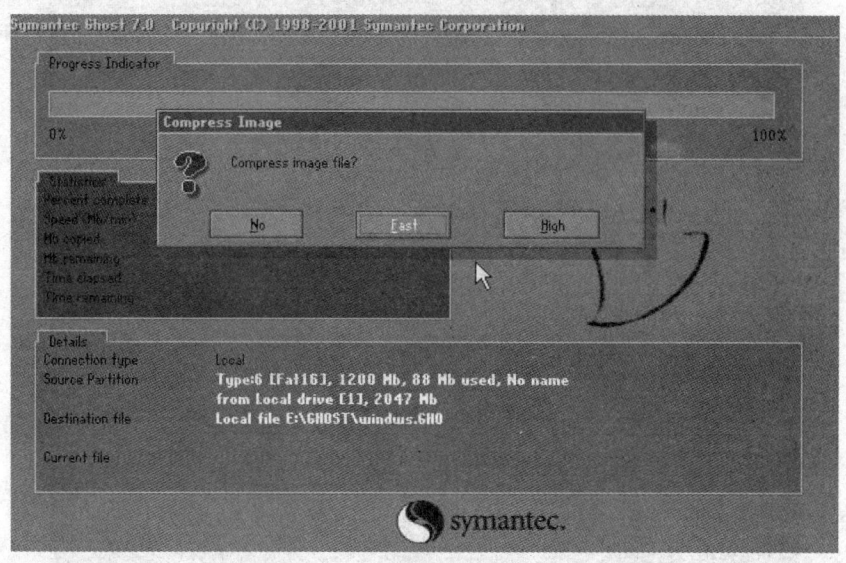

图 8.4　选择压缩模式

（5）开始镜像压缩后会显示进度条，完成后会提示已经备份完毕，回车退出，如图 8.5 所示。

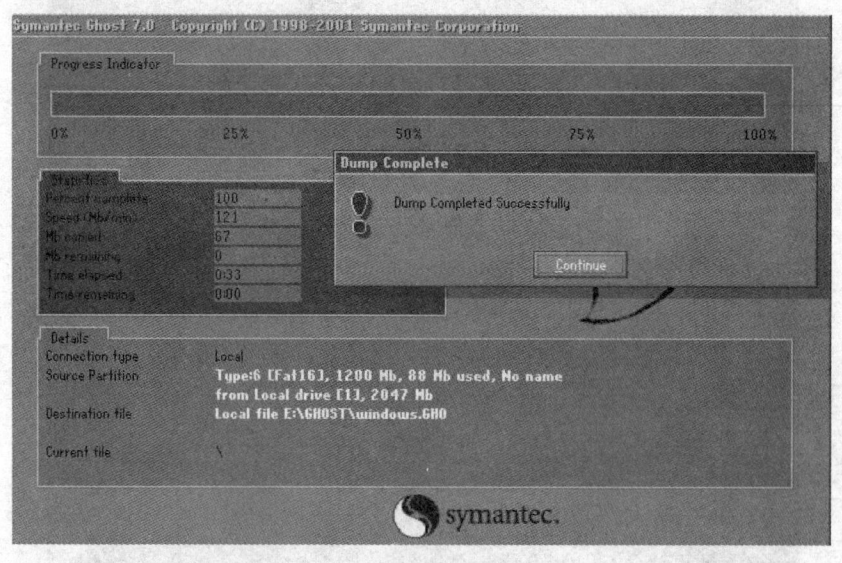

图 8.5　镜像压缩完成

步骤 2：还原镜像文件到设备磁盘，实现系统安装。

（1）进入 GHOST 软件后，选择菜单到 Local（本机）──→Disk（硬盘）──→From Image，如图 8.6 所示。

第八章　设备安装调试与验收

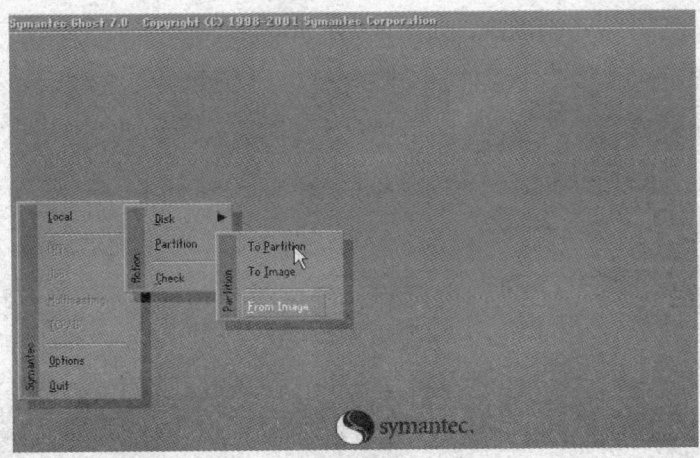

图 8.6　选择菜单还原镜像

（2）选择需要还原的镜像文件，此处的镜像文件是 WINDOWS.GHO，如图 8.7 所示。

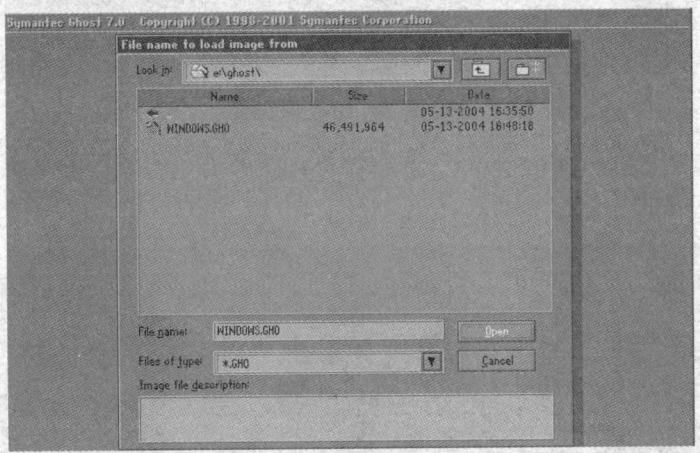

图 8.7　选择需要还原的镜像文件

（3）选择源分区、目标磁盘和目标分区。一般操作系统安装在第一个分区，如图 8.8 所示。

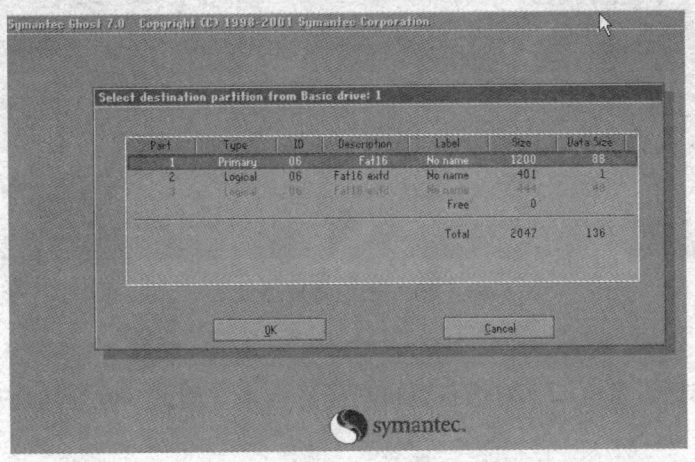

图 8.8　选择目标分区

（4）选择"Yes"开始还原镜像，如图 8.9 所示。

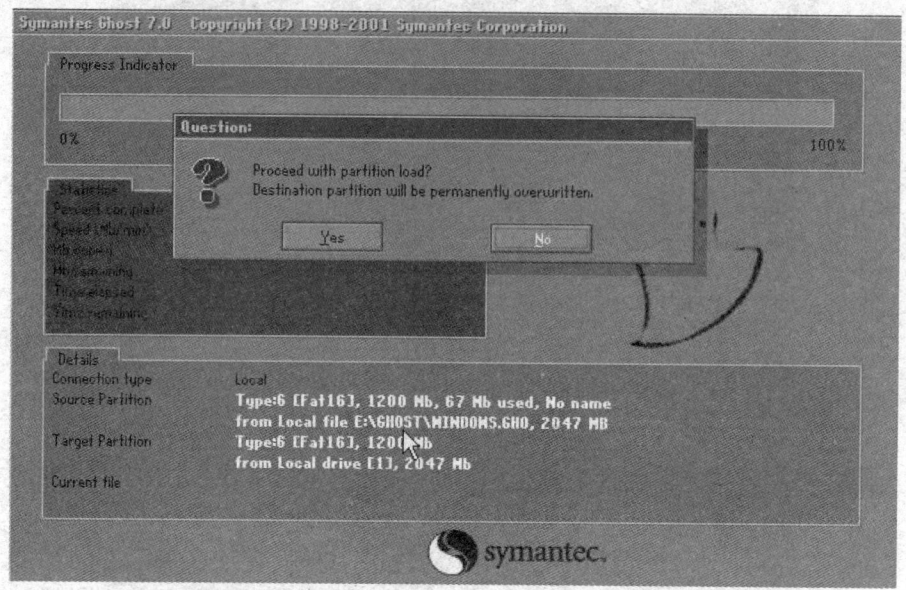

图 8.9　开始还原镜像

（5）完成后选择"Reset Computer"重启设备，即可进入安装后的系统，如图 8.10 所示。至此操作系统安装完成。

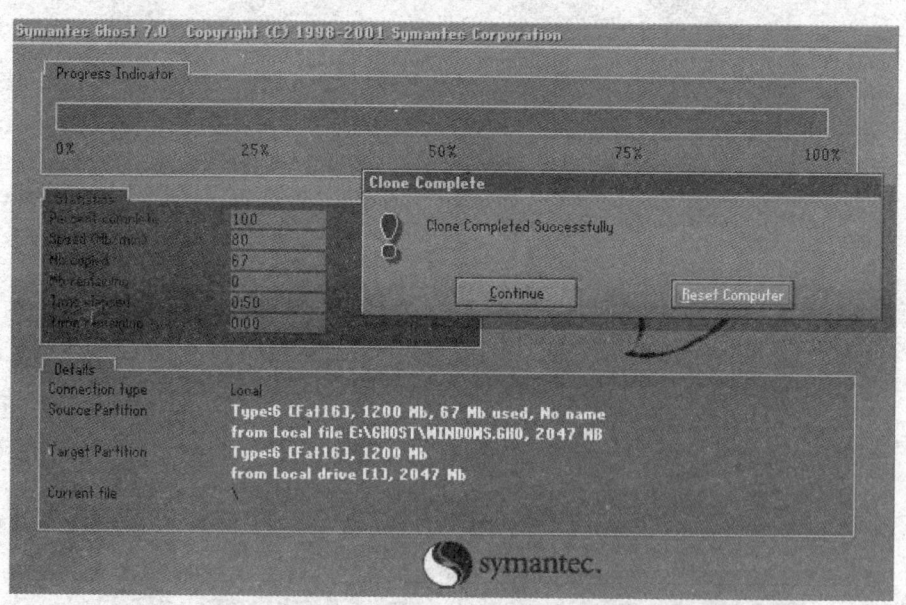

图 8.10　完成后重启设备

3．单机功能测试

接下来就要接通设备电源，对设备整机功能进行基本测试，验证其是否能实现基本常用的功能。

设备通电前，应清晰了解设备供电原理，掌握如何开、关机。对设备内部各模块也应了解其供电及信号接线,掌握如何连接/断开模块的供电及数据连接。设备通电后,对设备内部的各个模块/子系统进行检查,测量各模块输入/输出电压是否符合设计要求。

整机功能测试方面,主要测试设备的票卡读写器对车票的处理是否正确,处理结果是否符合预期,界面信息是否显示正确,设备各模块动作是否正常且符合预期,能否实现基本的设备功能,设备的查询、命令、自检复位等功能是否正常等。

TVM 与 AGM 的单机功能测试可参考表 8.1 和表 8.2(表中测试内容仅作为范例,实际操作可依据具体情况进行修改)。

表 8.1 TVM 单机测试记录表(供参考)

交流电源	交流电源电压检测范围 AC 220×(1±10%)V	电压:_____ V AC	
直流电源	直流电源 24 V 输出电压检测范围 DC 24×(1±5%)V	电压:_____ V DC	
	直流电源 12 V 输出电压检测范围 DC 12×(1±5%)V	电压:_____ V DC	
	直流电源 5 V 输出电压检测范围 DC 5×(1+5%)V	电压:_____ V DC	
后备电源	将漏电保护开关打到 OFF 位置,检查后备电源是否能正常维持供电 15 min	正常 □	异常 □
状态显示屏	状态显示屏显示是否正常	正常 □	异常 □
硬币模块	硬币接收是否正常	正常 □	异常 □
	钱箱是否能正确识别	正常 □	异常 □
	暂存器、分向器动作是否正常	正常 □	异常 □
	复位测试	正常 □	异常 □
纸币模块	纸币接收是否正常	正常 □	异常 □
	钱箱是否能正确识别	正常 □	异常 □
	复位测试	正常 □	异常 □
单程票模块	出票测试	正常 □	异常 □
	SAM 卡 ID 检查	正常 □	异常 □
	复位测试	正常 □	异常 □
触摸屏模块	触摸屏触摸功能是否正常	正常 □	异常 □
	显示屏显示画面是否正常	正常 □	异常 □
主控模块	检查 CPU 和机箱散热风扇是否正常、主机运行是否存在异响	正常 □	异常 □
	观察设备时钟是否正常	正常 □	异常 □
	检查主程序和读卡器版本是否正常	正常 □	异常 □
	检查设备 IP 地址、设备 ID 是否正常	正常 □	异常 □
	检查 TVM 与 SC 通信是否正常、设备数据上传是否正常	正常 □	异常 □

表 8.2　AGM 单机测试记录表（供参考）

交流电源	交流电源电压检测范围 AC 220×（1±10%）V	电压：_____ V AC	
直流电源	直流电源 24 V 输出电压检测范围 DC 24×（1±5%）V	电压：_____ V DC	
	直流电源 12 V 输出电压检测范围 DC 12×（1±5%）V	电压：_____ V DC	
	直流电源 5 V 输出电压检测范围 DC 5×（1+5%）V	电压：_____ V DC	
后备电源	将漏电保护开关打到 OFF 位置，检查后备电源是否能正常维持供电 15 min	正常 □	异常 □
出闸模块	测试投票口电磁阀、验票电磁阀、退票电磁阀、回收票电磁阀动作是否正常	正常 □	异常 □
	测试退票通道传感器、普通票通道传感器、优惠票通道传感器、投票传感器是否正常	正常 □	异常 □
SAM 卡 ID	SAM 卡 ID 检查	正常 □	异常 □
通道传感器	检查通道传感器是否正常	正常 □	异常 □
扇门模块	测试扇门开关动作正常	正常 □	异常 □
主控模块检查	检查 CPU 散热风扇是否正常，主机运行是否存在异响	正常 □	异常 □
	观察 AGM 设备时钟是否正常	正常 □	异常 □
	检查 AGM 主程序和读卡器版本是否正常	正常 □	异常 □
	检查设备 IP 地址、设备 ID 正常	正常 □	异常 □
	检查 AGM 与 SC 通信正常、设备数据上传是否正常	正常 □	异常 □
其他测试	测试通行指示灯、特殊票指示灯各功能状态是否正常	正常 □	异常 □
	测试警示灯、语音装置、蜂鸣器功能是否正常	正常 □	异常 □
	维修键盘按键是否正常	正常 □	异常 □
	检查维修门传感器是否正常	正常 □	异常 □
验票测试	使用各种车票测试 AGM 能否正常处理车票	正常 □	异常 □

此外，还须对设备进行一定程度的重复性压力测试，验证其在多次反复动作下是否有故障出现，若出现故障，则应查找原因，及时调整设备，排除故障。

二、新线设备联调

AFC 系统的联调主要分为站级联调和线网联调。

1．AFC 系统站级联调

站级联调是以车站计算机为中心，对全站 AFC 系统设备进行联调测试。其主要检验的是车站计算机与其他站级 AFC 设备的通信接口功能,包括系统参数下载、控制命令下发、设备监控及状态数据接收、交易以及收益数据接收等。

站级联调另一重要目的是考验站级设备的稳定性及可靠性,其主要方法是压力测试。选取一个车站,组织一定数量的人员,对该站所有设备进行大规模的售票、过闸等操作,一方面是验证设备的可靠性,能否经受大客流压力的考验;另一方面是验证后台数据准确性,在交易数据密集生成、上传的情况下,能否保证数据的准确、完整、及时上传。

站级设备压力测试的前期准备工作:
(1)车站供电正常,所有设备已正常供电;
(2)车站网络工作正常;
(3)计算机功能测试完成,与站级其他设备连通正常;
(4)所有站级设备单机测试功能正常,SAM 卡已完成安装;
(5)所有设备软件已更新至稳定版本,最新系统参数已下载到站级设备。

站级设备压力测试的具体内容及记录表格可参考表 8.3~8.5(各表中测试内容仅作为范例,实际操作可依据具体情况进行修改)。

表 8.3 站级设备压力测试 TVM 记录表(供参考)

TVM 设备号	TVM01	TVM02	TVM03	TVM04	TVM05	TVM06	……
单程票补充数	1 000	1 000	1 000	1 000	1 000	1 000	
硬币补充数							
单程票发售数	500	500	500	500	500	500	……
纸币接收数							
硬币接收数							
硬币找零数							
纸币找零数							
硬币回收数							
纸币回收数							
单程票回收数							

注:表中设备号、单程票补充数、发售数仅作为示例参考,以实际操作为准。

表 8.4 站级设备压力测试 AGM 记录表(供参考)

AGM 设备号	单程票进站数	一卡通进站数	AGM 设备号	单程票出站数	一卡通出站数	单程票回收数
EN01			EX11			
EN02			EX12			
EN03			EX13			
EN04			EX14			
EN05			EX15			
EN06			EX16			
EN07			EX17			
EN08			EX18			
……			……			

注:表中设备号仅作为示例,以实际操作为准。双向闸机进/出闸都要进行测试

表 8.5　站级设备压力测试 SC 核对记录表（供参考）

序号	测试操作	预期结果	实际结果	问题记录
1	查询交易记录	能正确显示各个设备所做的交易记录，与实际数据相符	□正确 □错误	
2	TVM 收益综合统计报表核对	报表格式正确，数据与实际测试一致	□正确 □错误	
3	TVM 钱箱更换统计报表核对	报表格式正确，数据与实际测试一致	□正确 □错误	
4	TVM 补币统计报表核对	报表格式正确，数据与实际测试一致	□正确 □错误	
5	TVM 票箱补票统计	报表格式正确，数据与实际测试一致	□正确 □错误	
6	TVM 发售统计报表核对	报表格式正确，数据与实际测试一致	□正确 □错误	
7	AGM 进站统计报表核对	报表格式正确，数据与实际测试一致	□正确 □错误	
8	AGM 出站扣款统计报表核对	报表格式正确，数据与实际测试一致	□正确 □错误	
9	AGM 票箱更换统计报表核对	报表格式正确，数据一致，能正确打印	□正确 □错误	

2．AFC 系统线网联调

AFC 系统线网联调主要是验证新线设备是否具备接入线网 AFC 系统，纳入线网统一管理的条件。它包括新线站级系统与线路中央的接口调试，以及整条新线接入线网清分系统调试两个层面。其主要内容包括换乘测试，时钟同步测试，参数下发测试，报文交互测试，以及交易、收益文件上传测试等，而换乘测试则是线网联调中最重要的测试。

换乘测试是在新线站点进闸，通过线网换乘在既有已开通车站出闸，或在既有已开通车站进闸，在新线站点出闸。用以验证新线设备能否与既有线路设备兼容，实现无出站换乘。

换乘测试的具体内容及测试示例如表 8.6 所示（表中测试内容仅作为范例，实际操作可依据系统具体情况进行修改）。

表 8.6　新线联调换乘测试表

换乘路径	车票操作	测试结果	换乘路径	车票操作	测试结果
新线进、旧线出	单程票正常进出	□正确 □错误	旧线进、新线出	单程票正常进出	□正确 □错误
	一卡通正常进出	□正确 □错误		一卡通正常进出	□正确 □错误
	单程票无进站码更新出站	□正确 □错误		单程票无进站码更新出站	□正确 □错误

续表

换乘路径	车票操作	测试结果	换乘路径	车票操作	测试结果
新线进、旧线出	一卡通无进站码更新出站	□ 正确 □ 错误	旧线进、新线出	一卡通无进站码更新出站	□ 正确 □ 错误
	单程票超程更新出站	□ 正确 □ 错误		单程票超程更新出站	□ 正确 □ 错误
	一卡通超程更新出站	□ 正确 □ 错误		一卡通超程更新出站	□ 正确 □ 错误
	单程票超时更新出站	□ 正确 □ 错误		单程票超时更新出站	□ 正确 □ 错误
	一卡通超时更新出站	□ 正确 □ 错误		一卡通超时更新出站	□ 正确 □ 错误

三、新线检查、调试设备的注意事项

1．新线施工现场的安全注意事项

在新线设备安装、调试期间，维修人员需频繁去工地，由于车站还在建设期，现场条件较为恶劣，存在多种安全隐患，因此，必须注意以下事项：

（1）每个人都必须穿着和佩戴劳动保护用品，包括安全帽、安全鞋（护趾鞋）、手套、长袖衣、长裤、手电筒、防尘口罩等。

（2）安全帽要有下颌带和后帽箍，并拴系牢固，以防帽子滑落与碰掉；佩戴安全帽前，应检查各配件有无损坏，装配是否牢固，帽衬调节部分是否卡紧，绳带是否系紧等，确信各部件完好后方可使用（见图8.11）。在工地内不得脱下安全帽。

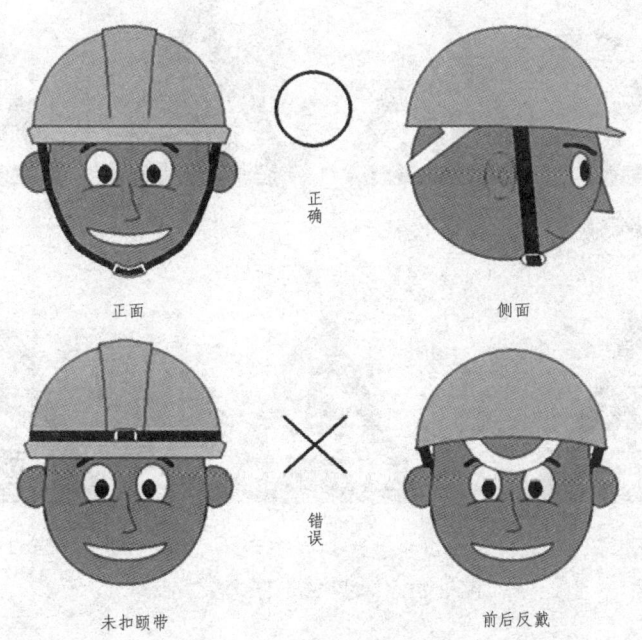

图 8.11 安全帽佩戴示意图

（3）进出施工现场，须要出示个人证件，并做好人员姓名、人数、出入时间等相关信息的登记。（施工单位人员要出示"临时出入证"）。

（4）在施工现场行走过程中，要注意工地的警示标语，只能走安全通道，不能走禁行通道。不得随意进入与本专业设备安装无关的施工区域。

常见禁止标志如图8.12和图8.13所示。

　　禁止烟火　　　　禁止合闸　　　　禁止启动　　　　禁止触摸

图8.12　常见禁止标志（1）

　　禁止进入　　　　禁止通行　　　　禁止停留　　　　禁止靠近

图8.13　常见禁止标志（2）

常见警示标志如图8.14和图8.15所示。

　　注意安全　　　　当心中毒　　　　当心爆炸　　　　当心触电

图8.14　常见警示标志（1）

　　当心电缆　　　　　当心吊物　　　　　当心落物

图8.15　常见警示标志（2）

常见指令标志如图8.16所示。

必须戴防尘口罩　　必须戴防护手套　　必须戴安全帽　　必须穿防护鞋

图 8.16　常见指令标志

常见提示标志如图 8.17 所示。

紧急出口　　　　　　　　　避险处

图 8.17　常见提示标志

（5）要留意现场施工人员的高空作业、吊装、切割、搬运等作业情况，注意避让，防止意外发生。不要在有上方作业的地方停留或观望，远离有焊接作业和切割作业的施工现场。

（6）要注意施工现场材料的堆放和施工设施的动作情况，不能随意依靠或触摸施工单位的设备设施或状态不明的物件和设备，防止触电、擦伤、割伤等事故。

（7）注意施工现场地面的情况，避开有坑洼和不明线缆（防止触电）的地方，如地面铺有铁板或木板，必须确定稳固后才能通行（并且动作要迅速），切忌停留。地面有些地方灰尘大，注意防止滑倒。

（8）注意地面是否有施工人员摆放的工器具、施工材料或其他异物，不要随便踏在可疑物件和线缆上，防止绊倒或意外发生。不要踩踏木方、木板等物料，以防钉子扎脚，不要踩地上堆叠的层板和圆管，防止滑下伤人。不要踩不明盖板和物料，预防楼板预留孔陷阱。

（9）行走时注意前方的天花是否有不明的悬垂物垂落，尽量绕道行走以避免碰到裸露的电线或安装未稳的物件。

（10）注意行走的通道光线是否充足，特别是有拐角或视线不及的地方，根据情况需要使用手电筒，防止踏空（特别是初始进入的房间，开门时要留意）和撞伤、划伤。遇到情况不明的通道或拐角，必须小心察看清楚方可进入（留意区域的紧急疏散通道）。

2．新线设备安装调试的注意事项

（1）因新线现场环境复杂，异物较多，对设备操作前，须注意设备上方及周围是否有异物（如工器具或者其他尖物、硬物），防止碰伤砸伤。

（2）查看设备的安装情况时，须注意设备是否已安装稳固，内部各个模块是否完好。在检查导轨承重模块时(主要指 TVM 内部),应先将模块从支架上拉出并确认固定扣已扣牢固,检查完后应及时将模块推回原位,谨防夹伤、撞伤;在操作中应轻拉轻推,防止支架导轨脱落、砸伤。

(3)检查设备内部线路布局情况时,须注意设备内部钣金件及线槽的边角边口,防止划伤。检查站厅的设备线槽,同样要注意线槽和封盖的边角,防止划伤。

(4)对 AFC 设备内部进行清洁、检查或维修前,应先断开设备电源(包括不间断电源 UPS 或蓄电池电源),禁止通过按试电按钮的方式来关闭漏电保护开关或用脚接通/断开电源开关。

(5)当带电测量时,切忌站在潮湿的地面,切勿让身体接触裸露的接线头和带高压的供电部件,以防触电,应认真按照万用表、示波器、手提电脑等仪器的使用说明对 AFC 设备进行检测和调试,以避免因使用不当导致仪表、仪器和设备的损坏。

(6)拆卸/安装 AFC 设备内部机械部件时,须根据部件的拆卸/安装步骤进行,对于拆卸/安装设备内部空间狭窄的部件时,必须佩戴手套,做好相应的劳动保护。

(7)在拆、装设备内部电路板时,须做好静电防护措施,严禁带电插拔电路板和连接线,每条电缆必须做好标记,确保连接正确。

(8)使用吸尘器对设备内部进行除尘清洁工作时,需佩戴口罩等劳保用品。

(9)对 AFC 设备进行调试和检查时,严禁私拿测试使用的钱币和车票,供货商带来测试使用的钱和票,要如实交还给供货商。

第二节 设备施工与质量验收

新线 AFC 设备验收应按现行国家标准《城市轨道交通自动售检票系统工程质量验收规范》(GB50381—2010)中的有关规定进行验收。在具体操作上可分为 AFC 设备施工安装验收以及设备功能验收两部分。

一、新线 AFC 设备的施工安装验收

新线 AFC 设备的施工安装验收,主要手段就是根据施工图纸,核对设备安装是否符合要求,同时检查设备施工、安装的工艺是否符合要求。其主要内容如下:

(1)检查线槽、线缆敷设是否符合标准要求。
(2)线缆标识是否符合标准要求。
(3)检查线缆标识是否与实际线缆走向一致。
(4)检查线缆实际连接情况是否与图纸一致。
(5)检查线缆敷设、连接情况是否有利于日后维护。
(6)检查设备安装位置是否与图纸一致。
(7)检查设备安装是否有利于日后维护。

关于线缆方面的验收标准,可参照国家标准《综合布线系统工程验收规范》(GB/T 50312—2016)。

1. AFC设备线槽及线缆检查

(1)专用AFC线缆应敷设于专用线槽,不应与外系统共用。

(2)线槽规格、型号、安装位置、检修口及出线口位置是否与图纸一致,线槽截断处及两线槽拼接处应平滑、无毛刺,连同检修口及出线口须做防水处理。

(3)金属线槽整体须可靠接地。

(4)检查线槽出口以后需要安装AFC设备的位置与其他设施(如消火栓、围栏等)是否有冲突,上方是否有空调出风口,避免日后设备上方空调滴水。

(5)光缆、网络电缆和AGM紧急按钮电缆应与AFC设备供电的电源、接地线缆分开布放。

(6)线缆的型号、规格、数量、质量须符合设计要求,中间不得出现接驳。

(7)线缆应有余量以适应终接、检测和变更。

(8)线缆的布放应自然平直,不得产生扭绞、打圈、接头、缠绕及溢出线槽等现象,不应受外力的挤压和损伤;缆线在管内或线槽内不应有接头和扭结,缆线的接头在接线盒内焊接或用端子连接。

(9)各检修口、出线口内布放线缆与图纸一致。

(10)线缆标识清晰,应与实际线缆走向一致。

(11)标识要求:①标签要求书写应清晰、端正和正确;②标签以打印形式为主,采用的打印墨水要求耐用、不易掉色;③标签如果是人工书写则要求用油性笔;④标签应选用不易损坏的材料,如果是要张贴的,采用的材料要求黏性要强,不易脱落,如果是要绑扎的,采用的材料要韧性够强,不易折断。

(12)票房售票机、自动售票机、自动检票机及自动验票机的接入线缆均由线槽出线口引上,外加金属软管保护。

2. AFC专业配电箱检查项目

(1)站厅公共区AFC墙壁式配电箱采用嵌入式安装,底部距地面1.4 m,自电源箱底部向下至线槽。

(2)配电箱内部接线不应接驳或者与其他专业共用。

(3)配电箱内元器件完好齐全,配置性能符合设计要求,各个开关所控制的设备标识清晰、端正和正确,箱内应有接线图。

(4)配电箱内零线和保护线在零线和保护地线汇流排上连接,不得绞接,并有编号。

3. AFC设备安装检查项目

(1)设备安装位置应与施工图一致。

(2)设备安装应满足日常维护需求,留有足够的维护空间。例如,TVM后门打开并拉出模块后,仍有足够空间供维修人员操作;若TVM有侧门,则还需保证TVM两侧的维修空间。

（3）AGM 安装的通道标准符合设计要求，通道宽度前后一致，整组闸机对齐安装。

（4）AFC 设备机柜，安装符合设计要求；机柜应防腐、防蚀、防锈，清洁，无破损、锈蚀、变形，漆面完好；机柜门开关灵活、无变形；机柜四周需有足够的维修空间；机柜必须良好接地，机柜门与机柜接地良好。

（5）交换机的光纤熔接完好，尾纤连接正确，光纤链路的衰减或损耗不应大于《城市轨道交通自动售检票系统工程质量验收规范》（GB50381—2010）中的有关规定。

4．AFC 设备内部检查项目

（1）检查设备内部所有电气接线是否牢固，外观是否完好，电气元件标识、接线与设计原理图是否一致。

（2）对照设备设计原理图，逐一核对按钮、开关、继电器、接触器等电气元件以及线排接线的数量、线号及位置正确，并检查接线的连接是否与设计原理图完全一致。

（3）内部交流输出/输入线缆应完好无损、无裸露；线缆的连接端应紧固无松脱，元器件、接线端子的接线情况应与图纸一致。

（4）电源设备带电部分与金属外壳间的绝缘电阻大于 $5\ M\Omega$，电源线缆的芯线间和芯线对地的绝缘电阻应大于 $0.5\ M\Omega$。

（5）设备电源输出电压和输出电源超限时，保护电路动作准确；输入电源故障时，能自动切换后备电源供电。

（6）设备内部板卡的接线标识清晰，连接正确。

二、新线设备功能验收

新线设备功能验收需要通过功能验收测试，其目的是测试 AFC 系统功能是否满足合同需求，其运行是否符合软件设计的要求。

1．功能验收总体测试原则

影响新线开通的 AFC 设备主要是站级设备，因此，功能验收测试重点放在自动检票机（AGM，包括进闸机、出闸机、双向闸机）、票房售票机（BOM）、自动售票机（TVM）、车站计算机（SC）等站级设备上，中央级设备的验收在线网联调时进行。

站级设备需要达到的基本功能为：AGM 能正常进出闸；TVM 能接收纸币和硬币出售单程票；BOM 能分析、更新地铁票和"一卡通"车票，能进行各项事务处理，能发售和充值地铁储值票；SC 能监控车站设备、收集数据、生成报表；系统具备紧急模式功能。

因全线 AFC 设备众多，为免重复工作，一般选一个车站作为重点测试车站，其余车站为一般性测试车站。而重点测试车站中，也选取部分设备作为重点测试对象，其他设备作为一般测试。具体如下：

重点测试车站的 TVM 和 AGM 按设备数量的 20% 进行随机抽检，其中每一种设备选一台进行详细测试，其余设备进行一般性测试。

重点测试车站的 BOM 选一台进行详细测试，其余 BOM 进行一般性测试；SC 进行详细测试。

一般性测试车站的 TVM 和 AGM 按设备数量的 20% 进行随机抽检,进行一般性测试,BOM 和 SC 进行一般性测试。

若测试过程中,发现某台设备有较大问题,导致测试无法进行时,另选两台同类设备测试;若问题同样存在,则中止测试,现场评估是否具备继续测试的条件,若不具备则待问题整改后择日重测。

2. 站级设备功能验收测试准备

(1)准备在地铁线网范围内使用的所有车票,包括正常使用的车票,以及需要特殊制作的异常车票(如超时、超程等车票)。

(2)准备若干市面流通的钱币,包括各种面值的纸币以及硬币。

(3)准备一套符合开通条件的完整参数,以及测试所需的操作员权限参数、针对特定测试车票的黑名单参数等。

(4)其他道具准备,包括但不限于行李箱、背包等用于 AGM 通行逻辑测试的道具,有条件的可准备若干伪币,包括硬币和纸币。

(5)设备准备,测试前需清空设备内的钱、票,删除设备内的各种相关数据,测试所需要的各设备软件版本部署到位,SAM 卡安装到位。

3. 站级设备功能验收测试内容

站级设备的功能验收测试内容如表 8.7~8.11 所示。以下功能验收测试内容只作为参考,须根据具体设备的用户需求书、技术规格书等设计文档来制定适当的测试内容。

表 8.7 TVM 功能验收测试记录表(供参考)

序号	测试操作	预期结果	实际结果	问题记录
1	接通 TVM 电源,漏电开关、电源开关及工控机开关,然后启动	设备自检后正常启动,屏幕显示用户界面	□正确 □错误	
2	打开维修门,使用正确的 ID 与密码登录	能正确登录,检查该 ID 所分配的权限是否正确	□正确 □错误	
3	打开维修门,使用不正确的 ID 与密码登录	不能登录	□正确 □错误	
4	打开维修门,使用非本站的 ID 与密码登录	不能登录	□正确 □错误	
5	打开维修门,等待 30 s 后再登录	未登录时间超过 30 s,设备报警,正确登录后设备停止报警	□正确 □错误	
6	补充单程票 50 枚,1 元硬币 30 枚,设置正常运营模式后关上维修门	补票、补币正常,正确打印小单。转入正常服务后,能开始售票	□正确 □错误	
7	分别从线网地图和分线路选择一个车站	触摸屏响应灵敏,纸币和硬币投入口绿色指示灯点亮,硬币投入口开关打开,票价金额显示正确,并可选择购票张数	□正确 □错误	

续表

序号	测试操作	预期结果	实际结果	问题记录
8	选择一个票价	屏幕显示该票价的车站,并可选择购票张数	☐正确 ☐错误	
9	选择一个车站,然后投入数额不足的硬币,等待	超时后硬币退回	☐正确 ☐错误	
10	选择一个车站,然后投入数额不足的硬币,再按取消	硬币退回	☐正确 ☐错误	
11	选择一个6元的车站,然后投入一张5元纸币,等待。	纸币接收正确,超时后纸币退回	☐正确 ☐错误	
12	选择一个6元的车站,然后投入一张5元纸币,再按取消。	纸币接收正确,按取消后纸币退回	☐正确 ☐错误	
13	选择2元站点,张数为6,投入11个1元硬币和2个5角硬币。	正确出票6张,出票口亮灯提示取票	☐正确 ☐错误	
14	选择6元站点,张数为2,投入1张10元纸币和2个1元硬币	正确出票2张	☐正确 ☐错误	
15	选择5元站点,张数为5,投入25个1元硬币(测试TVM可接收硬币的个数)	正确出票5张	☐正确 ☐错误	
16	打开维修门,登录,选择结账菜单,选择清空储币箱与储票箱进行结账	正确打印结账凭条,凭条记录与纸币钱箱、硬币钱箱、Token回收箱、废票等实点数一致	☐正确 ☐错误	
17	在SC后台查看结账记录,检查是否与小单一致	SC后台记录与小单上的一致	☐正确 ☐错误	
18	切断电源	后备电源能够继续支持设备工作,完成最后一次交易	☐正确 ☐错误	
19	恢复供电	设备从后备电源自动切回到备用状态	☐正确 ☐错误	

表8.8 进闸机功能验收测试记录表(供参考)

序号	测试操作	预期结果	实际结果	问题记录
1	接通AGM电源,启动	设备自检后进入系统,启动正常,屏幕显示"请出示车票"的界面	☐正确 ☐错误	
		自检后扇门关闭。正确显示系统时间、设备ID、设备类型、软件版本等信息,校验是否与SC一致	☐正确 ☐错误	

续表

序号	测试操作	预期结果	实际结果	问题记录
2	用 TVM 或 BOM 发售的 2 张单程票验票进闸，进闸后保留其中 1 张做超时测试	蜂鸣器发出"哔"音，显示正确票价和余额，扇门打开。若为双向闸机，则出闸方向显示不允许验票进闸的信息，出闸方读卡区不验票。乘客通过，扇门正常关闭。扇门开关过程顺畅并无异响	□正确 □错误	
3	用 2 张一卡通车票验票进闸。进闸后保留其中 1 张做超时测试	蜂鸣器发出"哔"音，显示正确票价和余额，扇门打开。若为双向闸机，则出闸方向显示不允许验票进闸的信息，出闸方读卡区不验票。乘客通过，扇门正常关闭。扇门开关过程顺畅并无异响	□正确 □错误	
4	用 2 张优惠票验票进闸。进闸后保留其中 1 张做超时测试	蜂鸣器发出"哔"音，显示正确票价和余额，扇门打开。若为双向闸机，则出闸方向显示不允许验票进闸的信息，出闸方读卡区不验票。乘客通过，扇门正常关闭。扇门开关过程顺畅并无异响	□正确 □错误	
5	用 2 张 ES 预制票进闸（有效期内）	蜂鸣器发出"哔"音，显示正确票价和余额，扇门打开。若为双向闸机，则出闸方向显示不允许验票进闸的信息，出闸方读卡区不验票。乘客通过，扇门正常关闭。扇门开关过程顺畅并无异响	□正确 □错误	
6	用 1 张员工票验票进闸	蜂鸣器发出"哔"音，显示正确票价和余额，扇门打开。若为双向闸机，则出闸方向显示不允许验票进闸的信息，出闸方读卡区不验票。乘客通过，扇门正常关闭。扇门开关过程顺畅并无异响	□正确 □错误	
7	连续使用 10 张或 5 张车票验卡但不进闸（根据线路设备功能确定）	AGM 可连续处理 10 张或 5 张车票，在验完 10 张或 5 张车票后，AGM 停止验票，乘客正常连续通过或超时后，方可继续验票	□正确 □错误	
8	1 次正常验票但不进闸，测试扇门打开时间	扇门打开 10 s 后关闭	□正确 □错误	
9	读卡器的验票范围测试	放置车票在读卡器的验票区域规定距离内也能验票	□正确 □错误	

续表

序号	测试操作	预期结果	实际结果	问题记录
10	用1张已进站的单程票验票进闸	AGM报警,不放行,并显示错误提示信息	☐正确 ☐错误	
11	用1张已进站的一卡通储值票验票进闸	AGM报警,不放行,并显示进出站次序错误的提示信息	☐正确 ☐错误	
12	用1张已进站的特殊优惠票验票进闸	AGM报警,不放行,并显示进出站次序错误的提示信息	☐正确 ☐错误	
13	用1张余额不足的一卡通车票进闸	AGM报警,不放行,并显示余额不足的提示信息	☐正确 ☐错误	
14	用1张黑名单一卡通车票进闸	AGM报警,不放行,并显示黑名单的提示信息	☐正确 ☐错误	
15	用1张黑名单员工票进闸	AGM报警,不放行,并显示黑名单的提示信息	☐正确 ☐错误	
16	用1张其他站更新的单程票进站	AGM显示"请到票务处",显示错误代码,并报警提示	☐正确 ☐错误	
17	用1张其他站出站更新的一卡通储值票进站	AGM报警,不放行,并显示进出站次序错误的提示信息	☐正确 ☐错误	
18	用1张BOM已写进站码的一卡通储值票进站	AGM报警,不放行,并显示进出站次序错误的提示信息。	☐正确 ☐错误	
19	用1张BOM已写进站码的优惠票进站	AGM报警,不放行,并显示进出站次序错误的提示信息	☐正确 ☐错误	
20	用1张BOM已写进站码的单程票进站	AGM报警,不放行,并显示进出站次序错误的提示信息	☐正确 ☐错误	
21	未验票入闸(闯闸)	AGM报警声响,红色指示灯闪亮,乘客显示屏显示"暂停服务"	☐正确 ☐错误	
22	用E/S预制单程票测试进站(车票已过有效期)	超过有效期,车票均不能正常进闸	☐正确 ☐错误	
23	已办理退款、未发售的单程票、一卡通储值票、优惠票是否可进闸	所使用车票均不能正常进闸	☐正确 ☐错误	
24	过期车票进闸测试	所使用车票均不能正常进闸	☐正确 ☐错误	
25	切断交流电源	扇门自动打开,后备电源能够继续支持设备工作	☐正确 ☐错误	
26	恢复交流供电	后备电源回到备用状态	☐正确 ☐错误	

表 8.9 出闸机功能验收测试记录表（供参考）

序号	测试操作	预期结果	实际结果	问题记录
1	接通 AGM 电源，启动	设备自检后进入系统，启动正常，屏幕显示"请出示车票"的界面	☐正确 ☐错误	
		自检后扇门关闭。正确显示系统时间、设备 ID、设备类型、软件版本等信息，校验是否与 SC 一致	☐正确 ☐错误	
2	用已进站的单程票（本站进、其他站进的各 2 张车票）出闸	蜂鸣器发出"哔"音，票价和余额正确显示在 LCD 上，扇门打开，单程票正确回收，乘客通过后扇门正常关闭	☐正确 ☐错误	
3	用 E/S 预制票出闸（有效期内）	蜂鸣器发出"哔"音，票价和余额正确显示在 LCD 上，扇门打开，单程票正确回收，乘客通过后扇门正常关闭	☐正确 ☐错误	
4	用已进站的一卡通储值票（本站进、其他站进的各 2 张车票）验票出闸	蜂鸣器发出"哔"音，票价和余额正确显示在 LCD 上，扇门打开，乘客通过后扇门正常关闭	☐正确 ☐错误	
5	用已进站的优惠票出闸	蜂鸣器发出"哔"音，票价和余额正确显示在 LCD 上，扇门打开，乘客通过后扇门正常关闭	☐正确 ☐错误	
6	用 1 张员工票验票出闸	蜂鸣器发出"哔"音，票价和余额正确显示在 LCD 上，扇门打开，乘客通过后扇门正常关闭	☐正确 ☐错误	
7	连续使用 10 张或 5 张车票验卡但不出闸（根据线路设备功能确定）	AGM 可连续处理 10 张或 5 张车票，在验完 10 张或 5 张车票后，AGM 停止验票，乘客正常连续通过或超时后，方可继续验票	☐正确 ☐错误	
8	1 次正常验票但不出闸，测试扇门打开时间	扇门打开 10 s 后关闭	☐正确 ☐错误	
9	读卡器的验票范围测试	放置车票在读卡器的验票区域规定距离内能验票	☐正确 ☐错误	
10	用 1 张无进站码的单程票验票出闸	AGM 报警，不放行，并显示错误提示信息	☐正确 ☐错误	
11	用 1 张无进站码的一卡通储值票验票出闸	AGM 报警，不放行，并显示进出站次序错误的提示信息	☐正确 ☐错误	
12	用 1 张无进站码的优惠票验票出闸	AGM 报警，不放行，并显示进出站次序错误的提示信息。	☐正确 ☐错误	

续表

序号	测试操作	预期结果	实际结果	问题记录
13	用1张余额不足的一卡通车票出闸	AGM报警，不放行，并显示余额不足的提示信息	□正确 □错误	
14	用1张黑名单一卡通车票出闸	AGM报警，不放行，并显示黑名单的提示信息	□正确 □错误	
15	用1张黑名单员工票出闸	AGM报警，不放行，并显示黑名单的提示信息	□正确 □错误	
16	用1张余额不足的单程票出站	AGM报警，不放行，并显示余额不足的提示信息	□正确 □错误	
17	用1张余额不足的一卡通储值票出站	AGM报警，不放行，并显示余额不足的提示信息	□正确 □错误	
18	用1张超时的一卡通储值票出站	AGM报警，不放行，并显示超时的提示信息	□正确 □错误	
19	用1张超时的优惠票出站	AGM报警，不放行，并显示超时的提示信息	□正确 □错误	
20	用1张超时的单程票出站	AGM报警，不放行，并显示超时的提示信息	□正确 □错误	
21	未验票出闸（闯闸）	AGM报警声响，红色指示灯闪亮，乘客显示屏显示"暂停服务"	□正确 □错误	
22	用E/S预制单程票测试出站（车票已过有效期）	超过有效期，非当站预制车票均不能正常出闸	□正确 □错误	
23	已办理退款、未发售的单程票、一卡通储值票、特殊优惠票是否可出闸	所使用车票均不能正常出闸	□正确 □错误	
24	过期车票出闸测试	所使用车票均不能正常出闸	□正确 □错误	
25	退票口留有车票，AGM验票	AGM乘客显示屏显示"暂停服务"界面，不接收单程票和其他卡式车票（根据设备功能确定）	□正确 □错误	
26	在维修面板的菜单中选择查询票箱数据，记录下票箱数据，然后清除票箱计数器，取出票箱，清点票箱中回收的单程票数	票箱计数器数和实点数一致	□正确 □错误	
27	切断交流电源	扇门自动打开，后备电源能够继续支持设备工作	□正确 □错误	
28	恢复交流供电	后备电源回到备用状态	□正确 □错误	

表 8.10 BOM 功能验收测试记录表（供参考）

序号	测试操作	预期结果	实际结果	问题记录
1	操作员登录，输入正确的操作员 ID 和密码	正确显示操作员 ID、班次编号，登录成功	□正确 □错误	
2	使用非本站的操作员 ID 和密码登录 BOM。	显示 ID 与密码错误，不能登录。	□正确 □错误	
3	在非付费区/付费区分析一张 TVM 刚发售的单程票	正确显示车票信息（上一次交易的设备号等），提示车票正常	□正确 □错误	
4	在非付费区/付费区分析一张在用的一卡通车票	正确显示车票余额，提示车票正常	□正确 □错误	
5	在非付费区/付费区分析一张在用的员工票	正确显示车票信息（上一次交易的设备号等），提示车票正常	□正确 □错误	
6	检查系统是否超过限定时间后自动注销；运营结束后班次自动注销	超过限定时间没有操作 BOM，班次自动注销；超过运营时间 BOM 班次自动注销	□正确 □错误	
7	通过 BOM 的方式发售 5 张不同金额的单程票	正确发售，发售后余额正确。查看乘客显示屏的显示金额是否正确	□正确 □错误	
8	在非付费区分析一张本站已进闸且进闸时间不足 20 min 的单程票，并更新	提示车票进出闸次序错误，更新后车票可正常进闸	□正确 □错误	
9	在非付费区分析一张本站已进闸且进闸时间不足 20 min 的 E/S 预制单程票，并更新	提示车票进出闸次序错误，更新后车票可正常进闸	□正确 □错误	
10	在非付费区分析一张已进闸的优惠票	提示车票进出闸次序错误，更新后可以进闸	□正确 □错误	
11	在非付费区分析一张本站已进闸且进闸时间不足 20 min 的一卡通车票，并更新	提示车票进出闸次序错误，更新后车票可正常进闸	□正确 □错误	
12	将以上可更新、并进闸后的车票再次在非付费区进行分析,查看是否能再次更新	分析车票后可再次更新	□正确 □错误	
13	在非付费区分析一张其他站进站的单程票	显示其他站进站，请回收车票	□正确 □错误	
14	在非付费区分析一张其他站进站的一卡通车票	显示车票为其他站进站,付该种票卡最小票价，更新后可进站	□正确 □错误	

续表

序号	测试操作	预期结果	实际结果	问题记录
15	在非付费区分析一张其他站进站的优惠票	显示车票为其他站进站,付该种票卡最小票价,更新后可进站	□正确 □错误	
16	在非付费区分析一张上次交易是出站更新的一卡通车票	显示车进出站码错误,更新后可进站	□正确 □错误	
17	在非付费区分析一张上次交易是出站更新的优惠票	显示车进出站码错误。更新后可进站	□正确 □错误	
18	在非付费区分析一张上次交易是出站更新的单程票	显示单程票过期,回收单程票	□正确 □错误	
19	在非付费区分析一张上次未出站的单程票	显示单程票过期,回收单程票	□正确 □错误	
20	在非付费区分析一张 20 min 前进站的单程票	显示车票 20 min 前进站,请回收车票	□正确 □错误	
21	在非付费区分析一张 20 min 前进站的一卡通车票	显示车票 20 min 前进站,付该种票卡最小票价,更新后可进站(扣费可选现金和卡扣两种)	□正确 □错误	
22	在非付费区分析一张小于最低车费的一卡通车票	显示余额不足,不能进站	□正确 □错误	
23	在付费区分析一张无进站码的一卡通车票	提示无进站码,需要更新。更新时能正确选择进站车站,检查余额,余额不足时提示收取超乘费,更新后车票可正常出闸	□正确 □错误	
24	在付费区分析一张优惠票	提示无进站码,需要更新。更新时能正确选择进站车站,检查余额,余额不足时提示收取超乘费,更新后车票可正常出闸	□正确 □错误	
25	在付费区分析一张无进站码的单程票,并更新。	提示无进站码,需要更新。更新时能正确选择进站车站,检查余额,余额不足时提示收取超乘费,更新后车票可正常出闸	□正确 □错误	
26	在付费区分析一张超时出站的单程票	提示车票出站超时,付费,更新后车票正常。查看乘客显示屏的显示金额是否正确(下同)	□正确 □错误	
27	在付费区分析一张超时出站的一卡通车票	提示车票出站超时,付费更新后车票正常	□正确 □错误	

续表

序号	测试操作	预期结果	实际结果	问题记录
28	在付费区分析一张超时出站的优惠票	提示车票出站超时,付费更新后车票正常	□正确 □错误	
29	在付费区分析一张超程出站的单程票	提示车票出站超程,付费更新,更新后车票正常	□正确 □错误	
30	在付费区分析一张超程出站的一卡通票	提示车票出站超程,付费更新,更新后车票正常	□正确 □错误	
31	分析一张黑名单的一卡通车票	显示黑名单车票并锁定车票	□正确 □错误	
32	分析一张黑名单的优惠票	显示黑名单车票并锁定车票。	□正确 □错误	
33	分析一张黑名单的员工票	显示黑名单车票并锁定车票	□正确 □错误	
34	TVM卡币、卡票、少找零、发售无效票等事务处理	正确显示处理方法,填入退款金额和乘客信息后可进行退款处理。查看乘客显示屏的显示金额是否正确	□正确 □错误	
35	闸门被误用、车票故障无法出闸等事务处理	正确显示处理方法,可发售免费出站票	□正确 □错误	
36	无票乘车、车票遗失、人为折损、过期等事务处理	正确显示处理方法,可发售付费出站票	□正确 □错误	
37	操作员注销	自动打印班次小票,班次数据与实际数据一致	□正确 □错误	
38	检查SC上的报表数据是否与BOM的数据是否一致	SC的报表数据与BOM班次小单数据一致	□正确 □错误	
39	切断电源	后备电源能够继续支持设备工作	□正确 □错误	
40	恢复供电	后备电源回到备用状态	□正确 □错误	

表8.11　SC功能验收测试记录表(供参考)

序号	测试操作	预期结果	实际结果	问题记录
1	通电,启动车站计算机系统	SC服务器、工作站启动正常,工作站界面上正确显示车站监控模拟画面,本站设备ID、系统日期和时间等信息显示正确	□正确 □错误	

续表

序号	测试操作	预期结果	实际结果	问题记录
2	操作员登录,输入正确的操作员ID和密码	成功登录,界面正确显示操作员ID,相关按钮变为可用	☐正确 ☐错误	
3	操作员退出	成功退出,相应按钮不可操作	☐正确 ☐错误	
4	修改车站运营开始时间设置	车站设备按照设置按时、按预定状态投入运营	☐正确 ☐错误	
5	修改车站运营结束时间设置	车站设备按照设置按时、按预定状态结束运营	☐正确 ☐错误	
6	修改SC的时间	所有车站设备时间同步为SC的时间	☐正确 ☐错误	
7	向单台AGM或TVM发"停止服务"命令	该台设备停止服务	☐正确 ☐错误	
8	向单台AGM或TVM发"正常服务"命令	监控界面对应的设备的状态变化为正常服务	☐正确 ☐错误	
9	向所有AGM或TVM发"停止服务"命令	所有AGM或TVM停止服务	☐正确 ☐错误	
10	向所有AGM或TVM发"正常服务"命令	所有AGM或TVM恢复正常服务	☐正确 ☐错误	
11	设置双向闸机为"只进模式"	双向闸机模式切换为"只进模式",进闸端可正常验卡,出闸端拒绝验卡。监控界面中双向闸机的状态变化为"只进模式"	☐正确 ☐错误	
12	设置双向闸机为"只出模式"	双向闸机模式切换为"只出模式",出闸端可正常验卡,进闸端拒绝验卡。监控界面中双向闸机的状态变化为"只出模式"	☐正确 ☐错误	
13	断开任一车站设备网络连接	监控界面设备状态显示为"通信中断"状态	☐正确 ☐错误	
14	恢复网络连接	监控界面设备状态恢复正常的通信状态	☐正确 ☐错误	
15	车站模式控制设置	从SC工作站界面设定车站运营模式,如降级模式、紧急模式,车站设备进入相应模式状态	☐正确 ☐错误	

续表

序号	测试操作	预期结果	实际结果	问题记录
16	车站模式控制恢复	取消设定的车站运营模式，如降级模式、紧急模式，车站设备进入相应模式状态	□正确 □错误	
17	SC 没有连接网络的情况下，按下 IBP 紧急按钮	所有 AGM 扇门打开，变为紧急放行模式	□正确 □错误	
18	SC 没有连接网络的情况下，释放 IBP 紧急按钮	所有 AGM 回复正常	□正确 □错误	
19	通过 SC 下载新参数	在 SC 上查询到所有最新参数，参数格式正确，内容完整有效，并成功下载到所有站级设备	□正确 □错误	
20	打开任一台 AGM 或 TVM 的维修门，进行取出票箱、钱箱等操作	SC 上能监控到设备状态的相应变化	□正确 □错误	
21	查询交易记录	能正确显示各个设备所做的交易记录	□正确 □错误	
22	查询设备运营状态数据	能正确请求设备的运营状态并返回数据，包括 AGM 票箱存量，TVM 票箱存量、补币箱现存量、废票箱存量、纸币箱存量和金额等	□正确 □错误	
23	SAM 卡信息查询	能正确请求设备的 SAM 卡信息并返回，能与参数中对应设备注册的 SAM 卡信息进行比对	□正确 □错误	
24	查看客流监控	SC 显示 15 分钟的客流及日累计客流的数据，并显示客流曲线图	□正确 □错误	
25	生成各种结算报表	SC 能手动生成报表或到达结算时间点自动生成报表，报表格式正确，数据与现场设备一致	□正确 □错误	
26	查看 SC UPS 状态信息	SC 能在监控界面上显示的 UPS 状态	□正确 □错误	
27	切断电源	UPS 能够继续支持设备工作	□正确 □错误	需要有 UPS 设备。
28	恢复供电	UPS 回到备用状态	□正确 □错误	

三、新线设备接管程序

运营设备管理部门对新线设备的接管，一般在设备安装之前就要开始介入，直至"三权"移交正式接管。

（1）设备安装前检查：此阶段主要是在设备安装前，检查线槽、线缆的安装布置是否符合图纸和相关规范，从各个检修口、出线口的位置推断设备安装后是否有布置不合理、影响维修等问题，此类问题须在设备安装前解决，否则设备装上去后将难以整改。

（2）设备施工安装检查：设备安装后，需按照本节"新线设备施工安装验收"中的内容，逐一检查，发现问题及时记录，并提交施工单位整改。

（3）设备工程验收：设备工程验收一般由运营部门统一组织，对整个新线的工程进行验收。验收时须对照此前设备施工安装检查的记录，逐一确认所记录的问题是否已完成整改，以及是否有新增问题。若问题不严重，可作为遗留问题限时整改；若仍存在较严重的问题，使工程不具备验收条件，须及时上报待问题整改后重新验收。

（4）设备功能验收：设备工程验收主要侧重于施工安装及设备的硬件方面，而设备功能验收的重点则是设备软件。设备完成工程验收，且设备软件调试基本稳定后，可根据本节"新线设备功能验收"的内容进行设备功能验收。

（5）"三权"接管："三权"接管指新线设备"指挥权、管理权、使用权"在新线工程管理部门与运营管理部门之间的交接。"三权"接管后新线设备的各项工作须按运营部门正常安全生产程序开展。此时，新线工程管理部门以及设备供应商均需在征得运营部门的同意，以及在运营部门人员的监督配合下才能对设备进行操作。

（6）"三权"接管至开通试运营前的重点工作：接管后，运营部门需对设备遗留问题进行跟踪、整改；同时须编制各种设备操作手册、管理规章、维修规程等文本；并对操作、维修等人员进行培训；最后开展各项联调测试及演练，随时准备开通。

复习思考题

1. 新线 AFC 设备硬件安装的检查要点有哪些？
2. 新线 AFC 设备联调的主要内容有哪些？
3. 新线 AFC 设备的施工安装验收检查要点主要有哪些？
4. 运营设备管理部门介入接管 AFC 新线设备的主要流程是怎样的？
5. 在新线 AFC 设备施工安装验收工作中，AFC 专业配电箱检查项目主要有哪些项目？

复习思考题答案

第一章 自动售检票系统概述

1. 自动售检票系统的特点是：① 网络结构清晰，数据及时上传与清算；② 集中控制、统一的票务管理；③ 各线设备独立运营，之间能实现无障碍换乘，互联互通；④ 各线路系统应用兼容，预留系统扩展的条件；⑤ 紧急情况下能实现乘客快速通行疏散。

2. 在使用方面，避免了磁卡票容易出现消磁，传动读写过程中容易卡票的现象。IC卡具有能记录更多的信息、使用寿命长等特点，使用更加稳定和更加安全。非接触式IC卡设备方面降低了设备的故障率和维护成本。

3. 5个层次结构划分为车票、车站终端设备、车站计算机系统、线路中央计算机系统、清分系统。

4. TVM硬件方面根据系统设备的具体功能要求，装配有票卡发售模块、储值卡处理模块、纸币处理接收模块、纸币钱箱、硬币接收找零模块、硬币钱箱、主控模块、电源模块、I/O通信模块、乘客显示屏模块、触摸屏模块、打印机、状态显示模块、维修操作面板等主要模块。

5. 可以省去车站人员TVM定期补充钱币，回收钱币等麻烦，不怕会收到假钱，同时乘客支付也变得更加快捷，随时随地能购票，也能省去兑零等更多的时间，避免排长队购票的麻烦。

第二章 设备的基本原理及组成

1. 自动售检票系统的站级设备主要包括自动售票机、自动检票机、自动验票机、手持式验票机、票房售票机、车站计算机、云购票机、云检票机等。

2. 纸币处理模块的主要功能包括接收纸币、判断纸币真伪、保存识别的纸币、返还纸币或者将纸币移送至纸币钱箱。

3. 自动检票机（进）、自动检票机（出）、自动检票机（双向）三种主要类型。

4. 进行发售、分析、无效更新、充值、延期、即时退款和非即时退款、交易查询及解锁等处理，并可打印相应的收据及班次报表。

5. 计算机网络的拓扑结构主要有总线型拓扑、星型拓扑、环型拓扑和混合型拓扑。车站AFC系统中应用较广的是环型网络拓扑结构。

第三章 通用安全与工器具仪表的使用

1. 常用的工具仪表有螺丝刀、铁钳、扳手、六角匙、万用表、试电表、电池内阻测试仪。

2. 收益安全注意事项：

（1）涉及票务和收益的关键地方，如票务钥匙使用、设备内取出现金或有价车票等，必须遵从双人确认制度。

（2）任何人未经批准，不准删除 AFC 设备上的文件和数据，以及随便修改 AFC 设备上的设置。

（3）严禁私配 AFC 系统设备钥匙及相关票务钥匙。

（4）严禁私拿钱和车票，涉及乘客票务问题时必须按票务规定进行处理，并做好相应记录。

（5）任何人都有权制止损害票务收益的行为。

3. 数字万用表测量电阻的步骤如下：

（1）红表笔插入"VΩHz"插孔，黑表笔插入"COM"插孔。

（2）将旋钮开关转至"Ω"（电阻）相应的量程挡。

（3）将测试表笔跨接在被测电阻上，被测电阻值将显示在显示屏上。

4. 试电笔使用注意事项如下：

（1）使用试电笔之前，首先要检查试电笔里有无安全电阻，试电笔是否有损坏，有无受潮或进水，检查合格后才能使用。

（2）使用试电笔时，不能用手触及试电笔前端的金属探头，这样做会造成人身触电事故。

（3）使用普通型试电笔时，一定要用手触及试电笔尾端的金属部分，否则，因带电体、试电笔、人体与大地没有形成回路，试电笔中的氖泡不会发光，造成误判，认为带电体不带电，这是十分危险的。

（4）普通型试电笔在明亮的光线下测试带电体时，应特别注意氖泡是否真的发光（或不发光），必要时可用另一只手遮挡光线仔细判别。千万不要造成误判，将氖泡发光判断为不发光，而将有电判断为无电。

5. 数字万用表的使用注意事项：

（1）测量电压时，输入直流电压切勿超过 1 000 V，交流电压有效值切勿超过 700 V。

（2）测量电流时，切勿输入超过 20 A 的电流。

（3）被测直流电压高于 36 V 或交流电压有效值高于 25 V 时，应仔细检查表笔是否可靠接触、连接是否正确、绝缘是否良好等，以防电击。

（4）测量时应选择正确的功能和量程，谨防误操作；切换功能和量程时，表笔应离开测试点；显示值的"单位"与相应量程挡的"单位"一致。

（5）若测量前不知被测量的范围，应先将量程开关置到最高档，再根据显示值调到合适的挡位。

（6）测量时若只有最高位显示"1"或"-1"，表示被测量超过了量程范围，应将量程开关转至较高的挡位。

（7）在线测量电阻时，应确认被测电路所有电源已关断且所有电容都已完全放完电时，方可进行测量。

（8）用"200 Ω"量程时，应先将表笔短路测引线电阻，然后在实测值中减去所测的引线电阻；用"200 MΩ"量程时，将表笔短路仪表将显示 1.0 MΩ，属正常现象，不影响测量精度，实测时应减去该值。

（9）测电容前，应对被测电容进行充分放电；用大电容挡测漏电或击穿电容时读数将不稳定；测电解电容时，应注意正、负极，切勿插错。

（10）显示屏显示"⊟"符号时，应及时更换9 V碱性电池，以减小测量误差。

第四章　设备的基本操作及票务安全

1. 按浏览地图、按线路、按票价、手机APP、网络购票等五种购票方式。

2. TVM卡币、卡票、发售无效票、少找零及其他五种情况。

3. "日期""设备类型""设备ID""交易类型""票卡类型""票卡子类型""票卡逻辑ID"的条件组合进行查询。

4. 在检修AFC设备时，应注意个人ID号和密码的保密，不可随便混用，万一密码泄露，应该及时申请修改密码，必须严格按照自动售检票系统用户密码管理规定执行；在打开自动售票机和闸机维修门后要马上输入操作员的ID号和密码并确认登录成功，否则会在开门后发出报警声，同时报警信息会传到SC；对车站设备安装/更换SAM卡时，要严格按照自动售检票SAM卡领用表的设备编号和SAM卡逻辑号，将对应的SAM卡安装于相应的设备上，严禁将SAM卡安装于不相应的设备上；更换装有SAM卡的读卡器，或将读卡器对调测试时，必须要将SAM卡安装在原来注册的设备上，严禁更换读卡器后将SAM卡安装在非配对的设备上。

5. 付费区指需要利用有效车票验票，从进闸机进入后的区域；非付费区指除付费区外的所有区域。

第五章　设备日常巡检的流程及内容

1. 车站计算机监控界面信息包括现场设备的布局示意图、当天车站运营模式、LCC通信工作状态、SC电源工作状态、紧急按钮工作状态、最新客流数据（最近15 min和全天累计）、最新设备状态/时间消息（最近20条）、运营时间及状态等信息。

2. 操作人员通过在主界面点击自动售票机触摸屏的地图区域，点击全线地图或单条线路地图的各个站点、票价、购票数量等按钮，来测试设备的触摸功能。

3. SC服务器主机检查时，应确保检查服务器主机外观正常，表面有无污渍，有无破损，检查服务器主控机电源指示灯是否正常（绿灯点亮）、硬盘运行指示灯是否正常（绿灯闪亮），面板是否存在报警信息。

4. 自动检票机扇门动作验证过程包括观察闸机扇门动作是否正常，是否存在抖动，两边开关门动作是否不一致，动作时是否撞到中间盖板等情况，如有异常，按故障维修处理流程处理。

5. 自动售票机纸币接收功能验证时，首先，操作人员在自动售票机的购票界面选择票价最高的站点和最多车票张数（防止操作人员投入的金额足够后出现购票成功）；然后，观察纸币模块、硬币模块的投币指示灯是否正常亮灯，亮灯表示模块接收功能可以使用，不亮灯则表示不可使用；最后，在纸币模块投币口投入不同币种的纸币，投入的纸币分4个面投入，来检测纸币模块的接收功能。

第六章 设备的预防性维护

1. 确定 AFC 设备预防性维护周期的主要方式有两种：

一是按照自然时间周期进行分类，常规保养周期包括周检、半月检、月检、季检和年检等。在长时间使用后，还可以定义中修、大修的检修周期，或者定义为三年检、五年检等。

二是根据设备或模块的使用频率进行有针对性的设备保养和维护，例如，定义纸币模块在使用 10 万次后进行小修，工作内容包含清洁、调整、校验等；在使用 30 万次后进行中修，包含更换微小零部件、易耗件等；在使用 80 万次后进行大修，包含纸币模块全面检查、更换主要构件，对于已不能通过更换主要构件恢复原有功能的模块进行淘汰替换等。

2. ① 工器具类：鼓风机、钳子、扳手、螺丝刀、六角匙、剪线钳等；② 仪器仪表类：万用表、钳表、兆欧表等；③ 易耗品类：毛刷、压缩空气、棉布、除锈剂、润滑剂、电工胶布等；④ 劳动保护类：劳保服、护目镜、防尘口罩、棉纱手套、橡胶手套等。

3. 对 AGM 电源模块进行外观检查、直/交流电源电压值测量、UPS 输出性能检查、电池检查、板卡的电气特性性能测试等。

4.
（1）取出 UPS。
（2）打开 UPS 电源，检查报警蜂鸣器能否正常鸣响，电源指示灯能否正常发亮。
（3）关闭 UPS 电源，用棉布、毛刷、洗耳球清洁 UPS 外部表面的积尘。
（4）取下 UPS 外壳，使用毛刷和吸尘器清洁 UPS 内部部件和电路板的积尘。
（5）检查 UPS 内部部件的紧固情况。
（6）观察电池组外观，有无漏液或肿胀。
（7）测试蓄电池组能否正常放电，供电时间是否符合规定。
（8）安装 UPS，接回所有接线。
（9）现场填写该组件的检修表格并记录设备检修过后的状态。

5. 电源模块、主控模块、读卡器模块、乘客显示屏及周边部件的维护工作。

第七章 常见故障的判断与与处理

1. 票卡模块故障、硬币模块故障、纸币模块故障、主控模块故障、电源模块故障、触摸屏模块故障、乘客状态显示屏故障。

2. 自动检票机卡票故障、扇门模块故障、乘客显示屏故障、主控模块故障、电源模块故障、通道传感器故障。

3. 相关硬件（电磁阀、传感器、电机、传输皮带）故障；连接线缆问题；电源故障；控制板故障；其他异常问题导致回收车票通道被异物堵塞、车票变形。

4. 通道传感器故障；扇门模块相关连接线缆（电源和信号）接触不良或者松脱问题；电源故障；扇门模块自身机械部件故障。

5. 纸币模块卡纸币故障主要分为入币口卡纸币、验币器区卡纸币、回旋处卡纸币、退币通道卡纸币、退币口卡纸币、暂存位卡纸币、出币口卡纸币、压钞装置卡币。

6. 相关硬件储币箱故障；连接线缆问题；电源故障；控制板故障；软件故障；其他异常

问题（硬币表面有黏结物，出币通道异物堵塞）。

7. 读卡器（SAM 卡）故障；读卡器电源或者数据连接线缆接触不良；电源故障；软件故障。

8. 键盘和鼠标故障；连接线缆问题；主机故障；软件故障。

9. 主机（工作站和服务器）故障；网络连接线缆问题；光纤交换机故障；软件故障。

10. 检票机紧急控制盘故障；火灾消防报警；紧急连接线缆问题，车站计算机设置进入紧急模式故障。

第八章　设备安装调试与验收

1. 新线 AFC 设备硬件安装的检查要点有：
（1）检查设备内部所有电气接线是否牢固，外观是否完好；
（2）电气元件标识、接线与设计原理图一致；
（3）对照设备设计原理图，逐一核对按钮、开关、继电器、接触器等电气元件以及线排接线的数量、线号及位置是否正确，并检查接线的连接是否与设计原理图完全一致；
（4）内部交流输出/输入线缆应完好无损、无裸露；线缆的连接端应紧固无松脱，元器件、接线端子的接线情况应与图纸一致；
（5）设备内部板卡的接线标识清晰，内部线缆分类整齐，连接正确；
（6）设备机柜安装符合设计要求，应防腐、防蚀、防锈，清洁，无破损、锈蚀、变形，漆面完好，边角包边无毛刺；
（7）机柜门开关灵活、无变形，机柜门与机柜接地良好。

2. 新线 AFC 设备联调的主要内容有：
AFC 系统的联调主要分为站级联调和线网联调。

站级联调主要有两方面：一是通过系统参数下载、控制命令下发、设备监控及状态数据接收、交易以及收益数据接收等接口测试检验车站计算机与其他站级 AFC 设备的通信接口功能是否符合设计要求；二是通过压力测试检验站级设备的稳定性、可靠性，以及验证后台数据的准确性、完整性、及时性。

线网联调主要是验证新线设备是否具备接入线网 AFC 系统，纳入线网统一管理的条件。它包括新线站级系统与线路中央的接口调试，以及整条新线接入线网清分系统调试两个层面。其主要内容包括换乘测试，时钟同步测试，参数下发测试，报文交互测试，以及交易、收益文件上传测试等，而最重要的测试是换乘测试。

3. 新线 AFC 设备的施工安装验收检查要点主要有：
（1）检查线缆敷设是否符合标准要求；
（2）线缆标识是否符合标准要求；
（3）检查线缆标识是否与实际线缆走向一致；
（4）检查线缆实际连接情况是否与图纸一致；
（5）检查线缆敷设、连接情况是否有利于日后维护；
（6）检查设备安装位置是否与图纸一致；

（7）检查设备安装是否有利于日后维护。

4. 运营设备管理部门介入接管 AFC 新线设备的主要流程：

（1）AFC 设备安装前检查线槽、线缆等的安装布置是否符合图纸和相关规范。

（2）设备安装后，需按照本节"新线设备施工安装验收"中的内容，进行设备施工安装检查。

（3）对照此前设备施工安装检查的记录问题整改情况，开展设备工程验收。

（4）设备完成工程验收，且设备软件调试基本稳定后，进行新线设备功能验收。

（5）从新线工程管理部门手中接过新线设备的"指挥权、管理权、使用权"，即"三权"接管。

（6）"三权"接管至开通试运营前的重点工作。

（7）接管后对设备遗留问题进行跟踪、整改；同时须编制各种设备操作手册、管理规章、维修规程等文本；并对操作、维修等人员进行培训；最后开展各项联调测试及演练，随时准备开通。

5. 在新线 AFC 设备施工安装验收工作中，AFC 专业配电箱检查项目主要有以下几项：

（1）站厅公共区 AFC 墙壁式配电箱采用嵌入式安装，底部距地面 1.4 m，自电源箱底部向下至线槽；

（2）配电箱内部接线不应接驳或者与其他专业共用；

（3）配电箱内元器件完好齐全，配置性能符合设计要求，各个开关所控制的设备标识清晰、端正和正确，箱内应有接线图；

（4）配电箱内零线和保护线在零线和保护地线汇流排上连接，不得绞接，并有编号。

参考文献

[1] 何霖. 城市轨道交通运营筹备与组织[M]. 北京：中国劳动社会保障出版社，2008.

[2] 何霖. 城市轨道交通概论[M]. 北京：中国劳动社会保障出版社，2010.

[3] 何霖. 城市轨道交通运营安全[M]. 北京：中国劳动社会保障出版社，2010.

[4] 王瑛. 城市轨道交通自动售检票检修工[M]. 北京：中国劳动社会保障出版社，2014.

[5] 王子强. 城市轨道交通自动售检票系统[M]. 北京：中国铁道出版社，2015.

[6] 中华人民共和国住房和城乡建设部. GB 50381—2010 城市轨道交通自动售检票系统工程质量验收规范[S]. 北京：中国计划出版社，2010.

[7] 中华人民共和国工业和信息化部. GB/T 50312—2016 综合布线系统工程验收规范[S]. 北京：中国计划出版社，2016.

附录：专业术语表

缩写词	英文全称	中文解释
AFC	Automatic Fare Collection	自动售检票
AGM	Automatic Gate Machine	自动检票机/闸机
TVM	Ticket Vending Machine	自动售票机
BOM	Booking Office Machine	票房售票机
TCM	Ticket Checking Machine	自动验票机
SC	Station Computer	车站计算机
MTT	Magnetic Ticket Terminal	磁卡读头
OCC	Operating Control Center	控制中心
CC	Central Computer	中央计算机
E/S	Encoder/Sorter	车票编码分拣机
SLE	Station Level Equipment	车站现场设备
SJT	Single Journey Ticket	单程票
SVT	Store Value Ticket	储值票
TCP/IP	Transmission Control Protocol/Internet Protocol	传输控制协议/因特网互联协议，又名网络通信协议
PCA	Portable Card Analyzer	便携式验票器
SAM	Secure Access Module	安全存取模块
LCD	Liauid Crystal Display	液晶显示屏